最新中国労働関連法対応

中国のビジネス実務
人事労務の現場ワザ
Q&A100
改訂版

著者
韓 晏元・奥北 秀嗣

第一法規

改訂の序

　初版に「はじめに」を記載したのが2010年9月。それから8年が経過しました。中国法制の変動は大きく、実務の動きも大きく変動しています。その中でも、労働法制はさらに大きく変動している分野となっています。具体的にいうと、本書初版に引用した150の法令のうち、53の法令が廃止または改正されました。実務も同じく変化が激しく、たとえば、事例45に説明した「客観的状況の重大変化」に対する裁判所の判断も大きく変わりました。

　本書は、この8年間の労働法制の改正内容、実務の動きをできる限り反映したものです。

　中国現地法人・現地工場に赴任した場合、日本人駐在員にとっての大きな関心分野は以前も今も変わらず労務管理となっています。会社経営に責任のある総経理の大きな仕事の割合を占めるのが労務管理です。中国における労務管理は日本と同じ部分もありますが、中国独自の知識と経験が要求される部分も多々あります。そういった中国に進出した、またはこれから進出する予定の日本企業の便宜に叶う内容を目指したのが本書です。

　初版の「はじめに」に記載したエピソードの内容と本書の特徴に変更はありませんので、そちらもご参照ください。法制度と実務の融合、知識と経験の融合を目指す姿勢は初版同様です。

　最後に、本書の改訂にあたり全面的なご協力をいただいた第一法規株式会社金子直子氏に、この場を借りて厚く御礼申し上げます。

2018年9月

韓　晏元／奥北　秀嗣

はじめに（初版）

　昨今、中国ではストライキが頻発し、中国での労務管理問題は、日本企業の高い関心を集めています。一般的にストライキの発生は、賃金や労働条件等に対する従業員の日頃からの不満が一気に爆発することで起こりますが、ここ中国においては、2008年以降の中国の労働関連法令および昨今の若年労働者層の仕事に対する意識の大きな変化もその理由の1つとして挙げられます。

　2008年1月1日の労働契約法の施行に伴い、多くの関連通知および解釈が公布されたことで、中国ではこれら法令内容の真の意味を深く理解しないまま、労働者の自己保護意識だけが過剰に高まっています。また、昨今の若年労働者層は、中国の一人っ子政策の下で生れたいわゆる「80後」（1980年以降に生れた人）と「90後」（1990年以降に生れた人）であり、周囲から過剰に保護された環境で育ってきたこれらの若い労働者層をいかに管理するかが、中国に進出した、またはこれから進出する予定の日本企業にとっては大きな課題となっています。

　古代中国には、まさに労務管理の真髄を示す以下のようなエピソードがあります。
　中国の春秋戦国時代に覇権を握った晋の国王である悼公（とうこう、紀元前573年～紀元前559年在位）は、在位していた10数年の間、不毛な戦いを行わず、北方の少数民族とも共存しながら周辺の諸国と連盟を結成し、中原地域の盟主になった人物です。
　同じ頃、鄭という国があり、この国は晋と結盟したかと思えば楚の国とも結盟するなど変化が激しく、これに怒った悼公は、鄭国を討伐し、投降した鄭国から多くの宝物と美女の上納を受けました。これに満足した悼公は、その半分を今まで国の繁盛に大きく貢献してきた部下である魏絳（ぎこう）に与えようとしましたが、このとき魏絳は得意げな悼公に対して、「居安思危、思則有備、

有備無患（**安きに居りて危うきを思う、思えば則ち備え有り、備えあれば患いなし**）」との名言で王を諫めたといいます。

規模の面で国家と差はあるものの、企業がよりよい労務管理を実施し、安定性のある企業を実現するには、前述の魏絳の名言のとおり、常に思考をめぐらせ、万が一に備え、日ごろからの準備が必要ではないでしょうか。これを怠ると、ストライキ等の問題が発生した場合に、企業へのダメージがより深刻なものになってしまいます。

中国の労務問題については、すでに多くの解説書が市販されていますが、本書では、他の解説書にはない以下の特徴を心がけています。

(1) **日中実務家のノウハウの集約**
本書は、長年中国に進出する日系企業をサポートしてきた中国人弁護士と中国進出企業において数々の中国労務管理問題に携わってきた日本人管理担当者が、中国および日本のそれぞれの観点から、両者のこれまでの中国での労務管理の実務経験をまとめた内容になっています。

(2) **初心者でも分かる**
中国の労務制度には、日本やその他の国とは異なる独自の制度・商習慣が多くあります。本書は、中国独自の制度・実務については、30のコラム、30のサンプルおよび多くの設例を併用し、関連法的手続については図解を交えるなど、初心者にも中国駐在員にもわかりやすい解説を心がけています。

(3) **徹底分析**
2008年1月1日の労働契約法の施行を受け、現在まで多くの関連通知、解釈が公布されていますが、見解が分かれる法的問題点が依然として多く残っています。本書では、これらの法的問題点を指摘し、労務管理時に潜む法的リス

クを詳細に分析した上で、50の実例（判例）を取り上げ、中国の司法機関の見解の分析も試みています。中国の労務問題に携わってきた日本企業の人事・労務、法務、管理担当者、中国駐在員およびその他の実務家のような経験者の皆様にも役立つ内容となっています。

(4) 網羅性

　本書1冊で日本企業の中国における労務管理を網羅できるよう、従業員の採用から解雇、労働契約の作成から解除、また、就業規則の作成・変更、中国の工会（労働組合）組織、残業代の節約方法、社会保険制度の仕組み、中国の労働紛争の解決方法など、日本企業が知っておくべき情報を一通り紹介しています。

　なお、本書の記述中の意見は著者の個人的なものであり、著者が帰属するいかなる組織のものでもないことにご留意ください。また、中国では、法律と実務の乖離が激しいため、本書の中では読者に迷いが生じないよう意図的に割り切った表現をしている部分がありますが、実務ではケースバイケースで対応せざるを得ないうえ、中国では法律制度等の変更周期が速く、地方によっても取扱に差異があります。したがって、実際に生じる疑問点については、中国弁護士等専門家に再度確認をしていただく必要がありますので、その点についてもご了承下さい。

　最後に、本書の作成にあたり多大なご指導、ご助言をいただいたアマテイ株式会社監査役の小柳津敏行氏、大連藤洋鋼材加工有限公司総経理の長田成司氏、中国に進出する日系企業の方々、また、本書の出版にあたり全面的なご協力をいただいた第一法規株式会社西澤まゆみ氏および范丁亜氏に、この場を借りて厚く御礼申し上げます。

2010年9月

韓　晏元／奥北　秀嗣

凡　例

1　中国の法体系および立法機関について

　中国では、数多くの法令が存在し、その優劣順位は立法機関の優劣順位に従い、原則として、①法律、②行政法規、③地方法規・部門規則・地方政府規則となります。

立法機関	法令の種類	例
全国人民代表大会 全国人民代表大会常務委員会	法律	労働法 労働契約法
国務院	行政法規	従業員年次有給条例
地方人民代表大会 地方人民代表大会常務委員会	地方法規	北京市人口および計画生育条例
部・委員会	部門規則	賃金支給暫定規定
地方人民政府	地方規則	北京市賃金支給規定

　中国の法令に目を通してみると、最高人民法院の司法解釈が頻繁に登場します。最高人民法院の司法解釈は法令ではないものの、実際には、すべての裁判所がこの司法解釈に従い判決を下しているため、非常に重要な役割があります。

　中国の法令のなかには「試行」と称するものが数多くあり、これは「暫定的に施行する」という意味合いがあるものの、効力は法令と同じです。実際、10年以上も「試行」のまま施行されている法令も存在します。

　本書では、中国の法令について著者が独自の翻訳を行っており、他の翻訳とは一致しない部分もありますが、この場合は法令一覧で中国語原文を確認してください。

2　中国の行政機関について

　中国の行政機関は、中央政府と地方政府に分けられます。中央政府では、国

務院を筆頭に、その下に、人力資源社会保障部など16の部、税務総署などの10の直属機構等があります。地方政府は、①省・自治区・直轄市レベル（省レベルという）、②直轄市管轄区・市・県レベル（県レベルという）、③郷・鎮レベルの3種類に分けられています。

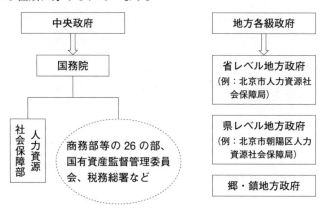

3 中国の司法機関（裁判所）について

中国の裁判所は、人民法院と呼ばれ、①最高人民法院、②高級人民法院、③中級人民法院、④基層人民法院の4種類に分けられています。日本では、第一審の管轄裁判所は原則として地方裁判所になりますが、中国では、すべての裁判所が第一審の管轄裁判所になることが可能です。具体的にどの裁判所が管轄するかは、係争事件の重大さにより異なります。

級　別	数　量	例
最高人民法院	全国で1か所のみ	中国最高人民法院
高級人民法院	各省・自治区・直轄市に1か所ずつ	北京市高級人民法院
中級人民法院	基本は省に1か所だが、北京市には4つある	北京市第一中級人民法院 北京市第四中級人民法院
基層人民法院	各県、区ごとに1か所ずつ	北京市朝陽区人民法院 北京市東城区人民法院など

4 中国の企業形態について

中国の企業は、どの国で設立されたのか、中国で設立した企業の場合、資本が中国国内または中国国外（外国）、また、当該企業が有限責任か無限責任か等により細かく分けられています。

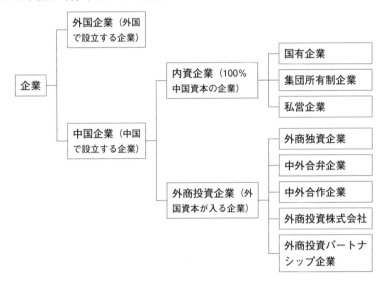

5 翻訳について

中国には、日本語にはない用語や言葉が多数存在し、実務では多くの翻訳実例がありますが、本書では、誤解を避けるため、「個人ファイル（中国語：档案）」というように、中国語原文を併記しています。

目　　次

改訂の序
はじめに（初版）
凡例
序章
　Q 1　労働関連法令の変化 …………………………………………2

第 1 章　従業員の採用
　ワンポイント用語解説 ……………………………………………10
　第 1 節　募集と面接
　　Q 2　従業員の募集方法および政府での手続 ……………12
　　Q 3　募集広告 ………………………………………………16
　　Q 4　面接 ……………………………………………………20
　　Q 5　従業員の個人情報の確認 ……………………………25
　　Q 6　中途採用と持病確認 …………………………………28
　第 2 節　採用
　　Q 7　労働契約の締結 ………………………………………33
　　Q 8　B 型肝炎キャリアへの差別 …………………………39
　　Q 9　業務委託契約の締結 …………………………………43
　　Q10　障害者や少数民族の採用義務 ………………………47
　　Q11　戸籍制度 ………………………………………………50
　　Q12　外国人採用時の留意点 ………………………………54
　　Q13　学生採用時の留意点 …………………………………61
　　Q14　分公司と駐在員事務所の従業員採用 ………………67
　　Q15　従業員名簿および労働監査の実態 …………………72

第 2 章　派遣社員の使用・打ち切り
　ワンポイント用語解説 ……………………………………………78

Q16	派遣制度	80
Q17	派遣会社との交渉方法	89
Q18	派遣社員利用時の労務管理	92
Q19	法定の派遣打ち切り	95
Q20	任意の派遣打ち切り	99

第3章 労働契約の作成

ワンポイント用語解説 …………………………………104
Q21	労働契約の作成	107
Q22	勤務場所条項	118
Q23	勤務内容条項	122
Q24	賃金条項	125
Q25	勤務時間条項	129
Q26	勤務期間条項	134
Q27	無固定期間労働契約の締結義務	138
Q28	試用期間条項	143
Q29	技術訓練および拘束期間条項	146
Q30	秘密保持条項	151
Q31	競業避止条項	155
Q32	違約金条項および損害賠償請求条項	162
Q33	集団契約	165

第4章 就業規則の作成・変更

ワンポイント用語解説 …………………………………170
Q34	就業規則の有効条件（3条件）	171
Q35	就業規則作成・変更時の経るべき民主的手続	176
Q36	就業規則の内容の合法性および合理性	179

第5章 労務管理

ワンポイント用語解説 …………………………………184

第1節 賃金

- Q37 賃金の確定方法 ……………………………………188
- Q38 同一労働・同一報酬原則 …………………………192
- Q39 最低賃金制度 ………………………………………195
- Q40 賃金支払時の留意点 ………………………………199
- Q41 残業代の計算方法および支給方法 ………………203

第2節 労働時間・休暇・休日

- Q42 労働時間 ……………………………………………207
- Q43 年次有給休暇 ………………………………………210
- Q44 病欠休暇 ……………………………………………218
- Q45 結婚休暇、弔慰休暇および家族訪問休暇 ………223

第3節 社会保険・住宅積立金

- Q46 5つの社会保険 ……………………………………227
- Q47 企業の社会保険加入義務 …………………………231
- Q48 養老保険 ……………………………………………234
- Q49 医療保険 ……………………………………………236
- Q50 失業保険 ……………………………………………238
- Q51 生育保険 ……………………………………………240
- Q52 労災保険 ……………………………………………244
- Q53 労災の認定手続 ……………………………………249
- Q54 住宅積立金制度 ……………………………………257

第4節 女性従業員・未成年従業員保護

- Q55 女性従業員の法的保護 ……………………………260
- Q56 三期期間中にある女性従業員の解雇 ……………264
- Q57 生理休暇、出産休暇および授乳休暇 ……………268
- Q58 未成年従業員の法的保護 …………………………272

第5節 工会（労働組合）

- Q59 工会の位置づけ ……………………………………275

目　次

Q60　工会組織の構造 …………………………………… 280
Q61　工会の設立プロセスおよびしくみ ……………… 283
Q62　工会の権限 …………………………………………… 287
Q63　工会に対する企業の義務 ………………………… 291
Q64　工会主席の特別保護 ……………………………… 296
Q65　工会の経費 …………………………………………… 302

第6章　労働契約の解除・終了・変更・更新

ワンポイント用語解説 ………………………………………… 310

第1節　合意解除
Q66　労働契約の合意解除 ……………………………… 314
Q67　経済補償金の支給 ………………………………… 320

第2節　労働契約の終了
Q68　労働契約の期間満了 ……………………………… 325
Q69　定年 …………………………………………………… 330

第3節　従業員による労働契約の解除
Q70　従業員からの労働契約解除の申入れ ………… 334
Q71　従業員からの労働契約解除の制限 …………… 337

第4節　企業による労働契約の解除（解雇）
Q72　解雇条件 ……………………………………………… 342
Q73　解雇手続 ……………………………………………… 346
Q74　解雇前の準備事項 ………………………………… 351
Q75　違法解雇の責任 …………………………………… 358
Q76　試用期間中にある従業員の解雇 ……………… 362
Q77　就業規則に著しく違反した従業員の解雇 …… 365
Q78　不正従業員の解雇 ………………………………… 371
Q79　兼業従業員の解雇 ………………………………… 375
Q80　悪質従業員の解雇 ………………………………… 378

xiii

Q81　刑事責任を追及された従業員の解雇 ……………………383
　　Q82　労働契約の締結を拒否した従業員の解雇 ……………388
　　Q83　医療期間経過後の従業員の解雇 ………………………391
　　Q84　能力欠如従業員の解雇 …………………………………396
　　Q85　状況変化による解雇 ……………………………………400
　　Q86　リストラ …………………………………………………404
　第5節　労働契約の変更・更新
　　Q87　労働契約変更時の従業員の同意 ………………………411
　　Q88　労働契約の更新協議書の締結 …………………………417
　第6節　経済補償金
　　Q89　経済補償金の支払に関する認定基準 …………………421
　　Q90　合意解除時等の経済補償金 ……………………………426
　　Q91　経済補償金の算出方法 …………………………………430
　　Q92　経済補償金と勤続年数の関係 …………………………435
　　Q93　2008年より前および2008年以降の経済補償金の計算方法 …439
　　Q94　経済補償金の支払方法 …………………………………446

第7章　労働紛争解決
　ワンポイント用語解説 …………………………………………452
　　Q95　労働紛争の流れ …………………………………………454
　　Q96　労働紛争における挙証責任 ……………………………466
　　Q97　労働紛争の管轄仲裁委員会 ……………………………470
　　Q98　労働紛争の出訴期限 ……………………………………473
　　Q99　労働紛争の回避方法 ……………………………………476
　　Q100　ストライキおよび暴動への対処方法 ………………480

法令一覧 ……………………………………………………………487
事項索引 ……………………………………………………………506

事例一覧

第1章

【事例1】 虚偽の募集広告により損害賠償を命じられた事例 …………16
【事例2】 従業員の提出した履歴書を証明できなかったため不利な結果に陥った事例 ……………………………………22
【事例3】 退職前従業員の採用が原因で前雇用主から損害賠償を求められた事例 ………………………………………29
【事例4】 入社前の健康診断を怠り損害を被った事例 ……………32
【事例5】 労働契約を締結しなかったため、2倍賃金の支給を求められた事例 ………………………………………34
【事例6】 証拠がないため非全日制労働者であるという企業の主張が認められなかった事例 ……………………………36
【事例7】 B型肝炎キャリアを原因に採用拒否した企業が損害賠償責任を追及された事例 ……………………………41
【事例8】 業務委託関係の従業員から、労働関係にあると反論され、企業から労災保険待遇を享受した事例 …………45
【事例9】 外国人就労許可証を取得しなかったため労働契約が無効とされた事例 ……………………………………59
【事例10】 学生を理由に労働契約の無効の主張が認められなかった事例 ………………………………………66
【事例11】 広州の某日系外商投資企業が受けた労働監査の事例 ………75

第2章

【事例12】 個人ファイル紛失が原因で、元従業員から損害賠償責任を追及された事例 ……………………………82
【事例13】 派遣会社が派遣社員の社会保険料を納付していなかったた

xv

　　　　めに、派遣先企業が連帯損害賠償責任を命じられた事例 …86

第3章
【事例14】企業による一方的な競業避止協議書の解除が認められた事
　　　　例 ………………………………………………………………160

第4章
【事例15】民主的手続を経た就業規則により刑事拘留を受けた従業員
　　　　の解雇を有効とした事例 ……………………………………175

第5章
【事例16】同一職務を理由に同一賃金を求められた事例 ……………193
【事例17】勝手に年次有給休暇を取得した従業員を解雇できると認定
　　　　した事例 ………………………………………………………217
【事例18】生育保険料未納付時の従業員への損害賠償に関する事例 …242
【事例19】労災保険手続中の従業員への損害賠償に関する事例 ………247
【事例20】交通事故に遭った日本人駐在員の労災申請の苦労話 ………255
【事例21】月経期間中の女性従業員への禁止業務事例 …………………261
【事例22】妊娠7か月の女性従業員への夜勤が禁止された事例 ………262
【事例23】妊娠中の従業員が就業規則に著しく違反したため解雇され
　　　　た事例 …………………………………………………………265
【事例24】労働契約期間満了により妊娠中の従業員と労働契約を終了
　　　　できない事例 …………………………………………………266
【事例25】工会経費について外国人従業員の賃金も総賃金に計上すべ
　　　　きとする事例 …………………………………………………290
【事例26】工会への通知を怠ったため解雇が違法解雇とされた事例 …292
【事例27】工会主席の労働契約期間の自動延長を認めた事例 …………297
【事例28】上級工会の同意を待たなかったため工会主席の解雇が違法

　　　　　と認定された事例 …………………………………………298
【事例29】 工会主席の労働契約の合意解除に関わる事例 …………300
【事例30】 北京市初の解雇された工会主席の苦闘事例 ……………303

第6章

【事例31】 約定の経済補償金が法定額より少なかったため、追加支給
　　　　　が命じられた事例 ……………………………………322
【事例32】 妊娠を知らなかったことを理由に労働契約の合意解除請求
　　　　　が認められた事例 ……………………………………323
【事例33】 突然出社しなくなった従業員から未出社期間中の賃金支給
　　　　　を求められた事例 ……………………………………340
【事例34】 解雇が無効とされた後における従業員の賃金損失の認定事
　　　　　例 ………………………………………………………360
【事例35】 民主的手続を経なかった自宅待機管理規程が審理の根拠と
　　　　　できなかった事例 ……………………………………366
【事例36】 個室移転命令に従わなかったことが就業規則の著しい違反
　　　　　に該当しないため解雇が認められなかった事例 ………368
【事例37】 職務懈怠の結果2000人民元の損害をもたらした従業員を解
　　　　　雇できるとした事例 …………………………………374
【事例38】 兼職した従業員を解雇した事例 ……………………………377
【事例39】 学歴を詐称した従業員を解雇できた事例 …………………381
【事例40】 学歴を詐称した従業員を解雇できなかった事例 …………382
【事例41】 刑事処分が免除された従業員の解雇可否に関する事例 ……384
【事例42】 刑事拘留を受けた従業員の解雇を無効とした事例 …………386
【事例43】 別の業務の手配を怠ったため、病気治癒後の従業員の解雇
　　　　　を無効とした事例 ……………………………………394
【事例44】 業務に堪えられない従業員の解雇が認められた事例 ………398
【事例45】 企業の部門廃止が客観的状況の重大変化に該当し、解雇が

　　　　　認められた事例 …………………………………………… 403
【事例46】企業による従業員の勤務場所に対する一方的な調整が違法
　　　　　とされた事例 …………………………………………… 415
【事例47】経済補償金の分断計算に関わる事例 ………………… 444

第7章
【事例48】終局判断を理由に企業の訴えを受理しなかった事例 ……… 460
【事例49】企業が解雇決定を従業員に送付した証拠を提出しなかった
　　　　　ため解雇が無効と認定された事例 …………………… 468
【事例50】従業員の苦情対応の重要性を浮き彫りにした事例 ………… 478

コラム一覧

第1章

【コラム1】中国の政府労働行政管理部門の名称の変遷 …………13
【コラム2】従業員募集広告の正しい書き方 ………………………18
【コラム3】身分証明書の真偽の確認方法 …………………………26
【コラム4】中国の戸籍制度の変遷と現状 …………………………52

第2章

【コラム5】中国の個人ファイル（档案）管理制度の現状 …………82
【コラム6】従業員募集採用時のチェックポイント ………………102

第3章

【コラム7】業務の必要に応じて従業員の職務、勤務場所を変更できるとする約定の効力 …………………………110
【コラム8】不定時勤務時間制度の利用実務 ………………………132
【コラム9】「華為」事件の経緯と法的効果 …………………………141

第5章

【コラム10】中国における政府による賃金指導の実態 ……………189
【コラム11】従業員個人が納付する社会保険料および住宅積立金は最低賃金に計上すべきか …………………………198
【コラム12】日本人駐在員への賃金の支払方法 ……………………202
【コラム13】米ウォルマート社からみる中国での工会設立の実態 …278
【コラム14】日ごろの労務管理のチェックポイント ………………306

第6章

【コラム15】定年年齢に達した派遣社員への対応方法……………333
【コラム16】能力欠如の妊娠従業員を解雇できない………………345
【コラム17】企業に工会がない場合、通知義務をどのように果たすべきか………………………………………………………………348
【コラム18】従業員への解雇通知の送付方法………………………349
【コラム19】業務引継を拒否した従業員の保険関係移転手続を拒否できるのか…………………………………………………………354
【コラム20】従業員解雇時のチェックポイント……………………355
【コラム21】精神病を患った従業員は採用条件に合致しないことを理由に解雇可能………………………………………………………364
【コラム22】医療期間の計算方法……………………………………392
【コラム23】事業統合する場合、従業員を解雇できるのか………402
【コラム24】リストラを迫られた従業員約600人が日本人総経理を6時間にわたって取り囲んだ事件…………………………………410
【コラム25】中国の経済補償金と日本の退職金の比較……………422
【コラム26】経済補償金の支給義務の有無のチェックポイント…423
【コラム27】残業代を経済補償金に関わる賃金基準に計上すべきか…433

第7章

【コラム28】残業代支給に関わる労働紛争における当事者の挙証責任の分担方法……………………………………………………469
【コラム29】東方航空のパイロットによるストライキ事件………481
【コラム30】総経理に暴行を加え死亡させた吉林通化鉄鋼の従業員暴動事件………………………………………………………………482

サンプル一覧

第1章

- 【サンプル1】 面接者登録表 …………………………………………21
- 【サンプル2】 身分証明書様式 ………………………………………26
- 【サンプル3】 退職済みおよび競業避止義務なしの誓約書 …………31
- 【サンプル4】 外国人勤務許可証 ……………………………………56
- 【サンプル5】 外国人居留許可 ………………………………………58
- 【サンプル6】 実習に関わる三者間契約 ……………………………62
- 【サンプル7】 実習協議書 ……………………………………………64
- 【サンプル8】 湖北省所定の従業員名簿 ……………………………73

第3章

- 【サンプル9】 労働契約雛形 …………………………………………111
- 【サンプル10】 不定時勤務時間制実施認可書 ………………………131
- 【サンプル11】 専門的技術訓練および拘束期間に関する協議書 ……149
- 【サンプル12】 秘密保持および競業避止に関する協議書 …………158

第4章

- 【サンプル13】 就業規則受領書 ………………………………………173

第5章

- 【サンプル14】 勤続年数の自己申告書 ………………………………213
- 【サンプル15】 年次有給休暇の不享受確認書 ………………………214
- 【サンプル16】 労災認定決定書 ………………………………………253
- 【サンプル17】 労働能力鑑定書 ………………………………………254

第6章

【サンプル18】退職願 …………………………………………………315
【サンプル19】従業員の申入れによる労働契約合意解除協議書 ………316
【サンプル20】企業の申入れによる労働契約合意解除協議書 …………318
【サンプル21】離職人員業務引継確認表 ………………………………329
【サンプル22】解雇理由通知書 …………………………………………347
【サンプル23】解雇通知書 ………………………………………………349
【サンプル24】大連市所定の労働契約解除通知書 ……………………352
【サンプル25】労働契約の更新意思確認書 ……………………………418
【サンプル26】労働契約更新協議書 ……………………………………420

第7章

【サンプル27】仲裁委員会からの応訴通知書 …………………………456
【サンプル28】仲裁委員会からの開廷通知書 …………………………457
【サンプル29】裁判所からの応訴通知書 ………………………………462
【サンプル30】裁判所からの開廷通知書 ………………………………463

序章

序章

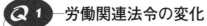 労働関連法令の変化

2008年以降、中国においては労働関連法令の変化が激しいと聞きますが、具体的にはどのような変化があるのでしょうか。外商投資企業が、留意すべき点は何でしょうか。

Point

・2008年1月1日の労働契約法の施行以降、従業員の権利保護が強化され、企業の労務管理リスク（特に雇用コスト）が高まっている。
・2008年以降、労働紛争が年々増加し、そのほとんどが従業員により提起され、従業員側の勝訴率が高い。
・労働報酬に関する紛争、労働契約の解除・終了に関する紛争、社会保険に関する紛争が労働紛争の8割余りを占めている。

 1　中国の労働関連法令の概況と変化

中国の労働関連法令は、(1)全国人民代表大会が制定する法律、(2)国務院が制定する行政法規、(3)政府労働部門が制定する部門規則および(4)地方政府が制定する地方規則から構成されています。また、裁判所や労働争議仲裁委員会が公布する解釈も実務上重要な役割を果たしています。

労働関連法令を理解するには、主に労働法（1995年1月1日より施行）および労働契約法（2008年1月1日より施行）の二つを取り上げる必要があります。

前者は、中国が計画経済から市場経済へと転換する中で企業（当時多くの企業は国有企業）を保護する目的で制定された法令です。後者は、外資企業や民間企業が増加する中で、労働者の権利を保護する目的で制定された法令です。この意味で、2008年より前に労働法を基本とし制定された労働関連法令は企業の利益を保護する内容が多く、2008年以降に労働契約法を基本とし制定された労働関連法令は従業員の利益を保護する内容が多いのが特徴です。

2 法令変化がもたらした影響

前述のような労働関連法令が制定され、その法令の内容の変化により、外商投資企業は、以下の点に留意しながら、従来までの労務管理方法を見直すことが必要となります。

(1) **日本人駐在員出向者の社会保険加入**

従来、日本人駐在員は中国における社会保険に加入することはできませんでしたが、社会保険法および中国国内で就業する外国人の社会保険加入に関する暫定弁法の施行により、2011年10月15日より、法律上、日本人駐在員が中国国内で社会保険に加入しなければならなくなりました。現在のところ、実務では、北京市のように、日本人を含むすべての外国人の社会保険加入を強要しているところもあれば、上海市のように、社会保険に加入するか否かは外国人の任意としているところもあります。ただし、2018年5月9日に日中社会保障協定が締結され、日本人駐在員の日中での社会保険の二重払いの解消がうたわれているため、今後、当該協定の発効日、またその内容につき注視する必要があります。

(2) **契約未締結時の2倍賃金の支給**

2008年より前までは、特に罰則規定がなかったせいか、企業が従業員と労働契約を締結していないケースが多発していました。しかし、2008年1月1日以降、従業員の勤務開始日から1か月以内に企業が労働契約を締結しない場合、2か月目以降から企業が従業員に2倍の賃金を支給する義務が課せられるようになり（労働契約法82条）、労働契約の締結が促進されるようになりました。

(3) **違法解雇における2倍経済補償金の支給**

2008年より前までは、企業による従業員の解雇が違法と認定された場合、従業員が労働契約の解除に同意すれば、企業が経済補償金を支給していました。しかし、2008年1月1日以降、企業は2倍の経済補償金に相当する賠償金を従業員に支給しなければならなくなりました（労働契約法87条）。このた

序章

め、従業員を解雇するときには、解雇理由が違法ではないかを、より慎重に検討しなければならなくなっています。

(4) 仲裁時効の延長

2008年5月1日の前までは、労働紛争の申立時効は60日間でしたが、2008年5月1日以降は1年間に延長され、かつ賃金支給に関わる労働紛争は、労働関係が存続する限り時効は成立しないことになりました（労働争議調停仲裁法27条）。よって、時効期間が長くなった分、企業が訴えられるリスクが増加したことになります。

(5) 仲裁・訴訟費用の軽減

2008年5月1日の前までは、労働紛争になる場合、労働争議仲裁委員会に納付すべき仲裁費用として少なくとも数百人民元を支払う必要がありましたが、2008年5月1日以降は、仲裁費用は無料となりました（労働争議調停仲裁法29条）。一方、裁判所に納付すべき訴訟費用は、これまで係争金額に応じて異なっていましたが、2007年4月1日以降は一律10人民元になりました（訴訟費用納付弁法13条）。近年、労働仲裁・訴訟事件が急増してきていますが、このような仲裁・訴訟費用の軽減も、その大きな理由の一つです。

(6) 無固定期間労働契約の締結義務の拡大

2008年5月1日の前までは、10年連続して勤務した従業員の場合のみ、従業員が要求すれば、企業は従業員と無固定期間労働契約の締結義務がありました。しかし、2008年1月1日以降、無固定期間労働契約を締結しなければならない場面が拡大され、2回連続して固定期間労働契約を締結した場合、従業員が要求すれば、企業が従業員との無固定期間労働契約の締結義務を負うようになりました（労働契約法14条）。無固定期間労働契約を締結すると、固定期間労働契約と比べ、企業の期間満了による更新拒否の権利がなくなり、従業員の解雇がより難しくなります。

(7) 派遣社員の利用制度の整備

従来、派遣社員に関する法令上の規定が不明確であったため、低コスト、低リスクによる派遣社員の利用が可能でした。労働契約法の施行に伴い、派遣社

員を利用するケースが増えましたが、いわゆる三性（臨時性、補助性、代替性）の定義の明確化、全社員に占める派遣社員の割合が10％を超えてはならないという人数制限により、2014年3月1日より、派遣社員を利用する日系企業は少なくなりました。

(8) **労働契約期間満了時の経済補償金の支給義務**

2008年より前までは、労働契約が期間満了を迎えた場合、企業が継続雇用の予定がなければ、労働契約を終了することができ、この場合でも、従業員に経済補償金を支給する必要がありませんでした。しかし、2008年1月1日以降、従業員の勤続年数に応じて経済補償金を支給しなければならなくなりました（労働契約法46条）。

(9) **就業規則作成・変更時の民主的手続の履行義務**

2008年より前までは、企業による一方的な作成・変更が許されていた就業規則について、2008年1月1日以降、就業規則を定める場合には、事前に従業員、工会（労働組合または従業員代表）にその意見を聴取しなければならなくなりました（労働契約法4条）。目下のところ、従業員の意見を聞くだけでよく、その意見を受け入れるか否かの判断は企業の権利だとする意見が有力ですが、工会または従業員代表を設置しないと、就業規則を作成・変更できなくなるリスクが生じ、企業にとって大きな負担となります。

(10) **解雇時の工会（労働組合）への通知義務の明確化**

2008年より前までは、企業が従業員を解雇するには、事前に工会に通知を行わなければならないものの、通知を怠ったとしても、解雇が無効となることはありませんでした。しかし、2008年1月1日以降、労働契約法が工会への事前通知義務を明確化したことで（労働契約法42条）、企業が従業員を解雇する場合、事前に解雇理由を工会に通知しなければ、違法解雇とされるリスクが生じるようになりました。また、工会のない企業においては、工会への通知義務をどのように果たすべきかについて、現在も混乱が見受けられます。

(11) **違約金約定の制限**

2008年より前までは、従業員の離職防止を目的に、所定期間の勤務をしな

序章

ければ、離職の際、従業員に違約金の支払を課す旨の違約金約定を効果的に利用することができました。しかし、2008年1月1日以降、違約金の約定は、競業避止義務を負う従業員、企業から専門的技術訓練を享受した従業員にしか実施できないこととなりました（労働契約法25条）。違約金の約定を使わずに優秀な従業員の離職をいかに防止するのかは、企業にとって頭の痛い課題の一つです。

3　最近の労働紛争の実態からみる労務管理の行方

(1)　労働紛争急増

労働契約法（2008年1月1日施行）、「労働争議調停仲裁法」（2008年5月1日施行）、「訴訟費用納付弁法」（2007年4月1日施行）等の法令の実施により、仲裁訴訟費用の軽減や労働紛争の申立時効の延長から、従業員の権利意識が強まり、2008年以降中国全土で労働紛争が急増し、今だその勢いは衰えず、年々増加しています。

	2016年	2015年	2014年	2013年	2012年	2011年
労働仲裁案件受理数	828,714	813,859	715,163	665,760	641,202	589,244
労働者による労働仲裁提起数	801,482	784,229	690,418	641,932	620,849	568,768
報酬に関わる労働紛争数	345,745	321,179	258,716	223,351	225,981	200,550
社会保険に関わる労働紛争数	145,705	158,002	160,961	165,665	159,649	149,944
労働契約の終了・解除に関わる労働紛争数	188,635	182,396	155,870	147,977	129,108	118,684
調停により解決した労働仲裁件数	389,737	362,814	321,598	311,806	302,552	278,873
仲裁判断を下す労働仲裁件数	366,428	368,409	313,175	283,341	268,530	244,942
使用者が勝訴した仲裁案件数	92,405	90,785	82,541	82,519	79,187	74,189
労働者が勝訴した仲裁案件数	286,020	287,544	250,284	217,551	213,453	195,680
双方が一部勝訴した仲裁案件数	449,464	434,132	378,219	368,992	350,652	322,954

	2010年	2009年	2008年	2007年	2006年	2005年
労働仲裁案件受理数	600,865	684,379	693,465	350,182	317,162	313,773
労働者による労働仲裁提起数	558,853	627,530	650,077	325,590	301,233	293,710
報酬に関わる労働紛争数	209,968	247,330	225,061	108,953	—	—
社会保険に関わる労働紛争数	—	—	—	97,731	—	—
労働契約の終了・解除に関わる労働紛争数	31,915	43,876	139,702	80,261	67,868	68,873
調停により解決した労働仲裁件数	250,131	251,463	221,284	119,436	104,435	104,308
仲裁判断を下す労働仲裁件数	266,506	290,971	274,543	149,013	141,465	131,745
使用者が勝訴した仲裁案件数	85,028	95,470	80,462	49,211	39,251	39,401
労働者が勝訴した仲裁案件数	229,448	255,119	276,793	156,955	146,028	145,352
双方が一部勝訴した仲裁案件数	319,565	339,125	265,464	133,864	125,501	121,274

(出所：中国政府統計局HP)

(2) 労働紛争の中身

上述表から分かるように、96％以上の労働仲裁は、労働者から提起されています。労働仲裁の半分程度が労働者および使用者が一部ずつ勝訴していますが、残りの仲裁案件のうち、労働者の勝訴数は使用者より3倍も高い比率となっています。

労働紛争の内容を見ると、労働報酬に関する紛争、労働契約の解除・終了に関する紛争、社会保険に関する紛争が労働紛争の8割余りを占めています。

実務では、中国における日系企業の場合、社会保険に関する紛争はそれほど多くはなく、ほとんどの紛争が労働報酬（残業代の未払い、経済補償金の未払い、一方的な賃金引き下げなど）に関わるものおよび労働契約の解除・終了に関わるものです。日系企業は日頃から特にこの面での労務管理をしっかりと行っておくべきでしょう。

第1章

従業員の採用

第1章　従業員の採用

> ### ワンポイント用語解説

❈ 戸籍（中国語：戸口）

　中国人は生れたときに、両親のどちらか一方の戸籍所在地の戸籍を取得することになります。戸籍制度は人員の自由流動を制限する目的があることから、戸籍を持たない地域で勤務すると、その地域の一部の社会福利を享受できない可能性や就学するときには学校に寄付金を支給しなければならないなど、多くの不便が伴います。勤務地に戸籍を移転することができますが、実務上、多くの条件が必要となり、なかなか容易なことではありません。

❈ 外来労働者（中国語：外来務工人員）

　勤務地の戸籍を持たない労働者のことを外来労働者といいます。中国では、戸籍制度が実施されているため、現在、外来労働者が勤務地の社会保険、社会福利の享受において多くの問題を抱えています。

❈ 身分証明書

　公安部門が発行する中国人の身分を表すものであり、そこに、名前、性別、生年月日、戸籍所在地等の情報が記載されています。それぞれ個人に振り当てられた身分証明書番号が記載されており、その個人番号から性別、生年月日、戸籍所在地等の情報を取得することができます。中国人が飛行機に乗ったり、ホテルに泊まったりするときには、いずれも身分証明書（パスポートでも可能も、ホテル宿泊の場合は、地域によっては派出所へ出頭する必要がある）を呈示する必要があります。

❈ 非全日制労働者

　企業と労働関係を確立し、1日の勤務時間が4時間以内、1週間の勤務時間が24時間以内の従業員のことをいいます。賃金は時給で計算され、日本でい

うところのパートやアルバイトに相当します。

業務委託契約（中国語：労務契約）
　企業の指揮監督を受けず、企業から依頼された仕事を遂行し、役務提供対価を取得する契約です。企業との間に雇用関係が存在せず、役務提供者が企業から社会保険料の負担を受けないという点で、従業員と大きく異なります。

第1章　従業員の採用

第1節　募集と面接

Q2　従業員の募集方法および政府での手続

従業員を募集する場合、どのような募集方法があるのでしょうか。事前に政府労働行政管理部門で何らかの届出手続を行う必要はあるのでしょうか。また、採用後の届出手続は必要でしょうか。

Point

・従業員の募集方法として、自社サイト、メディア、ヘッドハンティング、合同会社説明会などさまざまな方法で求人を行うことができる。
・従業員を募集する前の募集届出は不要となった。
・従業員の採用後に、雇用届出手続を行うことは全国共通の必須要件。
・雇用届出手続を怠ると、法律上、最高1000人民元の罰金を科せられるが、実務で罰則を受けたケースは現在までのところごくわずかにすぎない。

1　中国における労働行政管理

中国では、戸籍管理制度が実施され、かつては人員の自由な流動が制限される時代がありました。1978年の改革開放以降、この戸籍管理制度は徐々に緩和され、現在は企業が自由に従業員を採用することができるようになりました。しかし、企業が従業員を採用する際には依然として政府労働行政管理部門の管理を受け、従業員の採用後に政府労働行政管理部門に届出をする必要があります。

日本法では、男女雇用機会均等法5条により雇用機会の平等を定められているものの、企業はどのような従業員を採用するかについて自由があり、障害者雇用促進法も企業の採用人数の問題であって、企業が従業員を自由に採用することを制限するものではありません。

第 1 節　募集と面接

コラム 1
中国の政府労働行政管理部門の名称の変遷

　中国の政府労働行政管理部門の名称は、その時代によって以下のとおり名称が変わりますが、労働行政管理の職責には特に変化はありません。
　　1988 年以前 ……………………「労働人事部」
　　1988 年～1998 年………………「労働部」
　　1998 年～2008 年………………「労働社会保障部」
　　2008 年以降 ……………………「人力資源社会保障部」

2　人員募集方法

　従業員を募集する場合、自社ホームページがあればそこで求人情報を掲載することができますが、このほかにも、メディア媒体に広告を出したり、職業紹介機構（政府主催の公共職業紹介所、民間の人材紹介会社、ヘッドハンティング会社）を利用することもできます。新卒社員を募集したい場合には、各大学の卒業生指導センターに企業の関連情報を送って宣伝してもらったり、また大学の許可を受ければ、大学の構内で募集宣伝を行ったりすることもできます。また、北京市、上海市のような大都市では、定期的に合同会社説明会（中国語：人材招聘会）が開催され、主催者に一定の料金を支払えば、企業が会場内にブースを設置し、募集資料の配布や、その場で面接を行うことも可能です。

3　人員募集時の事前報告手続の撤廃

　以前は、企業が従業員を募集する際に、事前に政府労働行政管理部門に報告する必要がありました。現在、このような事前報告手続がほとんどの都市で撤廃され、企業が直接に従業員を募集することができるようになりました。

第1章 従業員の採用

4 採用後の雇用届出手続

(1) 雇用届出手続は必須

企業は従業員を採用してから30日以内に、政府労働行政管理部門のウェブサイト上で所定の雇用届出手続を行う必要があります（労働起用届出制度の確立に関する通知3条2項）。この雇用届出手続は、全国で通用するものとされており、中国全土の企業がこれに従う必要があります。雇用届出手続の際には、労働契約書の提出は不要となっています。

(2) 雇用届出手続を怠った場合の責任

企業が従業員採用後の政府労働行政管理部門への雇用届出手続を怠ると、政府労働行政管理部門から是正を命じられます。是正命令に応じない場合、企業が処罰を受けることになります（労働起用届出制度の確立に関する通知4条3項）。つまり、企業が届出手続を怠った場合、ただちに処罰を受けるのではなく、政府労働行政管理部門の是正命令を受け、それでも是正しない場合にはじめて処罰を受けることになります。このことが、実務で雇用届出手続を行わないケースが多発している要因の1つであると考えられています。

雇用届出の手続を行うことは、政府労働行政管理部門が、従業員の権利をよりよく保護できるということだけにとどまらず、労働者の就職状況が把握できるなど、労働力市場の管理において多くのメリットがあります。雇用届出手続の推進強化のために、労働社会保障部は2007年10月30日に「就労サービスおよび就労管理規定」を公布し、企業が届出を懈怠、または虚偽の内容を届け出た場合、政府労働行政管理部門が企業に対して是正を命じ、かつ1000人民元以下の罰金を科すことができるとしています（就労サービスおよび就労管理規定75条）。

これにより、企業が従業員採用後の届出手続を怠ると、政府労働行政管理部門がただちに1000人民元までの罰金を科すことができるようになり、企業の雇用届出の推進に力を注いでいます。しかしながら、実際に雇用届出手続を行う企業は現在でもそれほど多くはなく、また、現在までのところ、雇用届出手

第 1 節　募集と面接

続を怠ったために実際に罰金を受けたという事例もほとんど聞きません。

第 1 章　従業員の採用

Q3　募集広告

募集広告を出す場合の注意点は何でしょうか。

Point

・募集広告の内容が虚偽であってはならない。
・募集条件を明確にする。
・差別用語は禁止。

Ans.

1　募集広告内容の真実性

　募集広告を出す場合、当然ながら、その内容が虚偽のものであってはなりません。この点は、日本と同じです。しかし、実務では、より良い人材を確保したいがために、事実より誇張して企業の宣伝を行っているケースもよく見受けられます。企業の誇大募集広告を信用して入社した従業員が損害賠償を求めた事例も実際に発生しているため、外商投資企業が従業員を募集する際には、自社の宣伝が事実に合致しているかを入念に確認する必要があります。

事例 1

虚偽の募集広告により損害賠償を命じられた事例

1　事実

　A 社は技術開発責任者の募集を行う際に、自社が世界的に有名な同業他社との間に密接な業務提携関係があり、米国には支社を開設していることから、試用期間満了後には米国研修を行うことも可能という旨の募集広告を掲載しました。この募集広告を見た高さんは A 社に応募し、年俸 20 万人民元の仕事を辞めて A 社に入社しました。
　6 か月の試用期間満了後、当初からの約束であった米国研修を申し込んだところ、A 社から人材を誘致するための虚偽の募集広告内容であったと告げられ、米国に支社もなければ、世界有数の同業他社との業務提携関係もないということが判明しまし

た。A 社で結果を出せば将来的には賃金をさらに上乗せするなどといって A 社は高さんに和解をもちかけました。

これに憤慨した高さんは、即刻労働契約の解除を求め、A 社もこれには同意したものの、賠償金の支給について双方の折り合いがつかなかったため、高さんは労働争議仲裁委員会に仲裁を申し立てました。

2 仲裁委員会の判断

労働争議仲裁委員会は、高さんが虚偽の募集広告内容を信用して労働契約を締結したとして、A 社に対して高さんに合計 12 万人民元の損害賠償を支払うよう命じました。

3 解説

A 社は虚偽の募集広告を行ったため、損害賠償を命じられたのは当然のことといえます。本件では、仲裁委員会はどのようにして 12 万人民元の損害を認定したのか、ここでは不明ではあるものの、企業としては、従業員を募集する際に、虚偽の募集広告を行わないよう注意すべきです。

2 採用条件の明確化

募集広告において採用条件を細かく定めるのか、それとも大まかに定めるのか、判断の難しいところです。後者の場合、より多くの人が採用条件に合致することから、多数の応募が得られるメリットがありますし、前者の場合、より的確に必要な人材を見つけるメリットのほかに、試用期間内で「採用条件」に合致しないことが判明した場合の、解雇の根拠としても活用することができます。

中国では、試用期間内の従業員に対して、企業側が「採用条件に合致しないこと」を証明できれば、経済補償金を支払わずに従業員を解雇することができます（労働契約法 39 条 1 号）。これは企業に付与された正当な権利ですが、実際、この権利をうまく活用できていない企業が非常に多いのが実状です。その最大の理由は、「採用条件の不明確さ」にあります。

「採用条件」を明確にするため、従業員の採用にあたり、労働契約に採用条件を明記したり、別途採用条件を作成し従業員に交付するなどの対策が考えられますが、実際、このような対策を取る企業はそれほど多くはなく、結局は募

第1章 従業員の採用

集広告に定める採用条件が試用期間中の従業員を解雇する際の「採用条件」の基準となります。このため、採用条件を別途明記しない企業の場合、募集広告で詳細な採用条件を明記しておくことが重要です。

3 差別用語は禁止

従業員の募集において、その民族、性別、宗教信仰、年齢、戸籍、病気、身体障害等への差別を行うことは禁止されています。この点については、日本の職業安定法3条、男女雇用機会均等法5条、雇用対策法10条等において、不当な募集、採用差別を禁止している状況とほとんど変わりありません。中国においてこれらの差別を行った場合、従業員が企業を相手取り損害賠償を求め、裁判所に訴訟を提起することが認められています（就労促進法62条）。実際、従業員による損害額の証明は非常に難しいですが、この場合、訴訟を起こされること自体が社会的にマイナスイメージにつながるため、企業側としてはできれば避けたい問題です。

従業員募集広告の正しい書き方

中国では、従業員募集の広告には差別用語が現在も数多く見受けられます。

(1) 間違った書き方

それでは総経理秘書の募集広告を例にとって、どのような表現に問題があるかを見てみましょう。

> 25歳以下、女性、未婚、北京戸籍、2年以上の秘書勤務経験、大学中国語専攻卒業、WordおよびExcel等のOfficesoftを自由に駆使でき、入力速度は1分間80字以上、漢民族、B型肝炎ウイルス持続感染者（HBVキャリア）ではない。

この中には差別用語が数多く含まれています。「25歳以下」は年齢差別、「女性」は性別差別、「未婚」は既婚者への差別、「北京戸籍」は地域差別、「漢民族」は民族差別に該当し、当然「B型肝炎キャリアではない」はB型肝炎キャリアへの差別に該当します。

(2) 正しい書き方

前述の総経理秘書の募集の場合、以下の形にすれば、差別表現の問題を解決することができます。

> 2年以上の秘書勤務経験、大学中国語専攻卒業、Word および Excel 等の Officesoft を自由に駆使でき、入力速度は1分間 80 字以上。

たしかに、このような募集条件だと、前述の条件に合致する人の範囲が広がるため、多くの申込みが殺到するおそれもありますが、どのような人を採用するのか、最終的には当然企業側の判断に委ねられます。もっとも、企業が性別、民族等を重視して採用を判断し、かつこれを応募者に告げることは就労差別に該当し、責任追及される恐れが生じるため留意する必要があります。

第1章　従業員の採用

Q4　面接

面接において留意すべき点は何でしょうか。候補者の個人情報をどこまで聞くことができるのでしょうか。また逆に、候補者からの質問にどこまで答える必要があるのでしょうか。

Point

・面接者登録表を作成、従業員による自筆記入を受けておくことが重要。
・面接の際の質問不可事項があり、従業員に回答を強要してはならない。
・労働内容に関わる事項につき、従業員の質問には誠実に回答する必要がある。

Ans.

1　面接者登録表の重要性

　面接を行う前に、候補者に必要事項を面接者登録表に記入してもらいます。一般的に、候補者はすでに企業に履歴書を提出していますが、履歴書とは候補者側による一方的な作成であり、得てして候補者に都合のよい情報が多く、企業が把握したい情報が必ずしもこれで揃うわけではありません。このため、企業側が把握しておきたい候補者の情報を事前に面接登録表に記入してもらうことが、候補者の適性を理解する上で有益だと考えられます。

　また、最近の履歴書はパソコンで作成したものをプリントアウトしたものが多く、このような履歴書は本当に候補者自身が作成したものであるのかの証明が難しく、経歴詐称などで後日裁判に発展した場合、証拠としての信頼性はそれほど期待できません。対応策として、候補者の提出した履歴書に改めて自筆の署名をもらっておく方法や、また企業所定の「面接者登録表」に候補者自身に自筆で記入してもらう方法などがあります。後者の場合、記載事項に虚偽があれば、本人が提出したものであるという明らかな証拠となり、企業側がもしもの場合に備える保険としても有効に活用できます。また、自筆による履歴書の提出を義務付ける方法も効果的で、履歴書の筆跡から候補者の個性をある程

第1節　募集と面接

度判断できるメリットもあります。

【サンプル1：面接者登録表】

面接者登録表

名前		性別		生年月日	
最終学歴		原籍		民族	
政治身分		健康状況			
現住所					
電話番号					
学歴職歴	期間		学校・企業名称		専攻・職務
職場への要求	北京に限る□　　企業に任せる□				
職務への要求	[　　　　]職に限る□　　企業に任せる□				
希望賃金	[　　]万元(税前)以上　　[　　]万元(税後)以上				
犯罪歴の有無	なし□　　あり□				
その他					

前述のとおり、相違ありません。

　署　名：
　登記日：　　　年　　月　　日

第 1 章　従業員の採用

事例 2
従業員の提出した履歴書を証明できなかったため不利な結果に陥った事例

1　事実

　A 社は財務総監職の募集を行い、「北京大学 MBA 卒、大手企業での財務総監としての勤務経験あり」の経歴を名乗る孫さんがこれに応募してきました。A 社は孫さんの学歴および職歴の確認を行わずに、孫さんの採用を決定しました。2 か月の試用期間中に、孫さんの能力に疑問を抱いた A 社がこのとき初めて調査を行ったところ、北京大学 MBA 卒は詐称であり、財務総監というのも、ごく小さな企業での勤務経験に過ぎないことが判明しました。これを受けて、A 社は孫さんを解雇しました。

2　結果

　孫さんは A 社を相手取り労働仲裁を申し立て、これに対し A 社は孫さんの履歴書を提出しましたが、そこに孫さんの署名はなく、孫さん側も、自らが北京大学 MBA 卒であると発言したことは一切なく、A 社が提出した履歴書も自らが提出したものではないと反論しました。
　A 社に孫さんを解雇できるその他の証拠がなかったことから、敗訴する恐れが強いと判断した A 社は、1 か月分の賃金を孫さんに賠償することで、孫さんとの和解に応じました。

3　解説

　孫さんが学歴および職歴を詐称したとしても、A 社はこれを証明できない限り、これを理由に孫さんを解雇することはできません。このため、従業員を募集する際には、その学歴および職歴をきちんと確認すべきです。

2　質問内容に留意

(1)　企業の権利はどこまで

　企業には、採用予定の従業員の労働契約に直接関わりのある基本情報を把握する権利があり、従業員側も誠実にこれを回答しなければなりません（労働契約法 8 条）。では、どのような情報が「労働契約に直接関わりのある基本情報」に該当するのか、これについて明確な判断基準がないため、しばしば混乱が見

受けられます。

現在までのところ、従業員の「知識技能、学歴、職業資格、職歴、住所、主要家族、電話番号」などが基本情報に該当し、これらに関する質問については特に問題はない、とされています。また、既婚であるか、または結婚の予定、子供の有無、子供の年齢、子供を生む予定があるか、どの民族（漢民族か少数民族か）なのか、両親の就職先、過去の刑事罰の有無、過去の入院経験、などについて質問することも違法ではありません。

(2) 微妙なケース

なお、モデルとして雇用する場合は別として、日本と同様に女性へのスリーサイズに関する質問はご法度です。また、性的少数者かどうかの質問も、現在の中国の一般常識では受け入れられる人はそれほど多くはないため、性的少数者であるかを直接的に質問するのは避けるべきです。ただし、性的少数者についてどのように見ているのかについては、従業員の価値観に対する判断となるため、これを聞くことに特に問題はないと思われます。

(3) 前職場の賃金を聞くべきか

実務では、従業員の前職場における具体的な賃金額について質問すべきか、判断に迷う企業が少なくありません。賃金は従業員にとって敏感な話題というだけでなく、賃金に関する情報が職場の商業秘密であるとして第三者への守秘義務を負う従業員もなかにはいます。この場合、従業員は新しい就職先に情報を漏えいすべきではなく、新しい就職先もこれを聞かない方が無難です。

従業員が質問に素直に回答する場合は別として、仮に従業員が質問に対する回答を拒んだ場合、それが「労働契約に直接に関わりのある基本情報」であるとの確信がない限り、企業は従業員に回答を強要できないことに留意しておく必要があります。

3 従業員からの質問には誠実に回答する

従業員を募集する際、従業員に勤務内容、勤務条件、勤務場所、職業上の危険、安全生産状況および労働報酬をありのまま告知しなければなりません。ま

第 1 章　従業員の採用

た、従業員が説明を求めるその他の状況について、労働契約に直接に関わりのあるものについては、これも真実をありのまま回答しなければなりません（労働契約法 8 条）。

　これを怠ると、従業員が詐欺を理由に労働契約の無効を主張することができ（労働契約法 26 条）、これにより従業員に損失をもたらした場合、これを賠償しなければなりません（労働契約法 86 条）。さらに、労働契約で「労働保護または労働条件」等を約束したにもかかわらず、従業員にこれを提供しない場合、従業員は労働契約を解除し、企業に経済補償金の支給を求めることができます（労働契約法 38 条、46 条）。実務上、従業員のこれらの質問に対して、入社後に判明すると答えるケースが多く見受けられますが、これは、企業の回答義務に違反するものであり、この点留意すべきでしょう。

第1節　募集と面接

Q5 従業員の個人情報の確認

従業員の年齢、職歴および学歴証書の真偽をどのように確認すればよいでしょうか。

Point

・従業員の年齢は身分証明書または身分証明書番号から判断可能。
・学歴は、2001年以降のものはインターネットから確認でき、それ以前のものは各卒業学校に問い合わせて確認する。
・職歴は、従業員の前勤務先に直接問合せて確認する。

Ans.

1　年齢の確認方法

　中国における成人年齢は、18歳と定められています。企業は16才未満の未成年者を雇用することが禁止されています。16歳以上18歳未満の場合、これを労働行政管理部門に届出する必要があり、また、未成年者保護に関連する規定を守る必要から（重労働および危険労働の禁止、定期的な無料健康診断）、よほどの特殊な事情がない限り、外商投資企業は、18歳未満の未成年者を採用することは避けた方がよいでしょう。

　年齢の確認方法は簡単です。中国には、身分証明書制度があり、成人（18歳）になれば、公安局から身分証明書が発行されるため、この身分証明書を確認しさえすれば、年齢を調べることができます。なお、証拠として残すため、従業員に身分証明書のコピーに署名をもらった上で企業に提出するよう求めた方がより安全です。

第 1 章　従業員の採用

【サンプル 2：身分証明書様式】

![身分証明書サンプル画像]

生年月日

18桁からなる身分証明証番号から多くの情報が分かる。「110108」は登録地コード（北京市海淀区）、「19961124」は 1996 年 11 月 24 日生れ、第 17 番目の数字は性別（男性は奇数、女性は偶数）。

（注：「様証」（サンプル）と記載されているとおり、この身分証明書は身分証明書の様式を示すために作成された架空のものであり、実物ではありません。写真は現実のものではなく、コンピュータによって作成された架空のものです。）

コラム 3　身分証明書の真偽の確認方法

　中国では、偽造の身分証明書が少なくありません。仮に、本物の身分証明書かどうかが疑われる場合、国が運営するサイト「全国居民身分証明書調査サービスセンター」（http://www.nciic.com.cn/framework/gongzuo/index.jsp）にアクセスし、身分証明書の名前と番号を送信し、1 回 1.8 元（2018 年 6 月現在）を支払えば、これが一致するかどうかの情報が取得可能です。

2　学歴の確認方法

　従業員が虚偽の学歴・職歴情報を提供し、これが原因で企業が採用を行った場合、企業は労働契約法 39 条に基づき、この従業員を解雇することが可能です。しかし、労務管理の観点から見ると、非常に非効率的な作業です。そのため、採用を決定する前に、その学歴および職歴の信憑性を事前に確認するのが効率的です。

　学歴の場合、従業員の個人ファイル（中国語：档案）から判断することがで

き、また政府教育部から委託を受けた中国高等教育学生情報サイト（www.chsi.com.cn）から、無料で確認することもできます。しかし、このサイトは、2001年以降の大卒証書にしか対応しておらず、このサイトから確認できない場合は、教育部門または卒業した学校に直接問い合わせて確認します。昨今、虚偽の学歴証書が横行していることもあり、ほとんどの大学がこのような問合せに応じています。

3　職歴の確認方法

　従業員の個人ファイル（中国語：档案）からその職歴を判断することができますが、個人ファイルにはすべての勤務先が記載されているとは限らないため、職歴については、従業員の前勤務先にその都度直接電話をかけて確認することが考えられます。電話番号は、従業員本人から聞くこともできますが、念のため、インターネットで調べたり、114局番に問い合わせたりするなどして、確認をとっておいた方が良いでしょう。もっとも、在職中に転職活動を行っている場合、その就職先に直接確認するのはマナー違反です。中国では、従業員に対する信用調査を行う専門の調査会社があります。特に課長か部長クラスの高級管理職の募集において、その経歴に不審な点があった場合、このような信用調査会社を利用し、調査を依頼することもできます。

第1章　従業員の採用

Q6　中途採用と持病確認

退職前従業員を採用してしまった場合、前雇用主から損害賠償を求められる恐れはあるのでしょうか。採用したい従業員の退職状況について、どのように確認すべきでしょうか。その他、競業避止義務の有無、持病の有無をどのように確認すべきでしょうか。

Point

・退職前従業員を採用し、前就職先に損害をもたらした場合、退職前従業員と連帯して賠償する。
・採用前に、競業避止義務の有無を確認する必要がある。
・採用前（内定前）の、雇用予定者の健康診断の受診は必須。

Ans.

1　退職前従業員の確認方法

企業が従業員を採用する場合、雇用しようとする者の労働契約終了・解除証明、またはその他のあらゆる企業と労働関係を有しないという証憑を調査し確認してからのち、労働契約を締結しなければなりません（労働契約制度の実施の若干問題に関する通知17条）。退職前従業員を雇用し他社に損害をもたらした場合、退職前従業員を雇用した企業が退職前従業員と連帯して他社に賠償しなければなりません（労働契約法91条）。

このため、退職前従業員の採用を避けるには、新卒者以外の雇用予定者に対しては、労働関係終了証明など、前雇用主との雇用関係が終了した関連証拠（労働契約終了契約書など）を提出してもらうべきです。労働契約法50条によると、前雇用主は労働契約を終了すると同時に従業員に労働関係終了証書を発行しなければならず、従業員がこの証書を受けることは可能であり、これにより、従業員の勤続年数を計算することもできます。また、雇用予定者に他社との間に労働関係はなく、虚偽があれば、すべての責任を負う旨の念書を提出してもらえば、さらに安全です。

事例 3

退職前従業員の採用が原因で前雇用主から損害賠償を求められた事例

1 事実

厳さんはA社と5年間の労働契約を締結し、写真の現像が主な業務でした。A社は厳さんに最新の現像技術を習得させるため、1年半程度、日本に派遣し専門技術訓練を受けさせました。

帰国してから2年程度経ったところ、厳さんがB社に転職したいとして労働契約の解除を申し入れましたが、A社はこれを拒否しました。これを受け、A社は厳さんの退職を阻止するためのさまざまな対抗措置を取り、数日後にはA社は厳さんに、離職する場合は5万人民元の賠償金を支払うべき等の条件を厳さんに示しました。

厳さんがこの話をB社に伝えたところ、B社は現像業務のできる従業員を一日でも早く採用したかったこともあり、厳さんに、「A社のことは気にせずB社で勤務を開始するよう、転職の件はB社がA社と直接相談する。」ともちかけ、これを受けて、厳さんはA社での退社を待たずして、B社での勤務を開始しました。

これを受けて、A社は無断欠勤期間が15日を超えたことを理由に、厳さんを除名し、労働契約を解除する決定を下しました。厳さんは労働争議仲裁委員会に仲裁を申し立て、A社の決定の取り消しを求めました。B社も第三者として仲裁に参加しました。

2 仲裁委員会の判断

仲裁委員会は、厳さんの無断欠勤はB社に起因しており、厳さんがA社にもたらした損失につき、B社が連帯してA社に賠償すべきとの判断を口頭で示しました。最終的に、厳さん、A社、B社は和解に合意し、B社がA社に4万人民元を賠償し、A社が厳さんと労働契約を合意解除しました。

3 解説

退職前従業員を採用すると、当該退職前従業員の前雇用主から損害賠償を求められる恐れがあります。このため、従業員を採用する場合、当該従業員が前雇用主との労働契約を解除しているか否かをきちんと確認すべきです。

第1章　従業員の採用

2　競業避止義務の有無の確認方法

(1)　競業避止義務を負う退職者

　退職の際、特に技術者の場合、前雇用主に対して競業避止義務を負う者がいます。企業が競業避止義務を負う者を採用した場合、前雇用主に対してどのような法的責任を負うのか、現在までのところ、中国の現行法および判例では特に明らかにされていません。

　先進国では、前雇用主との雇用契約の中で競業避止義務が明記されていれば、その範囲で当該義務を負うことになりますが、対象は取締役クラスの高級管理職に限定され、競業避止期間も長くて1年程度です。一般の従業員クラスはたとえ雇用契約で取決めがあっても、転職の自由を奪うことになるため、裁判所はこれを認めないことが慣例になっています。

　中国の場合、これから法律、判例が整備されていくものと思われますが、実務対応として、企業が従業員採用時に合理的な措置（競業避止義務を負わない旨の承諾書の提出要求）を行い、競業避止義務の有無を調査し採用に至ったと主張できれば、企業が前雇用主に対して法的責任を負うべきではないと考えられます。しかし、実際は、前雇用主が従業員の競業避止義務違反を理由に訴えを提起する場合、従業員だけではなく、従業員の現所属企業も相手取り損害賠償を求めるケースがほとんどです。このため、基本的には競業避止義務を負う従業員を採用することは大きなリスクが伴うことと認識すべきでしょう。

(2)　競業避止義務の有無の確認

　事前確認の方法として、前雇用主との労働契約を本人に確認しておく、電話かファックスにて直接前雇用主に確認する、あるいは、従業員に競業避止義務はなく前雇用主から訴えられた場合、すべての責任を負う旨の誓約書を雇用予定者から受けておく、などがあります。

第1節　募集と面接

【サンプル3：退職済みおよび競業避止義務なしの誓約書】

退職済みおよび競業避止義務なしの誓約書

○○有限公司　殿

　私、○○○（名前）は、法に基づき前雇用主から競業避止義務を負わずに前雇用主と労働関係を終了したことを、ここにて誓約いたします。

　万一虚偽があれば、企業の就業規則への重大違反として即時解雇の処分を受けることをここに誓約いたします。また、前雇用主との労働関係が存続し、または前雇用主から競業避止義務を負い、これによりなんらかの責任が生じた場合、これらのあらゆる責任を負うことを誓約いたします。

従業員（署名）：
○○年○○月○○日

3　病気、職業病の有無の確認方法

(1)　病気、職業病の有無の確認は必須

　労働契約を締結する前（内定前）に、雇用予定者に対して入社前に事前に健康診断を行うべきです。これを怠ると、後々企業に大きな損失をもたらす恐れがあります。この点は日本における実状と同様です。日本では労働安全衛生法66条、労働安全衛生規則43条において、入社前の健康診断が義務付けられているように解釈できるものの、平成4年に旧労働省は入社前健康診断は義務ではない、との見解を示しました。

　入社後に発病した場合はもちろん、最初から持病のある者を採用した場合も等しく、医療期間を与え、病欠賃金を支給しなければなりません。

　また、最も注意が必要なのは、職業病です。職業病予防治療法49条によると、職業病にかかった従業員が診断を受けている最中または治療期間中に、企業が労働契約を解除することはできません。これだけでなく、同法53条によると、従業員の職業病が前の職場に在籍していた頃に発症した病気だと証明で

第1章　従業員の採用

きなければ、現在の雇用者である企業が職業病にかかった従業員に責任をもって補償を行わなければならないとされており、これは、企業にとって非常に負担の重いものです。

(2) 健康診断は採用前に実施

実務上、一部の企業では、採用後に健康診断を行っているところも見受けられますが、事前に持病の有無を確認しておく必要性から考えれば、あまり意味のないものです。この場合、もし仮に病気があると分かった場合でも、従業員を解雇することは認められません。

事例4　入社前の健康診断を怠り損害を被った事例

1　事実

劉さんは大学卒業後、北京市中関村にあるA社に就職し、ソフトウェアの開発業務に従事しています。労働契約では3か月間の試用期間が約定されており、入社する際に、劉さんは健康診断を受診していませんでした。劉さんの入社から約1か月後、劉さんは持病である肺の病気により入院し、3か月の治療が必要との診断を受けました。折しもA社は重要なソフトウェアの開発業務の真っ只中にあり、劉さんを解雇し、すぐに別の代用人員を採用しました。

2　仲裁委員会の判断

不当解雇であるとして、劉さんは労働争議仲裁委員会に解雇無効を申し立てました。仲裁委員会は劉さんの仲裁請求を認め、A社に対して労働関係を回復し劉さんに医療待遇を享受させるよう命じました。

3　解説

入社した以上、持病とはいえ、企業は当該従業員に医療期間を与えなければなりません。また、医療期間中にある従業員を解雇してはなりません。本件は、入社前の健康診断を怠ったため、損害を被った事例です。企業としては、このような事態を招かないよう、入社前の健康診断をきちんと行うべきです。

第2節　採用

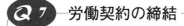

Q7　労働契約の締結

従業員の採用において、労働契約の締結は必須でしょうか。日本のように身元保証を求めることはできるのでしょうか。また、従業員に作業服およびパソコンを貸与する場合、退社時の返還を確保するため、保証金等の支払を要求することはできるのでしょうか。

Point

- 従業員の出勤日から1か月以内に労働契約書の締結が必須。これを怠ると、2倍の賃金を支給する必要がある。
- 日本のような身元保証の要求は禁止されており、身分証明書等の証書の差押えも禁止。
- 担保提供の要求も禁止されるが、ノートパソコン等の貴重品を従業員に貸与する場合、従業員に担保提供を求めることが可能。

1　労働契約の締結は必須

　従業員を新しく採用するにあたり、非全日制労働者を採用する場合を除き、必ず書面にて労働契約を締結しなければなりません。これを怠ると、従業員が労働関係が確立した日から2か月目に入った日から2倍の賃金を支払う必要が生じ、また労働関係が確立してから1年が経過してしまうと、企業が従業員と無固定期間労働契約を締結したとみなされてしまいます（労働契約法82条、14条）。この点について、通常、採用時に書面による労働契約を締結しない日本より、中国の方がより厳格な規定であるといえます。

第1章　従業員の採用

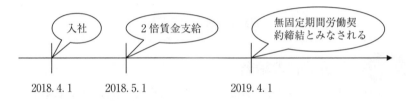

　1994年から施行されている労働法では、企業に労働契約の締結を義務付けてはいましたが、これに違反する企業に対する罰則がありませんでした。このため、労働契約を締結しない事例が頻発し、労働紛争においても労働者の権利保護に不利益が生じるケースが後を絶ちませんでした。2008年1月1日より施行の労働契約法では、このような労働契約の不締結を根絶することを目的に、違反した企業には前述の重い罰則が科せられるようになりました。

　試用期間内であることを理由に労働契約を締結せず、試用期間満了後に初めて労働契約を締結する企業が実務ではよく見受けられますが、これも処罰の対象となるため、注意が必要です。

 事例5

労働契約を締結しなかったため、2倍賃金の支給を求められた事例

1　事実

　王さんは上海市にあるA社に入社し、翻訳、財務等の業務を担当し、手取り賃金として毎月5500人民元を受けとっていました。A社には中国人従業員が王さんしかいないため、A社は王さんと労働契約を締結していませんでした。

　A社の登録住所は上海市郊外ですが、郊外にある工場がまだ竣工しておらず、市内に臨時オフィスを構え、王さんもこの臨時オフィスに出勤しており、郊外にある工場が竣工すれば、そちらの方で勤務することについて理解していました。

　半年後、A社の総経理は王さんに、郊外の工場が竣工したため、郊外の工場に出勤するように伝えました。同時に、王さんの現在の仕事である翻訳作業は引き続き担当してもらうが、財務作業はA社が新たに採用する従業員に担当してもらう、との説明も受けました。

　その日の夜、王さんはA社の総経理に電話をかけ、「翻訳だけでは、自己の能力を

発揮できないため、辞職する」旨を伝えました。しかし、A社が利用している外部の会計士事務所の会計担当者には、「A社の総経理が、ある8万人民元の財務処理について、王さんにあらぬ疑いをかけており、これに不満を感じたため辞職する」と退職理由を説明していました。

数日後、財務担当業務を外されたことに不満を感じて辞職を願い出た王さんは、怒りが収まらず、A社が自己と労働契約を締結しなかったため離職せざるを得なかったとして、A社に契約未締結による2倍賃金、合計4万人民元あまりの賠償金の支給を求める労働争議仲裁委員会に仲裁を申し立ててきました。

2 結果

A社は、労働契約を締結しなかったことについて過失を認め、仲裁委員会の調停を受け入れ、王さんの請求金額より若干低い賠償金を王さんに支給することで、王さんと和解しました。

3 解説

労働契約法の施行により、労働契約を締結しない場合の企業の責任が加重されたため、労働契約の締結を怠ると、企業は大きな損害を被ることになります。このため、入社後1か月以内に、当該従業員と労働契約を締結するよう、留意する必要があります。

2 非全日制労働者でも労働契約を締結すべき

非全日制労働者とは、日本でいうところのパートやアルバイトに相当し、一日の勤務時間が4時間以下、1週間の勤務時間が24時間以下で時給で働く従業員のことをいいます。企業が非全日制労働者を雇用する場合は、口頭による労働契約の締結も認められています（労働契約法68条）。

しかし、実務上、非全日制労働者と全日制労働者の区別が容易でない場合もあり、たとえ非全日制労働者のつもりで雇用していても、全日制労働者の使用と誤解される恐れがあります。この場合、企業が労働契約を締結していないとして不利益を受ける恐れがあります。このため、たとえ非全日制労働者を採用した場合であっても、書面による労働契約締結を極力行うようにした方がよいでしょう。

第1章　従業員の採用

事例 6
証拠がないため非全日制労働者であるという企業の主張が認められなかった事例

1　事実

　農村戸籍である劉さんは、北京にある A 社で工事現場監督の仕事を始めましたが、このとき双方は労働契約を締結していませんでした。その後、A 社と劉さんは「双方が即日事実労働関係の終了に同意し、双方のそれぞれの義務はすでに履行し、未履行義務は存在しない」旨の終了協議書を締結しました。

　ところが後日、A 社は劉さんに労働仲裁を申し立てられ、経済補償金の支給を求められました。A 社側は、①劉さんは工事現場の監督であり、固定した勤務時間がなく、大半の日は一日あたりの勤務時間が 4 時間を超えないため、非全日制労働者として採用していたこと、② A 社と劉さんとは労働契約の「解除」ではなく「終了」であることを主張しましたが、この主張を劉さんは真っ向から否定しました。

2　仲裁委員会の判断

　仲裁委員会は、双方が事実上の労働関係を確立していたと認定し、また、A 社が劉さんを非全日制従業員として雇用していると証明できる証拠を提出できなかったため、劉さんが全日制従業員に該当するとして、かつ事実上の労働関係であることから、労働期間の定めがなく A 社が一方的に労働関係を解除したと判断し、A 社に対し、労働契約の不当解除にかかわる経済補償金および額外経済補償金、合計約 9000 人民元を劉さんに支払うことを命じました。

3　裁判所の判断

　A 社はこれを不服として訴訟を提起し、劉さんの方から労働関係の解除を申し入れがあったために労働関係終了協議書を締結したと主張しましたが、これを裏付ける証拠を提出することができなかったため、仲裁と同様、経済補償金等の支払を命じられました。

　A 社はさらに中級人民法院に上訴しましたが、訴えは棄却されました。

4　解説

　本件は関連証拠がないため企業が敗訴した事例です。このため、日ごろから関連証拠をきちんと準備しておく必要があります。本件は、労働契約法施行から 1 か月以内にあったため、労働契約未締結の責任は生じませんでしたが、1 か月以降になると、A 社は劉さんに 1 か月目から 2 倍賃金を支給する必要が生じ、さらに大きな損害を被ることになります。

3 身分証明書等の証書の差押えは禁物

労働契約を締結するとき、身分証明書や資格証書など従業員の証書を企業が差し押える行為は禁止されています（労働契約法9条）。これを行うと、政府労働行政管理部門から期限付きで是正を命じられ、かつ処罰を受けるリスクが伴います（労働契約法84条1項）。

もっとも、従業員が自ら企業に証書の保管を依頼した場合においては、この限りではありません。この場合、企業が従業員に証書提供は強要したものではないことを証明する必要があり、従業員の自由意志による旨の内容を盛り込む保管契約を締結すべきです。

4 担保提供の要求は厳禁

日本では、従業員を採用するとき、身元保証人を立てることが認められていますが、中国では、企業が従業員を採用するとき、従業員に対し担保（身元保証人を含む）の提供を要求、または他の名目で従業員から財物を受け取ることはできなくなりました（労働契約法9条）。これは従来、従業員が勤務中に企業に損失をもたらした後、賠償しないまま蒸発してしまうようなケースがあり、予防対策の一環として、従業員にあらかじめ保証金の支払を義務付けている企業も見受けられたほか、一部の悪質な者が求職者の弱みにつけこんで、保証金と称して高額の金品を騙し取る事件も多発しているからです。

労働契約法では、企業のこのような行為が違法であることを明言しており、罰則を明確に定めています。仮に企業が従業員から財物を受領した場合、政府労働行政管理部門から期限付きで従業員への返済を命じられ、かつ従業員1人あたり500〜2000人民元の罰金を科せられます（労働契約法84条2項）。企業がこれにより従業員に損害をもたらした場合には、損害賠償を行わなければなりません。

第1章　従業員の採用

5　作業服等の備品提供時の担保要求

　業務の特性上、従業員に規定の作業服を貸し出し、その代わりに保証金等の担保を受けとるケースがよく見受けられます。これについて、作業服は従業員に提供すべき労働条件に合致し、企業は無条件で従業員に提供する義務があり、保証金の提供要求は法律違反であるとの見方が有力です。したがって、企業としては従業員に保証金の提供を求める行為は控えるべきです。

　これに対して、企業が従業員にノートパソコン等の貴重品を貸与する場合、または宿舎を提供する場合、従業員から保証金を受けることは違法になるのかについては現在も議論の分かれるところです。一般的に、ノートパソコン等の貴重品の貸与および宿舎の提供は、従業員採用後に発生した行為であり、また、企業による貸与の押しつけでない限り、この保証金提供の要求は労働契約法に違反しない、との意見が多数を占めており、上海市の裁判所もこれを有効と認定しています（上海市高級人民法院の『労働契約法』適用の若干問題に関する意見12条）。

　外商投資企業が従業員にパソコン等の貴重品を貸与し、保証金提供を求める場合、従業員と対等に協議した上で保証金提供の最終的な判断は従業員が行い、企業側は強制していない旨の保証金提供契約を締結する必要があります。

第 2 節　採用

Q8　B型肝炎キャリアへの差別

B型肝炎キャリアを理由に、従業員の採用を拒否することはできるのでしょうか。就労差別を行った場合、どのような処罰を受けるのでしょうか。

Point

・就労差別は中国でも禁止されている。
・性別、民族、障害者等の理由で採用を拒否してはならない。
・特定の職場を除いて、B型肝炎キャリアの採用拒否は罰則の対象となる。
・入社健康診断で、B型肝炎キャリアか否かの診断を強要してはならない。

Ans.

1　就労差別は禁止

企業が従業員の採用を行う場合、求職者に平等の就職機会および公平な就職条件を提供しなければならず、差別を行ってはなりません（就業促進法26条）。これを怠り、従業員に損害をもたらした場合、従業員が企業を相手取り損害賠償を求め裁判所に訴訟を提起することができます（就業促進法62条）。

2　性別差別は禁止

女性にも男性と平等の労働権利があり、女性に適さない特別な職務を除いて、性別を理由に女性求職者の採用を拒否、または採用条件を高めてはなりません。また、女性従業員を採用した場合、労働契約で女性従業員の結婚、育児に関する制限条件を約定することもできません（就業促進法27条）。実務では、女性従業員の採用に際して、採用後1年以内に子供を生んではならないという制限条件を付けるケースが見受けられますが、このような条項は、性別差別に該当し、無効とされます。

第1章　従業員の採用

3　少数民族、障害者への差別は禁止

　従業員の採用において、少数民族または障害を理由に採用を拒否することができません（就業促進法 28 条、29 条）。また、人相が悪いというような外見的判断を理由に採用を拒否することも認められません。

4　B 型肝炎キャリアへの差別は禁物

(1)　**B 型肝炎キャリアに対する差別の現状**

　B 型肝炎キャリアへの採用差別も法律で固く禁止されています（就業促進法 30 条）。中国では、全人口の 10% が B 型肝炎キャリアだとの統計も報告されていますが、B 型肝炎キャリアは血液による感染がほとんどで、一緒に仕事や食事したりするだけで感染することはありません。しかし、中国では B 型肝炎に対する正しい知識が浸透しておらず、B 型肝炎キャリアの人々への差別は依然根強く残っています。

(2)　**B 型肝炎キャリアが従事できない業種**

　中国政府はかつて、理髪美容業、銭湯業など顧客に直接サービスを提供する業種では、B 型肝炎キャリアの採用を禁止していましたが（公共場所衛生管理条例実施細則 6 条）、この規制は、2010 年 2 月 12 日から廃止されました（『公共場所衛生管理条例実際細則』等の規範性書類の一部の内容の修正に関する通知 1 条）。現在、法律、行政法規および衛生部の規定で B 型肝炎キャリアが従事してはならないと定める業種以外に、企業は、B 型肝炎キャリアを理由に、採用を拒否することが認められず、また、入社時に、B 型肝炎キャリアか否かの健康診断を行うことも禁止しています（B 型肝炎キャリアの就労権利の維持保護に関する意見 2 条 2 項、入学および就業健康診断項目のさらなる規範化、B 型肝炎キャリアの入学および就職の権利のさらなる保護に関する通知 2 条）。

　しかし、現在のところ、どのような業種が「法律、行政法規および衛生部の規定で B 型肝炎キャリアが従事してはならないと定める業種」に該当するのかについては、明確ではありません。このため、外商投資企業としては、入社

第 2 節　採用

前に B 型肝炎キャリアか否かの健康診断を強要せず、また、B 型肝炎キャリアを理由に従業員の採用を拒否しないよう心がけておく必要があります。どうしても、B 型肝炎キャリアか否かの健康診断を求めたい場合には、事前に衛生管理部門にその可否を確認すべきです。

(3) **B 型肝炎キャリア差別時の責任**

　B 型肝炎キャリアを理由に従業員の採用を拒否した場合、政府労働行政管理部門から是正を命じられ、最高 1000 人民元までの罰金を科せられるほか、当事者に損害をもたらした場合、賠償金を支払わなければなりません（就労サービスおよび就労管理規定 68 条）。実際、B 型肝炎キャリアを原因に採用を拒否したため、経済的損害への賠償のみならず、精神的損害賠償金の支払を命じられるケースがあります。実務では、対応策として、B 型肝炎キャリアを採用したくない場合、他の理由で採用を拒否する企業も見受けられますが、コンプライアンスの観点からは、お勧めできません。

事例 7
B 型肝炎キャリアを原因に採用拒否した企業が損害賠償責任を追及された事例

1　事実

　高さんは上海の某コンピュータ会社でエンジニアを勤めていましたが、北京にある A 社から転職の誘いを受け、これに興味を持った高さんは A 社と連絡を取り合い、A 社から「このたび、貴殿は弊社の入社試験に合格されました。貴殿には、速やかに健康診断を受けていただき、その健康診断書、収入証明および離職証明を持参の上、弊社までお越しください」といった旨の電子メールを受け取りました。

　これを受けて、高さんは上海の会社を退職し、A 社が指定した○○健康診断センターで健康診断を受診し、この健康診断の結果、高さんが B 型肝炎キャリアであることが判明しました。これを告げられた A 社は高さんとの労働契約締結を拒否し、高さんはしかたなく別の会社に入社しました。

2　裁判所の判断

　別の会社に入社したものの、A 社のこの対応に屈辱を感じた高さんは、A 社を相手取り損害賠償を求める訴えを起こしました。北京市の裁判所は、A 社は B 型肝炎

41

第 1 章　従業員の採用

キャリアを差別し、高さんを採用しなかった点について過失があると認定し、A 社に対して、高さんにその賃金損失（離職前の平均月賃金 2703.5 人民元×6.5 か月＝17572.75 人民元）と 2000 人民元の精神損害の賠償、さらに書面による高さんへの謝罪を命じました。

3　解説

中国では B 型肝炎に対する正しい知識が浸透しておらず、B 型肝炎キャリアの人々への差別は依然根強く残っています。企業は差別と受け取られる言動を取らないよう、留意する必要があります。

第2節　採用

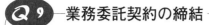

Q9 業務委託契約の締結

従業員との間に、労働契約ではなく、個人との業務委託契約（労務契約）を締結できるのでしょうか。業務委託契約を締結できる者はどのような人でしょうか。また、この場合、どのようなリスクが考えられるのでしょうか。

Point

- 労働契約と比べ、個人との業務委託契約では雇用コストの削減が期待できる。
- 在学中の学生、他社と労働関係を有する者、定年退職者の場合、業務委託契約の締結が可能。
- 労働契約を締結すべきケースで、個人との業務委託契約の締結を強要すると、法的リスクが重大となる。

1　業務委託契約のメリット

　従業員を採用すると、企業と従業員の間に労働関係（労働契約）が成立し、企業が従業員のために役務提供に対する賃金のほかに社会保険料を納付せねばなりません。また、従業員の自由な解雇が認められません。さらに、労働契約が期間満了により終了し、企業が労働契約を更新しない場合には経済補償金を支払う必要が生じるなど、企業にとっては多くの負担がかかります。

　これに対し、従業員との間に、業務委託契約（中国ではよく「労務契約」という）を締結すれば、従業員と企業の間には労働関係は発生せず、民事上の業務委託関係になることから、企業が当該従業員に業務委託料金を支払うだけで済み、従業員を保護する労働関連法規の規制を受けずに済みます。よって、最低賃金保障の制限や残業代が発生せず、労働契約解除時の経済補償金の支払義務も無く、逆に従業員に対して違約金を約定することができます。

第1章　従業員の採用

2　労働関連法規の制限を回避するための業務委託契約の効力

　企業が従業員と平等に協議を行った結果、企業が社会保険料の納付義務を回避することを目的に、労働契約ではなく業務委託契約を締結した場合の契約の法的効力について、実務ではさまざまな注目を集めています。

　これについては現在までのところ、無効説と有効説の2つの見解があり、法律も判例も確立されていません。

　労働関係には、民事主体の平等関係だけでなく従属関係も備わっており、また、財産関係だけでなく人身関係の特徴もあることから、通常の業務委託関係（民事関係）とは異なった性質を持っています。このため、労働関連法規には強行規定が多く、企業と従業員の利益だけでなく、国および社会公共利益も保護されなければなりません。よって、企業と従業員が労働関係を確立すべき場合においては、業務委託関係を選択するという権利はなくなり、仮にこのような場合に業務委託契約を締結しても、この業務委託契約は無効とされる、というのが無効説の見解です。

　これに対して、有効説は、労働関連法規は従業員の権利を保護するものであり、従業員側にはその権利を放棄する権限があり、労働関連法規の規制を回避することが従業員の真実の意思表示である以上、この意思表示を尊重すべきであり、その締結する業務委託契約が国および社会公共利益に違反しない限り有効にすべき、との意見です。

3　業務委託契約締結時の留意点

　求職者が労働関連法規の主体資格を有しない場合、企業はこれらの求職者と業務委託契約を締結するしかありません。関連法規に定められる主体資格を有しない者とは、具体的には、在学中の学生、他社との間に労働関係を有する者、定年退職者などが該当します。

　これに対して、業務委託契約を締結しなければならない事由がない者との間に、業務委託契約を締結する場合、従業員に労働契約と業務委託契約における

第2節 採用

労働者の権利の相違を十分に説明し、また、業務委託契約で労働者が自らの意思で権利を放棄する旨の内容を盛り込む等の証拠を残しておくべきでしょう。

4 業務委託契約が無効とされた場合の責任

実務上、労働関係により生じる雇用コストの削減を目的に、従業員として採用すべき者に対して役務提供の業務委託契約の締結を企業側が強要するケースがあります。中には、業務委託関係の合理性を強調するために、他社との間に労働関係を有する者であると従業員自らが主張したとする旨の内容を業務委託契約に盛り込み、強引に業務委託契約を締結させる手口も見受けられます。このような方法は極めてリスクの高い危険なやり方です。

他社との間に労働関係を有することについて、「企業の脅迫を受けたため、しかたなく表明した」と従業員が異議を申し立てた場合、企業がこの労働者と他社との間の労働関係の存在を証明できなければ敗訴する恐れが極めて強くなります。

実務上、このような紛争に関して、裁判所は、業務委託契約締結の必要性（従業員が他社との間にすでに労働関係があることなど）の有無、また、企業と労働者の関係が労働関係の認定基準（従業員が企業の指揮、管理および監督を受ける）に合致するか否かを検討し、判断します。

ひとたび労働関係にあると判断されると、労働契約の未締結による2倍賃金の支給、労働契約の違法解除による2倍の経済補償金の支給といった高いリスクが企業を待ち受けています。

 事例8

業務委託関係の従業員から、労働関係にあると反論され、企業から労災保険待遇を享受した事例

1 事実

劉さんは王さんの紹介で北京にある展示会関連のデザイン会社A社で運転手として働き、時には展示台の設置、解体作業も行っていました。A社は北京市の戸籍を

第 1 章　従業員の採用

持たない劉さんのために北京市外来人員就業証を申請せず、労働契約も締結せず、紹介者である王さんを通じて、劉さんに報酬を支給していました。
　ある日、劉さんは展示台の解体作業途中に大ケガを負い、病院から脾臓破裂、数本の肋骨骨折との診断を受け、脾臓切除手術を行いました。

2　労災認定

　退院後、劉さんは A 社の反対を押し切って北京市朝陽区労働社会保障局に労災認定を申請しました。北京市朝陽区労働社会保障局は、劉さんと A 社との間には事実上の労働関係が確立されており、劉さんのケガは労災に該当すると認定し、「労災認定結論通知書」を発行しました。
　「労災認定結論通知書」を受領した A 社は、行政不服再議を申し立てず、行政訴訟も提起しなかったため、北京市朝陽区労働社会保障局は、劉さんに「労災証」を発行し、北京市朝陽区労働鑑定委員会は、劉さんに障害等級 5 級の認定を行いました。

3　裁判所の判断

　その後さらに、劉さんは A 社を相手取り、北京市朝陽区人民法院に、①労働関係の解除、②一時障害補償金、就職補助金、労災手当など約 8 万人民元の支給等を求める訴えを起こしました。
　北京市朝陽区人民法院は、北京市戸籍を有しない従業員を北京の企業が採用するときには、「外来人員就業証」を申請しなければならないのにもかかわらず、A 社はこの申請を行わなかったため、劉さんと A 社との間には労働関係が確立されていないとして、劉さんの訴えを退けました。
　劉さんはこれを不服として、北京市第二中級人民法院に上訴しました。北京市第二中級人民法院は、北京市朝陽区労働社会保障局が劉さんの労災を認定し、この認定がすでに発効していることから、A 社は劉さんに労災保険待遇を享受させなければならない、との判断を下しました。また、「外来人員就業証」の有無を労働関係の確立可否の判断基準にすることは適当ではなく、A 社と劉さんとの間に労働関係は確立していると判断し、劉さんに全面勝訴の判決を下しました。

4　解説

　業務委託か労働契約か、その認定はかならずしも容易なことではありません。これを明確にするには、企業は労働契約を締結し、その旨を約定すべきです。本件では、企業が劉さんとの間における契約が業務委託であることを証明できなかったため、裁判所が労働関係を有するとして、A 社に対して劉さんへの労災保険待遇の享受を命じたものです。

第 2 節　採用

 障害者や少数民族の採用義務

障害者や少数民族の採用義務はあるのでしょうか。

Point

・企業は一定の比率で障害者を採用しなければならない。
・補償金の支給により、障害者採用義務を果たすことができる。
・少数民族を一定の比率にて採用する義務はない。

　1　障害者の採用

(1)　障害者の採用義務

　中国において、企業は一定の比率で障害者を採用する義務があります（障害者保障法 33 条）。また、採用すべき障害者の比率は、企業の在職従業員総人数の 1.5% を下回ってはならず、具体的な比率は各地域の規定による、とされています（障害者就労条例 8 条）。

　ここにいう障害者とは、心理、生理に障害があり、正常に活動に従事できない者をいい、具体的にいうと、矯正後の視力が 0.3 未満、または正常に声を出せない者などがこれに該当します（中国障害者実用認定基準）。

(2)　採用比率

　現在、以下のように、地域によって障害者雇用義務の比率が異なっています。

	比率	法的根拠
北京市	1.7%	北京市障碍者就労保障金徴収使用管理弁法 7 条
上海市	1.6%	上海市障害者分散就労手配弁法 4 条
天津市	1.5%	天津市の比率に応じる障害者就労手配弁法 4 条
広東省	1.5%	広東省の『中華人民共和国障碍者保障法』実施弁法 34 条

　具体的な人数を計算する場合、四捨五入を用いて人数を割り出します。たと

第1章 従業員の採用

えば、北京市の場合、在職従業員の総人数が30人以上88人未満の場合は1人、88人以上147人未満の場合は2人、147人以上205人未満の場合は3人の障害者を採用しなければなりません。

在職従業員総人数	採用すべき障害者数
30人未満	0人
30人以上88人未満	1人
88人以上147人未満	2人
147人以上205人未満	3人

(3) 就労保障金支給による採用回避

企業の障害者の採用数が所定数に達しない場合、毎年、障害者就労保障金を納付しなければなりません（障害者就労条例9条）。就労保障金は、原則として当該地域の前年度従業員年間平均賃金を基準としていますが、北京市などの一部の地域では、当該企業の前年度従業員年間平均賃金を基準としています。すなわち、就労保障金＝（前年度企業従業員数×1.7％－前年度に雇用した障碍者数）×当該企業の前年度従業員平均賃金となっています（北京市障碍者就労保障金徴収使用管理弁法8条）。

(4) 障害者採用への奨励策

中国政府は障害者の採用を奨励しており、北京市の場合、企業が障害者と1年以上の固定期間労働契約を締結すれば、契約期間内で毎年5000人民元（無固定期間の場合は7000人民元）の奨励金が支給され、所定の比率を超えて障害者を採用した場合、超えた分について1名につき1年10000人民元の奨励金を受けられます（北京市企業の障害者就労手配の補助および比率超過奨励基準の調整に関する通知1条）。

2　少数民族の採用

現在、中国には56の民族が存在し、そのうちの全人口の90％を漢民族が占めています。残りの55民族は少数民族と呼ばれ、国から多くの優遇政策を受けています。たとえば就職において、企業が人員を採用する場合には法に基づ

第 2 節　採用

き少数民族に対して適正な配慮（中国語：照顧）を与えなければならない、とされています（就労サービスおよび就労管理規定17条）。

　具体的にどのような配慮を与えるのかについて、現行法ではこれを明確にしていません。したがって、現段階では、少数民族への配慮は政策面での努力義務にすぎません。企業が障害者のように一定比率で少数民族を必ず採用しなければならないという制限はなく、少数民族を採用するか否かは基本的には企業の自由です。なお、当然ながら、少数民族を差別することは禁止されています。少数民族を理由に採用を拒否した場合、処罰を受けることもあるため、留意する必要があります。

第1章　従業員の採用

Q11　戸籍制度

中国の戸籍制度について教えてください。勤務地の戸籍を持たない従業員を採用する場合に留意すべきポイントは何でしょうか。

Point

・勤務地の戸籍を持たない従業員を採用することができるようになった。
・戸籍問題は中国人従業員にとって非常に重要なものである。
・勤務地の戸籍を持たない従業員の採用後に、その戸籍を勤務地に移転できる可能性がある。
・企業が従業員の戸籍を勤務地に移転させることができない場合、従業員から入社を拒否される恐れがある。

Ans.

1　中国の戸籍制度

中国には戸籍制度が存在し、国民が自由にその戸籍を移動することはできません。勤務地の戸籍を持たない従業員は、「外来労働者」と呼ばれ、社会保険および福利厚生の享受において様々な制限を受けています。このような戸籍制度は、人材の自由な流動を阻害することから、廃棄すべきとの意見が従来から根強くあります。しかし、戸籍による制限や不等な扱いが徐々に撤廃されつつあるとはいえ、勤務地の戸籍を持たないために享受できない福祉が依然多く存在します。

たとえば、北京戸籍を持たない人が北京で勤務、生活する場合、北京市の低価格住宅の購入および賃借が認められず、また、その子供は小学校、中学校の進学において制限があり、北京の学生として大学受験に参加することが認められず、いったん戸籍所在地に戻り、そこから希望校に申し込んで受験しなければなりません。

2　外来労働者の採用

　従来まで、外来労働者の採用について、採用できる人数など様々な制限が設けられていました。しかし、現在では就職における戸籍差別が禁止されており、企業が当該地域の戸籍の有無にかかわらず従業員を採用することが認められるようになりました。

3　外来労働者の戸籍移転

　外来労働者を採用する場合、従業員の同意を受ければ、その戸籍を企業所在地に移転できる可能性があります。北京市では、現在、毎年北京に移転可能な戸籍の数（いわゆる「留京枠」）を設けており、企業が「留京枠」を利用して、この枠内で採用した外来労働者（新卒）の戸籍を北京に移転させることができます。しかしながら、すべての外商投資企業がこの「留京枠」を持っているとは限りません。実際、「留京枠」がないため、欲しい新卒採用予定者が戸籍移転問題を解決できる賃金の低い企業に就職してしまった苦い経験を持つ外商投資企業も少なくはありません。

　留京枠がなく、採用したい人材が外来労働者の場合、人材派遣会社を通じて派遣社員として登用する方法も考えられます。一般的に、「北京外企人力資源服務有限公司」（FESCO）といった大手人材派遣会社は多くの留京枠を持っているからです。

第1章　従業員の採用

コラム4
中国の戸籍制度の変遷と現状

1　全世界で戸籍制度を実施する国は3つ
　現在、全世界で人員流動を厳しく制限する戸籍制度を実施している国は全部で3つあるといわれており、中国のほかに、北朝鮮および西アフリカにあるベナン共和国がこの制度を実施しているとされています。

2　戸籍がないと生活が不便
　中国は1949年の建国後、しばらくの間は人員の流動を認めており、事実、「1954年憲法」にも人員の流動自由権が定められていました。しかし、1958年に「中華人民共和国戸籍登記条例」が公布され、これにより人々は居住地ごとに農村戸籍と都市戸籍の二つに分けられ、農村戸籍の人が都市戸籍に移動するには、政府公安部門、労働部門等の許可を受ける必要があるなどの制限が設けられました（条例10条）。中国では80年代まで、多くの地方で米、小麦粉、布などの生活用品はいわゆる「糧票」、「布票」といった証憑をもって購入する必要があり、「糧票」、「布票」といった証憑は、戸籍を持つ人々に割り当てられていたことから、都市戸籍を持たない農村戸籍の人々が都市で生活することは事実上不可能でした。このため、80年代までは人員の移動は非常に少ないものでした。

3　戸籍の移動が困難
　農村から都市への戸籍移動、都市間の戸籍移動は政府公安部門等の許可を受ける必要があり、80年代には、農村戸籍から都市戸籍に移動可能な数が、毎年農村人口の1万分の2以内の割合で政府部門により内部コントロールされていたという話もあります。都市部に戸籍を移動するには、たとえば北京市に戸籍を移動する場合、いわゆる「留京枠」を取得しなければなりません。「留京枠」を取得する方法のうち、北京市にある大学を卒業し北京市の企業に勤めることが比較的簡単な方法ですが、近年、北京は大学生の「留京枠」を10%程度にコントロールしています。つまり北京市の大学を卒業した北京戸籍を持たない学生100人のうち10人の割合でしか北京に戸籍を移転することができないという計算になります。
　かつては、北京に戸籍を移転できないと、北京で就職することすら認められませんでした。そのため、北京の企業（外商投資企業を含む）が北京戸籍を持たない求職者を採用できず、どんなに優秀な人材であっても北京戸籍がないために採用を断念せざるを得なかった実例も数多くありました。

4　戸籍制度の緩和
　中国の戸籍制度は、中国の人員流動を阻み、経済発展に影響をもたらすだけでな

52

く、違法な戸籍取引など多くの問題を生みだしていることから、従来よりその評価は決して高いものではありませんでした。近年、戸籍制度は徐々に緩和され、戸籍による就職制限の撤廃により、北京にある外商投資企業が北京戸籍を持たない人でも採用することができるようになりました。

　2016年1月1日より施行した「居住証暫定条例」により戸籍制度がさらに緩和されるようになりました。しかし、戸籍制度が完全に撤廃されない限り、北京戸籍を持たない人々が北京で生活するには、北京市の低価格福利住宅を購入できない、小中学校に寄付金を払わないと子供が北京の小中学校に進学できず、さらに子供が大学を受験するには戸籍所在地から受験し、戸籍所在地の学生と大学進学枠を競争しなければならないなど、依然不利な立場にあります。中国の大学進学枠は省により人数枠が決められており、たとえば、2017年度北京大学では、北京市に約300人（北京市の大学受験生の0.5%程度）の新入生の募集枠を設けたのに対して、広東省に148人（広東省の大学受験生の0.02%程度）の募集しか行っていません。このため、同じ成績でも、北京からの方が北京大学に進学できる確率が高いという不合理な現象を生み出してしまっています。

　外商投資企業は中国の戸籍制度をよく理解し、勤務地の戸籍を持たない従業員の立場をよく理解することができれば、よりよい労務管理が実現できると思われます。

第1章　従業員の採用

Q12　外国人採用時の留意点

外国人従業員を採用する場合の具体的な手続と留意点について教えてください。勤務先、職種に変化が発生するとき、就労に関わる許可証の変更手続を行わなければならないのでしょうか。

Point

・外国人が中国で勤務するには、①来華勤務許可通知、②勤務ビザ（ZビザまたはRビザ）、③外国人勤務許可証、④外国人居留許可の取得が必要。
・「外国人就労許可証」を取得していない外国人を採用すると、企業と当該外国人がともに処罰される。

Ans.

1　外国人就労に関わる政府許認可手続

中国は、外国人の就労について厳しい管理を行っています。中国における外国人の就労管理規定および外国人来華勤務許可制度の全面実施に関する通知によると、企業が外国人を採用する場合、大まかには以下の4つのステップを経る必要があります。

ステップ1	「来華勤務許可通知」の取得
ステップ2	勤務ビザ（ZビザまたはRビザ）の取得
ステップ3	「外国人勤務許可証」の取得
ステップ4	「外国人居留許可」の取得

2　「来華勤務許可通知」の取得

外国人従業員を採用しようとする企業は、国家外国専門家局の外国人来華工

作管理サービスシステム（http://www.safea.gov.cn）に登録し、採用する予定の外国人従業員のために、以下の書類を同システム上にて提出することになります。
① 外国人来華勤務許可申請表
② 採用予定の外国人の履歴証明（A類で申請の場合は詳細説明が必要）
③ 採用予定の外国人の最高学位（学歴）証明、職位資格証明
④ 採用予定の外国人の無犯罪記録証明
⑤ 採用予定の外国人の健康診断書（大使館が指定した病院または北京出入国検疫局が発行したものでなければならない）
⑥ 労働契約書
⑦ 採用予定の外国人のパスポートのコピー
⑧ 採用予定の外国人のデジタル写真（背景は白色）
⑨ 保険証あるいは中国社会保険付保同意書、給与承諾書等（申請類型に従う）

通常、政府外国専門家局が書類を受領してから5営業日以内に「外国高級人材確認書」または「外国人勤務許可通知」（中国語：外国人工作許可通知）を発行します。

現在では上述の手続は外国専門家局のウェブサイト上でのインターネット申請となっています。5営業日後にウェブサイト上にて、「外国高級人材確認書」または「外国人勤務許可通知」の画面を確認できます。

3 勤務ビザの取得

勤務予定の日本人が日本に戻り、在日本中国大使館または領事館に以下の書類を提出します。
① 外国専門家局が発行した「外国高級人材確認書」または「外国人勤務許可通知」のプリントアウトしたもの
② ビザ申請書（写真を貼付）
③ 有効期間6か月以上の本人のパスポート

第1章　従業員の採用

　書類を提出してから、普通申請の場合、R ビザの場合、朝の申請で最短当日午後4時に就労ビザを受領することができます。

4　「外国人勤務許可証」の取得

　勤務予定の外国人は、中国に入国後 15 日以内に以下の書類を外国専門家局に提出します。
① 　勤務ビザ貼付のパスポート
② 　外国人健康診断書
③ 　労働契約書
④ 　保険証あるいは中国社会保険付保同意書、給与承諾書等（申請類型に従う）

　外国専門家局が前述の書類を受領してから 10 営業日以内に「外国人勤務許可証」を発行します。

【サンプル4：外国人勤務許可証】

第2節　採用

5 「外国人居留許可」の取得

勤務予定の外国人が中国に入国してから30日以内に、公安局出入国管理処に赴き、以下の書類を提出します。
① 「外国人居留許可」申請書（公安局出入国管理処に用紙がある）
② 2寸写真（3.5 cm×5.3 cm）2枚
③ 外国人臨時住居登記証明原本（最寄の派出所にて発行）
④ パスポート原本およびパスポートの資料ページ、写真ページ、有効なビザのページ、最後に中国に入国したことを示す押印ページのコピー
⑤ 「外国人勤務許可証」原本およびコピー（前述4で取得）
⑥ 在職証明
⑦ その他、公安機関が必要と認めた書類

公安局出入国管理処は、前述の書類を受領してから15営業日後に「外国人居留許可」を発行します。

第 1 章　従業員の採用

【サンプル 5：外国人居留許可】

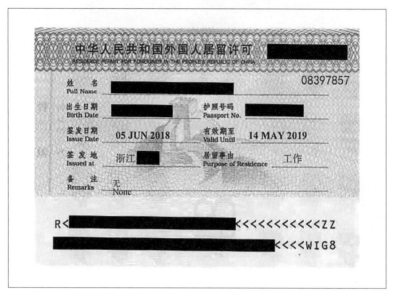

6　「外国人勤務許可証」の更新・変更

「外国人勤務許可証」は、最長で 5 年間有効であり、期間満了前に更新手続を行う必要があります。また、「外国人勤務許可証」に記載する職種等の情報に変化が生じた場合、変化が生じた日から 10 営業日以内に変更登記を申請する必要があります。

7　許認可手続懈怠の罰則

このように、外国人の勤務は厳しく管理されており、外国人が「外国人勤務許可証」を取得せずに無許可で就職した場合、外国人は、公安部門から 1000～20000 人民元の罰金、5～10 日の拘留を科せられ、情状が重大である場合、期限付きで国外退去を命じられることもあります（出国入国管理法 71 条）。一方、企業は、5000 人民元以上 10000 人民元以下の罰金を科せられ、無

第 2 節　採用

断勤務した外国人の国外退去費用を負担しなければなりません（出国入国管理法 74 条）。

事例 9
外国人就労許可証を取得しなかったため
労働契約が無効とされた事例

1　事実
　イタリア国籍の G さんは、副総経理として外商投資企業 A 社と月給 12000 人民元の労働契約を締結しました。このとき、G さんは外国人就労許可証（2017 年 4 月 1 日以降は外国人勤務許可証に変わる）を申請していませんでした。
　G さんは会議室でタバコを吸い、総経理から注意されたにもかかわらず、それを無視して吸い続けました。これを受けて、A 社は G さんが就業規則に著しく違反したことを理由に G さんを解雇し、2 月分と 3 月分の賃金を支給しませんでした。

2　仲裁委員会の判断
　G さんは労働争議仲裁委員会に仲裁を申し立て、2 月分と 3 月分の賃金 24000 人民元、労働契約解除に関わる経済補償金 24000 人民元、合計 48000 人民元の支給を求めました。
　労働争議仲裁委員会は、G さんの請求を認める判断を下しました。

3　裁判所の判断
　A 社はこれを不服として裁判所に訴えを提起しました。一審裁判所は、外国人が中国で就労する場合には「外国人就労許可証」を取得しなければならず、G さんがこれを取得していないため、その締結した労働契約は無効である、との判断を示し、G さんと A 社との間に業務委託契約関係が確立されていたとして、G さんに 2 月と 3 月の役務提供対価 24000 人民元の支給を認めたものの、経済補償金を支給する必要はない、との判決を下しました。
　G さんはこれを不服として上訴しましたが、二審裁判所は一審裁判所と同様、中国の政府部門が A 社と G さんの労働関係を認めていないことを理由に、両者間の労働契約は無効であると判断し、A 社が G さんに経済補償金を支給する義務はなく、G さんに労働報酬 24000 人民元を支給すべきとの判決を下しました。

4　解説
　外国人が中国で勤務するとき、労働契約を締結し、「外国人就労許可証」を取得しなければなりません。本件は、外国人が「外国人就労許可証」を取得しなかった

第1章 従業員の採用

め、雇用主との間では業務委託関係にあると判断され、損失を被った事例です。

第2節　採用

Q13　学生採用時の留意点

在学中の学生を従業員として採用することは可能でしょうか。工場内の簡単な作業について、アルバイトとして学生を雇う場合、留意すべき点は何でしょうか。また、まもなく卒業する学生に対して、実習生として勤務してもらう場合に留意すべき点は何でしょうか。

Point

・原則的に、学生と労働契約を締結することはできない。
・学生をアルバイトとして雇う場合、双方の権利義務関係を明確にする実習協議書を締結すべき。
・アルバイト報酬をコストとして計上するには、期間が3年間以上の実習協議書が必要。

Ans.

1　学生と労働契約の締結は不可

企業は在学中の学生と労働契約を締結することはできません（『中華人民共和国労働法』の徹底執行に関わる若干問題に関する意見12条）。このため、在学中の学生を採用する場合には、学生との間に「労働契約」ではなく、「業務委託契約」を締結し、アルバイト（中国語：勤工倹学）として使用するしかありません。学生を使用するとき、学生との間に労働関係が成立しないため、企業が学生のために「5険1金」（第5章用語解説参照）を納付する義務を負わず、かつ「業務委託契約」に基づきいつでも委託関係を終了することが可能となります。実務では、在学中の学生（特に専門学校の学生）を募集し、簡単な作業に従事してもらう外商投資企業、特に工場が少なくありません。

2　アルバイト使用時の留意点

学生を使用する場合、当事者間の権利義務関係を明確にするため、業務委託契約を締結すべきです。これを怠ると、労災等の問題が発生した場合、企業の

61

第1章　従業員の採用

対応が難しくなります。中国では、専門的技能を身に付けるための専門学校が多くあり、これらの専門学校、学生、企業との間に三者間契約を締結し、それぞれの権利義務関係を明確にするケースが多く見受けられます。

　学生を利用する場合、個々の学生と個別的に「業務委託契約」を締結することもできますが、専門学校を通じて学生を雇用する場合、税務の優遇措置を利用することができるため、利用する学生の数が多いとき、専門学校を入れ、企業、専門学校、学生の三者間契約を締結することがよく見受けられます。現在、学校と3年間以上の実習契約を締結すれば、学生に支給する報酬は、企業のコストとして計上することができ、企業所得税納付の面で有利になります（企業の学生に支給する実習報酬に関わる所得税政策問題に関する通知1条）。

【サンプル6：実習に関わる三者間契約】

実習に関わる三者間契約

甲：○○○○有限公司
住所：○○○○○○○○
電話番号：○○○○○○○○

乙：○○○専門学校
住所：○○○○○○○○
電話番号：○○○○○○○○

丙：（附属書類「丙の名簿」参照）

　甲乙丙は友好的な協議を経て、乙が丙を甲に派遣し実習業務に従事することに関して、以下のとおり合意に達し、ともに遵守することとなった。

第1条（実習期間）
　実習期間は○○年○○月○○日から○○年○○月○○日までとする。
第2条（実習内容）
　実習期間中、甲は丙に相応の場所、設備等の条件を提供し、実習を通じて社会を理解し学校で学習したことを社会で運用するという丙の目的が達成できるよう、丙に協力する。

第3条(実習報酬)
　実習期間中、甲は毎月○日までに、丙に実習報酬、交通手当、食事手当等合計○○人民元を丙の口座に振り込むものとする。
第4条(就業規則の遵守)
　実習期間中に、丙は甲の就業規則を遵守し、甲の指示に従い、実習を行わなければならない。
第5条(想定外の事故)
　実習期間中、丙が病気または業務外の負傷を負った場合、丙が自ら治療費を負担し治療するものとし、業務上で負傷を負った場合、甲丙のそれぞれの過失に応じてそれぞれ分担するものとする。
第6条(採用)
　実習期間中、甲が丙の勤務能力、勤務態度等を勘案し、甲の採用基準に合致する者と判断した場合、丙を正式に採用することができる。
第7条(紛争解決)
　本協議書に関わるあらゆる紛争は、甲乙がともに甲所在地の管轄権のある人民法院に訴訟を提起し、解決するものとする。
第8条(発効)
　本協議書は甲乙丙による署名または捺印後に発効するものとする。本協議書は一式2部を作成し、甲、乙はそれぞれ1部を保有する。

　　○○年○○月○○日

甲(捺印)　　　　　　　　　　　乙(捺印):
総経理または授権代表(署名):

丙(署名):

附属書類:
　　　　　　　　　　　丙の名簿
　　名前　　性別　　年齢　　住所　　　　電話番号　　身分証明書番号
1
2

3　卒業前の学生の実習

　中国の大学生が卒業前に、企業で数か月、いわゆるインターンとして勤務することがよくあります。学生は実務経験を積むことができ、企業にとっても、

第1章　従業員の採用

実習期間を試用期間として、実習期間内で学生の適性を判断し、企業の採用条件に合致する否かを判断できるメリットがあります。

　学生が企業で実習を行う場合、双方の権利義務関係を明確にするため、実習協議書を締結すべきです。実務上、優秀な人材を確保するため、実習生に対して、「自社が優先して採用することができ、実習生が他社と労働契約を締結する場合、自社に違約金支給義務が発生する」などの違約責任を明記することがあります。

【サンプル7：実習協議書】

実習協議書

甲：○○○○有限公司
住所：○○○○○○○○
電話番号：○○○○○○○○

乙：○○○
（身分証明書番号：○○○○○○○○）
住所：○○○○○○○○
電話番号：○○○○○○○○

　乙は○○大学○○専攻の学生であり、本年7月に同大学から卒業する見込みである。乙は甲で実習することを希望し、甲乙は、友好的な協議を経て、以下のとおり合意に達し、ともに遵守することとなった。

第1条（実習期間）
　乙の実習期間は○○年○○月○○日から○○年○○月○○日までとする。
第2条（実習内容）
　実習期間中に、甲は乙に相応の場所、設備等の条件を提供し、実習を通じて社会を理解し、学校で学習したことを社会で運用するという乙の目的が達成できるよう、乙に協力する。
第3条（実習報酬）
　実習期間中に、甲が乙に実習報酬、交通手当、食事手当等として、毎月○○人民元を支給する。
第4条（就業規則の遵守）

実習期間中に、乙は甲の就業規則を遵守し、甲の指示に従い、実習を行わなければならない。
第5条（想定外の事故）
実習期間中、乙が病気または業務外の負傷を負った場合、乙は自ら治療費を負担し治療するものとし、業務上で負傷を負った場合、甲乙のそれぞれの過失に応じて、治療費を各自分担するものとする。
第6条（優先採用権）
実習期間中、甲が乙の勤務能力、勤務態度等を勘案し、甲の採用基準に合致する者と判断した場合、乙に正式採用通知を発行し、乙を優先して採用することができる。乙は甲の採用通知を受けた後、甲と労働契約を締結しなければならず、これに違反した場合、甲に違約金として2000人民元を支払わなければならない。
第7条（解除）
甲または乙は、3日前まで相手方当事者に書面で通知し、本協議書を解除することができる。
第8条（紛争解決）
本協議書に関わるあらゆる紛争は、甲乙ともに、甲所在地の管轄権のある人民法院に訴訟を提起し、解決するものとする。
第9条（発効）
本協議書は甲乙の双方による署名または捺印後に発効するものとする。本協議書は一式2部を作成し、甲、乙はそれぞれ1部を保有する。

甲（捺印）　　　　　　　　　　乙（署名）：
総経理または授権代表（署名）：
〇〇年〇〇月〇〇日　　　　　　〇〇年〇〇月〇〇日

4　夜間大学生等の特例

　在学中の学生は企業と労働契約を締結できないとされていますが、ここでいう学生は、生計または社会勉強のための学生に限られ、夜間や土日のみ大学に通う学生については、この限りではありません。

　夜間および土日のみに限定して大学に通う学生は、一般従業員と同様の勤務が可能であるため、労働契約の締結が可能となります。このため、この種の学生を採用する場合、「労働契約」か「業務委託契約」のいずれかを、企業が明確にする必要があります。これを怠ると、労働関係が確立したとみなされてしまうリスクがあります。

第1章 従業員の採用

事例 10
学生を理由に労働契約の無効の主張が認められなかった事例

1 事実

劉さんは中国鉱業大学工商管理専攻（MBA）の学生であり、この大学では、劉さんが所定の単位を終了さえすれば卒業することができ、平日は企業に勤務し、土日に授業を受けることも認められています。

7月に、劉さんは社会人として北京市にあるA社の公開募集に参加し、8月に採用の内定通知を受け、劉さんとA社は、労働期間が2年間の労働契約を締結しました。

一年後の8月末、劉さんは「出産許可証」（注：中国では子供を生むには政府に申請し許可を受ける義務がある）を申請するため、A社に関連書類の提出を求めましたが、A社は劉さんの個人ファイルおよび戸籍はすべて中国鉱業大学にあることを理由に、これを拒否しました。また、9月に、A社は劉さんに対して、劉さんは学生であるため、A社と劉さんとの間に締結した労働契約はそもそも無効であると主張し、これまで納付した社会保険料および住宅積立金の納付を中止し、賃金の名目も「役務提供報酬」に一方的に変更しました。

2 裁判所の判断

劉さんは訴訟を提起し、労働契約の継続履行を求めました。これに対して、A社は反対訴訟を提起し、労働契約の無効を求めました。

裁判所は、劉さんは学生とはいえ、その身分は社会人に近く、その勤務が大学から許可され、A社も劉さんの採用時に、劉さんの学生身分を知りつつ労働契約を締結した上で、これまで賃金を支給し、社会保険料の納付を続けてきたことから、劉さんとA社との間には労働契約関係があったと判断し、劉さんの主張を認め、労働契約を継続する旨の判決を下しました。

3 解説

在学中の学生は企業と労働契約を締結できないとされていますが、夜間および土日のみに限定して大学に通う学生は、企業と労働契約を締結することができます。このため、学生に勤務してもらうとき、後日の紛争を避けるため、双方は労働関係なのか、業務委託関係なのかを契約で明確にすべきです。

第2節　採用

Q14　分公司と駐在員事務所の従業員採用

外商投資企業の分公司が従業員を採用する場合、直接、従業員と労働契約を締結することはできるのでしょうか。外商投資企業の連絡事務所や外国企業常駐代表機構（駐在員事務所）の場合はどうなのでしょうか。

Point

・営業許可証を取得している分公司は直接、従業員と労働契約を締結することができる。
・総公司が分公司の従業員と労働契約を締結する場合、従業員の社会保険料の納付問題、従業員の労働条件の確保において、留意する必要がある。
・営業許可証を有しない外商投資企業の連絡事務所は、直接従業員と労働契約を締結することができず、①外商投資企業が直接契約を締結する、②派遣会社を利用する、いずれかの方法で従業員を間接的に採用するしかない。
・外国企業駐在員事務所は従業員を直接採用することはできず、派遣社員の利用しか認められない。

1　雇用主としての資格要求

中国国内の企業、個人経営者、民営非企業単位（「単位」とは中国の独特の名称で、企業、機構、組織、政府機関、団体等のことを指す）は、雇用主として従業員と労働契約を締結することが認められています（労働契約法2条）。これにより、外商投資企業も従業員と直接、労働契約を締結することが認められます。

第1章　従業員の採用

2　外商投資企業の分公司

(1)　分公司の労働契約締結は可能

　外商投資企業の分公司（日本の支社に該当。中国語：分支機構）による、従業員との労働契約の締結可否について、労働契約法ではその判断を明確にしていません。一方、労働契約法実施条例4条では、中国国内の企業の分公司が法に基づき営業許可証または登記証書を取得した場合、雇用主として従業員と労働契約を締結することができる、と定めています（労働契約法実施条例4条）。よって、営業許可証を取得した分公司は、従業員と直接労働契約を締結し、採用することが可能です。

(2)　総公司が分公司の従業員と労働契約締結する場合の留意点

　実務上、分公司の従業員であっても、総公司（日本の本社に該当）が一括して労働契約を締結することがよくあります。労働契約自体については問題ありませんが、この場合、社会保険料の納付方法および従業員の労働条件の確保等について留意する必要があります。

① 　社会保険料の納付方法

　社会保険料は、企業所在地の社会保険取扱機構に納付し、従業員は企業所在地の社会保険取扱機構から社会保険待遇を享受することが原則です。よって、たとえば、総公司が北京、分公司が上海にあり、総公司が分公司の従業員と労働契約を締結した場合、企業は北京の社会保険取扱機構にこの従業員の社会保険料を納付し、従業員は北京の社会保険取扱機構から社会保険待遇を享受することになります。しかし、本来この従業員は北京にいないため、医療費用の精算、養老保険待遇の享受に不便があります。

② 　従業員の労働条件の確保

　総公司が分公司の従業員と労働契約を締結する場合、労働契約履行地と雇用主の登録地が違うために、従業員の最低賃金基準、労働保護、労働条件、職業危害防止および前年度従業員月平均賃金基準の該当地区などの事項について、どちらの地区の基準に従うかが問題となります。この場合、基本的には労働契

約履行地（分公司所在地）の関係規定に基づいて行い、雇用主登録地（総公司所在地）の関係基準の方が労働契約履行地の基準より高く、かつ総公司と従業員が雇用主登録地の関係基準に基づくと約定した場合、その約定に従うことができます（労働契約法実施条例 14 条）。

　たとえば、総公司が北京にあり、分公司が上海にある場合、総公司が従業員と労働契約を締結すると、従業員の最低賃金基準、前年度従業員月平均賃金等は、上海市の関連規定に従うことになります。よって、北京市総公司の従業員の最低賃金が 2000 人民元（2017 年の北京市の最低賃金）であるのに対して、上海分公司の従業員には最低 2300 人民元（2017 年の上海市の最低賃金）を支給しなければならなくなります。

3　外商投資企業の連絡事務所

(1)　連絡事務所は労働契約の締結は不可能

　外商投資企業が連絡窓口としての事務所（中国語：弁事機構）を設立するとき、従来までは、設立登記手続を行い、政府工商行政管理部門から登記証書の発行を受けていましたが、2006 年以降、登記手続が省略され、登記証書も発行されなくなりました（外商投資企業の審査認可登記管理の法律適用の若干問題に関する執行意見 25 条）。

　これにより、外商投資企業にとっては、連絡事務所の設立登記手続の必要性がなくなり、設立上の手間が省かれた一方で、連絡事務所が登記証書を保有することができなくなったため、雇用主として社会保険料を納付することができず、事実上、従業員と労働契約を締結することができなくなりました。

(2)　労働契約の締結方法

　連絡事務所が直接従業員と労働契約を締結できなくなったことから、連絡事務所を設立する外商投資企業が直接、従業員と労働契約を締結する対応策が実務では見受けられます。この場合、連絡事務所が外商投資企業と同じ地域（同じ省）にあれば、特に問題がありませんが、省をまたがる場合、前述の分公司のケースと同じく、社会保険料納付や労働条件確保の問題が生じるため、留意

第1章　従業員の採用

する必要があります。

中国には、保険代理納付会社が数多くあり、これらの保険代理納付会社を利用して、連絡事務所の従業員の社会保険料を納付している外商投資企業もあります。この場合、保険代理納付機関が外商投資企業の連絡事務所の従業員であるにもかかわらず自己の従業員であると詐称する前提の下でないと、このような代理機構による社会保険料の納付は不可能です。実務では、特に労災事故が発生した場合、社会保険取扱機構が社会保険料の納付を認めず、保険が下りないリスクがあります。このため、保険代理納付会社を利用する際に、保険が下りないリスクを認識したうえで、たとえば別途の商業保険を付保するなどの対応策を検討する必要があります。

保険代理納付会社利用時のリスクを避けつつ、連絡事務所の従業員を合法的に採用するには、(1)派遣社員の利用、(2)非経営性分公司の設立の2つの方法が考えられます。つまり、連絡事務所所在地の人材派遣会社を利用して、間接的に社員を雇用する、もしくは派遣社員を利用したくない場合、または信用できる派遣会社がない場合には、連絡事務所を「連絡業務」に従事する経営活動を行わない分公司として営業許可証を取得して、社員を直接雇用できる形態に変える方法が考えられます。

4　外国企業の駐在員事務所

ここ最近、中国に駐在員事務所（中国語：常駐代表機構）を設立する外国企業が少なくありませんが、これらの駐在員事務所については、中国で中国人従業員と労働契約を締結することが禁止されており、人材派遣会社の派遣社員を利用しなければなりません（外国企業常駐代表機構の管理に関する国務院の暫定規定11条）。

国務院の前述通知では、外国企業駐在員事務所が無断で中国人従業員を採用した場合の処罰について明記されていませんが、各地域政府によって、それぞれ処罰が定められています。たとえば北京市では、期間限定の是正を命じられ、かつ1～5万人民元の罰金を科せられます（北京市人民政府の外国企業常

第 2 節　採用

駐代表機構による中国従業員雇用に関する管理規定 11 条 2 項)。

　実務上、このような規定を知らずに、中国人従業員を直接採用し、処罰を受けた実例があるため、外国企業は留意しておく必要があります。

第1章　従業員の採用

Q15 従業員名簿および労働監査の実態

　従業員名簿は、必ず作成しなければならないのでしょうか。従業員名簿を作成しないことで、政府労働行政管理部門から処罰を受けることはあるのでしょうか。政府労働行政管理部門による労働監査の実態、またはその対応方法についても教えてください。

Point

・従業員名簿の作成は必須。
・従業員名簿には記載必須項目があり、企業がこれを作成する場合、記載漏れのないよう留意する必要がある。
・労働監査は告発を受けて行われることもあるが、日常的な巡回監査もある。
・監査を受けた場合、労働契約関連書類を呈示し、関連質問に対し誠実に回答する必要がある。

Ans.

1　従業員名簿の作成義務

　企業の従業員名簿の作成は義務であり、これを作成して、政府労働行政管理部門の検査に備えなければなりません（労働契約法7条）。これを怠ると、政府労働行政管理部門から期間付きで是正を命じられ、所定の期間を過ぎても是正しない場合、政府労働行政管理部門から2000〜20000人民元の罰金を科せられます（労働契約法実施条例33条）。

2　従業員名簿の内容

　従業員名簿には従業員の関連情報を記載し、企業が法に基づき従業員を使用していることが、労働行政管理部門に一目で分かるようにしておく必要があります。現在、従業員名簿の必須記載事項として、従業員の氏名、性別、身分証明書番号、戸籍所在地および現住所、連絡方法、雇用方法、雇用開始日、労働

第2節　採用

契約期間等が規定されています（労働契約法実施条例8条）。

　関連規定では、企業が前述の内容を盛り込む従業員名簿を作成すればよいとされていますが、実務では、労働監査の簡易化を図るために、あらかじめ作成した従業員名簿フォーマットの使用を企業に強制する地域政府もあります。たとえば湖北省では、以下の従業員名簿（企業基本情報表と従業員基本情報表の2つからなる）の使用を呼びかけ、企業による微調整を認めているものの、調整後の内容は規定フォーマットの内容を満たさなければならないとしています（湖北省労働社会保障庁の従業員名簿制度のさらなる推進に関する通知2条）。

【サンプル8：湖北省所定の従業員名簿】

企業基本情報表

企業名称				社会保険登録番号	
企業の類型	企業 □　国家機関 □　事業単位 □　社会団体 □　個人経営者 □　民営非企業単位 □　その他 □				
経済類型	国有企業 □　集団企業 □　有限会社 □　株式合作会社 □　株式会社 □　私有 □　聯合経営 □　その他の内資企業 □　香港・マカオ・台湾出資 □　外国出資 □　その他 □				
登記証番号		組織機構コード		派遣会社該当有無	
法的代表者		登録住所			
郵便番号		経営場所			
連絡者		連絡方法			
注					

従業員基本情報表

企業名称：　　　　　　　　　　　　　　　　　　　　作成期日：○○年○○月○○日

順番	氏名	性別	戸籍性質	身分証番号	戸籍所在地	現住所	連絡方法	雇用方法	契約期間	契約の類型	注

第 1 章　従業員の採用

3　労働監査

(1)　労働監査の内容

　県レベル以上の政府労働行政管理部門には、法に基づき、以下に掲げる労働契約制度の実施状況を監督検査する権限があります（労働契約法 74 条）。

- ➤ 企業における、従業員の切実な利益に直接関連する規則制度の作成およびその実施状況
- ➤ 企業と従業員との労働契約の締結および解除状況
- ➤ 派遣会社および派遣先企業における労務派遣関連規定の遵守状況
- ➤ 従業員の労働時間および休憩休暇に関連する国家規定の企業による遵守状況
- ➤ 労働契約に定める労働報酬の支払および最低賃金基準の実施状況
- ➤ 企業による各社会保険の加入および社会保険料の納付状況
- ➤ 法律法規の定める、その他の労働保障監査の関連事項

(2)　労働監査の方法

　労働監査は、県レベルの労働行政管理部門が行い、主に、①日常的な巡回検査、②企業が提出した書類の書面審査、③告発受理後の検査、の 3 つの方法により、企業の労働関連法令の実施状況を監査しています（労働保障監査条例 14 条）。実務では、以前は③による監査が多かったものの、労働行政管理部門が①日常的な巡回検査を行うケースが最近増えてきています。

　労働監査の場合、労働行政管理部門が企業に立入調査することができ、企業の労働契約および集団契約に関わる資料を閲覧する権限があることから、企業および従業員は監査に対して関連状況および資料をありのまま提供しなければなりません（労働契約法 75 条）。

(3)　労働監査への対応方法

　労働監査を行う場合、労働行政管理部門は 2 名以上の職員で行う必要があり、監査時には、自らの身分を証明する証明書を企業に提示しなければなりません（労働保障監査条例 16 条）。よって、職員が 1 名であったり、身分を証明

する証明書をもっていない場合には、企業がその監査を拒否することができます。

そのようなことがない限り、企業は労働行政管理部門の監査を受けなければならず、必要な書類の提示や、職員からの質問に対し誠実に回答する必要があります。このため、従業員名簿および労働契約等の関連書類の管理を日頃から着実に行い、企業の労働関連法令の実施状況を熟知する、労働行政管理部門の監査に対応できる従業員を配置しておく必要があるでしょう。立場が総経理であったとしても、総経理自身が企業の労務管理状況をよく把握していない場合、安易に労働行政管理部門の監査に回答を行わない方が無難です。回答に一貫性がなかったり、中国人従業員の回答と矛盾する場合、疑惑を持たれ、必要以上の監査が行われる恐れがあるからです。

事例 11
広州の某日系外商投資企業が受けた労働監査の事例

ある日、広州にある日系外商投資企業 A 社に所在地の区レベルの労働行政管理部門の職員 3 人がやって来て、労働監査を行いました。

1　関連書類の閲覧、複写
　区レベルの労働行政管理部門の職員らは A 社に対して、以下の書類を要求し、そのうちの一部は閲覧だけで済みましたが、一部の書類に対して、コピーに社印を捺印した上での提出が求められました。
（1）閲覧書類
　　① 締結済みの労働契約書原本 20 部
　　② タイムカード
　　③ 労働年度検査登記証
　　④ 就業規則
　　⑤ 従業員基本資料表（従業員の生年月日、出身地、入社日等を記録したもの）
（2）複写したもの
　　① 営業許可証
　　② 先月分の賃金表
　　③ 社会保険登記証
　　④ 従業員名簿

第1章　従業員の採用

2　質問内容
A社の経営者、高級管理職への質問だけでなく、経営者、高級管理職に席を外させ、中国人従業員5名にも質問が行われました。
(1)　経営者への質問内容
　① 　従業員の賃金状況
　② 　最低賃金の金額（最低賃金制度に違反していないかの確認）
　③ 　社会保険料の納付状況（全員分納付済みか否か）
　④ 　残業状況
(2)　5名の中国人従業員への質問内容
　① 　入社時期
　② 　規定期日どおりに賃金を受領しているか
　③ 　残業の有無
　④ 　従業員の出身地
　⑤ 　社宅の状況
　⑥ 　労働契約の締結有無
　⑦ 　社会保険の加入状況
　⑧ 　従業員の食事手当の状況
　⑨ 　休暇の享受状況
　⑩ 　出勤時間

3　改善指導、是正指導
(1)　A社の賃金は、基本給および交通、食事、通信、住宅など多くの福利手当から構成されているものの、福利費用分は最低賃金基準に計上されないため、基本給が最低賃金基準を下回ってはならないとの指導を受けました。
(2)　A社が2名の従業員について、従業員の出身地で社会保険を加入していることに対して、企業所在地の社会保険に加入するよう、指導を受けました。
(3)　A社の従業員に残業が多く、1か月あたり36時間を超えている者が少なくないことから、2週間以内に書面による改善案の提出を求められました。なお、具体的な改善策について、労働行政管理部門の職員から、①残業時間を1か月あたり36時間以内に調整する、②製造ラインを増強する、③人員を増加する、などのアドバイスを受けました。

4　結果
A社は、製造ラインの増強、人員の増加という改善案を書面でまとめ、労働行政管理部門に提出しました。

第2章
派遣社員の使用・打ち切り

第2章　派遣社員の使用・打ち切り

ワンポイント用語解説

※ 直接雇用

当該企業が直接従業員と労働契約を締結し、勤務してもらうことを直接雇用といいます。

※ 間接雇用

労働関係を確立しておらず、派遣会社から派遣されてきた派遣社員については、いわゆる間接雇用となります。

※ 正社員

直接雇用する従業員のことをいいます。日本では、正社員とは一般的に終身雇用の従業員をいいますが、中国の正社員は、①固定期間労働契約を締結する従業員、②無固定期間労働契約を締結する従業員の2種類からなります。

※ 派遣社員

派遣会社と労働関係を確立し、派遣先企業で勤務する労働者のことをいいます。

※ 個人ファイル（中国語：档案）

個人の身分、家族、学歴、職歴の状況、青年団入団、共産党入党関連の情報、小学校から大学、就職先までの賞罰歴および評価等が記載されており、小学校入学時から作成され、個人に一生涯付いて回るものです。

※ 打ち切り（中国語：退回）

企業が正社員の継続雇用を行わない場合を「解雇」とするのに対し、派遣社員の場合、そもそも企業と労働関係がないため、継続して使用を行わない場合

第 2 章　派遣社員の使用・打ち切り

を「打ち切り」と表現します。解雇の場合、労働契約を解除すれば実現できますが、派遣の打ち切りの場合、派遣会社と協議して労務派遣契約を解除することになります。

※ 派遣会社

人材を他社に派遣し、他社のために勤務させることのできる企業のことをいいます。派遣会社になるには、労働行政管理部門から「職業紹介（労務派遣機関）許可証」を取得する必要があり、この許可証を取得していない企業がその従業員を他の企業に派遣してはなりません。

※ 派遣先企業

派遣社員を利用する企業のことをいいます。

※ 連帯責任

他者の債務であっても、債権者に対して同様にこれを返済しなければならない責任を負うことをいいます。

第2章　派遣社員の使用・打ち切り

Q16 派遣制度

中国の派遣制度について教えてください。派遣社員を利用する場合と正社員を利用する場合、それぞれのメリットとデメリットは何でしょうか。派遣社員の派遣期間は6か月を超えることはできないのでしょうか。

Point

・派遣社員利用のメリット：①労務管理コストの軽減、②労働紛争の回避、③人材選別が可能、④終身雇用の延期、⑤グループ企業内の調整が可能。
・派遣社員利用のデメリット：①臨時性、補助性、代替性のある職務のみに限定、②派遣社員数は総社員（派遣社員＋正社員）の10％を超えてはならない、③雇用コストが派遣会社に転嫁される、④派遣の打ち切りが難しい、⑤労働者の勤務意欲にマイナス影響。
・統一した労務管理を行うには、全員正社員として雇用したほうがよい。

Ans. 1 派遣制度のしくみ

正社員の場合、企業と従業員の二者間で労働関係が確立され、企業が正社員のために賃金や社会保険料を納付します。これに対し、派遣社員を利用する場合には、労働関係は派遣会社と労働者の間で成立し、派遣会社と企業間には労務派遣関係（民事関係）、企業と労働者間には使用関係が成立するというように、派遣先企業、派遣会社、労働者の三者関係が一体となってはじめて成立するしくみとなっています。

このとき、労働関係は派遣会社と派遣社員との間に成立し、派遣会社が派遣社員に賃金や社会保険料を納付する必要があるのに対して、派遣会社と派遣先企業の間には労務派遣関係が成立し、派遣会社が派遣社員を派遣先企業に派遣し、派遣先企業は派遣企業に対して①派遣会社が派遣社員に支払う賃金・社会

第2章　派遣社員の使用・打ち切り

保険料相当額、②派遣会社の派遣業務管理費を支払います。通常、派遣会社の派遣業務管理費は派遣社員1人あたり、1か月数百人民元程度となっています。

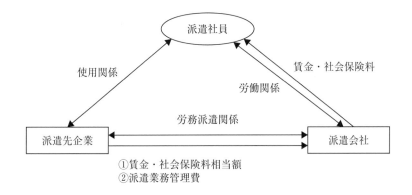

2　派遣社員と正社員の比較

(1)　派遣社員のメリット

① 　労務管理コストの軽減

　正社員の場合、企業が労働者個人とそれぞれ労働契約を締結しなければならないため、各従業員の労働契約内容が個々に異なるケースも少なくありません。また、企業が従業員のためにその個人ファイル（中国語：档案）を管理し、各種社会保険料を納付し、従業員が病気、ケガ、労災等にあった場合、雇用主として企業が負担すべき責任を果たさなければなりません。これらの手続は非常に煩雑であるため、これらを問題なく管理するには、やはり人事部の設置が必要となります。

　これに対して、派遣社員の場合、企業が派遣会社との間で1本の派遣契約を締結すれば済み、労働者の募集・採用、入社、労働契約の締結・解除、各種社会保険料の納付、個人ファイル・社会保険関係の移転などに関わる各種の労働行政管理手続は、すべて人材派遣会社が行うため、企業は経営に専念することができます。

第 2 章　派遣社員の使用・打ち切り

コラム 5
中国の個人ファイル（档案）管理制度の現状

　中国の個人ファイル（中国語：档案）制度は、戸籍制度と同様、中国における個人管理において重要な役割を果たしています。個人ファイルには、個人の身分、家族、学歴、職歴の状況、青年団入団関連や共産党入党関連の情報、小学校から大学、就職先までの賞罰歴および評価等が記載されています。

　個人ファイルは小学校入学と同時に作成され、そのファイルは中学、高校、大学、就職した場合には、企業または人材服務中心（個人ファイルの専門保管部門）にまで渡り、一生涯その人について回ることになります。

　個人ファイルの閲覧には制限があり、本人がファイルを閲覧することはできません。したがって、ほとんどの中国人（企業の人事担当者が職権を利用し自己の個人ファイルを閲覧することはある）は、自己の個人ファイルに何が記載されているのか知らないわけです。

　外商投資企業が従業員を採用する場合、その個人ファイルを閲覧して該当者の学歴、職歴、素行を調査して採用可否を判断することができます。採用後も、社内または人材服務中心で従業員の個人ファイルを保管しておく必要があります。また、従業員との労働契約を解除するときには、15 日以内にその個人ファイルの移転手続を行わなければなりません（労働契約法 50 条）。

　最近の中国における労働紛争では、個人ファイルに関する紛争が非常に多く、労働紛争全体の 1 割程度を占めているといわれています。個人ファイルの紛失、個人ファイルの移転拒否がそのおもな原因で、これは従業員の再就職の妨げとなり、失業保険も享受できなくなります。

事例 12
個人ファイル紛失が原因で、元従業員から損害賠償責任を追及された事例

1　事実

　北京にある A 社の従業員であった徐さんは、窃盗罪で逮捕され、懲役 3 年の有罪判決を受けました。これを受けて、A 社は徐さんの解雇決定を行いました。

　刑期を終えた徐さんは、自らの個人ファイルについて A 社に確認を取り、西城区徳外街道弁事処に移転したとの回答を受け、西城区徳外街道弁事処に確認したところ、そのような事実はないと告げられました。この事実を徐さんから聞いた A 社は、

あらためて徐さんの個人ファイルを探しましたが、とうとう見つけることはできませんでした。

2 仲裁委員会の判断

徐さんは北京市西城区労働争議仲裁委員会に労働仲裁を申し立てましたが、申立時効満了を理由に受理されませんでした。

3 裁判所の判断

そこで、徐さんは西城区人民法院に訴訟を提起し、個人ファイルの紛失によって再就職が困難となり、各種の生活補助待遇も享受できないとして、A社に対して個人ファイルの再作成と30万人民元の損害賠償を求めました。

西城区人民法院は、徐さんの個人ファイルを西城区徳外街道弁事処に移転したとするA社の主張について、A社が関連証拠を提出することができなかったことから、紛失責任はA社が負うべきとし、徐さんの個人ファイルの作り直し、5万人民元の損害賠償をA社に命じました。

A社はこれに不服として北京市第一中級人民法院に上訴しましたが、棄却されました。

4 解説

企業は従業員に個人ファイルの移転を求めた場合、自らこれを保管するか、個人ファイル保管会社に保管を依頼するかして、その個人ファイルをきちんと保管する必要があります。実務では、個人ファイルの紛失によるトラブルが多発しています。個人ファイルの作り直しはなかなか容易なことではないため、個人ファイルを紛失した従業員から高額の損害賠償金を求められるリスクがあります。

② 労働紛争の回避

正社員との間に労働紛争が発生した場合、企業が自らこれを解決しなければなりませんが、派遣社員の場合、労働者と労働契約を締結しているのは派遣会社であることから、何らかの労働紛争が発生した場合、まずは派遣会社に相談するよう促せるなど、いきなり労働者と直接対立するリスクが低くなります。

③ 長期試用期間としての利用が可能

正社員の採用においては試用期間の制限があり、たとえば3年間の労働契約を締結する場合、その試用期間は6か月を超えてはなりません。しかし実際には、この短い期間の中で労働者の本質を見抜き、正式採用に値する人材かどう

かを判断することは非常に困難です。また、試用期間中に企業に継続雇用の意思がなくなった場合、従業員に対して企業の採用条件に合致しないことを証明しなければならず、これもなかなか容易なことではありません。

派遣社員の場合、派遣期間を一種の長期試用期間ととらえて、派遣期間中に企業側は時間をかけて派遣社員の資質や実力を観察し、長期採用に値する従業員と判断できた場合には正社員に切り替えるなどの方法を利用すれば、より効率的かつ的確に人選を行うことができます。

もちろん、労働者の本質を見抜くために、直接雇用（固定期間労働契約）を後ろ向きにとらえる必要はありません。企業にとって重要なのは、採用時には分からなかった問題が後日判明したときにスムーズに契約終了、解雇できるかどうかということです。試用期間中に、能力、業務遂行状況を確認するのが理想ですが、その期間で確認し切れないこともあります。しかし、1年間業務を遂行させれば、少なくとも大きな問題を抱える人材かどうかは判断できると思われます。したがって、そもそもの試用期間と最初の契約期間と両方を合わせて広く試用期間とする立場もあります。企業として何としても避けなければならないのは、問題を抱えた人材を無固定期間労働契約の対象としてしまうことです。その時点、つまり何回目の労働契約更新か、累積雇用期間が何年か、に重点を置いた管理を行い、無固定期間労働契約の締結を避けることが肝要です。

④　終身雇用の延期

正社員の場合、連続して2回の固定期間労働契約を締結した後、正社員が要求すれば、企業が正社員と無固定期間労働契約を締結し、終身雇用しなければなりません（労働契約法14条2項3号）。いったん無固定期間労働契約を締結すると、従業員の解雇が難しくなります。このため、終身雇用を避けながら従業員に長期のスパンで働いてもらうには、派遣社員の利用が有効的です。

⑤　グループ企業間での転勤が容易

中国国内に多くの投資先企業を持ち、この投資先企業間で従業員を配置転換させる日本企業がよく見受けられます。正社員の場合、投資先企業には派遣会

社としての資格がないことから、自社の正社員を他の投資先企業に転属させるには、元投資先企業がその正社員といったん労働契約を解除し、別の投資先企業と新たに労働契約を締結する必要が生じます。これに対して、派遣社員の場合、労働関係は派遣会社との間にあることに変わりはないため、勤務先を新しい投資先企業に変更するだけでよく、これは企業だけではなく従業員にとっても大きなメリットがあります。なぜなら、中国では省をまたぐ社会保険関係の移転が非常に難しく、1つの省で社会保険の納付を続ける方が、特に養老保険の享受において有利になるからです。その詳細については、Q46「5つの社会保険」を参照してください。

(2) **派遣社員のデメリット**

① 労務派遣の限界

　派遣社員の職務内容については制限があります。派遣社員は、一般的に臨時性、補助性、代替性（いわゆる「三性」）のある職務のみにおいて就労が許可されています（労働契約法66条）。そのうち、「臨時性」とは、存続期間が6か月を超えない職務のことを指し、「補助性」とは、主要営業職務を補助する非主要営業職務のことを指し、「代替性」とは、既存の従業員が休暇等により一時的に従事できない職務のことを指します（労務派遣暫定規定3条）。また、派遣社員が総量管理を受け、派遣社員数は総社員（派遣社員＋正社員）の10％を超えてはなりません（労働契約法では、この三性の定義について具体的な説明はないものの、「労務派遣暫定規定」（労務派遣暫定規定4条）。

　これにより、補助性の職務の認定は企業に任せるにしても、総量管理を受けているため、派遣社員の利用は困難となりました。実務では、2014年の労務派遣暫定規定施行後に、ほとんどの企業が全員を正社員にするか、10％の枠を利用し季節要因の影響を受ける職場（工場等）など一部の従業員を派遣社員として利用することになりました。

② 派遣社員雇用のコスト・リスクの事実上の負担

　派遣社員を利用する場合、企業としては派遣社員との間に労働関係がないことから、理論上、派遣先企業の雇用コスト・リスクの負担は軽くなります。し

第 2 章　派遣社員の使用・打ち切り

かし実際には、派遣企業によって受けるべき派遣社員の雇用コスト・リスクがすべて派遣先企業に転嫁されています。実務上、派遣先企業が派遣企業の雇用負担の転化要求を呑まないと、最悪の場合、派遣社員を募集できないといった話も多く耳にします。

　また、派遣社員と労働関係がないからといって、労働紛争のリスクが存在しないわけではないことに注意が必要です。派遣社員が派遣会社と労働紛争を起こした場合、派遣先企業は派遣会社とともに、共同被告とされます（労働紛争調停仲裁法 22 条 2 項）。また、労働紛争により、派遣会社が派遣社員に損害を与えた場合、派遣先企業が派遣会社と連帯して派遣社員に賠償する必要があります（労働契約法 92 条）。これは、派遣先企業からすれば、無過失責任に相当するものであり、思わぬ損害賠償を求められる恐れがあります。

事例 13
派遣会社が派遣社員の社会保険料を納付していなかったために、派遣先企業が連帯損害賠償責任を命じられた事例

1　事実

　牛さんは天津の派遣会社 A 社の従業員で、河北省石家荘にあるスーパー（派遣先企業）に派遣されていました。ある日、牛さんは退社途中に交通事故に遭い、病院に運ばれましたが、意識が回復することはなく、社会復帰が困難な状態になってしまいました。

　毎月、スーパー側が A 社に牛さんの派遣費用等を全額支払っていましたが、A 社は牛さんの労災保険に加入していませんでした。これが原因で、牛さんは労災保険金の給付を申請することができなかったため、A 社およびスーパーに対して、牛さん側は医療費の実費負担を求めましたが、いずれも拒否されました。

2　仲裁委員会の判断

　牛さんが意識不明の状態であるため、牛さんの父親が派遣会社 A 社、スーパーを相手取り、石家荘市労働争議仲裁委員会に仲裁を申し立てました。仲裁委員会は、A 社に対して牛さんに医療費 25 万人民元の賠償を支払うことを命じ、スーパー（派遣先企業）に対しても A 社と連帯賠償することを命じる仲裁判断を下しました。

第 2 章　派遣社員の使用・打ち切り

> 3　解説
> 派遣社員が派遣会社と労働紛争を起こした場合、派遣先企業は派遣会社とともに、共同被告とされる恐れがあります。また、派遣会社が派遣社員の権利を侵害した場合、派遣先企業が派遣社員から損害賠償を求められる恐れもあります。このため、派遣社員を利用する外商投資企業は、派遣会社が派遣社員の権利を侵害していないか否かを留意する必要があります。

③　難しい派遣の打ち切り

派遣の打ち切りは、正社員の解雇よりも難しいとされています。事実、正社員の場合、労働契約法 39 条、40 条 1 項、2 項、3 項、41 条を根拠に企業が解雇を行うことができるのに対して、派遣社員の場合、法定の打ち切り根拠は労働契約法 39 条、40 条 1 項、2 項のみで、正社員の解雇根拠の半分しか認められていません。派遣先企業が労働契約法 40 条 3 項および 41 条に基づく派遣契約の解除可否については、現在も議論の残るところです。その詳細については、Q20「任意の派遣打ち切り」を参照してください。

④　派遣社員の勤務意欲への影響

派遣社員は正社員と比べて、自己を外部の人間だと意識しがちであり、企業に対する帰属感が薄く、長い目でみて企業のために勤務する意欲が欠ける恐れがあります。

3　正社員か派遣社員か、ケースバイケースで判断

中国では、従来から派遣社員の形式が利用されていましたが、法律で派遣制度を正式に定めたのは労働契約法が初めてです。これまで、派遣制度に関する法律の規定が不明確であるため、労働者利用コストの削減（低い賃金で雇用する）および労働紛争の回避が派遣社員利用の最大の目的でした。しかし、労務派遣暫定規定の施行により、このような目的による派遣社員の雇用は難しくなりました。

派遣社員あるいは正社員か、外商投資企業はその状況に応じてケースバイケースで判断する必要があります。しかし、最大 10％ までの従業員を派遣社員

にするには、会社の労務管理において不便が多く生じるため、やはり全員統一して正社員として雇用したほうがよいでしょう。

　派遣社員を利用しにくくなるため、実務では、とくに工場の場合、第三者と業務委託契約を締結し、第三者の従業員を自社工場に派遣してもらい、実質上、派遣社員を利用していると同様の効果を実現しています。この方法は法律に違反しませんが、第三者がきちんとその従業員のために社会保険（とくに労災保険）に加入しているか否かを確認したほうがよいでしょう。場合により、当該第三者の従業員のために商業傷害保険を付保したほうがよいでしょう。

第2章　派遣社員の使用・打ち切り

Q17　派遣会社との交渉方法

派遣社員を利用する場合、派遣会社との交渉のほかに、どのような点に留意すべきでしょうか。また、派遣会社が派遣社員の権利を侵害した場合、派遣先企業も派遣会社と同様に連帯責任を負うのでしょうか。

Point

- 派遣会社は資格認可制である。
- 派遣会社が派遣契約を通じて雇用コスト・リスクを派遣先企業に転嫁しているため、派遣契約においては交渉が必要不可欠。
- 派遣社員が派遣会社から不利益を受けた場合、派遣先企業が派遣会社と連帯賠償責任を負うため、派遣会社と派遣社員の労働契約の内容や実施状況について確認が必要。

1　派遣会社の資格確認

中国には数多くの派遣会社があり、中には不正な労務派遣を行う企業も少なくありません。このため、労働契約法では、派遣会社の最低資本金を200万人民元（会社法が定める一般企業の最低資本金は3万人民元）という高いラインに設定しています（労働契約法57条）。また、各地域の労働行政管理部門では、派遣会社の設立に対して許可制を採用しており、「職業紹介（労務派遣機関）許可証」を取得しない限り、労務派遣活動は認められません。

このため、外商投資企業が派遣会社を利用する場合、まず許可証の有無を確認する必要があります。これを怠ると、派遣社員を利用しているつもりが、正社員としてみなされるリスクが発生してしまいます。

2　派遣契約の必要的事項

派遣社員を利用する場合、派遣会社と派遣契約を締結しなければなりません。これを怠ると、派遣社員のつもりでも、正社員とみなされるリスクが伴い

ます。派遣会社と労務派遣契約を締結する中で、希望する派遣社員の人数、職位、派遣期間を明確にしなければならず、賃金および社会保険料の支払方法も明記しておく必要があります。

3　難しい派遣会社との交渉

派遣社員を使用する場合、派遣会社との交渉において企業は多くの時間や労力を強いられます。実際、派遣会社が負うべき労働者使用時の負担をすべて企業側に押し付けるケースも非常に多いようです。

(1)　派遣期間

派遣会社が派遣社員を採用するとき、最低2年間の労働期間がある労働契約を締結しなければなりません（労働契約法58条）。このため、派遣会社が派遣先企業に対し、派遣期間を少なくとも2年間と要求してくることがあります。派遣期間が2年未満の場合、残余期間について、該当地域の最低賃金基準で補償の負担を要求されることもよくあります。

(2)　派遣期間満了時の経済補償金

派遣期間が満了した場合、派遣会社から派遣社員に対する経済補償金の支払を求められる恐れがあります。派遣期間満了後、派遣会社が派遣社員を別の企業に派遣すれば労働契約の終了にならず、経済補償金の支給義務は発生しません。また、派遣社員が派遣会社に対して自ら退職を申し出た場合にも、経済補償金の支給義務は発生しません。このような事実を知らずに、派遣会社の要求を鵜呑みにして派遣会社に経済補償金を支払うと、単に派遣会社の丸儲けにもなりかねないことから、注意が必要です。

(3)　福利厚生

派遣会社が派遣社員に多くの福利厚生（商業保険の加入・暖房代の支給など）を付与している場合、これを派遣先企業に押し付けてくることがあります。時として、派遣社員に与えるものが正社員に与えるものより多くなるケースさえあります。このような過度な福利を認めてしまった場合、社内の福利厚生制度と衝突することになります。

このように、企業が派遣社員を利用するにあたっては、派遣会社とさまざまな交渉を重ねていかなければなりません。中国には多くの派遣会社があり、たとえば北京では、「北京外企人力資源服務有限公司」（FESCO）が最大手の派遣会社として有名ですが、市場における巨大なシェアを盾に、自社に有利な派遣契約の雛形を提出して、企業の派遣契約の変更要求をなかなか受け入れないことが多いのが実状です。

4　派遣会社の労務管理に対する確認

(1)　労働契約の確認

派遣会社との派遣契約以外にも、重視しなければならないことがあります。Q16「派遣制度」でも説明したとおり、派遣会社が派遣社員に損害をもたらした場合、派遣先企業は派遣会社の共同被告とされ、派遣社員に対して連帯賠償する必要があります。このため、派遣先企業としては、派遣会社と労働者が締結した労働契約の内容を確認し、そのコピーを保管する必要があります。ここでは、労働契約において労働者の権利が損なわれていないかを確認することが最も重要です。

(2)　派遣会社の労働契約実施の確認

派遣会社が労働契約に従って、きちんと義務を履行しているかを確認する必要があります。特に、社会保険料を派遣会社を通じて納付する場合、社会保険料がきちんと納付されているかを入念に確認する必要があります。派遣社員が労災または病気にかかった場合、膨大な金銭の支出が強いられます。派遣会社が派遣社員のために労災保険、医療保険に加入していない場合、派遣社員が受けるべき社会保障を享受できず、この損失について、派遣会社と受入先の企業が連帯して賠償しなければなりません。

第 2 章　派遣社員の使用・打ち切り

Q18　派遣社員利用時の労務管理

派遣社員を利用する場合、労務管理において留意すべき点は何でしょうか。

Point

- 職業訓練は企業（派遣先企業）が行うべき。
- 賃金等の面で、正社員と差別があってはならない。
- 派遣契約の内容を派遣社員に知らせる義務がある。
- 派遣社員には企業（派遣先企業）の工会（労働組合）への参加権利がある。
- グループ企業といえども、派遣社員を勝手に再派遣することはできない。

Ans.

1　職業訓練

派遣社員は派遣会社の正社員ではあるものの、その職業訓練については、派遣先企業が国家の労働基準に照らし合わせ、相応する労働条件および労働保護を提供するだけでなく、職場に在職する派遣社員に対して、その職場に必要な訓練を行う必要があります（労働契約法62条）。

2　同一労働・同一報酬原則

派遣社員は、派遣先企業の正社員と同一労働・同一報酬を享受する権利を有し、派遣先企業は同額の報酬を与えなければなりません。企業に同類の正社員が存在しない場合には、その派遣先企業所在地における同様または類似する職務の労働者の労働報酬を参照して確定することになります（労働契約法63条）。

第2章　派遣社員の使用・打ち切り

3　残業代の支給

派遣社員が残業を行った場合、派遣先企業は派遣社員に残業代を支給しなければなりません。また、派遣先企業の社内規則に成果賞与または職場と関連する福利待遇があれば、派遣社員にも同様に享受させなければなりません（労働契約法62条）。

4　賃金の調整

連続して同一の派遣社員を使用する場合には、正当な賃金調整を行わなければなりません（労働契約法62条）。

5　派遣契約の内容の告知

派遣先企業は派遣社員に対し、勤務要求および労働報酬を告知する義務があり、さらに、派遣契約の内容（労働報酬、労働条件など）を知らせる義務を負っています（労働契約法60条）。実務では、派遣先企業から派遣会社に支払われる金額のうち、派遣会社に支払う管理費が多くを占める場合があります。このため、派遣会社が労働者に派遣契約の具体的な内容を告知するのに消極的となり、派遣先企業にも派遣契約の内容を労働者に知らせないように求めてくることがあります。しかしながら、企業がこれに応じることは違法となるため、注意が必要です。

6　工会活動への参加

派遣社員は工会（労働組合）に参加し、工会の活動に参加することができます（労働契約法64条）。この場合の工会への参加とは、派遣会社の工会はもちろんのこと、派遣先企業の工会への参加も含まれており、派遣先企業がこれを拒否することはできません。もっとも、1人の従業員は1つの工会にしか参加することができないため、派遣社員は工会に加入するとしても、派遣企業か派遣先企業のいずれかを選ぶ必要があります。

第2章　派遣社員の使用・打ち切り

　派遣社員の工会への加入について、派遣会社は派遣先企業への加入を勧めるのに対して、派遣先企業は派遣会社への加入を薦めるというように、お互いに責任を押し付け合うようなケースが実務ではよく見受けられます。これに関して中華全国総工会（Q60「工会組織の構造」参照）は、2009年4月30日に「派遣社員の工会参加促進に関する規定」を公布し、派遣社員は派遣会社の工会に優先的に参加し、派遣会社に工会がなければ派遣先企業の工会に参加すべきであるという見解を示しました。

7　再派遣の禁止

　企業が派遣社員を他の企業に再派遣することは認められません（労働契約法62条2項）。実務では、日本企業がグループ企業間で従業員を転勤させることがよくありますが、派遣社員の場合、派遣先の変更を勝手に行うことはできません。

第 2 章　派遣社員の使用・打ち切り

Q19　法定の派遣打ち切り

派遣先企業が派遣社員を継続使用する意思がない場合、どのようにして派遣の打ち切りを行うべきでしょうか。

Point

・派遣会社と合意があれば、派遣の打ち切りが可能。
・派遣期間が満了した場合、派遣社員に関する派遣を打ち切ることができる。
・就業規則に著しく違反した場合などにおいては、正社員に対する即時解雇と同様、ただちに派遣の打ち切りが可能。

Ans.

　　　派遣社員を受け入れた後、さまざまな理由から、派遣社員を引き続き使用しないこともあります。この場合、法律上、派遣先企業と派遣社員との間には労働契約が成立していないため、正しくは派遣社員の「解雇」ではなく、派遣会社と労務派遣契約を解除し、派遣社員を派遣会社に返還する、派遣の打ち切り（中国語は「退回」）というかたちになります。

1　協議による打ち切り

　派遣先企業と派遣会社との間に合意があれば、いつでも派遣社員の派遣を打ち切ることができます。この場合、派遣先企業が派遣社員の同意を受けなければならないという法律上の義務は特にありません。しかし、派遣先企業による派遣の打ち切りが、派遣会社による派遣社員への解雇につながれば、後々労働紛争に発展し、派遣先企業まで巻き込まれる事態になりかねないことになります。したがって、派遣の打ち切りを行う場合には、派遣先企業も派遣終了後の勤務計画など派遣社員の意向を入念に確認しておく必要があります。

第 2 章　派遣社員の使用・打ち切り

2　派遣期間満了による派遣の打ち切り

　派遣先企業は派遣期間満了に伴い、派遣社員および派遣会社との派遣契約を終了することができます。この場合、派遣先企業は派遣社員に経済補償金を支給する法律上の義務はありませんが、派遣契約に、経済補償金の支給、派遣終了後における労働契約期間中の最低賃金補償等の約定があれば、これに従う必要があります。

3　派遣期間中の法定打ち切り事由

　労働契約法65条2項は、「派遣社員に、本法39条、40条1項、2項に規定する状況があった場合、派遣先企業は、派遣社員を派遣会社に返還することができ、この場合、派遣会社は、本法の関連規定に基づき、従業員との労働契約を解除することができる」、と定めています。これにより、派遣先企業は、以下の3つの状況において、派遣の打ち切りが認められています。

(1) **労働契約法39条による即時打ち切り**

　労働契約法39条は、企業の即時解雇権について定めているものであり、従業員に就業規則の著しい違反等6つの状況のいずれかが発生すれば、企業がただちに従業員を解雇することができるとしています。その詳細については、Q72「解雇条件」を参照してください。

　派遣社員の場合についても同様で、派遣社員が派遣先企業の就業規則に著しく違反するなど、労働契約法39条の定める6つの状況のいずれかに該当した場合、派遣先企業が即時に派遣の打ち切りを行うことが認められます。

□労働契約法39条
　労働者が次に掲げる事由のいずれに該当する場合には、企業は、労働契約を解除することができる。
　(1)　試用期間中に採用条件に適合しないことが証明された場合
　(2)　企業の規則制度に著しく違反する場合
　(3)　職責を著しく懈怠し、私利を図り不正行為をなし、企業に重大な損害をもたらした場合
　(4)　労働者が同時期に他の企業との間に確立した労働関係が、当該企業の業務完成に重大な影響をもたらし、または企業のこれらの指摘に対し、これを拒み是正しない場合
　(5)　本法の26条1項1号に定める事由により、労働契約が無効になった場合
　(6)　法により刑事責任を追及された場合

(2)　労働契約法40条1項による医療期間満了後の派遣の打ち切り

　労働契約法40条1項は、病気または業務外の負傷（けんかによる負傷など）により、国が定める医療期間の満了後も、元の業務に従事できず、別途手配する仕事にも従事できない場合、企業が30日前までに通知すれば従業員を解雇することを認めています。詳細については、Q83「医療期間経過後の従業員の解雇」を参照してください。

　派遣社員の場合も前述と同様の状況が発生すれば、派遣先企業が派遣会社との派遣社員に関する派遣契約を解除することができますが、正社員の場合と同様に30日前の通知義務があるのかどうかについて、労働契約法では明確にされていません。しかし実務では、労務派遣契約で派遣先企業に30日前までに派遣会社に通知する義務が課されているケースがほとんどです。

第 2 章　派遣社員の使用・打ち切り

> □労働契約法 40 条 1 項
> 　次に掲げる事由のいずれかに該当する場合には、企業は、労働者本人に対し、30 日前までに書面により通知し、または労働者に 1 か月分の賃金相当額を所定以外に支払った後、労働契約を解除することができる。
> (1)　労働者が疾病にかかり、または業務外で負傷し、所定の医療期間が満了した後も元の業務に従事することができず、かつ、企業が別途手配した仕事にも従事することができない場合、企業は、30 日前までに、従業員本人に対して書面による通知を行い、または別途従業員に対して 1 か月分の賃金を支払った後、労働契約を解除することができる。

(3)　労働契約法 40 条 2 項による業務能力が欠如している派遣の打ち切り

　労働契約法 40 条 2 項は、労働者が業務に堪えられず、訓練または職場の調整を経た後も業務に堪えられない場合、企業が 30 日前までに従業員本人に通知すれば、従業員を解雇できることを認めています。詳細については、Q84「能力欠如従業員の解雇」を参照してください。

　派遣社員の場合、前述と同様の状況が発生した場合、派遣先企業は派遣会社との労務派遣契約を解除することができますが、これも正社員の場合と同様に 30 日前までに通知義務があるのかについて、労働契約法では明文化されていません。実務では労働契約法 40 条 1 項の場合と同様に、ほとんどの労務派遣契約で、派遣先企業に 30 日前までに派遣会社に通知する義務が課せられています。

> □労働契約法 40 条 2 項
> 　次に掲げる事由のいずれかに該当する場合には、企業は、労働者本人に対し、30 日前までに書面により通知し、または労働者に 1 か月分の賃金相当額を所定以外に支払った後、労働契約を解除することができる。
> (1)　略
> (2)　労働者が業務に堪えられず、訓練または職場の調整を経た後もなお、業務に堪えられない場合

第 2 章　派遣社員の使用・打ち切り

Q20　任意の派遣打ち切り

　客観的状況に重大な変化が発生したことを理由に、派遣の打ち切りができるのでしょうか。また、派遣社員をリストラ対象とすることができるのでしょうか。ただ気にいらないとの理由で、派遣の打ち切りはできるのでしょうか。

Point

・客観的状況の重大変化により正社員を解雇することは可能であるが、派遣の打ち切りについては議論が分かれている。
・経営不振を理由に正社員をリストラすることはできるが、派遣社員のリストラについては議論が分かれている。
・ただ気にいらないなど、格段の理由がない派遣の打ち切りは可能であるものの、派遣会社から違約責任を追及されるリスクがある。

Ans.

1　労働契約法 40 条 3 項に基づく打ち切りの可能性

(1)　客観的状況の重大変化が正社員の解雇理由となる

　労働契約法 40 条 3 項によると、正社員の場合、労働契約締結の際に根拠とされている客観的状況に重大な変化が発生して労働契約の履行が不可能となり、企業と正社員の協議によっても、労働契約の内容の変更について合意に達することができない場合、企業は 30 日前までに、正社員本人に対して書面により通知し、または別途正社員に対して 1 か月分の賃金を支払った後に労働契約を解除することができる、とされています。その詳細については、Q85「状況変化による解雇」を参照してください。

(2)　客観的状況の重大変化が派遣社員の解雇理由になれるか

　しかし、派遣先企業が前述の労働契約法 40 条 3 号に基づいて派遣社員に関する契約を打ち切ることができるのかについて、労働契約法 65 条 2 項ではこれを明確にしていません。これについて、労働契約法は労働者の権益を保護す

99

第2章　派遣社員の使用・打ち切り

る法令であり、派遣の打ち切りができる法定事由以外の事由で派遣先企業が派遣の打ち切りはできないとして、派遣先企業は労働契約法40条3号を根拠に派遣契約を解除することはできないとする見解があります。

一方、労働契約法65条2項は「派遣社員」を主語として、派遣社員がこれらの状況に該当すれば、派遣の打ち切りができることを定めているに過ぎず、派遣社員に起因しない、たとえば企業が経営不振に遭遇した場合等に、労働契約法40条3項に基づいた打ち切りを否定してはならない、との反対意見があります。つまり、正社員と派遣社員を抱える企業が経営不振に陥り、客観的状況の重大変化を理由に正社員を解雇することはできるのに、派遣の打ち切りができないというのはおかしいとする意見です。

現在、派遣先企業が労働契約法40条3号に基づき派遣の打ち切りができるとする見解が通説となっています。

しかし、派遣先企業が労働契約法40条3項の該当事由による打ち切りができる旨を派遣契約に記載しない限り、企業が労働契約法40条3項を根拠に派遣の打ち切りはできない恐れがあることに留意する必要があります。派遣契約に打ち切りができる約定がないにもかかわらず、打ち切りを行うと、派遣会社から違約責任を追及される恐れがあるからです。実務上、この旨を派遣契約で約定している企業もありますが、一部の派遣会社がこの旨を記載する派遣契約の締結に違和感を示し、強固に反対している状況も実務では見受けられます。

2　リストラの可能性

労働契約法41条によると、正社員の場合、企業が次に掲げる事由の一つに該当する場合、30日前までに工会（労働組合）または従業員全体に状況を説明し、工会または従業員の意見を聴取した上で、労働行政管理部門に人員削減案を報告した後に、人員削減をすることができます。

　➢企業破産法の規定により再生する場合
　➢生産経営に重大な困難が発生した場合
　➢企業が従来の製品とは別の製品へと生産を転換し、重大な技術革新を行

第 2 章　派遣社員の使用・打ち切り

い、または経営方式を調整し、労働契約を変更したにもかかわらず、人員を削減する必要がある場合
➤労働契約締結の際に根拠とされていた客観的状況に重大な変化が発生したために労働契約の履行不能が引き起こされるその他の場合

　これに対して、派遣社員の場合、派遣先企業が前述の労働契約法 41 条の所定の状況にある場合、派遣社員を前述の理由で派遣の打ち切りができるか否か、労働契約法 65 条 2 項はこれを明確にしていません。現在、前述の 1(2) にいう客観的状況変化による打ち切りと同様、派遣先企業が労働契約法 41 条所定の状況にあった場合、派遣の打ち切りは可能であるとの見方が有力です。

　なお、派遣の打ち切りの場合、前述の 1 と同様、法が認めても派遣契約で関連約定がなければ、やはり打ち切りはできません。このため、派遣契約を交渉する際に、別途この旨をしっかり盛り込んでおく必要があります。

3　理由なしの打ち切りの可能性

　派遣社員が派遣先企業の就業規則にも違反せず、業務に堪えられない状況でもなく、また、派遣先企業に経営困難等の状況もなく、派遣先企業が派遣社員を気に入らないとの理由だけで、派遣契約を打ち切ることができるのか、派遣社員を利用する企業にとっては関心の高い問題です。

　派遣の打ち切りは、派遣契約により実施されるべきです。派遣契約に理由なしの打ち切りを認める旨の約定があれば、派遣先企業はこれに従い、派遣の打ち切りができると考えられます。これはあくまで、派遣会社と派遣社員間の労働契約の約定であり、労働契約にも同様に、理由なしの打ち切りを認める旨の内容があれば、特に大きな問題はないと考えられます。

　派遣契約に理由なしの打ち切りを認める旨の内容がなければ、派遣先企業が派遣会社に違法責任を負った上で派遣社員を無理やり打ち切りを行うことができると考えられます。なお、この場合、派遣会社が派遣社員との労働契約を解除し、派遣社員が労働紛争を引き起こす恐れが強いことが予想されるため、実施については慎重に検討すべきです。

第2章 派遣社員の使用・打ち切り

従業員募集採用時のチェックポイント

1 従業員の募集
(1) 政府労働行政管理部門での報告届出手続
- □ 採用後の届出手続を行ったか

(2) 募集広告
- □ 募集広告の内容は真実か
- □ 募集広告の採用に差別用語はないか

(3) 面接
- □ 企業所定の「面接登録表」に候補者自身に自筆で記入してもらったか
- □ 従業員への質問事項に聞いてはならないことはないか
- □ 従業員の質問に回答したか

(4) 従業員の身上調査
- □ 学歴・職歴が真実か
- □ 健康診断を行ったか
- □ B型肝炎キャリアの健康診断を強要していないか
- □ 退職前従業員でないか
- □ 競業避止義務を負っていないか

2 従業員の採用
- □ 従業員が提出した履歴書等の書類を保管しているか
- □ B型肝炎キャリアを理由に従業員の採用を拒否していないか
- □ 出勤日から1か月以内に従業員と労働契約を締結したか
- □ 採用につき、従業員に担保提供を求めていないか
- □ 採用につき、従業員の身分証明書、資格証書等の書類を差し押さえていないか
- □ 外国人従業員の場合、「外国人就業証」を取得しているか
- □ 法が要求する従業員名簿を作成しているか

3 派遣社員の利用
- □ 派遣会社は、「職業紹介（労務派遣機関）許可証」を取得しているか
- □ 派遣会社からどの程度の雇用コストを転化してきたか
- □ 派遣会社が派遣社員の権利を侵害していないか
- □ 派遣社員に派遣契約の内容を知らせたか

第3章
労働契約の作成

第 3 章　労働契約の作成

> ## ワンポイント用語解説

❦ 標準勤務時間制度

　1 日 8 時間以内、週 40 時間以内、週に少なくとも 1 日の休日を与える勤務時間制度のことをいいます。実務では一番多く利用されている勤務時間制度です。

❦ 不定時勤務時間制度

　出勤退勤の時間が確定せず、1 日の勤務時間が 8 時間を超えても残業代（割増賃金）が発生しない制度です。なお、本制度を利用するには、政府労働行政管理部門から認可を受ける必要があります。

❦ 総合計算勤務時間制度

　標準勤務時間制度を基礎として、一定期間を 1 つの単位として、単位内の勤務時間を合計して計算する制度をいいます。通常、週、月、季、年を単位として計算を行い、合計時間が単位の所定勤務時間を超えると、残業代が発生します。たとえば、週を単位とした場合、1 週間以内に 40 時間（月曜日は 16 時間、火曜〜金曜は 1 日 6 時間）の勤務となれば、残業代が発生しないこととなります。なお、本制度を利用するには、政府労働行政管理部門に認可を受ける必要があります。

❦ 固定期間労働契約

　あらかじめ勤務期間が決定している労働契約のことをいいます。企業は、期間満了により労働契約を終了させることができます。

❦ 無固定期間労働契約

　勤務期間制約のない労働契約のことをいいます。固定期間労働契約を締結す

る従業員と比べ、期間満了による労働契約の終了ができない点で、その分、解雇が難しくなります。

一定の業務完成を期間とする労働契約
勤務時間ではなく、完成すべき業務を基準として、業務完成時に労働契約が終了する労働契約のことをいいます。

専門的技術訓練
企業が専門的技術訓練費用を提供し、従業員に専門的技能を身に付けさせる訓練のことをいいます。従業員に専門的技術訓練を提供すると、その従業員に対し、一定期間は自社で働かなければならないという拘束期間を設けることができます。

拘束期間（中国語：服務期）
従業員の辞職を許さず、自社で拘束使用することのできる期間をいいます。自社で専門的技術訓練を受けた従業員にしか拘束期間を設けることはできません。この他の理由による拘束期間の約定は無効となります。

競業避止義務
離職した後、従業員が前職場の競争相手で勤務することができない義務のことをいいます。従業員にこの義務を課すには、従業員と競業避止契約を締結する必要があります。競業避止は最大2年間とされており、その期間中、その義務を課した企業が従業員に経済補償をする必要があります。

競業避止義務に関わる経済補償
従業員に競業避止義務を負わせる場合、従業員に経済補償をする必要があります。この経済補償は労働契約解除時の経済補償金とは異なり、その金額は当事者間で協議し決定することができます。

第3章　労働契約の作成

🌿 違約金

　労働契約に違反するとき、違反者側が相手方当事者に支払うべき金員のことをいいます。従業員は企業のすべての契約違反行為に対して違約金を約定することができますが、企業が従業員に違約金を約定できるのは、勤務期間中の拘束期間義務違反、退職後の競業避止義務違反に限定されており、これ以外の違約金約定は無効になります。

🌿 損害賠償金

　労働契約の実施において、故意または過失により相手方当事者に損害をもたらした場合、相手方当事者に賠償しなければならない金員のことをいいます。損害賠償金を約定するとき、具体的な金額を約定すると、違約金とみなされ無効とされる恐れがあります。

🌿 経済補償金

　労働契約を解除する場合に、一定の条件に合致すると、企業が従業員に金員を支給しなければならないケースがあります。経済補償金とは当該金員のことをいいます。違約金、損害賠償金と異なり、経済補償金の場合、従業員が企業に支払うケースは生じません。

🌿 集団契約（労働協約）

　従業員が団結して企業と平等に従業員全体の労働報酬、勤務時間、休憩時間、労働安全衛生、保険・福利厚生などの労働条件の基準につき協議した結果、合意に達した契約のことをいいます。企業に集団契約がある場合、個々の従業員に提供する労働条件が集団契約の定める労働条件より下回ってはなりません。

第3章　労働契約の作成

Q21 労働契約の作成

労働契約を作成する場合、どのような点に留意しておくべきでしょうか。また、地元政府が公布している労働契約の雛形を利用する場合に、留意すべき点は何でしょうか。

Point

・労働契約は、自社で作成した労働契約雛形に基づき締結すべき。
・地元政府が公布する労働契約雛形は従業員の利益保護に重点を置いていることから、これを利用する場合は、企業に有利な内容を追加すべき。
・労働契約では勤務場所、労働報酬など記載しなければならない必須事項がある。
・企業が業務上の必要に応じて従業員の勤務場所等を調整できる、との約定は原則として無効。
・労働契約作成の心得は、「約定は大胆に、実施は細心に」。

Ans.

1　労働契約雛形の作成

労務管理の統一性を図るために、労働契約の締結において、企業があらかじめ用意しておいた労働契約の雛形に基づき、双方の協議を経て締結する場合が一般的です。

2　地方政府公布の労働契約雛形利用時の留意点

中国では現在、ほとんどの省がその地域の実情に合わせた労働契約雛形を公布しており、企業および従業員にその利用を呼びかけています。

地方政府が公布した労働契約雛形は、基本的に従業員を保護する立場から作成されたものであり、企業がこれらの労働契約雛形を利用するときには、自社の権益を最大限に保護できるよう、内容を補充する必要があります。

第3章 労働契約の作成

3 労働契約の必要的記載事項

(1) 労働法および労働契約法の要求

必要的記載事項とは、労働契約において最低限明記しておかなければならない事項のことをいいます。現在、労働法19条、労働契約法17条でも、それぞれ必要的記載事項が定められています。

	必要的記載事項	労働法	労働契約法
1	労働契約期間	○	○
2	業務内容	○	
3	労働保護および労働条件	○	○
4	労働報酬	○	○
5	労働規律	○	
6	労働契約終了の条件	○	
7	労働契約違反の責任	○	
8	企業の名称、住所および法定代表者または主要な責任者		○
9	従業員の氏名、住所および身分証明書その他の有効な証明書類の番号		○
10	勤務場所		○
11	勤務時間および休憩休暇		○
12	社会保険		○
13	職業上の危険の防止とその危険からの保護		○
14	法律法規の規定により労働契約に盛り込むべきその他の事項		○

労働法と比べ、労働契約法では、勤務場所、社会保険なども必要的記載事項として付け加えられていることに留意する必要があります。従来まで、勤務場所は必要的記載事項ではなく、労働契約で格段の定めがなくても法律上の問題はなかったために、一部の企業が、従業員の勤務場所を一方的に変更し、従業員の権利を侵害することが横行していました。しかし、労働契約法の実施を機に、このような行為を行うことはできなくなりました。

(2) **各地方政府の要求**

前述の労働法、労働契約法とは別に、北京、上海などの各地域の政府が、その地域に限定する「労働管理規定」という法規を公布しており、ここでも労働契約の必要的記載事項が別途要求されています。したがって、外商投資企業が労働契約の雛形を作成するときには、労働法、労働契約法だけではなく、その所在地の地方政府部門が定める「労働管理規定」にも留意し、これら法令が要求する必要的記載事項を漏れなく記載する必要があります。

(3) **必要的記載事項の記載漏れ**

締結した労働契約に、いずれかの必要的記載事項が欠けていた場合、ただちに労働契約が無効になるようなことはありませんが、政府労働行政管理部門から是正を命じられ、これが原因で従業員に損害をもたらした場合、従業員に損害賠償責任を負わなければなりません（労働契約法81条）。

4 労働契約の約定記載事項

実務上、前述の必要的記載事項のほかに、必要に応じて、試用期間、研修および拘束期間、秘密保持義務、競業避止義務、損害賠償責任等の事項を約定することも多くあります。企業は自社の状況に応じて、それぞれ適切な内容を追加する必要があります。

5 無効的記載事項

以下の事項が労働契約に約定されていた場合、これらの事項については無効となるため注意が必要です。労働契約の中に無効な条項が約定されていた場合、通常、該当条項のみが無効となり、労働契約のその他の約定は引き続き有効となります。また、無効になることについて企業に過失があり、かつこれにより従業員に損害をもたらした場合、企業が従業員の受けた損害を賠償しなければなりません（労働契約法86条）。

第3章　労働契約の作成

	無効的記載事項	例
1	雇用主が自己の法的責任を免除し、従業員の権利を排除するもの	・業務中、不注意によりケガを負った場合、企業は責任を負わない。 ・残業代が発生しない。
2	法律・行政法規の強行規定に違反するもの	・労働報酬に従業員の社会保険料が含まれているため、企業が従業員のために社会保険料を納付する必要はない。 ・入社2年以内に子供を生まない。

コラム 1
業務の必要に応じて従業員の職務、勤務場所を変更できるとする約定の効力

　実務では、「企業が業務の必要に応じて従業員の職務または勤務場所を変更でき、従業員は合理的な理由がなければこれを拒否できない」とする内容を定めた労働契約がよく見受けられます。

　この種の条項は、従業員の権利を排除するものとして、無効にすべきとの見解が有力であり、実際に、企業がこのような条項を根拠に従業員の職務、勤務場所を一方的に変更した行為に対して無効と判断された判例は少なくありません。

　したがって、この種の約定を根拠に、従業員の同意なく職務等を変更すると、労働契約に対する企業の一方的な変更に該当し、無効とされるリスクが非常に高いことに留意しておく必要があります。

6　労働契約作成の心得

　労働契約作成のコツは、「約定は大胆に、実施は細心に」です。つまり、法律に違反していないかどうかの懸念より、企業の経営自主権を重視し、実務上、たとえ約定が不十分であっても、大胆にこれを約定し、実際に実施する場合において、たとえば従業員をほかの場所に移転させる必要があるとき、当該従業員と友好的に協議し、その承諾を受けてから実施を行うことが必要不可欠です。

　具体的には、「社会保険料を納付しない」など、明らかに法律に違反する条

項は別として、「従業員の職務または勤務場所を合理的に調整することができる」旨の内容については、完全に無効になるというわけではなく、労務管理の観点から見ると非常に有効な内容でもあることから、労働契約にはぜひとも盛り込んでおきたい条項の1つです。

ただし、この場合、企業としては、当該条項が無効になる恐れがあることを常に意識しておかなければなりません。業務の必要性に応じ、従業員の職務または勤務場所を調整する必要があるときに、やむを得ない場合は別として、基本的には従業員と友好的に協議する態度で臨むべきです。また、このような内容を労働契約に盛り込むことができますが、就業規則に盛り込まないよう注意しなければなりません。これを怠ると、従業員が労働契約を解除する権利を持つことになります(労働契約法38条1項4号)。

【サンプル9:労働契約雛形】

労 働 契 約

甲(雇用主)
名称:○○○○○○○○○○○
住所:○○○○○○○○○○○
法定代表者:○○○

乙(労働者)
氏名: ○○○
生年月日:○○年○○月○○日
性別: ○○
身分証明書番号:○○○○○○○○○
連絡先住所(現住所):○○○○○○○○○○○
緊急連絡先:○○○○○○○○○○○

「中華人民共和国労働法」、「中華人民共和国労働契約法」およびその他の関連する法律法規に基づき、甲および乙は、平等に協議し、自由意志により本労働契約(以下、「本契約」という)を締結する。

第1条(本契約の有効期間および試用期間)

第3章　労働契約の作成

　本契約の有効期間および試用期間は、以下の第○項に従って確定する。
1　本契約は固定期間労働契約とし、その有効期間は○年間とし、○○年○○月○○日から○○年○○月○○日までとする。このうち、試用期間は○か月とし、○○年○○月○○日から○○年○○月○○日までとする。
2　本契約は無固定期間労働契約とし、○○年○○月○○日からとする。このうち、試用期間は○か月とし、○○年○○月○○日から○○年○○月○○日までとする。

第2条（勤務内容および勤務場所）
　乙の勤務内容は、○○○○とする。乙の勤務場所は、○○○○とする。なお、甲が業務上の必要に応じて、乙の勤務内容および勤務場所を合理的に調整することができ、乙は、正当な理由がない限り、これに同意しなければならない。

第3条（労働報酬）
1　甲は乙の労働報酬を決定する。当該労働報酬は、基本賃金、職務手当および補助金、奨励金等からなる。甲は、人事考課制度を実施した結果に基づいて、乙の労働報酬に相応の調整を加えることができる。
2　乙の基本賃金は○○人民元（税込み）とし、職務手当、補助金および奨励金等は、甲の就業規則等の内部規程により確定する。なお、試用期間中の基本賃金は○○人民元とする。
3　甲は、国家の関連規定に従って、毎月○日までに、銀行振込または現金により、乙に前月分の労働報酬を支払う。労働報酬の支払日が法定の休日または祝祭日と重なるときは、その休日または祝祭日前の最後の営業日を労働報酬の支払日とする。
4　甲は、国家の関連する法律法規に従って、乙の労働報酬から乙が支払うべき個人所得税、法定の社会保険料、住宅積立金等を代理控除、代理納付する。
5　乙の原因によらない操業停止が1か月を超え、または乙が自宅待機する場合、甲が最低賃金基準に従い乙に賃金を支払うものとする。
6　乙の労働報酬に関する情報は、企業の秘密情報を構成し、乙は、労働報酬に関する事項について第三者（企業内の他の同僚を含む）と討論すること、または第三者にこれを開示することをしてはならない。ただし、直近上層部門または賃金福利支払部門の主管者と討論するときは、この限りでない。乙は、その労働報酬について疑問があるときは、人事部門に対して直接、その意見を提出することができる。

第4条（勤務時間）
1　甲は、国家の定める労働時間制度に従い、原則として、1日8時間勤務、週40時間勤務の労働時間制度を実施する。甲は、関連する行政許認可の手続を履行したときは、総合計算勤務時間制度または不定時勤務時間制度で実施することができる。
2　甲は、業務上の必要により、乙と協議して合意に達したときは、勤務時間を延長することができる。この場合において、一般に、1日あたりの延長時間は、1時間を超えてはならない。特殊な原因により、勤務時間を延長する必要があるときは、1日あたり3時間、1か月あたり36時間を超えて延長してはならない。
3　乙は所定の業務を完成できず、業務時間を延長してこれを遂行する必要がある場

合、甲の人事部に書面にて申請し、その書面の同意を受けなければならない。
第5条（祝祭日・休暇、休暇申請）
1　甲は、乙に対し、国家の定める各種法定の祝祭日および休暇の取得を保障する。
2　乙は、疾病またはその他の理由により出勤することができないときは、遅滞なく甲に通知して、その理由を説明するものとする。疾病により出勤することができないときは、遅滞なく医師による証明書を提出するものとする。
第6条（社会保険および福利待遇）
1　甲および乙は、国家、地方の関連規定に従って、法定社会保険に加入し、それぞれ費用納付義務を履行する。
2　甲および乙は、国家、地方の関連規定に従って、住宅積立金を納付する。
第7条（労働保護および労働条件）
1　甲は、国家、地方の労働保護に関する規定を厳格に実施して、労働条件の改善に努めるとともに、勤務の過程における乙の安全および健康を保障する。
2　甲は、乙の業務の性質に応じて、その業務の完成に必要な労働防衛用品、労働条件を乙に提供する。
第8条（労働規律）
1　甲は、国家の関連規定に従って企業の規則制度（就業規則を含むが、これに限らない）を作成または変更する権利、この規則制度に従って乙に対する管理および賞罰を実施する権利を有する。
2　乙は、甲の定める各規則制度、労働規律を厳格に遵守して、甲およびその各担当責任者による管理に服するとともに、任ぜられた各業務を積極的かつ効率的に完成させるものとする。
第9条（秘密保持）
1　乙は、本契約の有効期間中、契約期間の満了等の原因により本契約が終了した後、または本契約が解除された後においても、甲の業務、経営、顧客、財務、従業員、知的財産権、賃金等に関する甲の情報、または甲に関連しもしくは甲の利益に影響を及ぼしうる情報（以下、合わせて「秘密情報」という）について、その秘密を厳格に保持するものとし、これらの秘密情報を第三者に漏洩もしくは開示してはならない。
2　乙が前項に定める秘密保持義務に違反したときは、これを甲の規則制度に対する重大な違反とみなし、甲は、本契約および甲の関連する規則制度に基づいて本契約を解除することができる。
3　乙は、秘密保持義務に違反したことによって甲に損害を与えたときは、それを賠償しなければならない。甲の損失額の計算が困難である場合、乙は甲から受けた直近12か月の平均月賃金の倍額をもって甲に賠償するものとする。
第10条（競業避止）
1　本契約終了後、甲は乙と競業避止義務協議書を締結し、乙に対し月ごとに競業避止に関する経済補償金を支払うことにより、乙に最大2年間の競業避止義務を負わせることができ、乙はこれに同意する。この場合、乙は、甲と同類の製品を取り扱

第3章　労働契約の作成

う、もしくは甲と同類の業務に従事する、甲と競争関係にある別の企業に就職すること、または甲と同類の製品を取り扱う、もしくは甲と同類の業務に従事する業務を自ら営むことをしてはならない。
2　乙が競業避止義務に違反した場合、甲に違約金を支払うものとし、甲に損害をもたらした場合、これを賠償するものとする。甲の被った損害額の認定が困難である場合、賠償金額は甲における乙の直近12か月の平均月給の5倍を下回らないものとする。

第11条（研修および拘束期間）
　甲が業務の必要に応じて特定項目にかかる研修費用を提供し、専門的業務研修を実施する場合、甲および乙は、別途協議書を取り交わし、拘束期間のほか、乙がその期間において約定に違反した場合に支払う違約金について約定することができる。

第12条（本契約の変更・解除）
1　甲および乙は、協議により合意した場合、本契約を変更し解除することができる。
2　乙に次に掲げるいずれかの事由がある場合、甲は、乙に事前に通知することなしに、本契約を解除することができ、かつ、経済補償金を支払うことを要しない。
　(1)　乙がその試用期間において採用条件を満たさないことが証明されたとき。
　(2)　甲の「就業規則」等の規則・制度に著しく違反したとき。
　(3)　乙が職責を著しく懈怠し、私利を図り不正行為をなし、甲に重大な損害をもたらしたとき。
　(4)　乙が同時期に他の企業と労働関係を確立し、甲の業務完成に重大な影響をもたらし、または甲の指摘を受けても、これを拒み是正しないとき。
　(5)　乙が詐欺もしくは脅迫の手段により、または人の危難に乗じて、甲にその真意に反する本契約の締結または変更をさせ、本契約を無効なものとしたとき。
　(6)　乙が刑事責任を追及され、または労働教養に処せられたとき。
　(7)　甲に1000人民元以上の損害をもたらしたとき。
　(8)　3日間連続して無断欠勤し、または年間の無断欠勤が合計10日間に達し、もしくは私用休暇が20日間に達したとき。
　(9)　採用時に甲に虚偽の情報を提供したとき。
　(10)　甲の「就業規則」等の規則および国の法令が定めるその他の事由があるとき。
3　次に掲げるいずれかの事由がある場合、甲は、30日前までに乙に書面で通知することにより、または乙に1か月分の賃金を余分に支払うことにより、本契約を解除することができる。
　(1)　乙が疾病または業務外の負傷で、所定の医療期間が満了した後、元の業務に従事することができず、かつ、甲が別途手配した仕事にも従事することができないとき。
　(2)　乙が業務に堪えられず、研修または職場の調整を経た後もなお、業務に堪えられないとき。
　(3)　本契約締結時に根拠とされていた客観的状況に重大な変化が発生したため、本

第3章　労働契約の作成

　　契約の履行が不可能となり、甲と乙の協議によっても、本契約の内容の変更について合意に達することができないとき。
4　乙は、30日前までに甲に書面で通知した後、本契約を解除することができる。なお、試用期間においては、3日前までに甲に通知することにより本契約を解除することができる。
5　甲に次に掲げるいずれかの事由がある場合、乙は、甲に書面で通知することにより、本契約を解除することができる。
　⑴　本契約の約定どおりに労働保護または労働条件を提供しないとき。
　⑵　労働報酬を遅滞なく満額で支払わないとき。
　⑶　法により乙の法定社会保険料を納付しないとき。
　⑷　甲の規則制度が法律法規の規定に違反し、乙の権益を損なうとき。
　⑸　甲が詐欺もしくは脅迫の手段により、または人の危難に乗じて、乙にその真意に反する本契約の締結または変更をさせ、本契約を無効なものとしたとき。
　⑹　法律、行政法規が定めるその他の事情があるとき。

第13条（本契約の終了）
　次に掲げるいずれかの事由がある場合、本契約は終了する。
　⑴　本契約の期間が満了したとき。
　⑵　乙が定年年齢に達しまたは法に基づき基本養老保険待遇を享受し始めたとき。
　⑶　乙が死亡し、または人民法院により死亡もしくは失踪を宣告されたとき。
　⑷　甲が法により破産を宣告されたとき。
　⑸　甲が営業許可証を取り消され、閉鎖もしくは抹消の命令を受けたとき。
　⑹　甲が繰り上げて解散を決定したとき。
　⑺　法律、行政法規が定めるその他の事由があるとき。

第14条（本契約の更新）
　本契約の期間が満了する1か月前までに、甲および乙が本契約の更新について書面により合意に達したときは、本契約を更新することができる。

第15条（損害賠償責任）
1　甲および乙のいずれかが本契約の約定に違反し他方当事者に損害をもたらした場合、これを賠償しなければならない。
2　乙が法律法規または本契約の約定に違反し労働契約を解除し、甲に損害をもたらした場合、甲の次に掲げる損害を賠償するものとする。なお、甲の損害額の計算が困難である場合、乙は甲から受けた直近12か月の平均月賃金の倍額をもって甲に賠償するものとする。
　⑴　甲が支出した研修費用および募集採用費用
　⑵　甲の生産・経営の連続性にもたらしたあらゆる経済損害
　⑶　本契約が約定するその他の損害
3　本契約終了後、乙が業務の引継手続を拒否し甲に損害をもたらした場合、それを賠償しなければならない。甲の損害額の計算が困難である場合、乙は甲から受けた直近12か月の平均月賃金の倍額をもって甲に賠償するものとする。

第3章　労働契約の作成

第16条（労働争議の処理）
　甲および乙は、本契約の解釈もしくは履行に起因しまたはその他本契約と関わる一切の争議について、友好的な協議によりこれを解決するものとする。協議により解決できない場合、いずれの当事者も、甲の所在地の労働争議仲裁委員会に仲裁を申し立てることができる。仲裁判断を不服とする場合、いずれの当事者も、甲の所在地の人民法院に訴訟を提起することができる。

第17条（通知）
　乙は、その連絡先住所および緊急連絡先等の情報に変更が生じた場合、その変更日から3営業日以内に、甲に対し書面でこれを通知するものとする。乙がこれを怠った場合、甲が乙から最後に提供された情報に従い各種の文書を送付したとき、受領拒否または送達不能であっても、これをすべて有効な送達とし、甲が乙に有効的に通知したとみなされる。

第18条（その他）
1　本契約に定めのない事項については、甲の規則制度に従って処理し、甲の規則制度にも定めのないときは、関連する法律法規に従って処理する。
2　乙は甲から本契約8条1項に定める甲の作成または変更にかかる規則制度を受領し、その内容を理解し同意する。
3　本契約の条項または甲の規則制度が関連する法律法規と抵触するときは、その内容に関しては、関連する国家の法律法規に従う。
4　本契約のある条項が無効となり、または実施不能となったとしても、それ以外の条項は、その有効性について一切の影響を受けず、引き続き実施されるものとする。
5　本契約は、甲および乙が捺印または署名した日からその効力を生じる。本契約は、中国語で一式3部を作成し、甲が2部乙が1部を保有する※。

> ※　企業は労働契約の原本を2部以上保有すべきです。実務上、労働契約書を管理する人事部長が自己の労働契約書を破棄し、企業に対して労働契約を締結していないと主張し、2倍賃金の支給を求めた事例があったからです。

甲（捺印）　　　　　　　　　　乙（署名）：
総経理または授権代表（署名）：
〇〇年〇〇月〇〇日　　　　　　〇〇年〇〇月〇〇日

乙の身分証明書のコピーの貼り付け

労働契約更新協議書

　甲および乙は、友好的な協議を経て、本契約を○○年○○月○○日から○○年○○月○○日まで更新し、その他の内容は従前のとおりとすることに合意した。

甲（捺印）　　　　　　　　　　乙（署名）：
総経理または授権代表（署名）：
○○年○○月○○日　　　　　　○○年○○月○○日

労働契約変更協議書

　甲および乙は、友好的な協議を経て、本契約の内容を次のとおり変更することに合意した。
(1)　○○○○○○○○○○○○○○○○
(2)　○○○○○○○○○○○○○○○○
(3)　○○○○○○○○○○○○○○○○

甲（捺印）　　　　　　　　　　乙（署名）：
総経理または授権代表（署名）：
○○年○○月○○日　　　　　　○○年○○月○○日

第3章　労働契約の作成

Q22 勤務場所条項

労働契約における勤務場所について、どのように表記すべきでしょうか。単に「北京市」と約定できるのでしょうか。それとも「北京市○○区」まで約定しなければならないのでしょうか。

Point

・勤務場所の約定には合理性がなければならず、たとえば「勤務場所は中国全土」のような約定は無効。
・勤務場所は「北京市○○区」まで約定するのがベスト。状況に応じて「北京市、上海市、広州市」などの約定も認められる。

Ans.

1　勤務場所の約定は必須

勤務場所とは、従業員が勤務する場所のことをいい、労働契約では必ずこれを約定しなければなりません（労働契約法17条1項4号）。これを約定しないと、労働契約がただちに無効になるわけではありませんが、労働行政管理部門から是正を命じられ、従業員に損害をもたらした場合には、従業員に賠償を行わなければなりません（労働契約法81条）。

2　勤務場所を「北京市」にするか「○○ビル」までにするか

勤務場所について、具体的にどのように約定すべきか、労働契約法およびその実施条例はこれを明らかにはしていません。企業がどこまで約定すべきなのか、たとえば「中国」、「華北地区」、「広東省」、「北京市」という広い範囲で約定できるのか、それとも、「北京市○○区○○街○号○ビル」まで詳細に約定しなければならないのかが不明なため、実務では混乱が見受けられます。

勤務場所を細かく定めた場合のリスクとして、企業が移転するとき、たとえ隣のビルであっても、従業員の労働契約の変更に該当するとして、労働契約を解除し経済補償金の支給を求められることが考えられます。また、支店などが

ある場合にも、勤務場所を本部のみにすると、従業員に支店への出勤を命じることができなくなります。

一方、勤務場所をあまりにも広く定めると、従業員の利益を侵害し、勤務場所の約定が行われていないとみなされ、当該約定が無効とされる恐れがあります（労働契約法26条1項2号）。

3　勤務場所の約定の有効性の判断基準

勤務場所の約定は、合理性がなければなりません。具体的にいうと、労働契約の目的、職位、勤務内容などから総合的に検討する必要があります。通常の内勤の場合、「北京市」と約定するだけでは無効とされる恐れがあり、「北京市〇〇区」まで約定する必要があると、実務では一般的に認識されています。これに対して、勤務内容がセールスであり、労働契約の目的として全国の支店を駆け回る勤務が予定されている場合、「北京市、上海市、広州市」と約定しても、特に問題がないと考えられています。

4　勤務場所の約定の心得

(1)　事前確認

勤務期間中に従業員の勤務場所を移転する予定があれば、採用の際に、他の場所での長期勤務の可能性、勤務場所の移転の可能性があることについて確認をとり、それについて了承した従業員を採用するなどの事前確認を行っておくと、後日のトラブル回避に有益です。また、その証拠を残すため、了承した従業員から面接者登録表などに、この点について了承した旨を一筆書いてもらっておくことも効果的です。

(2)　約定は大胆に

勤務場所の約定において、抽象的な表記がよく利用されています。たとえば実務では、勤務場所を「企業の経営場所所在地」と約定するケースが見受けられますが、この場合、甲（企業）の経営場所所在地（甲の住所所在地でないことに注意）は、甲の営業許可証の住所所在地のみならず、甲の支店も含まれて

第3章　労働契約の作成

います。

その支店が全国にあるのであれば、勤務場所はおのずと全国の経営場所になります。また、甲が支店を増設する場合、または他の場所に移転する場合、増設する支店および移転先もまた「甲の経営場所所在地」に該当するため、労働契約により従業員をそこに移転させる可能性が生じます。実務上、このような約定は、合理性があるとして裁判所から認められる可能性が高いと考えられています。

従業員の勤務場所の移転をより容易化するため、実務では、「企業が業務上の必要に応じて、従業員の勤務場所を合理的に調整することができ、従業員は合理的な理由がなければこれを拒否できない」旨の約定を盛り込む労働契約がよく見受けられます。しかし、このような従業員の勤務場所の自由調整は、従業員の自由意思に違反するものとして、労働契約法26条1項2号を根拠に無効とされる恐れが非常に強いことに注意が必要です。実際に、このような約定が無効と判断された実例も数多くあります。

だからといって、勤務場所の調整を「企業と従業員の合意の下」と約定してしまっては、企業としては勤務場所の調整が極めて困難なものになってしまいます。従業員の勤務場所の自由調整の約定がたとえ無効になったとしても、これにより従業員に損害がもたらされない限り、企業の従業員への賠償責任は発生しません。このように、無効になる責任が軽微であるため、勤務場所の自由調整の約定をあえて盛り込む労働契約が実際には多いのが現状です。

(3) **実施には細心の注意を払う**

勤務場所の自由調整が法律に抵触する恐れがあるため、企業は常にこの法的リスクを意識し、従業員を企業の経営場所所在地以外の場所に移転させる必要がある場合には、従業員と友好的な協議を行い、その承諾を受けてから実施を行うことが大原則です。こうすれば、勤務場所の自由調整がたとえ無効であっても、従業員に損害を与えたことにはならないため、企業の賠償責任は発生しません。

第○条 （勤務場所）
　乙（従業員）の勤務場所は、甲（企業）の経営場所所在地とする。なお、甲が業務上の必要に応じて、乙の勤務場所を合理的に調整することができ、乙は、正当な理由がない限り、これに同意しなければならない。

Q23 勤務内容条項

労働契約における勤務内容をどのように規定すべきでしょうか。具体的な職務内容を明記せずに、単に「従業員」と約定することができるのでしょうか。

Point

- 勤務内容の約定には合理性が必要。
- 勤務内容の約定は、できるだけ抽象的にするが、単に「従業員」と約定することはできない。
- 勤務内容の調整ができ、かつ調整後の勤務内容を新たに約定しても、その約定が有効とされる可能性は非常に高い。

Ans. 1 勤務内容の約定は必須

勤務内容は、従業員が従事する作業のことをいい、労働契約における最重要条項ともいえるため、必ず約定しなければなりません（労働契約法17条1項4号）。これを約定しないと、労働契約がただちに無効になるわけではありませんが、労働行政管理部門から是正を命じられ、従業員に損害をもたらした場合には、従業員に賠償を行わなければなりません（労働契約法81条）。

2 勤務内容の範囲の約定

勤務内容を具体的にどのように約定すべきか、労働契約法およびその実施条例はこれを明らかにしていません。そのため実務でも混乱が見受けられます。

たとえば「総代表秘書」というように、勤務内容を細かく定めると、たとえば総経理秘書など他の職務に従事させる場合に、従業員の同意を受ける必要が生じます。これに対し、「従業員」というように、広義の勤務内容にしてしまうと、当該約定が無効とされ（労働契約法26条1項2号）、勤務内容を約定していないことと同一であるとみなされる恐れが生じてしまいます。

3 勤務内容の約定の心得

(1) 事前確認

　勤務期間中に、従業員の勤務内容を変更あるいは拡大する可能性がある場合、後日のトラブルを回避するためにも、従業員を採用する際に、その希望する勤務内容を確認します。また希望する勤務内容のうち企業が業務上の必要に応じて調整することに同意するか否か、事前に確認を取り、これについて承諾の取れた従業員を採用するよう、やはり事前の準備が必要不可欠です。従業員が承諾したことの証拠を残すため、従業員に面接登記表などに、勤務内容の調整の可能性につき了承している旨のただし書を自筆で受けておけば万全です。

(2) 約定は大胆に

　勤務内容を抽象的にしておくことが、後日の勤務内容の調整を見据えた観点から非常に効果的です。たとえば、秘書を採用する場合、「補助」と約定すれば、秘書業務だけでなく、上司の作業を補助する業務にも問題なく従事させることができます。

　また、従業員の勤務内容の調整をより簡単にするために、「甲（企業）が業務上の必要に応じて、乙（従業員）の勤務内容を市場本部、営業本部、アフターサービス部の範囲内で、合理的に調整することができ、乙は、正当な理由がない限り、これに同意しなければならない」という内容を盛り込む労働契約が実務ではよく見受けられます。

　事実上、前述の条項を根拠に、企業が業務上の必要性に応じて、従業員の勤務内容を合理的に調整した場合、これにより従業員の賃金を下げない限りは、裁判所から特に問題視されるケースは実のところあまりありません。

(3) 細心の注意をもって実施を行う

　勤務内容の自由調整が法律に違反する恐れがゼロとはいえないため、企業は常にこの法的リスクを意識し、従業員の勤務内容を調整する必要がある場合、従業員と友好的に協議を行い、その承諾を受けてから調整を行うべきでしょう。従業員の同意が得られていれば、勤務内容の自由調整が無効であっても、

第 3 章　労働契約の作成

従業員に損害をもたらすことにはならないため、企業の賠償責任が発生することはありません。

> 第○条　（勤務内容）
> 　乙（従業員）の勤務内容は、管理本部の補助とする。なお、甲（企業）が業務上の必要に応じて、乙の勤務内容を市場本部、営業本部、アフターサービス部の範囲内で、合理的に調整することができ、乙は、正当な理由がない限り、これに同意しなければならない。

第3章 労働契約の作成

Q24 賃金条項

労働契約における賃金条項の約定について、注意点は何でしょうか。残業代など雇用コストを上手に節約する方法はあるのでしょうか。

Point

・賃金の内訳を上手に振り分けることで、残業代、社会保険料等の雇用コストの節約が可能。
・中国の各地で残業代計算基準が異なる。
・中国には最低賃金制度があり、賃金の内訳設定では、これに違反しないよう留意する必要がある。

Ans.

1 賃金の内訳を詳細にすること

賃金とは、企業が労働契約に従い貨幣の形で従業員に支給する労働報酬のことをいいます。賃金の内訳は企業により異なりますが、通常、基本賃金、奨励金、手当、補助金等が含まれます。企業が労働契約における賃金条項を合理的に設定し、賃金の内訳を詳細に約定すれば、残業代および社会保険料の計算基数などを低く設定することができ、雇用コストを上手に節約することができます。

(1) 残業代の計算基数

従業員が残業した場合、企業は当該従業員の賃金に応じて残業代を支払う必要があります。しかし、従業員の賃金、すなわち残業代の計算基数をどのように計算すべきか、実務では混乱が見受けられ、計算基数の理解の相違による労働紛争が後を絶ちません。

残業代の計算に関して、労働法44条では、「賃金」の何パーセントという記述に止まり、労働契約法においても、その詳細が明記されていないことが、混乱を招く一因になっています。また、労働部の「賃金支給暫定規定」13条においても、「労働契約に定める従業員本人の時給」により計算すると説明する

第 3 章　労働契約の作成

だけで、具体的な残業代の月給計算基数を明確に提示してはいません。

　実務上、以下の表のとおり、各地域の地方政府が、それぞれ残業代計算基数を定めています。無用なコストを省くためにも、企業が従業員に最低限の残業代で対応するには、その所在地の残業代計算基数を確認し、労働契約でこれをきちんと約定しておく必要があります。

① 広州の取扱い

　広州に籍を置く外商投資企業の場合、賃金総額において、そのうちの奨励金、手当、補助金等を高く設定し、従業員の正常の勤務時間賃金を低く設定すれば、残業代をより低くすることができます。

> ◆ 例 ◆
>
> 　月給 1 万人民元の王さんの賃金のうち、6000 人民元を正常の勤務時間賃金、4000 人民元を奨励金、手当、補助金などに設定する場合、王さんの残業代の計算基数は 6000 人民元になります。仮に、王さんが 20 時間の残業を行った場合、企業は王さんに 1034 人民元（＝6000 人民元÷21.75 日÷8 時間×残業 20 時間×150％）を支給する必要があります。残業代の詳しい計算方法については、Q41「残業代の計算方法および支給方法」を参照してください。
>
> 　これに対して、月給 1 万人民元の劉さんの賃金のうち、9000 人民元を正常の勤務時間賃金、1000 人民元を奨励金、手当、補助金などに設定する場合、劉さんの残業代の計算基数は 9000 人民元となるため、劉さんが 20 時間の残業を行った場合、企業は劉さんに 1552 人民元（＝9000 人民元÷21.75 日÷8 時間×残業 20 時間×150％）を支給する必要があります。
>
> 　　（注：21.75 日の由来は Q41「残業代の計算方法および支給方法」参照。）

② 北京の取扱い

　北京市では、前述の広州のようなやり方は認められておらず、その名目にかかわらず、労働契約に定める賃金の合計額が残業代の計算基数にされているため、前述例でいうと、1 万人民元を計算基数として残業代を支払う必要があります。従業員が 20 時間の残業を行った場合、企業が従業員に 1724 人民元（＝10000 人民元÷21.75 日÷8 時間×残業 20 時間×150％）を支給する必要があります（以下の表を参照してください）。

③ 上海の取扱い

第3章　労働契約の作成

　上海市では、以前、広州市と同様、企業の判断に任せることになっていましたが（上海市労働保障局の残業代計算基準に関する公告）、2006年8月1日から施行した改正「上海市企業賃金支給弁法」により、残業代の計算基数は北京市の取り扱いに近寄っています。すなわち、労働契約に定める賃金基準を基準にし、当事者間で残業代の計算基数の約定ができなくなりました。

　このように、残業代の算出方法が各都市によって異なり、北京市と上海市に比べ、広州市の方が賃金の名目に対する設定により、より合理的に残業代の支給金額を調整することができます。

	残業代の計算基数	法的根拠
広州	(1)従業員の正常勤務時間の賃金にて確定する。 (2)労働契約または就業規則に奨励金、手当、補助金が正常勤務時間賃金に含まないと定めている場合、これを基準にする。 (3)いずれの方法にかかわらず、広東省の最低賃金基準を下回ってはならない。	広東省高級人民法院、労働争議仲裁委員会の『労働争議調停仲裁法』および『労働契約法』の適用の若干問題に関する指導意見28条
北京	(1)労働契約に定める従業員本人の賃金基準により確定する。 (2)労働契約に定めがない場合、集団契約に従う。 (3)労働契約と集団契約に定めがない場合、従業員本人の正常勤務により受けるべき賃金にて確定する。 (4)いずれの方法にかかわらず、北京市の最低賃金基準を下回ってはならない。	北京市賃金支給規定44条
上海	(1)労働契約の約定した賃金により確定する。 (2)労働契約に定めがない場合、集団契約に従う。 (3)労働契約と集団契約に定めがない場合、従業員本人の正常勤務により受けるべき賃金の70％にて確定する。 (4)いずれの方法にかかわらず、上海市の最低賃金基準を下回ってはならない。	上海市企業賃金支給弁法9条

(2)　**社会保険料の計算基数**

　企業と従業員は社会保険料を納付しなければなりません。社会保険料は、従業員の賃金のうち、食事手当、住宅手当、通勤手当、通信手当、一人っ子手

当、帰省交通費手当、入浴散髪手当、冬季暖房費手当、住宅積立金、生活困難手当等の14種類の手当を控除した金額の20〜40%の範囲内で納付します（賃金総額構成に関する規定11条）。

このため、賃金総額を維持しつつ、社会保険料の納付金額を少なくしたい場合、そのうちの14種類の手当の金額の比率を高く設定する方法が考えられます。

2 最低賃金

賃金条項を検討する場合、中国の最低賃金制度を念頭に置いておく必要があります（最低賃金制度については、Q39「最低賃金制度」を参照してください）。実務上、特に職場が工場の場合、従業員に宿舎や食事を提供することがよくありますが、提供した宿舎の宿泊料金および食事代を賃金に含ませることはできません。中国の賃金概念では、貨幣の形で従業員に支払うものしか計上することができないため、企業が提供する宿舎および食事など自体は賃金としては認められない、というのがその理由です。

> ◆ 例 ◆
> 従業員Aに宿泊料金および食事代込みで月給500人民元を支給した場合、500人民元が最低賃金を下回るため、違法とされます。
> これに対して、従業員Bに月給1000人民元として、宿泊料金および食事代を控除し、500人民元を支給する場合、1000人民元が最低賃金を超えるために、合法となります。

第○条（労働報酬）
1 甲（企業）は乙（労働者）の労働報酬を決定する。当該労働報酬は、基本賃金、職務手当および補助金、奨励金等からなる。甲は、人事考課制度を実施した結果に基づいて、乙の労働報酬に相応の調整を加えることができる。
2 乙の基本賃金は○○人民元（税込み）とし、職務手当、補助金および奨励金等は、甲の就業規則等の内部規程により確定する。なお、試用期間中の基本賃金は○○人民元とする。

第 3 章　労働契約の作成

Q25　勤務時間条項

労働契約における勤務時間条項をどのように作成すべきでしょうか。従業員による残業代目当ての残業を防ぐためには、勤務時間条項をどのように設定すればよいでしょうか。

Point

・勤務時間について、①標準勤務時間制度、②不定時勤務時間制度、③総合計算勤務時間制度の3種類の体系制度が可能。
・「不定時勤務時間制度」を利用すると、従業員に残業代を支給する義務はなくなるが、すべての従業員に適用できる制度ではない。
・従業員のいわゆる「残業代稼ぎ」を防ぐため、残業には書面報告と企業からの同意を義務付けることを約定する対策などがある。

Ans.

1　3種類の勤務時間

中国では、①標準勤務時間制度、②不定時勤務時間制度、③総合計算勤務時間制度の3種類の勤務時間体系制度が認められています（労働法39条）。

(1)　**標準勤務時間制度**

「標準勤務時間制度」は、実務でも一番広く利用されているもので、従業員の1日の勤務時間が8時間以内、週40時間以内、週に少なくとも1日の休日を設ける制度のことです。

(2)　**不定時勤務時間制度**

「不定時勤務時間制度」は、従業員の出退勤の時間が確定せず、企業の生産特徴または仕事の特殊性により連続した勤務の必要性がある、または時間どおりに出退勤を実現できない場合に利用されています。実務では、高級管理職、運転手やセールスマンによる利用がよく見受けられます。不定時勤務時間制度を利用する場合、原則として残業代が発生しませんが、法定祝祭日の勤務は例外とされ通常通り残業代が発生すると定める地方もあります（上海市企業賃金

129

第3章 労働契約の作成

支給弁法13条4項)。

(3) 総合計算勤務時間制度

「総合計算勤務時間制度」は、標準勤務時間制度を基本として、ある一定期間を1つの単位として勤務時間を合算する制度のことです。通常、週、月、季、年を単位として計算を行い、それぞれの単位勤務時間が以下のとおりとなります。単位勤務時間を超え、従業員に勤務してもらった場合、超過時間につき、残業代が発生します。

	単位勤務時間	注
週	5日×8時間＝40時間	週5日勤務
月	20.83日×8時間＝166.64時間	年間勤務日数250日÷12か月＝20.83日
季	62.5日×8時間＝500時間	年間勤務日数250日÷4季＝62.5日
年	250日×8時間＝2000時間	年間365日－年間土日合計日数104日－法定祝祭日11日＝250日

たとえば、季節単位で総合計算勤務時間制度を実施するとき、1日に15時間を勤務してもらってもただちに残業代が発生せず、4か月間が終わる時点で、従業員の勤務時間が合計500時間を超えると、超過部分につき残業代が発生し、合計500時間以内であれば、残業代が発生しません。

実務上では、スキー場の従業員、長距離列車の運転手および車掌などによく適用される制度です。

2　各勤務時間制度のメリット・デメリット

これら3つの勤務時間制度には、それぞれメリットとデメリットがあり、企業はその具体的な生産状況に応じて上手にこれを利用すべきです。

	メリット	デメリット
標準勤務時間	すべての従業員に適用でき、当事者間で約定すれば効力発生。	従業員に1日以内に8時間以上の勤務をさせた場合、8時間を超えた部分につき残業代を支払う必要が生じる。

不定時勤務時間	原則として従業員がいくら働いても、残業代は発生しない。	高級管理職、セールスマン、一部の当直員等の従業員にしかこの制度を適用できない（不定時勤務時間制および総合計算勤務時間制に関する審査認可弁法4条）。 政府労働行政管理部門の認可（サンプル10参照）を受ける必要がある（労働法39条）。
総合計算勤務時間	一定期間に集中して勤務させることができる。	単位勤務時間を超えて、従業員に勤務させる場合、残業代が発生する。 ①交通、鉄道、郵便、航空、漁業などの仕事の性質により、連続勤務を必要とする従業員、②建築、旅行など季節および自然条件の影響を受ける業界の従業員などにしかこの制度を適用できない（不定時勤務時間制および総合計算勤務時間制に関する審査認可弁法5条）。 政府労働行政管理部門の認可を受ける必要がある（労働法39条）。

【サンプル10：不定時勤務時間制実施認可書】

```
徐人社工时审(2015)第    号

准予企业实行其他工作时间制度决定书

       有限公司：
    根据《关于企业实行不定时工作制和综合计算工时工作制的审
批办法》(劳部发[94]503号)的规定，经研究，同意你单位外勤岗位
人员自2015年4月1日至2016年3月31日期间实行不定时工作制。
    对于实行不定时工作制的员工，你单位应在保障其身体健康的
基础上，采用适当的工作和休息方式，确保员工的休息休假的权利。
    你单位须将实行不定时工作制的人员范围，及时向全体员工公
示。
```

（注：2015年4月1日から2016年3月31日まで外勤従業員に不定時勤務時間制度を許可したものです）

第3章 労働契約の作成

3 残業時間の管理

企業側の要請で従業員に残業をさせた場合、残業代を支払う必要が生じます（労働法 44 条）。これに対して、従業員が企業の要請を受けずに自ら勤務時間を延長し勤務した場合、これは残業とみなされず、企業が残業代を支払う必要もありません。

しかし実務では、企業の要請による勤務か、あるいは従業員の自己意思によるものなのか、この点をめぐる紛争が起こりやすいのも事実です。このような紛争を避けるため、労働契約で「乙が所定の業務を完成できず、業務時間を延長してこれを遂行する必要がある場合、甲の人事部に書面にて申請し、その書面の同意を受けなければならない」旨の内容を盛り込み、従業員が残業する場合には企業の書面許可を受ける必要があると、従業員に義務付けることが必要です。

これにより、たとえ従業員が残業しても、企業に申請しその許可を受けない限りは、残業として認められません。

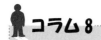

コラム 8

不定時勤務時間制度の利用実務

1　不定時勤務時間制度を適用できる従業員とは

不定時勤務時間制度を適用する従業員には残業代を支給する必要がないため、企業にとってはメリットの高い制度です。しかし、すべての従業員が無条件に不定時勤務時間制を利用できるわけではありません。現在、高級管理職、セールスマン、一部の当直員、その他の勤務内容により標準勤務時間制を実施できない従業員にしか、この制度を適用することはできません（不定時勤務時間制および総合計算勤務時間制に関する審査認可弁法 4 条）。

ここにいう高級管理職とは何を指すのか、前述の弁法ではこれを明らかにしていません。中国の会社法 216 条では、高級管理職につき、「総経理、副総経理、財務責任者、上場会社の董事長秘書、定款で指定した者」がこれに該当するとしていますが、実務では、地域により高級管理職への認定基準が異なります。

第3章　労働契約の作成

2　地方の対応

　北京市の場合、会社法に沿う形で、高級管理職は、「総経理、副総経理、財務責任者、上場会社の董事長秘書」に限定され、企業が定款で仮に部長職を高級管理職に指定していたとしても、部長職に対する不定時勤務時間制の適用は認められません。これに対して、上海市では、定款で部長職を高級管理職に指定すれば、不定時勤務時間制の適用が認めらます。

　不定時勤務時間制度の適用は、当事者間の労働契約のみで約定して成立するものではありません。事前に、政府労働行政管理部門の認可を受ける必要があります（労働法39条）。

3　北京市の特例

　北京市では、企業所在地の区レベルの労働行政管理部門に営業許可証および所定の申請書を提出し、問題がなければ10営業日内に認可を受けることができます。なお、高級管理職の場合は審査認可を受ける必要はなく、企業が直接に高級管理職に対して不定時勤務時間制度を実施することができます（北京市企業の総合計算勤務時間制および勤務時間制の実施弁法16条）。この場合、後日の紛争を避けるには、企業は高級管理職に不定時勤務制度を適用する旨を労働契約で明確に約定すべきです。

第〇条（勤務時間）
1　甲（企業）は、国家の定める労働時間制度に従い、原則として、1日8時間勤務、週40時間勤務の労働時間制度を実施する。甲は、関連する行政許認可の手続を履行したときは、総合計算勤務時間制または不定時勤務時間制で実施することができる。
2　甲は、業務上の必要により、乙（従業員）と協議して合意に達したときは、勤務時間を延長することができる。この場合において、1日あたりの延長時間は、原則1時間を超えてはならない。特殊な原因により、勤務時間を延長する必要があるときは、1日あたり3時間、1か月あたり36時間を超えて延長してはならない。
3　乙が所定の業務を完成できず、業務時間を延長してこれを遂行する必要がある場合、甲の人事部に書面にて申請し、その書面の同意を受けなければならない。

第3章　労働契約の作成

Q26 勤務期間条項

労働契約における勤務期間条項をどのように作成すべきでしょうか。労働契約法施行後の固定期間労働契約では、何年を目安に勤務期間を設定すべきでしょうか。

Point

- 勤務期間については、①固定期間労働契約、②無固定期間労働契約、③一定の業務完成を期間とする労働契約、の3種類が認められている。
- 労働契約法の施行により、企業に無固定期間労働契約の締結を義務付ける場面が拡大された。
- 無固定期間労働契約の締結義務の到来日を遅らせるため、3年間の固定期間労働契約の締結が実務では増えている。

Ans.

1　3種類の勤務期間

企業が従業員を使用するにあたり、その勤務期間により、①固定期間労働契約、②無固定期間労働契約、③一定の業務完成を期間とする労働契約、の3種類の契約を締結することができます。

現状では、固定期間労働契約が一般的によく見受けられる契約形式ですが、労働契約法の施行により、無固定期間契約を締結しなければならない状況が増大しており、今後は無固定期間労働契約の締結が増えると考えられます。

	特　徴	例
固定期間労働契約	労働期間が有限	有効期間は2018年4月1日から2020年3月31日までとする。
無固定期間労働契約	労働期間がなく、終身雇用	本契約は無固定期間労働契約とし、2018年4月1日からとする。
一定の業務完成を期間とする労働契約	所定の業務が完成すると、労働契約が終了する	本契約は、2018年4月1日から○○ビル工事の完成を持って終了する。

2 固定期間労働契約締結時の留意点

(1) 労働契約期間の長期化

　固定期間労働契約を締結する場合、勤務期間を何年で設定すれば一番よいのか、関心の集まるところです。従来は、1年を期間とする労働契約がほとんどでしたが、労働契約法の施行に伴い、今後、このような1年を期間とする労働契約は極端に減少することが予想されます。労働契約法14条2項3号では、企業が従業員と過去2回連続して固定期間労働契約を締結し、かつ、従業員に労働契約法39条（即時解雇）、40条1号、2号（無過失解雇）に定める事由がなく、労働契約を更新する場合、従業員と無固定期間労働契約を締結しなければならないことを要求しているからです。

　企業が2回連続して従業員と労働契約を締結する以上、相互間に信頼関係がすでに確立されており、無固定期間労働契約の締結は相互の信頼関係の延長を示したものにすぎないというのが、労働契約法14条2項3号の立法趣旨です。

　「2回連続」の判断基準につき、Q27「無固定期間労働契約の締結義務」で解説しますが、現在、「2回連続」の固定期間労働契約期間を延ばすため、勤務期間を3年間、場合によっては5年間にする企業も出てきています。2年以内と比べ、勤務期間を3年間以上にする場合、試用期間を6か月間まで設定することができ、従業員の適性を考慮する時間的余裕がより長くなります。

(2) 労働契約期間を長期化できないケース

　もっとも勤務期間が長ければ長いほどよい、というわけでもありません。10年契約を締結すると、契約期間満了後、「10年間連続勤務」の条件が成就し、2回連続雇用の条件成就を待たずに、無固定期間労働契約を締結しなければならなくなります。また、自社ですでに数年間働いた従業員の場合、履行済みの勤務期間と新しい勤務期間の合計が10年を超えないよう、設定する必要もあります。

第3章　労働契約の作成

3　無固定期間労働契約締結時の留意点

(1)　無固定期間労働契約の締結義務

　無固定期間労働契約とは、終了時間の約定がない労働契約のことをいい、限られた条件に合致しないと解雇できない、いわば終身雇用の労働契約です。

　労働法では、10年連続して勤務した従業員が労働契約更新の意思があり、企業もこれに同意し、このときに従業員から無固定期間労働契約の締結を申し込まれた場合、企業はこれに同意しなければなりませんでした（労働法20条2項）。これに対して、労働契約法では無固定期間労働契約を締結しなければならない条件が増やされており、かつ、企業の同意する権利も撤廃され、所定の4つの事由のいずれかに該当する場合、企業が従業員と無固定期間労働契約を必ず締結しなければならないと定めています（労働契約法14条）。なお、4つの事由のうちの1つは国有企業にしか適用されないものであり、実際に外商投資企業に関係する無固定期間労働契約の契約事由は以下の3つです。

➤従業員が10年連続して勤務した場合
➤企業が雇用日から1年を経過しても従業員と労働契約を締結しない場合
➤従業員と2回連続して固定期間労働契約を締結した場合

　もっとも、従業員があえて固定期間労働契約を希望する場合は、その意思に従って固定期間労働契約を締結することもできます。これを悪用し、従業員に無固定期間労働契約の締結資格を取得後も固定期間労働契約の意思がある旨の書面を強引に提出させ、無固定期間労働契約の締結義務を回避する企業も中にはあります。

(2)　無固定期間労働契約未締結時の責任

　企業が労働契約法に違反し、従業員と無固定期間労働契約を締結しない場合、無固定期間労働契約を締結すべき日から、従業員に2倍の賃金を支払う必要があります（労働契約法82条）。

4 一定の業務完成を期間とする労働契約の締結時の留意点

⑴ 固定期間労働契約との比較

　一定の業務完成を期間とする労働契約は、固定期間労働契約と同様、労働契約の終了を約定することができます。固定期間労働契約との違いは、一定の業務完成を期間とする労働契約では、試用期間の約定が認められない点にあります。なお、一定の業務完成を期間とする労働契約では、2回連続して締結する場合にも従業員と無固定期間労働契約を締結しなければならないとの制限を受けず、何回更新しても、無固定期間労働契約の締結義務は発生しないというメリットがあります。もっとも、連続勤務期間が10年を超える場合には、無固定期間労働契約を締結する必要があります。

⑵ 一定の業務完成の認定基準

　一定の業務完成を期間とする労働契約は、固定期間労働契約より有利であると考えられます。企業がこの種の契約を締結する場合には、「一定の業務」の認定基準、「業務完成日」の認定基準を明確にする必要があります。実務上、建築業（ある建築工事の完成を期間とする）、技術開発業（特定の技術の開発を期間とする）、季節性を持つ業界（スキー場）、特定のオーダーを完成するために採用した従業員などに対し、この種の契約を締結することが考えられます。

第○条（本契約の有効期間）
　本契約の有効期間は、以下の第○○項に従って確定する。
1　本契約は固定期間労働契約とし、その有効期間は○○年間とし、○○年○○月○○日から○○年○○月○○日までとする。
2　本契約は無固定期間労働契約とし、○○年○○月○○日からとする。
3　本契約は、○○○○○○業務の完成を持って終了することとする。

第3章　労働契約の作成

Q27 無固定期間労働契約の締結義務

従業員と2回連続して固定期間労働契約を締結すると、企業は当該従業員と無固定期間労働契約（終身雇用）を締結しなければなりません。ここにいう「2回」および「連続」について、具体的にはどのように解釈すべきでしょうか。企業が無固定期間労働契約の締結義務を回避するには、どのような方法があるのでしょうか。

Point

・「2回」および「連続」の解釈について、裁判所、学説の見解が分かれている。
・企業が無固定期間労働契約の締結を避けるには、①労働契約の内容の交渉、②従業員による固定期間労働契約の申入れ、等の対応策などがある。

1 「2回」の解釈

(1) 実務上の混乱

労働契約法14条2項3号によると、企業が従業員と2回連続して固定期間労働契約を締結し、かつ、従業員に労働契約法39条（即時解雇）、40条1号、2号（無過失解雇）に定める事由がなく、労働契約を更新する場合、従業員と無固定期間労働契約を締結しなければなりません。

ここにいう「2回」について、具体的にはどのように解釈すべきか、企業から見ていつの時点から無固定期間労働契約を締結しなければならないのか、さまざまな見解が交錯し、実務の場においては混乱が見受けられます。

労働契約法が公布された直後は、固定期間労働契約を2回締結した後、さらに従業員から労働契約の更新を求められた場合、企業には従業員と協議を行う権利があり、労働契約（無固定期間労働契約）を締結するか、あるいは雇用を継続しないかを判断できる選択肢が企業にはあると考えられていました（いわ

ゆる企業有利説）。

しかし、その後、労働契約法は従業員の権利を保護するものであり、企業が2回連続して固定期間労働契約を締結する以上、従業員との間に信頼関係がすでに確立したものとみなすことができ、従業員から希望があれば、企業は従業員と無固定期間労働契約を締結しなければならず、この時点で労働契約を締結するか否かの選択権は企業側にはない、という意見が徐々に拡大し、現在、この見解が通説となっています（いわゆる従業員有利説）。

この従業員有利説によると、企業が2回目の固定期間労働契約を締結する場合、当該2回目の労働契約が期間満了の時点で、企業には継続雇用の可否の選択肢がなく、従業員が要求すれば、当該従業員を終身雇用しなければならなくなります。

(2) **裁判所の判断**

労働契約法14条2項3号の解釈について、上海市高級人民法院が2009年3月3日に公布した「『労働契約法』の適用の若干問題に関する意見」4条4項の中で、「従業員と企業が2回連続して固定期間労働契約を締結した後、従業員と3回目の労働契約を締結する場合」、無固定期間労働契約を締結しなければならない、との判断を下したケースがあり、ここでは企業有利説の立場寄りであるとの印象を受けます。

しかし、これは上海市高級人民法院が公布したものであり、上海市ではこの見解が有効であるものの、今後、上海市以外の裁判所が前述の上海市高級人民法院の意見に従わず、従業員有利説の立場をとる恐れも十分に考えられることから、最終的な判断にはまだまだ時間がかかる見込みです。また、現在までのところ、労働契約法14条2項3号をめぐる裁判例はなく、外商投資企業は裁判の動向、特に該当地域の裁判所の動きを今しばらく見守る必要があるでしょう。

第3章　労働契約の作成

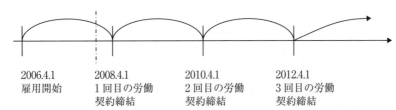

従業員有利説：2010年4月1日の労働契約を締結すると、企業は2012年4月1日の3回目の労働契約締結日には、無固定期間労働契約を締結しなければならない。

企 業 有 利 説：2010年4月1日の労働契約を締結しても、2012年4月1日の3回目の労働契約締結日に、無固定期間労働契約を締結するか否かについては、企業がこれを判断する権限を有する。

2 「連続」の解釈

　連続勤務とは、従業員が特定の企業で連続して勤務し、双方の労働関係が保持されたままの状態のことを指すと考えられています。つまり、従業員がいったん企業（旧企業）から離職し、他の企業（新企業）に就職した後、再度旧企業に戻るとき、旧企業での勤務回数は2回目であるものの、この場合、連続勤務とはいえません。また、従業員が企業から離職し、しばらく仕事を行わずに、再度前職場に復帰し就職した場合も、連続勤務とはみなされないとの見解が一般的です。

　実際、無固定期間労働契約の締結を避けたいがために、企業があの手この手で、勤務の「連続」性を阻止する行為も行われています。従業員をいったん離職させたのちに復帰させた2007年末に起こった「華為」事件はその最たる例であるといえるでしょう。このほか、従業員をいったん関連企業または派遣会社と労働契約を締結させた後、再度雇用する方法も行われています。これらの手法は、2008年以降に実施すると、「労働契約法」に定める無固定期間労働契約の締結義務を悪意的に回避するためのものとして、違法と認定される恐れが非常に強いため、企業は留意する必要があります。

140

第 3 章 労働契約の作成

コラム 9
「華為」事件の経緯と法的効果

　深圳華為技術有限公司（以下、「華為」という）は中国の深圳に拠点を置く、2007 年時点で約 6 万人の従業員を擁するハイテク民間企業です。

　労働契約法が実施される 4 か月前の 2007 年 9 月から、華為は自社での勤続年数が満 8 年以上の従業員に「一時辞職して復帰する」よう働きかけ、10 月から 11 月にかけて、合計 7000 名の該当従業員が華為に辞職願いを提出し、いったん華為と労働契約を解除した後に、再度労働契約を締結し直しました。

　これら従業員の中には華為の総裁、副総裁も含まれ、該当従業員すべてに「Ｎ＋１」の経済補償が付与されました。Ｎは華為の勤続年数をあらわし、勤続 1 年につき 1 か月分の賃金と、さらに 1 か月分の賃金が上乗せして支払われました。勤務年数満 8 年以上の従業員の賃金が比較的高かったこともあり、華為がこの件で従業員に支払った金額は 10 億人民元にのぼるともいわれています。

　従業員をいったん辞職させた上で再度復帰させた行為について、華為はさまざまな説明を行っていますが、前述の一連の華為の行為は、労働契約法対策ではないかとの見方が大半を占めています。つまり、労働契約法では 10 年連続して勤務した従業員に無固定期間労働契約（終身雇用）の締結を求める権利が与えられることから、これを回避するために、従業員の連続勤務年数をゼロにリセットしたのではないかと見受けられています。

　「華為」事件は、労働契約法が施行される 2008 年の前に実施されたため、労働契約法の拘束を受けませんでした。このため、華為の行為は違法ではないとする意見が多く、現に、従業員が華為を相手に仲裁を申し立てたような事例も報道されていません。なお、2008 年以降、華為と同様の手法を使うと、労働契約法に定める無固定期間労働契約の締結義務を回避するためのものとして無効とされるリスクがあるため、留意する必要があります。

3　無固定期間労働契約締結義務への対応方法

(1)　労働契約の内容の交渉による対応

　2 回連続して固定期間労働契約を締結した後、従業員が希望すれば、企業は従業員と無固定期間労働契約を締結しなければなりません。これにより、新しい労働契約の勤務期間は無固定期間となりますが、賃金、勤務場所、勤務内容等の内容について、企業が当該従業員の能力および企業の業務展開状況等を勘

第3章　労働契約の作成

案し、当該従業員と再度協議し決定する権限を持っています。この場合、合法、公平、平等、自由意志、誠実信用等の原則に従い協議する必要がありますが（労働契約法実施条例11条）、企業には従業員の不合理な要求に対して拒否する権利があり、賃金、勤務場所、勤務内容等の内容について合意に至らない場合、無固定期間労働契約を締結する必要はありません。

(2)　**従業員の希望による固定期間労働契約の締結**

　企業が2回連続して従業員と固定期間労働契約を締結した後、従業員が必ず無固定期間労働契約を締結しなければならない、ということはありません。従業員が固定期間労働契約の締結を求めれば、固定期間労働契約を締結することも当然認められます（労働契約法14条2項）。このため、2回連続して労働契約を締結した後、従業員に標準の賃金引上基準より優遇する賃金引上率などを提示し、その条件として従業員から固定期間労働契約の締結を申し入れてもらえれば、無固定期間労働契約の締結を回避することができます。

第3章　労働契約の作成

Q28 試用期間条項

労働契約においては、試用期間をどのように設定すべきでしょうか。

Point

・試用期間は、最大6か月間。
・試用期間中の従業員にはその賃金の80%を支給すれば済む。
・試用期間中であっても労働契約の締結は必須など、留意点がある。

Ans.

1　試用期間の設定

　試用期間の設定は、以下のとおり、労働契約の勤務期間に応じて、最長6か月間を超えてはなりません（労働契約法19条）。この点について、日本法では具体的な試用期間についての規定はないものの、改正前労働基準法14条を1つの根拠として、最長1年が1つの基準とされています。ただし、判例ではそれ以上の試用期間についても、すべてが無効とされているわけではありません。

	労働期間	試用期間
固定期間労働契約	3か月未満	約定禁止
	3か月以上1年未満	1か月以下（含む）
	1年以上3年未満	2か月以下（含む）
	3年以上	6か月以下（含む）
無固定期間労働契約		6か月以下（含む）
一定の業務完成をもって期間とする労働契約		約定禁止

2　試用期間設定のメリット

　試用期間中の従業員に対して、企業には、①低い賃金（同職位の最低ランクの賃金の80%または労働契約に約定した賃金の80%）で雇用できる（労働契

約法実施条例15条)、②採用条件に合致しないと証明できれば解雇が可能、かつ解雇の選択肢が多い（詳細はQ76「試用期間中にある従業員の解雇」を参照してください)、等のメリットがあります。

3 試用期間設定時の留意点

試用期間の設定に関して、以下のような法律に違反する約定が実務ではよく見受けられ、外商投資企業はこれに留意する必要があります。

(1) 試用期間中であっても労働契約の締結は必須

実務上、試用期間中の従業員と労働契約を締結せず、試用期間満了後にはじめて労働契約を締結することがありますが、この場合、従業員を使用した日から1か月を過ぎると、書面の労働契約を締結していないことを理由として、従業員に2倍の賃金を支払う義務が生じます。

(2) 試用期間のみを約定する労働契約の締結は高リスク

労働契約で試用期間のみを約定し、勤務期間を約定していない場合、約定した試用期間は勤務期間とみなされてしまいます。試用期間満了後、企業が労働契約を終了した場合、従業員に経済補償金を支払う必要があり、また、試用期間満了後に正式労働契約のつもりで締結した労働契約は、2回目の労働契約とみなされます。

(3) 試用期間の延長は不可

約定した試用期間中に、従業員が業務にふさわしいか否かの判断が困難である場合、試用期間を延期する企業もあります。これは、労働契約の一方的な変更であり、違法です。

(4) 試用期間の約定は1回のみ

企業が従業員との間で約定できる試用期間は1回限りです。実務上、所定の試用期間が満了した後も採用を迷う企業が、従業員に2回目の試用期間を設けたり職務内容を変えて再度試用期間を設定したりすることがありますが、これは違法であり、このような約定は無効とされます。

第3章　労働契約の作成

第○条（本契約の有効期間および試用期間）
　本契約の有効期間および試用期間は、以下の第○項に従って確定する。
1　本契約は固定期間労働契約とし、その有効期間は○○年間とし、○○年○○月○○日から○○年○○月○○日までとする。このうち、試用期間は○○月とし、○○年○○月○○日から○○年○○月○○日までとする。

第3章　労働契約の作成

Q29　技術訓練および拘束期間条項

労働契約においては、技術訓練および拘束期間条項について、どのように約定すべきでしょうか。

Point

- 従業員に専門的技術訓練を提供した場合にはじめて拘束期間を設けることが可能。
- 専門的技術訓練の定義は不明確であるが、日本の親会社における一定期間の勤務が専門的技術訓練に該当する可能性がある。
- 拘束期間の約定に違反する従業員の責任を追及するため、専門的技術訓練に関わる証憑を確保しておく。
- 拘束期間の約定に違反した従業員は、専門的技術訓練費用の範囲内で企業に違約金を支払わなければならない。
- 拘束期間に期間制限はないが、実務上3年か5年がほとんど。

1　拘束期間設定の前提

従業員は30日前までに企業に通知すれば自由に離職することができ、企業はこれを阻止できません。仮に、企業が従業員の離職を制限するため、たとえば「北京戸籍の問題を解決する代りに何年何月までは離職してはならない」という制限（拘束期間）を労働契約で約定していても、このような約定は無効とされます。なお、企業が従業員に専門的技術訓練を提供した場合は、この限りではありません（労働契約法22条）。

2　専門的技術訓練とは

企業は職業技術訓練制度を確立し、従業員に対して計画的に職業技術訓練を行わなければならず、技術作業に従事する従業員に対しては、職務につく前に技術訓練を行わなければなりません（労働法68条）。現在、従業員賃金総額の

第 3 章　労働契約の作成

1.5～2.5％を従業員教育訓練経費として従業員の技術訓練に当てることが企業に義務付けられています（職業教育改革および発展の極力促進に関する決定19条）。この従業員教育訓練経費は企業の義務であり、また企業のコストとして計上することが認められるため、当該経費を使用した技術訓練は専門的技術訓練に該当しないと、一般的に考えられています。

　従業員の勤務期間を拘束できる専門的技術訓練とは何かについて、労働契約法ではこれを定めていません。実際、「労働契約法実施条例」の制定過程において、専門的技術訓練の定義を明確にしようとする動きがありましたが、最終的に意見のすり合わせが難しく、専門的技術訓練の費用の算出方法のみにとどまりました（労働契約法実施条例16条）。

　現在、従業員を拘束するには、企業が「専門的技術訓練費用」を提供し、従業員に「専門的技術訓練」を提供する必要があるとの共通認識が実務では見受けられ、たとえば、①製造ラインを購入し、技術者に製造ラインの使用・修理技術を身に付けさせるために外国に派遣し勉強させる場合、または、②日本本社に一定期間（6か月か1年間など）派遣し勤務させる場合も専門的技術訓練に該当すると考えられています。①は典型的な専門的技術訓練に該当しますが、②は勤務内容・勤務状況等により専門的技術訓練ではないとする意見もあることから、実施前に従業員と十分に協議を行い、拘束期間に関する協議書を締結すべきです。

3　拘束期間の設定

　法律上、拘束期間に対する要求はなく、当事者間で自由に約定することができます。しかし、あまり長く設定すると、従業員を過度に拘束することになり、「公平性を欠く」として、無効とされる恐れがあります。このため、実務上、専門的技術訓練終了後から3年間または5年間と設定する場合が多いようです。

第3章　労働契約の作成

4　拘束期間違反の責任

　従業員が拘束期間中に離職した場合、企業に対し違約金を支払う必要があります。なお、このとき支払う違約金の金額は、専門的技術訓練費用の総額を超えてはなりません。また、従業員がすでに一部期間について履行を行っている場合、企業に支払う違約金は、拘束期間の未履行部分に割り当てられるべき訓練費用を超えてはなりません。

> ◆　例　◆
>
> 　企業が従業員のために3万人民元の専門的技術訓練費用を提供し、3年の拘束期間を設けた場合において、従業員が2年目に自ら離職すれば、企業に2万人民元を賠償する必要があります。従業員が3年目に自ら離職すれば、企業に1万人民元を賠償する必要があります。

5　専門的技術訓練費用の証憑の確保

　従業員の違約責任を追及するとき、企業は専門的技術訓練費用の金額を証明しなければなりません。このため、企業はもしもの事態に備えて、拘束期間中に関連費用の証憑を確保しておく必要があります。なお、専門的の研修費用には、雇用企業が従業員に専門技術の研修を行うために支払った支払証憑のある研修費用、研修期間の出張旅費および研修により生じたその他の当該従業員に使用した直接費用を含みます（労働契約法実施条例16条）。

6　拘束期間の約定方法

　専門的技術訓練は、一般的に労働契約締結後に発生することが多いため、労働契約で拘束期間の原則を約定し、専門的技術訓練の提供を開始する前に、専門的技術訓練と拘束期間に関する具体的な協議書を締結するパターンがほとんどです。この場合、専門的費用を提供すること、技術訓練の内容および時期、拘束期間、違約金等について明確に定めます。

7 試用期間中の専門的技術訓練

試用期間中の従業員の労働契約を解除する場合、企業が当該従業員のために支出した技術訓練費用につき、賠償を求めることは認められません（試用期間中の労働契約解除の処理根拠に関する労働部弁公室の回答3条）。専門的技術訓練費用もこれに該当すると考えられます。このため、企業は試用期間中の従業員に対し専門的技術訓練を提供するのは避けた方が無難です。

> 第○条（研修および拘束期間）
> 　甲（企業）が業務の必要に応じて特定項目にかかる研修費用を提供し、専門的業務研修を実施する場合、甲および乙（従業員）は、別途に協議書を取り交わし、拘束期間のほか、乙がその期間において約定に違反した場合に支払う違約金について約定することができる。

【サンプル11：専門的技術訓練および拘束期間に関する協議書】

専門的技術訓練および拘束期間に関する協議書

甲：○○○○有限公司

乙：○○○
（身分証明書番号：○○○○○○○○○○○）
住所：○○○○○○○○○○○
郵便番号：○○○○
電話番号：○○○○

　甲の従業員である乙の専門技術の向上と、甲における仕事の機能強化を目的に、甲乙の双方が「労働契約法」などの法令に基づき、友好的な協議を経て、甲の乙に対する専門的技術訓練の実施および訓練終了後の拘束期間に関する事項につき、以下のとおり合意に達することとなった。

第1条　（専門的技術訓練の内容、期間、場所）
　甲は乙に○○○○○○○○○○○○の専門的技術訓練に参加させる。訓練期間は合計○○日間、○○年○○月○○日から○○年○○月○○日までとする。訓練場所はとする。訓練期間満了後、乙はただちに甲に戻り勤務を再開するものとする。
第2条　（専門的技術訓練の費用）

第3章 労働契約の作成

甲が乙に対し行う今回の専門的技術訓練の費用は以下のとおりである。
(1) 訓練実施機関に支払う訓練参加費○○人民元
(2) 訓練参加の交通費

乙は訓練期間満了後の1か月以内に、前述の関連費用の証憑を甲の財務部門に提出し、精算を行わなければならない。所定の期間を過ぎた場合、関連費用は乙が自ら負担するものとする。

第3条（専門的技術訓練の規則制度）

乙は訓練実施機関の要求に従い、誠実な態度で訓練に臨まなければならず、訓練に参加できない場合は、事前に甲に通知し、その承認を受けなければならない。甲に無断で訓練に参加しない場合は無断欠勤とし、訓練実施機関の規則制度に違反した場合は、甲の就業規則に対する違反とみなし、甲の就業規則に従い処理するものとする。

第4条（訓練期間の賃金）

乙が専門的技術訓練に参加する期間中の賃金は1か月○○人民元（税込み）とする。甲が法に基づき乙の社会保険料および住宅積立金を納付する。

第5条（訓練結果の報告）

乙は真剣に訓練に取り組み、訓練科目の履修を滞りなく完了しなければならない。訓練期間満了後、訓練内容、習得知識および訓練期間中の態度をまとめた書面の訓練報告を甲に提出しなければならず、また甲の指示に従い甲のその他の従業員に対する内部訓練および指導の業務を担当しなければならない。

第6条（拘束期間）

乙は訓練期間満了日から甲において、少なくとも○○年間（拘束期間）勤務しなければならない。

甲と乙の労働契約の期間が満了し、拘束期間がまだ満了していない場合、労働契約の期間が自動的に乙の拘束期間の満了日まで延長されるものとするが、甲が労働契約の延長を希望しない場合はこの限りではない。この場合、甲が労働契約期間満了から30日前までに乙に労働契約の終了を通知するものとする。

第7条（違約責任）

乙は拘束期間の約定に違反した場合（自己の意思で離職または甲に解雇されるかを問わず）、甲に違約金（具体的な拘束期間に応じて算出された分担すべき訓練費用）を支払い、かつそれにより甲にもたらした損失を賠償しなければなれない。

第8条（発効）

本協議書は甲乙の双方が署名または捺印後に発効するものとする。本協議書は一式2部を作成し、甲、乙はそれぞれ1部を保有する。本協議書は労働契約の附属書類とし、労働契約と同様の法的効力を有する。

甲（捺印）　　　　　　　　　乙（署名）：
総経理または授権代表（署名）：
○○年○○月○○日　　　　　　○○年○○月○○日

第3章　労働契約の作成

Q30 秘密保持条項

労働契約における秘密保持条項をどのように約定すればよいのでしょうか。

Point

・中国では、秘密保持概念の希薄な従業員が多く、転職後に前職場の商業秘密を漏洩する行為が多発している。
・秘密保持の対策として、入社時に締結する労働契約で秘密保持条項を定める、従業員の離職前に秘密保持協議書を締結する方法がよく利用されている。
・秘密保持義務と合わせて競業避止義務を従業員に課すことが、商業秘密の漏洩の防止にとって有効な手段である。
・従業員に秘密保持義務を課す対価としての経済補償の支給は不要。

1　商業秘密の保護

商業秘密の保護は、企業にとって最重要事項であると断言しても過言ではありません。一般的に、企業の商業秘密の漏洩は従業員の離職により発生することが多く、特に中国では、秘密保持概念の意識に欠ける従業員が数多いため、転職後に前職場の商業秘密を漏らすような行為は決して珍しくないのが実状です。

実際、この種の紛争も多いことから、商業秘密をよりよく保護するためにも、労働契約において実効性のある秘密保持条項を定めるか、従業員が離職する前に秘密保持協議書を締結する必要があります。

2　商業秘密とは

労働法および労働契約法は、商業秘密の定義を明確にしていません。よって、今のところ、不正競争防止法に定める商業秘密の定義がその拠り所となっ

第3章　労働契約の作成

ています。不正競争防止法9条によれば、商業秘密とは、①公衆に知らされず、②商業価値を有し、③権利者が秘密保持措置を講じた技術情報および経営情報のことをいいます。一般的に、原材料の成分、工芸、ノウハウ、設計資料、管理方法、営業販売策略、顧客リスト、原材料出所情報などが含まれています。

3　秘密保持条項の作成の心得

(1)　秘密保持契約の締結は不可欠

　中国の法律には企業の秘密を保護するため、企業が従業員と特に秘密保持契約（秘密保持条項を含む）を締結しなくても、従業員が企業の秘密を保持しなければならないという法律上の義務を規定しています。しかしながら、企業のすべての情報が、ここにいう商業秘密に該当するとは限りません。企業が考える自社の商業秘密を法律上規定される商業秘密として中国法の保護を受けるには、前述の①秘密性、②実用性の性質を兼ね備えるほかに、③企業が秘密保持措置を講じていなければなりません。

　秘密保持措置について、その方法は様々ですが、そのうち、商業秘密の内容を明記し、従業員と秘密保持契約（労働契約の秘密保持条項を含む）を締結することは、③の秘密保持措置を講じた証拠として認定されています（最高人民法院の不正競争民事事件の審理の法律適用に関わる若干問題に関する解釈11条）。このため、よりよく商業秘密を保護するために、秘密保持契約または秘密保持条項を盛り込む労働契約の締結が必要不可欠になってきます。

(2)　秘密情報の明記

　実際に、従業員に秘密保持を義務付けていても、従業員は、具体的にどのようなものが保持すべき秘密に該当するのか、曖昧で理解していない場合がほとんどです。そのため、秘密保持に該当する情報であると知らずに、または意識せずに第三者に漏らしてしまうようなケースが往々にしてあります。このため、秘密を保持すべき内容を従業員に明確にすることが、秘密保持において、重要となります。

(3) 損害賠償責任の明記

従業員に秘密保持義務を課しているものの、これに違反した場合、「賠償しなければならない」との一言だけでは、従業員への拘束力、抑止力が十分ではありません。従業員が秘密保持義務に違反した場合、企業が従業員に損害賠償を求める際に、まずは自社の被った損害を客観的に証明しなければなりません。しかし、一口に証明といっても、なかなか容易な作業ではないことから、損害賠償の金額を明記しておくことが従業員の秘密保持義務の違反を防ぐ抑止力になると考えられています。

(4) 競業避止義務の複合技

秘密保持の義務を従業員に徹底するため、従業員に秘密保持義務と合わせて競業避止義務を負わせることも、商業秘密の漏洩を阻止する効果的な手段の一つです。これにより、従業員が競争相手で勤務することができなくなり、ある程度は秘密の漏洩の可能性を押えることができます。なお、競業避止義務について、詳しくはQ31「競業避止条項」を参照してください。

4 秘密保持の経済補償は不要

従業員に競業避止義務を負わせる場合、従業員に経済補償を支給する必要があります。これに対して、従業員と秘密保持契約（秘密保持条項を含む）のみを締結する場合、従業員に秘密保持に関する経済補償を支給する必要はありません。中国の法律によって、企業の秘密を保護し、従業員が企業の秘密を保持することは、法的な義務であると規定されているからです。

第 3 章　労働契約の作成

第〇条（秘密保持）
1　乙（従業員）は、本契約の有効期間中、契約期間の満了等の原因により本契約が終了した後、または本契約が解除された後においても、甲（企業）の業務、経営、顧客、財務、従業員、知的財産権、賃金等に関する甲の情報、または甲に関連しもしくは甲の利益に影響を及ぼしうる情報（以下、合わせて「秘密情報」という）について、その秘密を厳格に保持するものとし、これらの秘密情報を第三者に漏洩もしくは開示してはならない。
2　乙が前項に定める秘密保持義務に違反したときは、これを甲の規則制度に対する重大な違反とみなし、甲は、本契約および甲の関連する規則制度に基づいて本契約を解除することができる。
3　乙は、その自らの秘密保持義務の違反によって甲に損害を与えたときは、それを賠償しなければならない。甲の損失額の計算が困難である場合、乙は甲から受けた直近12か月の平均月賃金の倍額をもって甲に賠償するものとする。

第3章　労働契約の作成

Q31 競業避止条項

労働契約においては、競業避止条項をどのように約定すべきでしょうか。

Point

・自社で技術を習得した従業員が競争相手企業に転職したり、自ら起業するなどして自社と競合することがないよう、競業避止義務の締結が必要。
・競業避止義務は、従業員の入社時または勤務期間中に負わせるべき。
・競業避止義務を課すと、従業員に経済補償を支給する義務が発生する。
・競業避止は最大２年間。

Ans.

1 競業避止義務を負わせることは企業の権利

企業は秘密保持義務を負う従業員に対して、競業避止義務を負わせることができます（労働契約法23条）。これにより、従業員が退職後、企業の競争相手で働くことができず、また自ら起業し企業と競争することができなくなります。秘密保持義務を負う従業員に競業避止義務を負わせることは企業の権利であり、従業員から特に同意を受ける必要はありません。

2 競業避止義務を負わせる時期

競業避止義務は従業員の退職後に発生するため、実務では、従業員の離職直前に競業避止協議書を締結するケースが見受けられます。しかし、離職は従業員の権利であり、従業員が離職時に競業避止協議書の締結に同意しない場合、企業がこれを強要することはできず、競業避止義務を締結できないまま、従業員が離職してしまうリスクが伴います。

このため、従業員採用時に、競業避止すべき旨の内容がすでに盛り込まれた労働契約をあらかじめ締結する、競業避止協議書を別途締結する、勤務期間中

155

に必要に応じて競業避止協議書の締結を求めるパターンが最近では増えています。

3 競業避止義務の対象者

競業避止義務を負う従業員は、企業の高級管理職、高級技術者、その他の秘密保持義務を負う従業員に限られます（労働契約法24条）。ここにいう「秘密保持義務を負う従業員」とは具体的にはどのような従業員のことを指すのか、労働契約法はこれを明らかにはしていませんが、一般的に、企業の従業員は全員が秘密保持義務を負うことから、企業はすべての従業員に対し競業避止義務を負わせることができると考えられています。

もっとも、競業避止義務を負わせてしまうと、当該従業員に経済補償を支給する義務が発生するため、企業の負担を軽減するためには、企業の重要秘密を知る従業員に絞って競業避止義務を負わせる方がよいでしょう。

4 競業避止義務の範囲

企業が従業員に競業避止義務を負わせる場合、地域（中国か北京市か）、期間（1年か2年か）、従事できない業務の範囲（企業と同種類の業務か具体的に〇〇設備の製造か）について、従業員と協議し確定する必要があります（労働契約法24条1項）。現在のところ、競業期間について、2年間を超えてはならないとの制限が設けられています（労働契約法24条2項）。

5 経済補償の支給義務

企業は競業避止期間中にある従業員に対して、月ごとに経済補償を支給しなければなりません（労働契約法23条）。この経済補償は、従業員退職後に毎月支払う必要があり、企業の勤務期間中に従業員に支払う賃金の中に経済補償が含まれていたとの主張は無効になります。

実務上、経済補償の金額に関して、混乱が見受けられます。

現在、経済補償金額を具体的に定める全国通用の法令はなく、一部の地方が

地方法令で経済補償金額を定めています。たとえば、江蘇省では、従業員の前12か月平均賃金の3分の1を下回ってはならないとの要求があります（江蘇省労働契約条例 28 条）。なお、この法令は江蘇省でのみ有効であり、他の地方の企業は、この制限を受けません。

　企業と従業員が経済補償金額を約定しない場合、以下の通り、各地の裁判所が異なる解釈を公布しています。経済補償金額に関する紛争を避けるためには、企業は、所在地の地方法令および裁判所の解釈を参考にし、競業避止契約で経済補償金額を約定したほうがよいでしょう。

	経済補償の基準	根　拠
全国	労働契約解除前の 12 か月間平均賃金の 30%	最高人民法院の労働争議事件の法律適用の若干問題に関する解釈（四）6 条
北京市	従業員の前年度賃金の 20～60%	北京市高級人民法院、北京市労働争議仲裁委員会の労働争議事件の法律適用問題に関する研究会会議紀要 38 条
上海市	従業員の正常勤務時の賃金の 20～50%	上海市高級人民法院の『労働契約法』の適用の若干問題に関する意見 13 条

6　経済補償未支給時の責任

　企業の従業員への経済補償の未払による紛争が、実務では多く発生しています。この場合の企業の責任について、法律では具体的に明記されていませんが、北京市の司法実務において、企業が退職した従業員に競業避止義務を負わない旨を明確に告知せず、従業員が競業避止協議書に従い競争関係のない企業に就職した場合、前企業に経済補償の実施を求める主張が認められています。また、企業が経済補償を行わない場合、従業員は競業避止協議書の制限を受けず、企業の競争相手に就職することが認められ、企業は従業員の違約責任を追及することができません。

　このような事態を防ぐために、企業は従業員の採用時に従業員全員に競業避止義務を負わせ、従業員離職時に、個々の従業員の状況に応じて、競業避止義務を終了するか否か（すなわち経済補償を行わないこと）を判断できる旨を労

第3章 労働契約の作成

働契約に盛り込んだ労働契約を締結し、従業員が実際に離職する際に、競業避止義務を負わせる必要のない者には、競業避止義務終了通知を発行し、経済補償の有無を従業員に対して明確にしておく対策が必要です。

第○条（競業避止）
1 本契約終了後、甲（企業）は乙（従業員）と競業避止義務協議書を締結し、乙に対し月ごとに競業避止に関わる経済補償を行うことにより、乙に最大2年間の競業避止義務を負わせることができ、乙はこれに同意する。この場合、乙は、北京市で甲と同類の製品を取り扱う、もしくは甲と同類の業務に従事する、甲と競争関係にある別の企業に就職すること、または甲と同類の製品を取り扱う、もしくは甲と同類の業務に従事する業務を自ら営むことを行ってはならない。
2 契約終了前までに、甲はいつでも書面にて乙に競業避止義務の解除を知らせることができる。この場合、乙は競業避止義務を負うことなく離職することができる。これを怠ると、甲は、競業避止期間中に、月ごとに乙に経済補償金を支給するものとする。経済補償金額は、乙が離職する前12か月の平均賃金の40％とする。
3 乙が競業避止義務に違反した場合、甲に違約金を支払うものとし、違約金は○人民元とする。

【サンプル12：秘密保持および競業避止に関する協議書】

秘密保持および競業避止に関する協議書

甲：○○○○有限公司

乙：○○○
（身分証明書番号：○○○○○○○○○○○）
住所：○○○○○○○○○○○
郵便番号：○○○○
電話番号：○○○○

　甲乙は、「労働契約法」などの関連法律法規に基づき、友好的な協議を経て、乙の秘密保持および競業避止義務に関する事項につき、以下のとおり、双方は合意を達成した。

第1条　（秘密保持）
　乙は、在職期間中のみならず離職後においても、甲の業務、経営、顧客、財務、従業員、知的財産権、賃金等に関する甲の情報、または甲に関連、もしくは甲の利益に

影響を及ぼしうる情報（以下、総称して「秘密情報」という）について、厳格に保持するものとし、これらの秘密情報を第三者に漏洩または開示してはならない。

乙の秘密保持義務の違反によって甲に損害を与えたときは、乙は、それを賠償しなければならない。甲の損失額の計算が困難である場合、乙は甲から受けた直近12か月の平均月賃金の倍額をもって甲に賠償するものとする。

第2条　（在職期間中の競業避止）

乙が甲に勤務している期間中に、甲と同類の製品を取り扱う、甲と同類の業務に従事、もしくは甲と競争関係にある別の企業に兼職、または甲と同類の製品を取り扱う、もしくは甲と同類の業務に従事する業務を自ら営むことを行ってはならない。

乙が甲に勤務している期間中に、乙は、直接または間接的に、甲の従業員の離職を勧誘してはならず、甲の顧客を甲の競争関係にある他の企業と取引するよう勧誘を行ってはならない。

第3条　（離職後の競業避止）

乙は、甲から離職した日から2年以内に、［北京市］で甲と同類の製品を取り扱う、甲と同類の業務に従事、もしくは甲と競争関係にある別の企業に就職、または甲と同類の製品を取り扱う、もしくは甲と同類の業務に従事する業務を自ら営むことを行ってはならない。

乙が甲から離職した後、直接的または間接的な手段を利用して、甲の従業員および顧客の引抜きを行ってはならない。

本協議書にいう「離職した日」とは、甲乙間の労働契約の解除日または終了日を指す。

第4条　（経済補償の支給）

甲は、乙の離職した日から2年以内に、乙に、競業避止に関わる経済補償を支給しなければならない。経済補償は、乙の離職日の前月賃金の○○％を基準として、毎月の15日までに、乙に支給するものとする。

第5条　（新しい就職先の告知義務）

乙は別の企業に就職するときに、この企業に対して、甲に対する競業避止義務をありのまま知らせなければならず、かつ、別の企業に就職することが決まった日から10日以内に、書面にて、新しい就職先である企業の名称、人事担当者の連絡方法を甲に告知しなければならない。

第6条　（競業避止義務の通知解除）

本協議書締結後、甲は書面をもって、乙にいつでも競業避止義務の解除を通知することができる。この通知日をもって、本協議書に基づく甲乙間の競業避止義務に関わる権利義務は消滅するものとする。

第7条　（違約責任）

乙が本協議書に違反した場合、甲から受領した経済補償金総額の2倍を、違約金として甲に支払わなければならない。甲の損害が違約金を上回った場合、乙は甲に、これを全額賠償しなければならない。

第8条　（紛争解決）

第3章　労働契約の作成

本協議書の履行により生じた紛争につき、双方は協議による解決に努め、協議で解決できない場合、いずれの当事者も甲の所在地にある人民法院に訴訟を提起することができる。

第9条　（発効）

本協議書は、甲乙双方が署名または捺印してから発効するものとする。本協議書は一式2部とし、甲乙はそれぞれ1部を保有する。

甲（捺印）　　　　　　　　　　　　　乙（署名）：
総経理または授権代表（署名）：
〇〇年〇〇月〇〇日　　　　　　　　　〇〇年〇〇月〇〇日

事例14
企業による一方的な競業避止協議書の解除が認められた事例

1　事実

張さんは北京市にあるA社に入社し、主に欧州エリアとの貿易関連業務に従事していました。張さんの業務は、A社の欧州エリアにおけるビジネスモデルおよび運営方法に関わるため、A社は張さんと競業避止協議書を締結し、張さんの離職後1年以内におけるA社と競争関係を有する企業での勤務を禁止し、その対価として、毎月A社が張さんに2000人民元の経済補償を実施する、との内容を含んだ労働契約を締結していました。

半年後、張さんは自己の能力がA社の要求を満たしていないことを理由に、自ら辞職願いを提出し、A社と労働契約を合意解除しました。

翌年、A社は、A社と同様のビジネスモデル、運営方法を行っている別の企業を紹介しているサイトを発見しました。この企業のビジネスモデル、運営方法は、A社の営業秘密であるはずのビジネスモデルにあまりに類似していたため、A社は即座に、張さんが営業秘密を開示したのではないかと疑いましたが、確固たる証拠はありません。そこで、書面にて、張さんとの競業避止協議書を解除し、今後の経済補償を実施しない旨の通知書を張さんに送付しました。

これに対して、張さんは、A社が一方的に競業避止協議書を解除することができないとして、残りの経済補償の継続実施を求め、労働争議仲裁委員会に仲裁を申し立てました。

2　仲裁委員会の判断

労働争議仲裁委員会は、A社の商業秘密はすでに公開され、張さんにA社の商業秘密を保持する必要性がなくなったことから、A社が一方的に競業避止協議書を解

除することができる、との仲裁判断を下しました。

3　解説
　企業の商業秘密を保護するため、従業員に競業避止義務を負わせることができます。その場合、義務を負うことによる従業員の損失を補填するため、企業は当該従業員に経済補償を行う必要が生じます。本件は、企業の商業秘密を保護する必要性がなくなったため、企業による一方的な競業避止協議書の解除を認めましたが、その背景には、張さんがA社の商業秘密を漏らしたのではないかという仲裁人の推察が入っているものと思われます。本件は、訴訟になった場合、A社が依然勝訴できるか否かは、興味深いところです。

第3章　労働契約の作成

Q32　違約金条項および損害賠償請求条項

労働契約においては、違約金条項、損害賠償請求条項をどのように約定すべきでしょうか。

Point

・違約金条項の約定は自由に行えるものではなく、従業員が①拘束期間義務を負う場合、②競業避止義務を負う場合に違約金条項を約定することが可能。
・拘束期間義務違反の違約金は専門的技術訓練費用を超えてはならない。
・競業避止義務違反の違約金は当事者間で協議設定する。
・損害賠償条項を約定することができるが、違約金条項と混同しないようにする必要があり、また、具体的な賠償金額を約定してはならない。

Ans.

1　違約金条項

労働法では違約金に関する約定を特に制限していないため、これまで労働契約の違約金条項について、その内容はまちまちで、従業員の離職を制限するため、高額な違約金を約定するケースも少なくありませんでした。これを受けて労働契約法では、違約金に対する制限を明言しており、違約金の約定について以下の2つの状況に該当する場合のみに限定しています（労働契約法25条）。

➤従業員が拘束期間の約定に違反した場合
➤従業員が競業避止の約定に違反した場合

企業が従業員に拘束期間を設定する前提には、専門的技術訓練費用を提供していること、また、従業員に競業避止義務を負わせるには、企業が経済補償を実施する必要があります。つまり、この2つの状況は、いずれも企業が従業員のために金銭を提供しているために、違約金の約定が認められているわけです。これ以外の違約金の約定は、いずれも違法となり、無効となります。

第3章 労働契約の作成

2 違約金金額の制限

かつては高額な違約金を約定するケースも多かったため、これを受けて、労働契約法では、企業の違約金金額の設定に対し規制が設けられています。

拘束期間の約定に違反した場合の違約金は、その合計額が企業が従業員のために提供した専門的技術訓練費用を超えてはならないとしています（労働契約法22条2項）。

競業避止義務に違反した場合の違約金金額について、労働契約法は具体的な制限を明記していません。そのため、企業が高額な違約金金額を約定することも理論上は可能です。しかし原則的には、競業避止義務に違反した場合の違約金金額についても、競業避止義務に関わる経済補償金金額と比較し、合理的なものでなければなりません。約定した違約金金額が不合理な金額である場合、「公平性を欠く」として、無効とされる恐れがあります。

3 損害賠償条項

企業には違約金のほか、企業に損害をもたらした従業員に対して、損害賠償を求める権利があります（労働契約法90条）。従業員が労働契約に違反し、企業に損害をもたらした場合、当然、これを賠償しなければなりません。したがって、労働契約には、違約金のほか、損害賠償条項についても明記しておくことをお薦めします。

4 損害賠償金金額の設定は可能か

従業員に損害賠償を求める場合、具体的な損害金額の証明は非常に難しいのが実状です。労働契約または就業規則で、「企業に損害をもたらした場合、これを賠償しなければならない」といった約定は、具体的な実効性に欠け、あまり意味がありません。そのため、具体的な損害賠償金金額を労働契約で事前に設定できるかどうかが問題となります。

具体的な損害賠償金金額を設定した場合、これは違約金に該当するために無効

第3章　労働契約の作成

になると指摘する見解がある一方で、具体的な損害賠償金額の計算方法を明記し、その上で具体的な損害賠償金額を設定すれば、裁判所から認められる可能性があるとの見解もあり、意見はさまざまです。実務の場では、具体的な損害賠償金額の設定が違法になるとの明確な見解はなく、従業員の契約違反（未通知離職、離職時の業務引継手続懈怠など）に歯止めをかけられる有効な機能であることから、労働契約でこれを約定するケースが徐々に増えつつあります。

第○条（損害賠償責任）
1　甲（企業）および乙（従業員）のいずれかが本契約の約定に違反し他方当事者に損害をもたらした場合、これを賠償しなければならない。
2　乙が法律法規または本契約の約定に違反し労働契約を解除し、甲に損害をもたらした場合、甲の次に掲げる損害を賠償するものとする。なお、甲の損害額の計算が困難である場合、乙は甲から受けた直近12か月の平均月賃金の倍額をもって甲に賠償するものとする。
　(1)　甲が支出した研修費用および募集採用費用
　(2)　甲の生産・経営の連続性にもたらしたあらゆる経済損害
　(3)　本契約が約定するその他の損害
3　本契約終了後、乙が業務の引継手続を拒否し、甲に損害をもたらした場合、それを賠償しなければならない。甲の損害額の計算が困難である場合、乙は甲から受けた直近12か月の平均月賃金の倍額をもって甲に賠償するものとする。

Q33 集団契約

中国においては、集団契約は必ず締結しなければならないものでしょうか。どのような状況になると、集団契約の締結を要求されるのでしょうか。集団契約を締結した場合、企業は何か不利益を被るのでしょうか。

Point

・集団契約の締結は企業の法的義務ではない。
・工会（労働組合）または従業員代表のみが企業と集団契約の締結を交渉できる。
・集団契約はすべての従業員を拘束するが、企業が個々の従業員と締結する労働契約に定める労働報酬および労働条件等の基準が集団契約の定める基準を下回ってはならない。

Ans.

1 集団契約の締結は義務ではない

集団契約とは、従業員側が企業と平等な協議を経た後、労働報酬、勤務時間、休憩休暇、労働安全衛生、保険・福利厚生等の事項について、双方の権利義務関係を定める契約のことをいい、日本でいう労働協約のようなものに該当します。

中国では、従業員側が企業と集団契約を締結することができると定められているに過ぎず（労働契約法51条）、従業員側が企業に対して集団契約の締結を求める権利がある一方で、企業には集団契約を必ず締結しなければならないといった義務はないと理解されています。

しかし、従業員側の締結要求に対して、まったく応じなければ、従業員側の権利を損なう可能性があるため、実務上は、集団契約の締結の可否にかかわらず、体制を整え、真摯な姿勢で協議に応じる構えが必要でしょう。

第 3 章　労働契約の作成

2　集団契約の締結を要求される場面とは

　集団契約はすべての従業員を拘束するものであるため、個別の従業員が企業に集団契約の締結を要求することができず、また企業と集団契約の内容について交渉することすらできません。企業に集団契約の締結交渉を行うことができるのは、①企業の工会（労働組合）が指定した協議代表者、②企業に工会がない場合、企業の従業員たちが民主的な方法により選出し、企業の過半数以上の従業員の同意を受けた従業員代表に限定されています（集団契約規定 20 条）。

　実務では、工会の要求に従い、企業がその指定する協議代表者を集団契約の締結交渉を行うことがほとんどです。このため、工会の設立に消極的な企業が少なくありません。

3　集団契約と労働契約の相違

　労働契約と比べ、集団契約には、以下の特徴があります。

(1)　契約の当事者が異なる

　労働契約の当事者は企業と個々の従業員ですが、集団契約の場合、企業と企業の工会との契約構図になります。企業に工会がない場合、上級工会（Q59「工会の位置づけ」参照）により指導を受けた従業員の推薦した従業員代表が、企業と契約締結を行います。

(2)　集団契約の交渉プロセス

　労働契約が企業と個々の従業員の間で交渉し確定するのに対し、集団契約は、当事者間（企業と工会）の交渉だけでは足りず、企業と工会が集団契約の草案を従業員代表大会または従業員全員に提出し、その議論を受ける必要があります（労働契約法 51 条）。

第3章 労働契約の作成

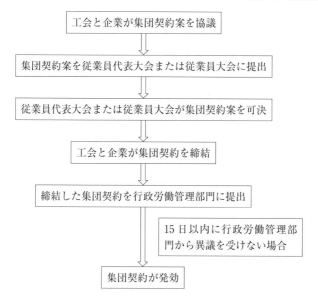

(3) 集団契約の発効条件

労働契約は特別な定めがない限り、締結日から発効するのに対して、集団契約は、締結後に省レベルの労働行政管理部門に提出し、労働行政管理部門が15日以内に異議を申し立てない場合に、はじめて発効することとなります（労働契約法54条）。

(4) 拘束力の範囲

労働契約は、企業と個々の従業員を拘束するのに対して、集団契約は、企業とすべての従業員を拘束します。集団契約発効後に入社した新入社員も例外ではありません。当該企業の従業員になる以上、ただちに当該企業の締結済みの集団契約の拘束を受けます。

4 集団契約の内容

労働契約法51条は、企業と従業員側が労働報酬、勤務時間、休憩休暇、労働安全衛生、保険・福利厚生等の事項について、集団契約で約定することができるとしています。集団契約規定8条によると、当事者は以下の内容を協議

167

第 3 章　労働契約の作成

し、集団契約を締結することができます。

① 　労働報酬
② 　勤務時間
③ 　休憩休暇
④ 　労働安全および衛生
⑤ 　商業保険および福利厚生
⑥ 　女性従業員および未成年従業員の特別保護
⑦ 　職業技術訓練
⑧ 　労働契約管理
⑨ 　奨励・懲戒
⑩ 　リストラ
⑪ 　集団契約の期間
⑫ 　集団契約の変更・解除
⑬ 　紛争解決
⑭ 　違約責任
⑮ 　その他の協議すべき内容

　実務では、企業によって集団契約の内容が異なります。集団契約を締結する目的は、労働関係の基準を定めることにあるため、基本的には従業員全員に共通する事項を定めることが一般的です。

5　集団契約締結後の企業の義務

　集団契約は、すべての従業員に適用されます。企業が従業員と個々の労働契約を締結する場合、労働契約に定める労働報酬および労働条件等の基準が集団契約の定める基準を下回ってはなりません（労働契約法 55 条）。仮に、企業と個々の従業員が集団契約の定める基準を下回る基準で労働契約の締結に合意したとしても、当該合意は無効となり、集団契約の基準が適用されます。

第4章
就業規則の作成・変更

第4章　就業規則の作成・変更

ワンポイント用語解説

🌿 就業規則3条件

作成した就業規則を従業員の処罰根拠とするには、①内容が合法であること、②民主的手続を経て作成していること、③従業員に告知していること、の3条件が必要となります。この3条件をクリアしないと、就業規則に従い従業員を処罰するとき、その処罰行為が無効とされるリスクが生じます。

🌿 民主的手続

就業規則を作成するときに、企業が就業規則案を①従業員代表大会または従業員全員の議論を経てその意見を聞く、②工会（労働組合）または従業員代表と平等の立場で協議する、の2つの手続をともに経なければなりません。この手続は民主的手続と呼ばれ、この手続を踏んでいない就業規則は従業員の管理根拠にすることができないリスクがあります。

🌿 従業員代表大会

従業員の代表から構成される組織をいいます。現在、国有企業は従業員代表大会を設立する義務がありますが、外商投資企業には設立義務はありません。

🌿 従業員代表

就業規則作成時の民主的手続における従業員代表は、従業員代表大会の従業員代表メンバーと異なり、現行法では、その選出方法につき明確な定めがありません。就業規則を作成するとき、企業には工会（労働組合）または従業員代表と平等の立場で協議することが義務付けられていることから、工会が企業にない場合、従業員代表を選出する必要が生じます。

第4章　就業規則の作成・変更

Q34 就業規則の有効条件（3条件）

企業が作成した就業規則を有効なものにするには、どのような条件が必要でしょうか。また、就業規則を変更するとき、どのようなところに留意すべきでしょうか。

Point

・従業員の管理において有効な就業規則とするためには、①内容が合法、②作成時に民主的手続を経ている、③作成後、従業員に告知している、の3条件をクリアする必要がある。
・民主的手続を経ない就業規則はかならずしも無効とはされないものの、労務管理の安定化を図るため、就業規則の作成、変更時には、民主的手続、告知手続を経るべき。

Ans. 1　有効な就業規則とは

企業が作成した就業規則がかならずしも有効であるとは限りません。「最高人民法院の労働争議事件の法律適用の若干問題に関する解釈」19条によると、企業が「民主的手続を経て作成した規則制度が、国の法律、行政法規および政策規定に違反せず、かつ、従業員に対して既に公示されている場合には、人民法院は、これを労働紛争事件審理の根拠とすることができ」ます。

これにより、有効な就業規則にするには、以下の3つの条件に合致する必要があります。

➤その内容が法律・行政法規・政策規定に合致すること
➤作成時に、民主的手続を経ていること
➤作成後に、従業員に告知していること

このため、企業が就業規則を作成するとき、当該就業規則が従業員を拘束するには、常に、前述の就業規則3条件を意識しておく必要があります。就業規則を変更するときも同様に、この3条件をクリアする必要があります。

171

第4章 就業規則の作成・変更

2 就業規則3条件

(1) 合法的な内容

就業規則をもって従業員を管理するには、就業規則の内容が合法的なものでなければなりません。内容が法律に違反すれば、当然、これをもって従業員を拘束することはできません。たとえば、企業が「入社1年以内に従業員が出産した場合は解雇する」旨の内容を盛り込む就業規則をもって、入社後まもなく子供を生んだ女性従業員を解雇することはできません。

(2) 経るべき民主的手続

民主的手続とは、就業規則の作成にあたり、企業が就業規則案を従業員代表大会または従業員全員に提出し、その討論を経て、その方案・意見を募った後に、工会（労働組合）または従業員代表と平等な立場で協議し、就業規則の内容を確定しなければならないことをいいます（労働契約法4条）。

つまり、企業が従業員を拘束する就業規則を作成するとき、以下のプロセスを経る必要があります。

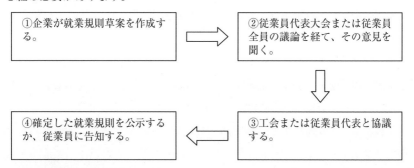

(3) 従業員への告知

就業規則を作成した後、これを従業員に告知する必要があります（労働契約法4条2項）。実務上、以下のいずれかの方法をもって従業員への告知に充てています。企業は、以下のいずれかの方法をとってもよいものの、一番重要なのは、従業員に告知した証拠を残すことです。

	告知方法	証拠確保方法
1	労働契約の附属書類として就業規則を添付すること	受領済み証明書に署名してもらう
2	就業規則を印刷し、従業員に1冊ずつ配布すること	受領済み証明書に署名してもらう
3	企業の掲示板に貼り付け、読ませること	掲示板の写真を撮り、かつ従業員に閲覧済み証明書に署名してもらう
4	社内のホームページ（イントラネット）に掲載すること	閲覧済み証明書に署名してもらう
5	Emailで従業員に送付すること	閲覧済みとの返信を受ける
6	就業規則の集中勉強会を開くこと	議事録を作成し署名してもらう
7	就業規則を印刷し、従業員に順次読ませること	閲覧済み証明書に署名してもらう

【サンプル13：就業規則受領書】

就業規則受領書

　本人〇〇〇は企業の組織の下で「〇〇有限公司就業規則」（〇〇年〇〇月〇〇日作成）を勉強し、その内容を理解し、かつ「就業規則」を1部受領しました。
　今後、「就業規則」の定める各種の規則制度を厳格に遵守し勤務します。また、これを適切に保管し、退職時に企業に返却します。

　　　　　　　　　　　　　　　　　　　　　本人署名：〇〇〇
　　　　　　　　　　　　　　　　　　　　　期　　日：〇〇年〇〇月〇〇日

3　就業規則3条件が必要な就業規則

　すべての就業規則の作成・変更が労働契約法4条2項に定める民主的手続・告知手続を経なければならないというわけではありません。従業員の切実な利益に直接に関わるものに限って、これらの手続を経る必要があります。
　従業員の切実な利益とは何かにつき、労働契約法4条2項では、「労働報酬、

勤務時間、休憩休暇、労働安全衛生、保険・福利厚生、従業員訓練、労働規律および労働ノルマ管理」を掲げていますが、企業はこれらのものに関する規則制度を作成するとき、民主的手続を経るよう、留意する必要があります。

　また、上記以外の規則制度につき、これを作成、変更する場合、従業員の切実な利益に直接に関わるか否かを判断することが困難であるときには、リスクを回避するため、すべて民主的手続・告知手続を経る方が無難でしょう。

4　民主的手続・告知手続を怠った場合のリスク

　企業が作成した就業規則の内容が合法的なものであり、単に所定の民主的手続・告知手続を怠った場合、これが原因で就業規則は無効とされるのでしょうか。

　労働契約法4条を厳格に読み取れば、無効になると解釈されます。しかし、実務上、裁判所はケースバイケースで就業規則の法的効力を判断し、企業が所定の民主的手続・告知手続を怠ったからといって必ずしもそれが無効と判断されるとは限りません。

　たとえば、広東省では、労働契約法4条2項に定める民主的手続を経ない就業規則は、原則として企業の労務管理の根拠にしてはならないとする一方で、①就業規則の内容が法律、行政法規、政策規定に違反しておらず、②明らかに不合理な約定ではなく、③従業員に告知し、④従業員が異議を申し立てなかった、の4つの条件に合致するのであれば、裁判所はこれを有効としています（広東省高級人民法院、広東省労働争議仲裁委員会の『労働争議調停仲裁法』および『労働契約法』の適用の若干問題に関する意見20条）。

　しかし、企業としては、労務管理の安定を図るため、やはり労働契約法4条2項に従い、所定の民主的手続を経て、就業規則を作成し、作成後、従業員に告知すべきです。

第4章　就業規則の作成・変更

民主的手続を経た就業規則により刑事拘留を受けた従業員の解雇を有効とした事例

1　事実

　李さんはA社に入社し、10年間の労働契約を締結しました。A社は民主的手続を経て「従業員懲罰規程」を作成し、かつ従業員全員にこれを1部ずつ配布しています。この「従業員罰則規程」によると、A社は刑事拘留を受けた従業員を解雇することができるとされています。

　数年後、李さんは刑事犯罪の被疑事実で公安部門に拘留されました。これを受けて、A社は李さんの解雇決定を行い、解雇通知を李さんの両親に送付しました。その後、李さんは仮釈放されました。

　李さんはA社の解雇決定を不服として、労働争議仲裁委員会に仲裁を申し立て、解雇決定の取り消し、労働契約解除日からの生活費の支給、社会保険料の納付を求めました。

　仲裁の中で、李さんは、労働契約法は「刑事責任を追及された」従業員を解雇することができると定めており、刑事拘留は刑事責任に該当しないため、刑事拘留を受けた従業員を解雇できるとするA社の「従業員懲罰規程」は違法であり、企業がこれを根拠に李さんを解雇できないと主張しました。

2　仲裁委員会の判断

　仲裁委員会は、A社が民主的手続を経て「従業員懲罰規程」を作成しており、これを従業員に告知し、かつ「刑事拘留を受けた従業員を解雇できる」旨の内容は法律違反ではないと認定し、A社がその「従業員懲罰規程」をもって李さんを拘束することができ、解雇は可能であるとの仲裁判断を下しました。

3　解説

　現行法では、刑事拘留を受けただけでは、企業は従業員を解雇することができません（事例42参照）。しかし、企業の就業規則に「刑事拘留を受けた従業員を解雇できる」旨を定めればこの限りではありません。本件では、就業規則の作成の重要性が浮き彫りとされました。

第4章　就業規則の作成・変更

Q35　就業規則作成・変更時の経るべき民主的手続

就業規則を作成する際に、従業員代表大会および工会（労働組合）に就業規則案を提出し、その意見を聞かなければなりませんが、従業員代表大会および工会の意見を企業は必ず受け入れる必要があるのでしょうか。工会がない場合、どのように就業規則を定めるべきでしょうか。

Point

- 就業規則の作成時に、従業員代表大会（企業にない場合は従業員全員）に就業規則案を提出し、その意見を聞かなければならないが、その意見を受け入れる義務まではない。
- 就業規則の作成時に、工会（労働組合）に就業規則案を提出し、その意見を聞かなければならないが、その意見を受け入れる義務まではない。
- 企業に工会が存在しない場合、従業員代表を選出する必要がある。
- 従業員代表大会（または従業員全員）、工会（または従業員代表）に意見を確認したという証拠を確保することが必要。

Ans.

1　従業員代表大会

(1)　従業員代表大会とは

従業員代表大会とは、従業員の代表から構成する組織です。現在、国有企業（すなわち全民所有制企業）は、従業員代表大会を設立しなければなりませんが（全民所有制工業企業従業員代表大会条例2条）、外商投資企業がこれを設立する義務はありません。

(2)　同意を受ける必要はなし

従業員代表大会を有する場合、企業がその作成した就業規則案を従業員代表大会に提出し、これがなければ、全従業員に提出し、その議論を経た上、その意見を聞く必要があります（労働契約法4条2項）。

この場合、従業員代表大会または従業員が意見を提出する場合、企業はどのように対応すべきか異なる意見があります。当該意見が合理的なものである以

上、企業は当該意見を受け入れるべきとの主張もあるものの、通説では、従業員代表大会または従業員の意見を聞けば済み、その意見を受け入れるか否かは、企業がこれを判断する権限を有し、まったく受け入れなくても問題がないとしています。

(3) 意見確認の証拠を残す

従業員代表大会の意見を受け入れるか否かは別として、従業員代表大会の意見を聞くことが義務付けられた以上、企業はこの義務を履行する必要があります。また、後日の紛争を避けるため、従業員代表大会に意見を聞いた証拠を残すべきです。

実務上、①就業規則案を送付するとともに、②合理的な期限（たとえば2週間）をつけて議論させ、③書面意見を提出するよう書面にて確認書を従業員代表大会に送付することが利用されています。従業員代表大会から書面の意見書があれば、これで完璧となりますが、書面の意見書が来ない場合、期間内に書面意見が提出されていないため意見なしと判断する旨の確認書を従業員代表大会に送付すれば済みます。

2 工会（労働組合）

(1) 同意を受ける必要はなし

就業規則の内容に関する協議を行う場合、工会または従業員代表がいろいろ意見を提出した場合、企業がこれを受け入れるか否か、実務上、議論の多いところです。通説は、従業員代表大会の提出する意見と同様、聞くだけでよく、受け入れるか否かは企業の権利だと主張しています。

(2) 協議した証拠を残す

工会の意見を受け入れるか否かは別として、工会との協議を義務付けられた以上、企業はこの義務を履行する必要があります。また、後日の紛争を避けるため、工会と協議した証拠を残すべきです。実務上、議事録を作成し、工会の責任者に署名してもらう方法が利用されています。

第4章　就業規則の作成・変更

(3) **工会がない場合**

　工会がない外商投資企業は少なくありません。この場合、従業員代表と平等な立場で協議して確定することになります。従業員代表の選出に関して、現行法ではこれを明確にしていませんが、企業が一方的に指定してはならないことは確実です。

　実務上、選出した従業員代表の合法性を確保するため、国有企業の従業員代表選出方法を参考し、従業員全員に投票させそのうちの3分の2の賛成を受けた者が当選するという原則で、従業員代表を選出しています。また、従業員代表の選出を社内の制度として確立させるため、「従業員代表選出制度」を作成し、これに従い従業員代表を選出する企業も少なくありません。

　就業規則は企業の憲法ともいえるため、その合法性の確保は重要です。就業規則の作成手続に瑕疵があるために無効とされることがないよう、工会がない外商投資企業は、工会を設立する、あるいは合法的に従業員代表を選出できるよう、工夫すべきです。

第4章　就業規則の作成・変更

Q36　就業規則の内容の合法性および合理性

有効に機能する就業規則を作成し、従業員の不正行為を適正に処罰するには、どのような点に留意すべきでしょうか。

Point

・就業規則の不備が原因で、不正行為を行った従業員を的確に処罰できないケースが多発しているため、就業規則は詳細に定めるべき。
・就業規則の内容は合法的でなければならない。
・就業規則の内容に合理性がない場合、無効とされるリスクがある。

Ans.

1　詳細な内容が必要

　従業員を指揮監督する場面において、労働契約書および就業規則が2つの大きな根拠となります。

　労働契約書は、通常、賃金、勤務内容、勤務場所等、個々の従業員に適用することを定めるものです。これに対して、就業規則は、すべての従業員に適用するものであり、ここで細かく定めないと、従業員を指揮監督する場面において支障が生じます。

　実務上、犯罪というほどのものではないものの、社会通念上許されない不正行為を行った従業員を処罰もしくは解雇したい場合に、就業規則の内容不備により処罰を断念をせざる得ないケースが少なくありません。このため、就業規則の内容、特に従業員を処罰する規定、解雇規定については、やや詳細すぎる規定ぐらいでよいと考えられます。

　具体的には、以下の作業が必要であると考えられます。

➤「企業の就業規則に著しく違反した場合」に該当する事由をできる限り詳細に列挙すること

➤小さな過失事項を列挙し、これが2回重なると重大過失に該当し、重大過

179

第4章　就業規則の作成・変更

　　失が2回重なると就業規則の著しい違反に該当すると約定すること
➤「著しく職務懈怠し、企業に重大な損害をもたらした場合」の「重大な損害」の認定基準を1000人民元にするなど具体的な金額を掲げること

2　就業規則の内容の合法性確保

　就業規則の内容は合法的なものでなければなりません。これを怠ると、以下の法的リスクを受けます（労働契約法80条、46条、38条）。
➤これを根拠に従業員を指揮監督できなくなる。
➤労働行政管理部門から是正を命じられ、警告される。
➤従業員に損害をもたらした場合、損害賠償責任を負う。
➤従業員に損害をもたらした場合、従業員は即時に労働契約を解除することができ、かつ企業に経済補償金の支給を要求することができる。

　実務では、遅刻したら100元の罰金、無断欠勤したら300元の罰金など、「罰金」の内容を就業規則に盛り込む企業は今でも少なくありません。これは10年前の法律を根拠にしたものです。1982年から施行した企業従業員賞罰条例16条では、企業が従業員の月給の20％の範囲内で罰金を科すことができると定められています。同条例は、労働契約法の施行にともない、2008年1月15日に廃止されました。同条例の廃止により、企業が従業員に対し罰金することができなくなりました。

　実務では、就業規則の罰金条項に対し、一定条件下で違法とされています。すなわち、罰金金額が企業の実際の損害の範囲内であれば、罰金条項は有効とされますが、実際の損害金を上回ると、罰金条項は無効とされることになります。たとえば、遅刻したら100元の罰金を科すような場合、遅刻時間に応じる当該従業員の給与は100元を超えている場合、100元の罰金を行って問題ないと考えられています。この場合の罰金は、遅刻した分の給与を支給しないことだと判断されるからです。これに対し、遅刻時間に応じる給与は100元未満である場合、100元の罰金を科すと、遅刻時間に応じる給与分を上回った金員の罰金は、違法となります。この場合、従業員が会社に対し損害賠償や契約解除

第4章　就業規則の作成・変更

を求めてくる恐れが生じます。

したがって、作成した就業規則が、中国の法律・法規に違反しないよう、入念に確認する必要があります。

3　就業規則の内容の合理性確保

就業規則の内容について、合理性が要求されるのでしょうか。労働契約法39条1項2号によると、就業規則に著しく違反した従業員を即時解雇することができます。実務上、従業員の解雇をしやすくするため、多くの事由を「就業規則に著しく違反した」ことと掲げているものの、その事由の中には、合理性を欠くものも少なくありません。この場合、合理性を欠く就業規則は、無効とされるリスクがあるため留意する必要があります。

もっとも、どのようなものが合理性を欠くか、その判断は困難であり、ケースバイケースで判断するしかありません。同じ就業規則がA社で有効であっても、B社では無効になる恐れがあります。

> 「勤務場所で喫煙すると解雇」
> ガソリンスタンドの場合、合理性がありますが、他の一般企業では不合理なものとして裁判所の支持を得られない恐れが強いです。

> 「窃盗すると解雇する」
> 企業のティッシュを数箱盗み、企業の調査を受け自白し、かつ盗んだティッシュを企業に返却した従業員を解雇した事例の中で、労働仲裁委員会は、この程度の窃盗は就業規則の著しい違反に該当しないとして、解雇を違法と認定しました。

> 「勤務期間中に寝た場合解雇する」
> 眠った従業員を解雇した事例の中で、仲裁委員会は企業の解雇決定を支持しましたが、一審と二審裁判所はいずれも就業規則の規定が公平的なものではないとして、違法解雇と判断しました。

第5章

労務管理

第5章　労務管理

ワンポイント用語解説

※ 賃金集団協議
　企業の工会（労働組合）または従業員代表が、企業の賃金分配制度、分配方法、賃金基準について、企業と平等な立場で協議することをいいます。この協議の合意を経て、賃金に関わる契約を締結した場合、この契約は集団契約に該当し、従業員全員を拘束することができます。

※ 賃金指導ライン
　地元政府が当該地域の社会経済状況、労働力市場状況等に鑑み、従業員採用時の賃金基準、採用後の引上げ率などにつき、表明した意見のことで、企業がこれに必ず従わなければならないという法的義務はないものの、実務では、多少なりとも影響を受けることになります。

※ 同一労働・同一報酬原則
　同様の労働を提供する従業員には同様の賃金を支給しなければなりません。従業員差別を禁止する目的であるものの、同一労働の判断基準が明確ではないことから、実務上、これに違反したため処罰を受けたという実例は現在までのところ見当たりません。

※ 最低賃金制度
　各地域の政府部門が当該地域の従業員が受領すべき最低限の賃金額を定めており、企業が従業員に支給する賃金がこれを下回ってはなりません。たとえ不景気であっても、従業員が正常に労働を提供する以上、支給する賃金を最低賃金より低くしてはならないという法的義務があります。

第5章　労務管理

🌿 残業代（割増賃金）

　従業員を時間外勤務（残業）に従事させるとき、残業時間は、1日最高3時間以内、1か月あたり最高36時間以内という制限があります。また、残業させた場合には、従業員に割増賃金を支給しなければなりません。部長、課長等の高級管理職もこの例外ではありません。これらの高級管理職に残業代を支給しないためには、不定時勤務時間制度を適用する必要があります。

🌿 高級管理職

　中国の会社法217条では、高級管理職につき、「①総経理、②副経理、③財務責任者、④上場会社の董事長秘書、⑤定款で指定した者」がこれに該当するとされています。これにより、企業が定款で部長、課長を高級管理職に指定すれば、これらの役職も高級管理職にすることができるものの、実務では、定款で指定した部長、課長などを高級管理職として認めない労働行政管理部門もあります。このため、部長、課長を高級管理職として不定時勤務時間制度の適用を申請するとき、労働行政管理部門がこれを認めない恐れがあることに留意が必要です。

🌿 年次有給休暇

　従業員の累計勤続年数が満1年になると、年次有給休暇を取得することができます。年次有給休暇の日数は累計勤続年数に応じ、最低5日となっています。従業員に年次有給休暇を取得させないと、3倍賃金を支給する必要が生じます。

🌿 累計勤続年数

　従業員の同一または異なる企業における勤続期間の合計が累計勤続年数となります。

第5章　労務管理

🌿 業務外傷病

仕事と関係なく負傷するかまたは病気にかかったことをいいます。この場合、治療期間が法定の医療期間内であれば、企業は出勤できないことを理由に従業員を解雇することはできません。なお、仕事を遂行するために負傷するかまたは病気にかかった場合には、労災に認定されます。

🌿 5険1金

「5険」とは、①養老保険、②医療保険、③失業保険、④生育保険、⑤労災保険、という5つの社会保険のことをいい、1金とは、住宅積立金(住宅購入預金)のことをいいます。企業および従業員はいずれもこれらの保険に加入し、住宅積立金を納付しなければなりません。

🌿 労災認定

仕事の遂行が原因で負傷するかまたは病気にかかった場合、労災保険基金から労災保険待遇を享受するには、労災認定を受けなければなりません。認定を受けるには傷病発生日から30日以内に労働行政管理部門に申請する必要があります。

🌿 労働能力鑑定

労災により従業員の労働能力に影響が出た場合、労働能力鑑定委員会に申請し、労働能力鑑定を行わなければなりません。労働能力鑑定委員会は、労働者の労働機能障害の程度および生活自立障害の程度に応じて、1～10級の障害等級のいずれに該当するかの鑑定を行います。障害等級により享受できる労災保険待遇が異なります。

🌿 未成年従業員

満16歳以上18歳未満の従業員のことをいいます。未成年従業員を採用すると、政府への登記手続、健康診断の実施など、企業は成年従業員を雇用すると

第5章 労務管理

きよりも多くの義務を負うことになります。

基層工会

企業に設立される工会（労働組合）のことをいいます。企業に基層工会を設立する義務はないものの、従業員には基層工会を設立する権利があることから、企業は従業員の基層工会設立を阻止することはできません。実務上、企業の工会とは、この基層工会のことをいいます。

上級工会

中国の工会（労働組合）は、中華全国総工会、地方各級総工会、企業工会、の3つの等級からなります。企業工会から見て、地方各級総工会および中華全国総工会が上級工会にあたります。

地方各級総工会

地方各級総工会は、地方により級別の数が異なります。北京市のような直轄市では①市レベルの総工会と②区レベルの総工会の2級別からなり、広東省のような省では①省レベルの総工会、②市レベルの総工会、③区レベルの総工会の3級別からなります。

工会の専属職員

企業と労働契約を締結しているものの、もっぱら工会活動のみを行う従業員のことを工会の専属職員といいます。専属職員について、企業が手配業務を行う必要はありませんが、企業から賃金を受けることになります。

工会の非専属委員

工会の委員を担当しているものの、通常業務を同時に遂行しなければならない従業員のことをいいます。企業は、工会の非専属委員に毎月3営業日までの有給活動時間を与える義務があります。

第5章 労務管理

第1節 賃金

Q37 賃金の確定方法

従業員の賃金の確定に際し、どのような点に留意する必要があるのでしょうか。毎年、賃金を一定比率にて昇給しなければならないのでしょうか。

Point

・企業が自らの判断で従業員の賃金基準、賃金の引上げ率を決めることができる。
・従業員の賃金を決めるとき、中国の同一労働・同一報酬制度、最低賃金制度に違反してはならない。
・一部の地方政府では、所轄地域のみに有効とする賃金基準、賃金引上げ率を公布しており、企業がこれを遵守する必要はないものの、従業員側はこれを賃金交渉の根拠とすることが多いため、留意する必要がある。
・従業員側が企業に賃金の集団協議を申し入れる場合、企業は協議に応じる義務があるものの、従業員の要求を必ず受け入れなければならない義務まではない。

Ans.

1 賃金決定における企業の自主決定権

企業には、自社の生産経営の特徴および利益に従い、法に基づき自社の賃金分配方法や賃金基準を決定する権限があります（労働法47条）。

2 賃金決定における法律法規の強行規定

労働法は、賃金決定における企業の自主決定権を認める一方で、従業員の権益を保護するため、企業に一定の制限を設けています。その最たるものが、「同一労働・同一報酬制度」と「最低賃金制度」です。「同一労働・同一報酬制度」は従業員間の理不尽な差別を禁止することを目的に、同様の労働を提供し

第1節　賃金

た従業員には同様の賃金を支給しなければならない、と規定する制度のことであり（Q38「同一労働・同一報酬原則」参照）、「最低賃金制度」とは、仮に従業員の同意を受けたとしても、その賃金は所定の基準を下回ってはならないとする制度です（Q39「最低賃金制度」参照）。

これらの制度は強行規定であり、企業がこれらに違反すると、処罰を受けることとなるため、留意する必要があります。

3　政府の賃金指導

中国の一部の地方政府では、当該地域の業界ごとの最高賃金、最低賃金を定期的に公布しており、企業および従業員の賃金交渉時の賃金基準の参考とするよう呼びかけています。

ここにいう最低賃金は業界ごとに設定されており、前述2にいうすべての業界に適用する最低賃金とは異なります。

政府の賃金指導には法的な強制力はなく、企業がこれを遵守する義務はないものの、従業員側がこれを利用して賃金の引上げなどを求めてくる恐れがあります。

コラム10　中国における政府による賃金指導の実態

賃金基準の確定は企業の権利ですが、中国の一部の地方政府では定期的に地元の労働者コストおよび各業界の賃金基準を公布し、企業の賃金基準の確定における参考データを提供しています。その具体例として、北京市の状況を取り上げてみます。

1　賃金基準の指導

2017年7月11日、北京市人力資源社会保障局は「北京市業界賃金指導ラインの公布に関する通知」を公布しました。同通知において、北京市は、(1)食品製造業、(2)汎用設備製造業、(3)電気機械および機材製造業、(4)コンピュータ、通信およびその他電子設備製造業、(5)計測器製造業、(6)自動車製造業、(7)建物建築業、(8)土木工事建築業、(9)建築内装業、(10)卸売業、(11)百貨小売業、(12)スーパー小売業、(13)自動車小売業、

第5章 労務管理

⒁道路貨物運送業、⒂インターネットおよび関連サービス業、⒃旅行ホテル業、⒄不動産開発経営業、⒅不動産管理業、⒆出版業の本年度の平均賃金を公表し、各企業に自社の状況に応じた賃金設定を提案しています。

2 賃金引上げ率の指導

2017年6月26日、北京市人力資源社会保障局は「北京市2017年企業賃金指導ラインの公布関連問題に関する通知」を公布し、2017年の平均賃金引き上げ率の基準（平均は8.5％、上限は14％、下限は4％）を公表しました。

具体的にいうと、正常に経営し利益を出した企業は平均値を参照し、著しい発展を実現した企業は14％を超えないようにし、業績が平年並みまたは若干悪化した企業は4％を下回らないようにし、赤字になり賃金支給が困難になる企業は、労働組合等と協議の上、賃金を引き上げなくてもよいとされています。

政府が公布した賃金指導ラインに法的強制力はないものの、従業員側はこれを参考に企業と賃金交渉に臨むケースが多いため、企業側も、地元の賃金指導ラインの有無、賃金基準、引上げ率の情報を把握した上で、賃金交渉に臨むべきです。

4 賃金集団協議

賃金集団協議とは、企業の工会（労働組合）または従業員代表が、企業の賃金分配制度、賃金分配方法、賃金基準等に関して、企業と平等な立場で協議し、合意一致の下で賃金契約を締結することをいいます（賃金集団協議試行弁法3条）。

工会（労働組合）または従業員代表が書面で企業に賃金集団協議を申し入れると、企業は20日以内に書面で回答し、かつ協議を始めなければならないとされています（賃金集団協議試行弁法17条）。協議の結果、賃金契約締結に至った場合、企業は締結日から7日以内に契約内容を労働行政管理部門に提出して認可を受ける必要があり、労働行政管理部門から認可を受ける、もしくは15日以内に労働行政管理部門からの回答がない場合、賃金契約が発効します（賃金集団協議試行弁法22条）。

賃金集団協議は、年に1回の実施が原則とされています（賃金集団協議試行弁法24条）。企業が賃金集団協議に応じない場合の責任について、弁法および他の法令では、これを明らかにしていません。しかし、協議に応じる義務があ

第1節　賃金

る以上、企業としては積極的な態度で協議に応じるべきでしょう。もっとも、協議には応じたものの賃金契約の内容につき合意に達することができなかった場合、企業には特に責任はないと考えられます。

現在制定途中である「企業賃金条例」において、賃金集団協議を拒否した企業にどのような処罰が課せられるのかは不明ではあるものの、中国では賃金集団協議制度が重視されている背景もあることから、企業としては、労務管理をよりスムーズに行うためにも、政府が公布する賃金指導ライン、社会経済状況、企業の利益状況等を勘案して賃金を調整する旨の賃金契約を締結した方がよいでしょう。

5　賃金の引上げ

労働法46条では、「賃金基準は経済発展を基礎に徐々に引き上げること」と定められています。また、労働契約法62条1項5号では、派遣先企業が継続して派遣社員を使用する場合、派遣先企業の正常の賃金調整システムに応じて、その賃金を調整しなければならないとされています。そのほかにも、専門的技術訓練を受けた結果、拘束を受ける期間中の従業員に対して、企業の正常な賃金調整システムに従い、その賃金を調整する必要があります（労働契約法22条）。

なお、具体的にどの程度引き上げるべきなのか、企業の賃金調整システムに応じて自らこれを決定することになります。

第5章　労務管理

Q38 同一労働・同一報酬原則

同一労働・同一報酬原則とはどのような原則なのでしょうか。同じ職位にあり同じ業務内容に従事している場合、必ず同じ報酬を企業は与えなければならないのでしょうか。

Point

・同様の労働を提供する従業員には同様の賃金を支給しなければならず、従業員の年齢、宗教、民族、性別により差別してはならない。
・同一労働・同一報酬の解釈について、従業員の職位だけではなく、業務内容、作業量、業績等についても勘案する。

Ans. 1　同一労働・同一報酬とは

賃金を支給するとき、同様の労働を提供する従業員に対して、同様の賃金を支払う必要があります（同一労働・同一報酬原則。労働法46条）。企業は年齢、宗教、民族、性別等の労働能力に影響をもたらさない事由により、従業員を差別してはなりません。派遣社員も同様であり、正社員と同様の労働を行っている場合、同一報酬を支給しなければなりません（労働契約法63条）。

2　同一労働・同一報酬の判断基準

同一労働・同一報酬の認定にあたり、実務上、以下の3つの判断基準があります。
① 従業員の職位、業務内容が同じであること
② 同じ職位で、他の従業員と同じ作業量を完成していること
③ 同じ作業量で同じ業績を収めていること

従業員の能力には当然それぞれ個人差が存在し、同じ職位で同じ業務内容に従事しているからというだけで、必ずしも企業が同じ報酬を与えなければならないという意味ではありません。他の従業員と同じ作業量を行っているか、ま

第 1 節　賃金

た同じ勤務時間内に同じ業績を収めているかどうか、これらの要素を総合的に判断する必要があります。この場合、従業員の勤続の年数、経験、技能、態度などが賃金差をつける合理的な理由になると考えられています。

同一労働・同一報酬に関わる紛争が発生した場合、企業が賃金差をつけた理由を証明しなければならないため、この種の紛争を避けるには、日頃から従業員の個人差（勤続の年数、経験、技能、態度など）に関わる証拠を収集しておく必要があります。

事例 16
同一職務を理由に同一賃金を求められた事例

1　事実
劉さんは北京市にある A 社で勤務を始め、A 社との間に、販売職として月給 2000 人民元を約定する労働契約を締結しました。

1 年後、A 社は社内の部署を調整し、販売部門を 5 つに分け、劉さんは第 3 販売部の部長に任命されましたが、賃金は 2000 人民元のままでした。2 か月後、A 社は資金繰りの悪化から、突然、従業員に賃金を支給しなくなりました。

これを受けて、劉さんは労働争議仲裁委員会に仲裁を申し立て、そもそも販売部部長の賃金が 5000 人民元であるとして、これを基準に未払い賃金（未払い賃金および賃金不足部分）の支給、労働契約の解除および経済補償金の支給などを求めました。

2　仲裁委員会の判断
仲裁の中で、A 社は賃金未払いについては異議を申し立てなかったものの、賃金基準は労働契約で約定している 2000 人民元にすべきであると主張しました。これに対して、劉さんは第 1 販売部の部長が 5000 人民元をもらっていることを理由に、「同一労働・同一報酬原則」に基づき、自らも部長に昇進した以上、賃金も 5000 人民元に引き上げるべきであると主張しました。

これに対し A 社は、第 1 販売部の部長は自社での勤務期間が長く、販売業績もよいことから月 5000 人民元を受けており、また第 2 販売部の部長も販売実績が良好であることから月給が 2500 人民元ではあるが、そのほかの第 4 販売部部長と第 5 販売部部長は劉さんと同様に、月給 2000 人民元であることを理由に、A 社は「同一労働・同一報酬原則」に違反していないと反論しました。

最終的に、仲裁委員会の調停の下で、A 社は 2000 人民元を基準に、劉さんに未払い金と労働契約解除に関わる 1 か月分賃金に相当する経済補償金等を支給し、劉さんと和解に達しました。

第5章 労務管理

3 解説

　同一労働・同一報酬という理念はわかりやすいものですが、同一労働の実際の判断基準は複雑となります。従業員の能力には個人差が存在し、同じ職位で同じ業務内容に従事しているからというだけで、必ずしも企業が同じ報酬を与えなければならないという意味ではありません。本件では、A社に5つの部門があり、同じ部長であっても、5000人民元をもらっている者もいれば、2000人民元をもらっている者もいます。これがあるため、仲裁の中で、A社は非常に有利な立場にあります。本件は仲裁判断を待たずに和解で終止符を打ちましたが、和解しない場合、劉さんの請求が認められない可能性は非常に高かったと考えられます。

第 1 節　賃金

Q39　最低賃金制度

中国にも最低賃金制度はあるのでしょうか。企業の業績が悪いときでも、従業員には最低賃金を上回る賃金を支給しなければならないのでしょうか。最低賃金に関して、ほかに留意しなければならないことは何でしょうか。

Point

・各地域で最低賃金基準（月額）が公布されており、企業が従業員に支給する賃金（月給）は最低賃金基準を下回ってはならない法的義務を負う。
・自宅待機または病欠中の従業員には最低賃金制度が適用されない。
・最低賃金金額には、従業員が納付すべき社会保険料、住宅積立金等が含まれていない。

Ans.

1　最低賃金基準は地方により異なる

中国では日本と同様に最低賃金の保障制度が実施されており、各地域政府が管轄地域の経済発展状況等に基づき、それぞれ最低賃金基準を定めています（労働法48条）。従業員が法定または労働契約で約定した勤務時間内で正常な労働を提供した場合、企業が従業員に支払うべき賃金は地域の最低賃金基準を下回ってはなりません（労働法48条、最低賃金規定3条）。試用期間中の従業員もこの例外ではありません（労働契約法実施条例15条）。

たとえ企業の業績が悪いときでも、従業員に最低賃金を上回る賃金を支給しなければなりません。

第5章　労務管理

最低賃金（月額）

	2014年	2015年	2016年	2017年
北京	1560人民元	1720人民元	1890人民元	2000人民元
上海	1820人民元	2020人民元	2190人民元	2300人民元
広州	1550人民元	1895人民元	1895人民元	1895人民元

2　最低賃金制度違反の責任

企業が最低賃金制度に違反した場合、以下の法的リスクを受けます。
➤政府労働行政管理部門から差額の支払を命じられ、是正しない場合、差額の50～100％の範囲内で賠償金の支払を命じられる（労働契約法85条）。
➤従業員に損害をもたらした場合は、これを賠償しなければならない。
➤従業員は労働契約を即時解除し、かつ企業に経済補償金の支給を求めることができる（労働契約法38条、46条）。

3　最低賃金制度を適用しない者

最低賃金制度は、正常な労働を提供した従業員にのみ適用されます。よって、正常な労働を提供しない従業員、たとえば病気休暇または私用による休暇を取得し、正規の労働を提供しない従業員には、最低賃金制度を適用する必要はありません。なお、従業員が年次有給休暇、出産休暇等の休暇の取得中、もしくは法に基づき社会活動（労働組合活動など）に参加した期間中は正常な労働を提供したとみなされ、企業がこれらを理由に最低賃金を下回る賃金を支払うことは違法になります（最低賃金規定3条）。

(1)　自宅待機の従業員

操業停止等により企業が従業員に自宅待機を命じている場合、企業はその地域の規定に従い、従業員に生活費のみを支給すればよく、その支給する生活費は最低賃金基準を下回ることができるとされています（賃金支給暫定規定12条、『中華人民共和国労働法』の徹底執行に関わる若干問題に関する意見58条）。

第 1 節　賃金

現在、多くの地方政府が管轄地域の自宅待機従業員の賃金基準を定めており、最低賃金基準を下回ってはならないとする地方もあれば、最低賃金基準の70％、80％を下回らないとすべきとする地方もあり、内容はさまざまです。中には明確な基準を定めていない地方もあります。

企業の所在地域に基準が設けられている場合は、これに従う必要があります。たとえば北京市の場合、2017年の最低賃金基準が2000人民元であるため、自宅待機従業員には、その70％を下回らない最低1400人民元を支給する必要があります。大連市のように明確な基準がない場合、企業と従業員が協議し、その賃金を確定することができると考えられています。

	自宅待機時の賃金	法的根拠
北京	最低賃金基準の70％を下回らない	北京市賃金支給規定27条
上海	最低賃金基準を下回らない	上海市企業賃金支給弁法12条
深圳	最低賃金基準の80％を下回らない	深圳市従業員賃金支給条例28条
大連	企業と従業員の協議による	遼寧省賃金支給規定35条

(2) **病欠中の従業員**

病欠中の従業員にも最低賃金制度は適用されません。従業員が病気または業務に関係なく負傷した場合、所定の医療期間中、企業から病欠賃金を受ける権利があり、この病欠賃金は最低賃金基準を下回ることができるものの、最低賃金基準の80％を下回ってはなりません（『中華人民共和国労働法』の徹底執行に関わる若干問題に関する意見59条）。

4　最低賃金にカウントされない報酬

従業員に支給する以下の報酬は、最低賃金にはカウントされません（最低賃金暫定規定12条）。実務上、残業代、社会保険料、従業員への福利厚生を含めた賃金が最低賃金を下回ることさえなければ大丈夫だと認識する企業もありますが、これは違法です。

① 　残業代
② 　夜勤、高温、低温、坑内、有毒有害等の特殊作業環境、条件下の手当

第5章 労務管理

③ 法律法規または国が定める従業員の福利厚生等

コラム11
従業員個人が納付する社会保険料および住宅積立金は最低賃金に計上すべきか

1 実務上の混乱

従業員に支給する賃金は、企業所在地の最低賃金基準を下回ってはなりません。実務上、従業員の賃金の中には、基本賃金のほかにも、各種の手当、残業代等が含まれています。現在、従業員に支給する各種手当、残業代などは、実務上、従業員の最低賃金に計上しないことで意見が統一されていますが、従業員個人が納付すべき社会保険料および住宅積立金を最低賃金に計上すべきかについて、実務では混乱が見受けられます。

最低賃金の計上方法に関連する労働行政管理部門の諸通知では、この問題について明確な判断はなされていないものの、地方政府機関による管轄地域のみに有効である通知において、個人が納付する社会保険料および住宅積立金は個人の最低賃金に計上しないと明確に定めている地方も少なくありません（たとえば、北京市2017年度最低賃金基準の調整に関する通知（京人社労発［2017］149号）1条、本市最低賃金基準の調整に関する上海市人力資源社会保障局の通知（滬人社規［2017］12号1条）。

これにより、たとえば北京市の場合、2017年の最低賃金は2000人民元ですが、企業が従業員の賃金を2000人民元ちょうどに設定するのではなく、少なくとも2000人民元＋従業員が納付すべき社会保険料および住宅積立金をその最低賃金に計上しなければなりません。つまり、従業員の手取りが2000人民元になるようにする必要があります。

2 事例

ある日、上海市楊浦区労働行政管理部門は、呉さんから勤務先A社が従業員のために社会保険料および住宅積立金を納付していない、との告発を受けました。

調査の結果、呉さんの合計4年間の勤務期間中、A社は呉さんのために社会保険料および住宅積立金を納付しておらず、呉さんの賃金は上海市最低賃金と同額であることが明らかになりました。

上海市楊浦区労働行政管理部門の指導を受け、A社は呉さんに労働契約解除に関わる1か月分賃金に相当する通知金を支給し、社会保険取扱機構に呉さんの勤務期間中の社会保険料（企業負担分＋個人負担分）および住宅積立金を納付しました。

第1節　賃金

Q40 賃金支払時の留意点

従業員に賃金を支払う場合、留意すべき点は何でしょうか。企業は従業員の賃金から損害賠償金または罰金を控除する場合、留意すべき点は何でしょうか。外国人従業員に外貨で賃金を支払うことはできるのでしょうか。

Point

- 中国国内で賃金を支給するときは人民元で、外国の銀行に振り込むときは外貨で支給すべきであり、自社製品による賃金支給、中国国内での外貨支給は認められていない。
- 賃金は月ごとに支給すべきであり、年俸制であっても、毎月最低賃金を上回る賃金を支給する必要がある。
- 賃金は全額で支給する必要があるが、従業員の納付すべき個人所得税、社会保険料、住宅積立金等を控除しなければならない。
- 賃金から企業への損害賠償金を控除するとき、月給の20%以内、かつ控除後の賃金が最低賃金基準を下回ってはならない。
- 従業員に賃金明細書を交付すべき。

Ans.

1　貨幣で支給（通貨払いの原則）

賃金は法定の貨幣にて支給しなければなりません（賃金支給暫定規定5条）。ここにいう法定の貨幣とは、人民元に限られているわけではないものの、中国国内では外貨の流通が認められていないため、中国国内で中国の銀行口座に振り込み、または現金を手渡す場合には、人民元でしか支給を行うことができません。ただし、外国人従業員の場合、外貨で海外の口座に賃金を送金することは認められています。実務では、中国国内においても外国人従業員に外貨現金で賃金を支給する外商投資企業がありますが、これは中国の外貨規制に違反する行為であるため注意が必要です。

賃金は貨幣で支給すべきであり、実務上、特に工場の場合、経営が悪化した

としても、自社製品をもって賃金に充当することは違法になります。

2 所定日に支給（一定期日払いの原則）

(1) 月ごとに支払う（毎月払いの原則）

賃金は月ごとに支給しなければなりません（労働法50条）。毎月の何日までに支給しなければならないとの制限はなく、企業と従業員とで自由に約定することができます。実務上、月末に当月分の賃金を支払う、または月初めに前月分の賃金を支払うと約定するケースが多く見受けられます。

現在、年俸制を採用する外商投資企業が中国国内においても徐々に増えていますが、この場合、年間で通算して1回で全額支給することは認められていません。企業は必ず最低賃金を上回る賃金を月ごとに支給し、残余部分について約定の期日までに全額支給する必要があります。

(2) 確定日に支払う

月末であろうと月初めであろうと、賃金支給日は明確に約定する必要があります。また、支給日をいったん約定すれば、企業が約定した期日に賃金を支払う必要があり、当該期日が休日に該当した場合、その前日に支払わなければなりません（賃金支給暫定規定7条）。これを怠ると、従業員は企業に対して、賃金のほか、その受けるべき賃金の25%に相当する経済補償の上乗せ支給を請求することができます（労働契約違反および解除の経済補償弁法3条）。

(3) 支給期日の遅延が認められるケース

賃金は全額で支給しなければなりません。しかし、以下の状況の場合、例外的に遅延することが認められます（『賃金支給暫定規定』に関わる問題に関する労働部の補充規定4条）。

① 自然災害、戦争等の不可抗力に遭った場合
② 企業の経営が行き詰まり資金繰りが困難になり、企業の工会（労働組合）から支給遅延に関する同意を受けた場合

3　全額支給（全額払いの原則）

　企業は賃金を全額従業員に支給する必要がありますが、支給する際に、以下の項目を控除することが認められます（賃金支給暫定規定15条、3条）。

① 　従業員が納付すべき個人所得税
② 　従業員が納付すべき社会保険料、住宅積立金
③ 　裁判所の指示を受け、控除すべき扶養費
④ 　企業への損害賠償金

　これらの項目のうち、①～③の控除は、企業の義務であるため、企業は必ずこれを控除しなければなりません。④の場合、毎月控除する金額が、その従業員の月給の20％を超えてはならず、かつ、控除後の賃金が当該地域の最低賃金基準を下回ってはなりません（賃金支給暫定規定16条）。すなわち、従業員が企業の設備を破損し、企業に損害賠償しなければならない場合、企業が従業員の賃金から損害賠償金を控除するとき、毎月、その額が従業員の賃金の20％を超えるものであってはなりません。

> ◆　例　◆
> 　企業にトータルで5000人民元を賠償しなければならない従業員の月給が1万人民元の場合、企業がこの従業員の賃金から賠償金を控除するとき、毎月最高でも2000人民元しか月給から控除することができず、3回以上に分けて控除する必要があります。

4　賃金明細書の交付

　企業が従業員に賃金を支給する方法は、現金での手渡し、銀行振込みのどちらでも可能ですが、賃金支給時には従業員に賃金明細書の交付が義務付けられており、かつ賃金金額、交付時間、受取人の名前および署名を記録する書面を2年間保管しなければならない義務があることに留意する必要があります（賃金支給暫定規定6条）。実務上、賃金の支払に関わる紛争は多く、企業はこれらの書類をきちんと保管すべきです。

第5章 労務管理

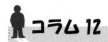
日本人駐在員への賃金の支払方法

　日本人駐在員を含む外国籍従業員への賃金の支払方法として、一般的には全額人民元で中国国内において支払うケースが大半ですが、日本の親会社が日本国内で立替えて支給し、中国現地法人が定期的に日本の親会社に立替分をまとめて送金する場合も少なくありません。
　前者の場合は問題はありませんが、後者の場合、外貨送金および税務上の問題に留意する必要があります。

(1) **外貨送金問題**
　中国では、厳しい外貨管理制度が実施されており、法律上の送金名目がなければ、中国企業（日本企業の中国現地法人を含む）が外貨を海外に送金することは認められません。一方で、日本人駐在員が中国現地法人から受領した人民元賃金を外貨に換金し、これを自らの日本国内口座に送金することは認められています。これに対して、中国現地法人が日本の親会社に日本人駐在員の立替分の賃金を送金する場合には問題が発生します。
　現在のところ、立替賃金の送金が認められているのは、多国籍企業などの優良企業に限られており、これに含まれない日本企業は、中国現地法人のために日本人駐在員の賃金を立て替えたからといって、中国現地法人から立替分の賃金の送金を受けることはできません。このため、日本の親会社が立替支給資格があるのかどうか、中国現地法人が事前に確認しておく必要があります。

(2) **税務問題**
　日本の親会社に送金する場合、この送金が日本人駐在員の賃金立替分なのか、それとも日本の親会社の役務提供サービスの対価分なのか、この両者の区別が必ずしも容易ではありません。実務上、日本の親会社が中国現地法人への役務提供を目的として、中国現地法人に日本人を派遣するケースもよくあるからです。日本の親会社の役務提供サービスの対価の場合、中国現地法人が日本の親会社に送金するとき、その源泉所得を控除しなければならないという税務上の区別があります。
　従前より変わらず、日本人駐在員の送金問題に絡み、中国の政府税務機関から税務調査を受けた日本現地法人は少なくありません。このような場合、日本の親会社への送金が日本人駐在員の賃金であることを証明するには、日本人駐在員の中国での個人所得税の納付証明、日本人駐在員が中国現地法人との間に締結した労働契約書など、さまざまな資料を提供する必要が生じます。
　したがって、日本人駐在員であっても、中国現地法人との間には、きちんと労働契約を締結し、また、日ごろから日本人駐在員の個人所得税の納付記録を保管しておく必要があります。

第1節　賃金

Q41　残業代の計算方法および支給方法

　残業代（割増賃金）はどのように計算すべきでしょうか。課長クラス以上（総経理を含む）の従業員に、残業代を支給しなくてもよいのでしょうか。

Point

・残業代は①従業員の時給、②残業の時間帯により計算し、平日は150％、土日は200％、法定祝祭日は300％にてそれぞれ計上する。
・従業員の時給＝月給÷21.75日÷8時間
・課長クラス以上（総経理を含む）の従業員であっても、残業代を支給する必要がある。
・不定時勤務時間制度を実施する従業員には残業代は発生しないが、実施にあたり政府労働行政管理部門の認可が必要。

Ans.

1　残業時間帯により残業代が異なる

　標準勤務時間制度を実施する従業員に対して、企業は1日8時間以内、週40時間以内において勤務させることが可能であり、これを超過した場合は時間外労働となるため、企業が従業員に残業代（割増賃金）を支払う義務が生じます（労働契約法31条）。

　残業代は、①従業員の時給、②残業の時間帯により計算基準が異なります（賃金支給暫定規定13条）。

　平日の残業は従業員の時給の150％、土日の残業は従業員の時給の200％、法定祝祭日の残業は従業員の時給の300％で、それぞれ残業代を計上します。なお、土日の残業の場合、企業が従業員に代休を与えれば、残業代を支給する必要はありません（労働法44条1項2号）。

　日本では残業時間数等により残業代の支給方法が異なりますが、中国では、残業時間数を問わず、残業代の支給方法が統一されています。また、中国で

203

第 5 章　労務管理

は、残業時間に上限が設けられ、1 か月の最高残業時間は 36 時間を超えてはならない、との制限があります（Q42「労働時間」参照）。日本企業はこの相違に留意する必要があります。

	計算基準	備　考
平日	時給の 150%	代休は認めない
土日	時給の 200%	代休を付与すれば、残業代発生しない
法定祝祭日	時給の 300%	代休は認めない

2　時給の計算方法

　残業代は従業員の時給に応じて計算します。時給は、月の賃金計算日数に従い計算し、従来まで、月の賃金計算日数は 20.92 日とされてきましたが（従業員の 1 年における月平均勤務時間および賃金算定問題に関する通知）、2008 年 1 月から、21.75 日に変更されました（従業員の 1 年における月平均勤務時間および賃金算定問題に関する通知 2 条）。

　具体的な計算方法は、以下のとおりです。

時給＝月給÷月の賃金計算日数÷8 時間

月の賃金計算日数＝(365 日－104 日(年間土日合計数))÷12 か月＝21.75 日

> ◆　例　◆
>
> 　月給 5000 人民元の従業員が 10 月の 1 か月の間中、10 月 1 日（法定祝祭日）に 9 時間の法定祝祭日出勤、10 月 17 日（土曜日）に 5 時間の休日出勤、10 月 20 日（月曜日）に 2 時間の残業を行った場合、企業は以下の計算の通り、この従業員に 10 月分の残業代として 1149.42 人民元を支給する必要があります。

第1節　賃金

残業時間	計算方法	残業代
10月1日（祝祭日）の9時間	5000人民元÷21.75日÷8時間×9時間×300%	775.86人民元
10月17日（土日）の5時間	5000人民元÷21.75日÷8時間×5時間×200%	287.35人民元
10月20日（平日）の2時間	5000人民元÷21.75日÷8時間×2時間×150%	86.21人民元
	合計：	1149.42人民元

3　残業代が生じないケース

(1)　代休の付与

　残業した従業員に代休を付与すれば、従業員に残業代を支払う必要がなくなります。なお、土日の残業に対してしか代休を付与できないことに留意すべきです（労働法44条）。従業員が平日または法定祝祭日に残業した場合、企業が残業時間と同時間の代休の付与により残業代の支給を避けることは認められません。

(2)　不定時勤務時間制度等の活用

　Q25「勤務時間条項」でも解説しましたが、従業員の勤務時間形態は、①標準勤務時間制度、②不定時勤務時間制度、③総合計算勤務時間制度、の3種類に分けられます。

①　標準勤務時間制で勤務する従業員が時間外労働を行うと、残業代が発生します。管理職に就く従業員であってもこの例外ではありません。実務ではよく、課長クラス以上の従業員（総経理を含む）には役職手当を与えているため、残業代を支給していないケースがありますが、これは実は違法であり、これを理由に企業に対して労働契約の解除および経済補償金を支給求める権利が管理職従業員にもあります。

②　不定時勤務時間制のもとに勤務する従業員は、たとえ1日8時間を超えて働いても残業代は発生しません（賃金支給暫定規定13条）。なお、不定

第5章 労務管理

時勤務時間制度を実施するには、政府労働行政管理部門に申請し、その認可を受ける必要があります（Q25「勤務時間条項」参照）。

一方、

③ 総合計算時間制で勤務する従業員は、残業代が発生し、約定した単位勤務時間を超えて勤務した場合、前述基準に従い、残業代を支給する必要が生じます（賃金支給暫定規定13条）。

詳細についてはQ25「勤務時間条項」を参照してください。

第2節　労働時間・休暇・休日

Q42　労働時間

労働時間にはどのような制限があるのでしょうか。残業時間（時間外労働）には上限があるのでしょうか。3月8日（婦女節）に、女性従業員に半日休暇を与えなければならないのでしょうか。

Point

- 従業員の標準勤務時間は1日に8時間以内、週に40時間以内、休みは週に少なくとも1日とされている。
- 従業員の残業は、1日3時間以内、1か月あたり36時間以内に制限されている。
- 従業員全員が取得できる法定祝祭日は現在7種類（合計11日）あり、このほか、女性従業員が取得できる婦女節、若者が取得できる青年節がある。

Ans.

1　休憩・休日

(1) 標準勤務時間

従業員は、業務を休む権利があります。現在、従業員の標準勤務時間は1日に8時間以内、週に40時間以内、週に少なくとも1日の休日とされています（労働法38条）。よって、企業は従業員の休日を週休1日とすることができるものの、この場合の1日の平均勤務時間は6時間40分以内（＝40時間÷6日）にしなければなりません。

(2) 残業時間の上限

企業は生産上の必要性から、工会（労働組合）および従業員と協議した後、従業員に残業（時間外労働）をさせることができます。しかし、この場合、1日につき1時間を超えてはなりません。特殊な原因がある場合、従業員の健康

第5章　労務管理

を保障する条件の下に、1日に3時間までの残業を手配することができますが、1か月あたり36時間以内という制限が規定されています（労働法41条）。

(3) 残業時間の上限の例外

以下のいずれかの状況に該当する場合、企業が従業員に残業をさせるときには、1日3時間、1か月あたり36時間以内という上限はありません（労働法42条）。

- ➤ 自然災害、事故の発生またはその他の原因により、従業員の生命、健康および財産の安全が脅かされ、緊急に処理する必要がある場合
- ➤ 生産設備、交通運輸路線、公共施設が故障し、生産および公共の利益に影響があるため、速やかに応急処理をする必要がある場合
- ➤ 法律、行政法規に定めるその他の事由

2　法定祝祭日

中国では、従業員全員に適用される法定祝祭日と、一部の従業員にしか適用されない法定祝祭日があります。企業が法定祝祭日に従業員に残業させると、従業員の時給の300%を残業代として支給する必要があります。

(1) 従業員全員に適用されるもの（11日）

	祝祭日名称	カレンダー
1	元旦	新暦1月1日
2	春節	旧暦12月30日、1月1日、2日
3	清明節	新暦4月5日
4	労働節	新暦5月1日
5	端午節	旧暦5月5日
6	中秋節	旧暦8月15日
7	国慶節	新暦10月1日、2日、3日

(2) 一部の従業員にしか適用されないもの

	祝祭日名称	カレンダー	適用対象者
1	婦女節	新暦3月8日	女性は半日休暇
2	青年節	新暦5月4日	満28歳以下の青年は半日休暇

　従業員全員に適用される法定祝祭日が土日と重なった場合、平日をもって振替休日として与える必要がありますが、一部の従業員にしか適用されない法定祝祭日が土日と重なった場合には振替休日は発生しません（全国祝祭日および記念日の休憩弁法6条）。

　また、一部の従業員にしか適用されない法定祝祭日が平日である場合、従業員が半日休暇を取る権利を有しますが、休暇を取らずに勤務したとき、企業は当該勤務を残業として従業員に3倍賃金を支払わなくてもよいとされています（一部住民の休暇の給与関連問題に関する書簡）。

Q43 年次有給休暇

年次有給休暇について教えてください。企業は従業員の未消化の年次有給休暇を買い取る必要があるのでしょうか。

Point

- 自社か他社かを問わず、累計勤続年数が12か月以上の従業員は、年次有給休暇を取得することができる。
- 年次有給休暇は、累計勤続年数が10年未満の場合、5日、10年以上20年未満の場合、10日、20年以上の場合、15日、となる。企業が独自に日数を上乗せすることも可能。
- 従業員に年次有給休暇を取得させない場合、企業が3倍賃金でこれを買い取る義務が発生する。

Ans.

1 年次有給休暇を取得できる者

従業員は連続して12か月以上勤務した場合、年次有給休暇を取得できます（企業従業員年次有給休暇実施弁法3条）。法律で「同一の企業で」連続して12か月以上の勤務とは要求されていないため、いずれかの企業で勤務が連続して12か月以上あれば、年次有給休暇の取得資格を取得することができます。

すなわち、A社で12か月勤務した従業員がB社に転職すると、当該従業員はB社において、入社日から年次有給休暇を取得することができます。実務では、自社で連続して12か月以上勤務した従業員しか年次有給休暇を取得できないと規定する外商投資企業が多く見受けられるものの、このような規定は違法となります。

第2節　労働時間・休暇・休日

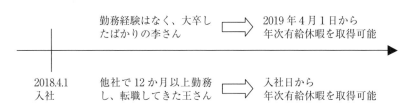

2　取得できる年次有給休暇の日数

(1) 取得できる年次有給休暇日数の確定方法

　従業員が取得できる年次有給休暇日数は以下のとおりで、従業員の累計勤続年数により確定します（従業員年次有給休暇条例4条）。これは、従業員が取得可能な最低限の年次有給休暇日数であり、企業が与える年次有給休暇はこの基準を下回ってはなりません。

　実際、多くの外商投資企業では、法定に基づいた年次有給休暇を与えているようですが、年次有給休暇の名義である以上、従業員に約定どおりの年次有給休暇を取得させないと、以下の5に説明したとおり、3倍賃金の支給義務が発生するため、留意する必要があります。

累計勤続年数	取得できる年次有給休暇日数
1年以上10年未満	5日
10年以上20年未満	10日
20年以上	15日

(2) 新卒従業員の年次有給休暇

　自社がはじめての勤務となる従業員の場合、自社で連続12か月勤務後はじめて年次有給休暇を取得することができます。中国の大学は7月が卒業時期にあたるため、7月から新卒従業員を採用したとすると、翌年の7月に連続12か月勤務の条件を満たすことになり、入社翌年の7月から12月31日までの間に、5日の法定の年次有給休暇を取得することができます。もっとも、企業が年次有給休暇の統一的な手配を図るため、入社翌年の1月からその他の一般社員と同じタイミングで新卒従業員に5日の有給休暇を与えることもできます。

第 5 章　労務管理

(3)　転職してきた従業員の年次有給休暇

　他社から転職してきた従業員で、累計勤続年数が 12 か月以上になる場合、入社日からただちに年次有給休暇を取得することができます。

　この従業員が取得できる初年度の年次有給休暇日数は、以下のとおり、自社での残余カレンダー日数をもって換算し、日数の確定を行います（この場合の端数は切り捨て）。

（残余カレンダー日数÷365 日）×従業員本人が取得できる年次有給休暇日数

> ◆　例　◆
>
> 　他社で 5 年間勤務した従業員が 4 月 1 日に転勤してきた場合、12 月 31 日までに、この従業員は 3 日（[275 日÷365 日]×5 日＝3.76 日）の年次有給休暇を取得することができます。

3　累計勤続年数の計算

　従業員は、同一または異なる企業における勤続期間および法律、行政法規または国務院の規定に基づき勤続期間とみなされるものすべてを累計勤続期間に計上することができます（企業従業員年次有給休暇実施弁法 4 条）。

> ◆　例　◆
>
> 　他社で 10 年間勤務した従業員が転職してきた場合、他社での勤務分 10 年は、この従業員の累計勤続年数に計上され、自社に入社した日からただちに 10 日の年次有給休暇を取得することができます。なお、勤続年数の計算方法については、Q92「経済補償金と勤続年数の関係」を参照してください。

　このように他社での勤務期間が自社の労務管理にも影響をもたらすことから、転職してきた従業員の他社での勤続年数を正確に把握する必要があります。新卒以外の転職者には、まず勤続年数に関する自己申告をしてもらい、かつ関連証拠（他社との労働契約、社会保険納付記録）の提出を受けておけば間違いを防止することができます。また、従業員の虚偽申告を防ぐため、従業員が自己申告を行う前に、経歴の虚偽申告は重大な就業規則の違反に該当し、正当な解雇事由になる旨を従業員に念を押しておくなどの方法も有効です。

第2節　労働時間・休暇・休日

【サンプル14：勤続年数の自己申告書】

勤続年数の自己申告書

○○有限公司　殿

　私、○○○（名前）の、現在までの勤続年数は合計○○年○か月で、その内訳は以下のとおりです。

　○○年○○月～○○年○○月　○○有限公司　（勤続年数○年○か月）
　○○年○○月～○○年○○月　○○有限公司　（勤続年数○年○か月）
　○○年○○月～○○年○○月　○○有限公司　（勤続年数○年○か月）

　勤続年数は年次有給休暇の日数、医療期間などに関わる重大な問題であると認識し、前述の内容に相違がないことを保証いたします。万一虚偽があれば、企業の就業規則への重大違反として即時解雇の処分を受けることをここに誓約いたします。

従業員（署名）：
○○年○○月○○日

4　年次有給休暇の消化

　企業は、生産、業務の具体的な状況、かつ従業員本人の意志を考慮した上で、統一的に計画し年次有給休暇を手配しなければならない、と定められています。これにより、従業員本人の意志を考慮すると定められているものの、企業の生産状況の方が優先されるため、企業は生産状況を検討した上で確定した休暇手配案に対して従業員に合理的な理由がない場合は、従業員は企業の休暇手配案に従うべきことになります。

　企業は、業務上の必要があり従業員に年次有給休暇を手配できない、または年度をまたがって年次有給休暇を手配する場合、従業員本人の同意を受けなければなりません（企業従業員年次有給休暇実施弁法9条）。

第 5 章　労務管理

5　年次有給休暇未消化時の補償（買取り）

　企業が業務の必要性から従業員のために年次有給休暇を手配できない場合、未消化の年次有給休暇1日につき、当該従業員の賃金の300％（3倍賃金）を報酬として支給する必要があります。

　企業が従業員の年次有給休暇を手配したものの、従業員の都合で、かつ書面にて年次有給休暇を取得しないと申し出た場合、使用者は正常勤務期間の賃金のみを支払うことができます。この場合、3倍賃金の支給に関わるトラブルが後日発生することを避けるため、書面にて従業員に年次有給休暇の取得権利を告知した上で、従業員から年次有給休暇を取得しない旨の確認書を受けておく必要があります。

【サンプル 15：年次有給休暇の不享受確認書】

○○有限公司

　私、○○○（名前）は、一身上の都合により、今年の（残存の）年次有給休暇を取得しないことに決定しましたので、ここにお知らせいたします。

　　　　　　　　　　　　　　　　　　　従業員（署名）：
　　　　　　　　　　　　　　　　　　　○○年○○月○○日

6　年次有給休暇を取得できないケース

　以下のいずれかにあてはまる従業員は、当該年度の年次有給休暇を取得することができず、その年の年次有給休暇をすでに消化している場合には、翌年の年次有給休暇を取得できないことになります（従業員年次有給休暇条例4条、企業従業員年次有給休暇実施弁法8条）。

① 　私用休暇が累計して 20 日以上で、企業が使用休暇の利用につき賃金を控除しない場合
② 　勤続年数 1 年以上 10 年未満の従業員が業務外傷病休暇を 2 か月以上取

得した場合
③　勤続年数10年以上20年未満の従業員が業務外傷病休暇を3か月以上取得した場合
④　勤続年数20年以上の従業員が業務外傷病休暇を4か月以上取得した場合

7　労働契約解除時の従業員の年次有給休暇の消化方法

(1)　未消化年次有給休暇日数の確認方法

　従業員との労働契約を解除する場合、従業員に未消化の年次有給休暇が残っていないかを確認しなければなりません。具体的な確認方法は以下のとおりですが、計算後、丸1日に満たない時間分については、企業による未消化年次有給休暇報酬の支給が免除されます。

（当該年度の自社におけるカレンダー日数÷365日）×従業員本人が年間取得すべき年次有給休暇日数－当該年度にすでに消化した年次有給休暇日数

> ◆　例　◆
> 　累計勤続年数が2年の従業員を3月31日に労働契約を解除する場合、従業員がすでに1日の有給休暇を消化していれば、この従業員の未消化年次有給日数は1日であり（［90日÷365日］×5日－1日＝1.23日）、すでにこれは消化していることから、未消化の年次有給休暇日数はゼロとなります。

(2)　多めに取得した場合

　従業員が取得した年次有給休暇が換算後の取得すべき年次有給休暇日数より多かった場合、従業員からこれを取り戻すことはできません。

　たとえば、累計勤続年数2年の従業員が、1月の時点で年次有給休暇5日をすべて取得した上で、企業と労働契約を解除する場合、企業は従業員から取得しすぎた分の年次有給休暇を取り戻すことができず、その賃金を控除することもできません。

(3)　未消化の年次有給休暇が残っている場合

　従業員に未消化の年次有給休暇が残っている場合、以下の2つの対応策が考

① 残存日に応じて労働契約解除日を繰り下げる

　　たとえば、未消化年次有給休暇が3日間残っている従業員の場合、即日ではなく、少なくとも4日後に労働契約を解除して、その間に未消化年次有給休暇を消化させます。これにより、未消化の年次有給休暇を企業が買い取る必要がなくなります。しかし、この期間中に、従業員が負傷や病気になると、従業員との労働契約自体を解除することができなくなるリスクがあるため、留意する必要があります。

② 未消化年次有給休暇を買い取る

　　未消化年次有給休暇を消化させないまま、これを企業が買い取る形で従業員に3倍賃金を支給する方法が考えられます。実務上、特に解雇の場合、企業としては一日も早く退職させたいケースが多いため、この方法がよく利用されています。

8　年次有給休暇を取得させない場合の責任

従業員に年次有給休暇を手配せず、年次有給休暇報酬も支給しない場合、企業は以下の法的責任を負います。

① 労働行政管理部門から期限付きで是正を命じられ、所定期間内に是正しない場合、年次有給休暇報酬の倍額（賃金の6倍）の支給を命じられます（従業員年次有給休暇条例7条）。

② 従業員から3倍賃金の支給を求められ、かつ労働契約の即時解除、経済補償金の支給を求められます（労働契約法38条、46条）。

事例 17

勝手に年次有給休暇を取得した従業員を解雇できると認定した事例

1 事実

年内にあと 10 日の年次有給休暇が残っている李さんは、8月某日、5日後に恋人と国外旅行をするとして、年次有給休暇を企業に申し入れました。あまりに急な申し出であることと、李さんが担当する研究開発プロジェクトが重要な時期を迎えていたことから、企業は李さんの有給休暇申請を許可しませんでした。

李さんは、年次有給休暇は自らの正当な権利であるとして、結局、企業からの許可を受けずに国外旅行を決行しました。その後、出勤してきた李さんは、無断欠勤したという理由で解雇通告を受けました。

2 仲裁委員会の判断

李さんは労働関係の回復を求め、労働争議仲裁委員会に仲裁を申し立てました。

仲裁委員会は、企業がその状況により従業員の年次有給休暇を手配することができると認め、従業員が企業の許可を受けず年次有給休暇を取得することは無断欠勤に該当するとして、李さんの請求を棄却しました。

3 解説

企業は、その生産、業務の具体的な状況に応じて、従業員の年次有給休暇を調整することができます。その調整が明らかに不合理でない限り、従業員はこれに従うべきです。従業員が勝手に年次有給休暇を取得すると、企業はこれを理由に当該従業員を解雇することができます。

第5章 労務管理

Q44 病欠休暇

従業員は病気や負傷を理由に、何日の（病欠休暇）医療期間が認められているのでしょうか。この期間中、企業はどのように賃金を支給すべきでしょうか。社会保険料を納付しなくてもよいのでしょうか。医療期間満了後、引き続き治療が必要である場合の対応方法についても教えてください。

Point

・医療期間の長さは従業員の勤続年数により異なり、医療期間中に企業が従業員を解雇することはできない。
・病欠休暇を申し出る従業員に対し、企業の指定病院または三級病院の診断書が必要と条件をつけることができるが、条件が不合理なものであると無効とされるリスクがある。
・医療期間中の従業員には病欠賃金（最低賃金の80％以上）を支給し、社会保険料を納付しなければならない。
・医療期間満了後、従業員に自宅休養させる場合、同じく病欠賃金を支給する必要がある。

Ans.

1　医療期間の法的性質

従業員の病気や負傷が業務と関係する場合、職業病または労災に認定されます。その場合の対応方法については、Q52「労災保険」を参照してください。

従業員が仕事と関係なく病気になったり、負傷した場合（業務外傷病）、業務を中止し、一定期間の医療期間を取得することができます。

ここにいう医療期間について、従業員の治療に必要な治療時間だと勘違いする人が多いようですが、実はこれは企業が治療中の従業員を解雇できない期間のことをいいます（企業従業員の病気または業務外負傷の医療期間に関する規定2条）。

218

第2節　労働時間・休暇・休日

2　医療期間の取得方法

(1)　医療期間の長さ

　医療期間は、従業員の合計勤続年数、自社での勤続年数に応じて、3か月～24か月と変わります（企業従業員の病気または業務外負傷の医療期間に関する規定3条）。

　実務上、上述規定より優遇した医療期間を認める地域があります。たとえば、上海市では、勤続年数に応じつつ、1年目は3か月、それ以降は満1年ごとに1か月を増加し、最大24か月までとしています（上海市の従業員の労働契約期間中の傷病または業務外負傷の医療期間基準に関する規定2条）。

　企業は所在地域の規定を守る必要があるため、従業員の医療期間を計算するとき、所在地域のみで適用される規定がないかを、入念に調査しておく必要があります。

合計勤続年数	自社での勤続年数	医療期間	取得期間
10年未満	5年未満	3か月	病欠日から6か月
	5年以上	6か月	病欠日から12か月
10年以上	5年以下	6か月	病欠日から12か月
	5年以上10年未満	9か月	病欠日から15か月
	10年以上15年未満	12か月	病欠日から18か月
	15年以上20年未満	18か月	病欠日から24か月
	20年以上	24か月	病欠日から30か月

(2)　医療期間の取得期間

　医療期間は、1回の治療期間内で全部消化しなければならないというわけではなく、数回の治療を必要とする場合、数回の治療で要した治療期間の合計となります。従業員が取得できる医療期間はその勤続年数により異なりますが、病欠日から起算することとなります。

第 5 章　労務管理

◆　例　◆

　劉さんは大学を卒業した後に入社し、A 社で 2 年間の勤務実績があります。この場合、劉さんの医療期間は 3 か月、取得期間は 6 か月となり、劉さんは病欠日から 6 か月以内に、合計 3 か月間の医療期間を取得することができ、6 か月のうち、その病欠日数が 3 か月間を超えない限り、企業が劉さんを解雇することはできません。
　たとえば、劉さんが 2018 年 6 月 1 日に骨折し入院した場合、6 月 1 日から 12 月 31 日までの期間（取得期間）に、合計 3 か月の医療期間を取得することができます。もし、劉さんが 7 月 31 日に退院し職場に復帰した場合、2 か月の医療期間を取得したことになり、12 月 31 日まで 1 か月間の医療期間が残ることになります。その後、9 月 1 日に肺炎にかかり入院した場合、9 月 30 日に医療期間が満了することになります。劉さんが 9 月 30 日以降も依然出勤できない場合、医療期間内の解雇禁止という権利がなくなり、企業が劉さんを解雇する可能性が生じます。具体的には、Q83「医療期間経過後の従業員の解雇」を参照してください。

3　業務外傷病の認定は病院の診断書による

　従業員の病気や負傷について、企業は自らこれを判断することはできないため、病院の診断書に頼るしかありません。実務では、病院の診断書に記載される必要な治療期間に応じて、従業員に医療期間を与える企業もあります。
　病気でもないのに診断書を発行する悪質な病院もあることから、予防策として、診断書を発行する病院は企業が指定した病院もしくは三級以上の病院などのような条件をつける外商投資企業が少なくありません。中国の病院は、その規模に応じて、一級、二級、三級に分けられ、数字が高いほど規模が大きく、そのうち、さらに甲乙丙の 3 つの等級に分けられ、三級甲等病院（いわゆる三甲病院）が一番規模が大きい病院となります。
　現在、診断書の発行病院は企業の指定病院または三級以上の病院でなければならないという企業のこの種の指定が果たして有効なのか、疑問視する裁判官も少なくありません。このため、企業が指定した病院または三級以上の病院からの診断書ではないため、これを病欠と認めず、無断欠勤として従業員を解雇したりすると、違法解雇と認定されるリスクがあるため、留意する必要があり

第2節　労働時間・休暇・休日

ます。

4　医療期間中の賃金と社会保険料

　業務外傷病の従業員は、所定の医療期間内に企業から病欠賃金を受けることができ、この病欠賃金は、企業所在地域における最低賃金基準の80%を下回ってはなりません（『中華人民共和国労働法』の徹底執行に関わる若干問題に関する意見59条）。もっとも、企業の就業規則または従業員との労働契約に、前述の労働部門の基準より優遇する病欠期間中の賃金の支給規定がある場合には、その規定に従うことになります。

　病欠賃金のほか、医療期間中、企業は従業員のために引き続き社会保険料を納付しなければなりません。

5　医療期間と年次有給休暇期間の競合

　業務外傷病休暇を取得した従業員に対して、年次有給休暇を取得させることは義務ではなく、すでに年次有給休暇を消化している場合には、翌年の年次有給休暇からこれを控除することが認められます（従業員年次有給休暇条例4条、企業従業員年次有給休暇実施弁法8条）。

- ➤勤続年数1年以上10年未満の従業員が業務外傷病休暇を2か月以上取得した場合
- ➤勤続年数10年以上20年未満の従業員が業務外傷病休暇を3か月以上取得した場合
- ➤勤続年数20年以上の従業員が業務外傷病休暇を4か月以上取得した場合

6　医療期間満了後の対応

　従業員が所定の医療期間が満了したにもかかわらず、元の仕事に従事することができず、かつ企業が別途手配した仕事にも従事することができない場合には、企業は従業員に経済補償金を支給し、その労働契約を解除することが認められます。その詳細については、Q83「医療期間経過後の従業員の解雇」を参

第5章　労務管理

照してください。

　もっとも、企業が従業員との労働契約を解除せず、引き続き従業員に治療に専念させることもできます。この場合、従業員への病欠賃金支給の必要性について、法律上の規定は不明確ですが、実務では、企業が従業員に治療させる以上、これを病欠として認めていると解釈することができ、従業員に病欠賃金（最低賃金の80％以上）を支給しなければならず、また病欠賃金を支給する以上、継続して当該従業員のために社会保険料を納付しなければならないとされています。

第2節　労働時間・休暇・休日

Q45　結婚休暇、弔慰休暇および家族訪問休暇

中国では、結婚休暇、弔慰休暇、家族訪問休暇などを耳にしますが、外商投資企業も従業員にこれらの休暇を与えなければならないのでしょうか。また、これらの休暇を与えた場合、その賃金をどのように計算すべきでしょうか。休暇期間中の社会保険料はどうなるのでしょうか。

Point

・結婚休暇は地方により休暇日数が異なる。
・弔慰休暇、家族訪問休暇は、国有企業に適用され、外商投資企業には法的義務はない。
・私用休暇は年間利用日数に上限を付けるべき。

1　結婚休暇

(1)　休暇の有無

従業員が結婚するとき、国有企業の場合、従業員は1～3日の結婚休暇を取得することができます（国営企業従業員の慶弔休暇および路程休暇に関する国家労働総局、財政部の通知1条）。外商投資企業はこの制限を受けないため、結婚休暇の設定は企業の判断に委ねられていますが、実務上、結婚は中国においても人生の一大イベントと考えられており、企業の福利厚生として国有企業と同様1～3日の結婚休暇を従業員に与える外商投資企業がほとんどです。

この休暇とは別に、かつての一人っ子政策により、晩婚が推奨され晩婚者（満25歳の男性、満23歳の女性）が結婚休暇の延長を享受することができましたが（旧人口および計画生育法25条）、2016年1月1日より施行する現行人口および計画生育法では、晩婚推奨が撤廃されました。

なお、少子化を防ぐため、結婚が推奨されることになり、各地方が結婚を奨励する法令を定めており、企業はそれぞれ所在地域の規定を守らなければなりません。

223

第 5 章　労務管理

	休暇日数	法的根拠
北京	7 日	北京市人口および計画生育条例 16 条
上海	7 日	上海市人口および計画生育条例 31 条
広州	0 日（無し）	広東省人口および計画生育条例

(2) 休暇期間中の賃金

　結婚休暇の名義で従業員に休暇を与える場合、休暇期間中は正常勤務であるとして、企業は通常どおりに賃金を支給しなければなりません（労働法 51 条、賃金支給暫定規定 11 条）。

2　弔慰休暇

(1) 休暇の有無

　従業員の直系親族（両親、配偶者、子女）が死亡した場合、国有企業の場合、1～3 日の休暇が認められています（国営企業従業員の慶弔休暇および路程休暇に関する国家労働総局、財政部の通知 1 条）。

　外商投資企業には特に制限はなく、自由に約定することができますが、実務上、企業の福利厚生として、国有企業と同様、1～3 日の休暇を与えているケースがほとんどです。

(2) 休暇中の賃金

　弔慰休暇の名義で従業員に休暇を与える場合、弔慰休暇期間中は正常勤務であるとして、企業は通常どおりに賃金を支給しなければなりません（労働法 51 条、賃金支給暫定規定 11 条）。

3　家族訪問休暇

(1) 休暇の有無

　家族訪問休暇とは、配偶者、両親と省をまたがって別々に暮らしている場合、配偶者および両親を訪問できる休暇のことをいいます。

　中国では、国有企業の場合、自社で 1 年以上勤務した従業員は家族訪問休暇

第 2 節　労働時間・休暇・休日

を取得できます（従業員家族訪問待遇に関する国務院の規定 2 条）。この場合、配偶者への訪問の場合は、1 年に 1 回（30 日間）の休暇を取得することができ、両親への訪問の場合、既婚者は 4 年に 1 回（20 日間）、未婚者は 1 年に 1 回（20 日間）の休暇を取得することができます。また、遠方で移動に時間がかかるなどの場合、路程休暇を合わせて受けることもできます。訪問休暇および路程休暇期間中は、国有企業の場合、従業員に正常に賃金を支払う必要があります。

外商投資企業はこうした国有企業の義務を負わず、従業員に家族訪問休暇を与えるかどうかは企業の自由です。実務上、従業員に家族訪問休暇を与える外商投資企業はそれほど多くないようです。

(2) **休暇中の賃金**

家族訪問休暇の名義で従業員に休暇を与える場合、休暇期間中は正常勤務として、企業は通常どおりに賃金を支給しなければなりません（賃金支給暫定規定 11 条）。

4　私用休暇

(1) **私用休暇の有無**

従業員に私用休暇を認めるべきか、認めるとして何日与えるべきか、現行法では明確にされておらず、企業の判断に委ねられています。実務上、年間 30 日などの上限を設けて私用休暇を認めている外商投資企業があります。

私用休暇を取得する場合、先に年次有給休暇を消化し、年次有給休暇をすべて消化してから 30 日までの私用休暇を取得できると定める企業も実務ではありますが、これは違法ではありません。

私用休暇と年次有給休暇の関係について、法律では、従業員が累計して 20 日以上の私用休暇を取得し、企業が従業員の賃金を控除しない場合、企業は従業員に年次有給休暇を与えなくてよいとされ、従業員がすでに年次有給休暇を消化している場合、企業は従業員に翌年の年次有給休暇を与えないことも可能です（従業員年次有給休暇条例 4 条、企業従業員年次有給休暇実施弁法 8 条）。

第 5 章　労務管理

(2) **休暇中の賃金**

　私用休暇期間中の賃金について、どのようにすべきか全国統一の規定はなく、各地方政府の判断に委ねられています。北京市では、私用休暇期間につき賃金を支払わなくてもよいとされています（北京市賃金支給規定 22 条）。

　企業としては、後日の紛争を避けるためにも、労働契約または就業規則で、私用休暇の年間上限日数および賃金の支給有無を明確に定めておく必要があります。

5　休暇期間中の社会保険料

　従業員の社会保険料の納付金額は、従業員の前年度の賃金により決定されます。したがって、休暇取得は休暇時の社会保険料の納付金額に影響をもたらすことはなく、企業は変わらず社会保険料を納付する必要があります。なお、休暇をとることで企業から受ける賃金が少なくなると、次年度の社会保険料の納付金額にも影響をもたらします。

第3節　社会保険・住宅積立金

Q46 ─ 5つの社会保険

いわゆる「5険」には、具体的にはどのような保険が含まれるのでしょうか。企業と従業員はそのすべてについて納付義務があるのでしょうか。保険の未納付を従業員と約定した場合は、無効となるのでしょうか。その他、加入資格や保険の移転手続についても教えてください。

Point

- 「5険」とは、①養老保険、②医療保険、③失業保険、④生育保険、⑤労災保険、という5つの社会保険のことをいい、条件は異なるものの、企業、従業員それぞれに加入義務がある。
- 企業所在地域の戸籍を持たない従業員も外国人従業員も社会保険に加入できるようになった。
- 企業は5険すべてに保険料納付義務があるのに対し、従業員は①養老保険、②医療保険、③失業保険の保険料納付義務を負う。
- 保険関係は地域ごとに確立されるため、他地域への移転は困難。よって従業員を他地域に転勤させる場合には、留意が必要。

Ans.

1　「5険」とは

「5険」とは、①養老保険、②医療保険、③失業保険、④生育保険、⑤労災保険、という5つの社会保険のことをいい、企業および従業員はいずれもこれらの保険に加入しなければなりません。

社会保険への加入・保険料の納付は、企業および従業員の法定義務であるため、たとえ企業と従業員間に社会保険料を納付しないという約定があったとしても、自らその法定義務を免れることはできません。また、実務では一部の企業が従業員のために商業保険に加入している場合がありますが、これも企業お

第 5 章　労務管理

よび従業員の社会保険加入義務を免れる理由にはなり得ません。

2　保険に加入できる者

(1)　企業所在地域の戸籍を持たない従業員

　中国では、2012 年まで、戸籍管理の制度上の問題から、企業所在地域の戸籍を持つ従業員が 5 険に加入することはできても、その戸籍を持たない従業員の場合、必ずしもすべての保険に加入できるとは限りませんでした。

　たとえば北京市では、北京戸籍を持たない従業員（「工作居住証」を持つ者は除く）の場合、①養老保険、②医療保険、③失業保険、⑤労災保険には加入できましたが、④生育保険には加入できませんでした（北京市労働社会保障局の企業従業員生育保険関連問題の処理弁法に関する通知 1 条）。上海市では、特別に外来従業員総合保険という保険制度を設け、上海市戸籍を持たない従業員のために労災（意外傷害）、入院治療、養老に関わる保険を提供していました（上海市外来従業員総合保険暫定弁法 2 条）。

　2012 年以降、中国国籍を有する従業員は、戸籍にかかわらず、5 険に加入することができるようになりました。

(2)　外国人従業員

　従来、日本人駐在員は中国における社会保険に加入することはできませんでしたが、社会保険法および中国国内で就業する外国人の社会保険加入に関する暫定弁法の施行により、2011 年 10 月 15 日より、法律上、日本人駐在員が中国国内で社会保険に加入しなければならなくなりました。現在のところ、実務では、北京市のように、日本人を含むすべての外国人の社会保険加入を強要しているところもあれば、上海市のように、社会保険に加入するか否かは外国人の任意にするところもあります。ただし、2018 年 5 月 9 日に日中社会保障協定が締結され、日本人駐在員の日中での社会保険の二重払いの解消がうたわれているため、今後、当該協定の発行日、またその内容につき注視する必要があります。

第3節　社会保険・住宅積立金

3　保険料の負担比率

中国の社会保険料は、企業と従業員が按分して負担する制度が採用されており、企業は5つの保険すべてに納付義務があり、従業員は④生育保険および⑤労災保険の保険料を納付する必要はなく、①養老保険、②医療保険、③失業保険の3つの保険料の納付が義務付けられています。

現在、国が保険料の全国共通の納付基準を定めているものの、各地方政府にある程度の自由裁量権が与えられており、地域ごとに納付基準を定めることができます。詳細については、それぞれQ48～Q53を参照してください。

		企業	従業員
1	養老保険	前年度従業員本人月平均賃金の20%	前年度本人月平均賃金の8%
2	医療保険	前年度従業員本人月平均賃金の6%	前年度本人月平均賃金の2%
3	失業保険	前年度従業員全員賃金総額の2%	前年度本人月平均賃金の1%
4	生育保険	前年度従業員全員賃金総額の1%以内	納付免除
5	労災保険	前年度従業員全員賃金総額の0.3～3%	納付免除

4　保険関係の移転問題

中国における保険関係業務は、全国単位ではなく地域ごとに管理されています。たとえば、北京市の企業で勤務する従業員が保険料を納付すると、保険料を北京市の社会保険取扱機構に納付したことになり、この従業員が上海市に転勤した場合、その保険関係、特に養老保険関係をどのように移転すべきか、これは実務でも難しい課題です。

現在、一部の大都市では養老保険関係の移転を認めていますが、移転できる養老保険金は従業員本人が納付した保険分のみに限られています。前述のQ48「養老保険」で説明するとおり、養老保険料は、企業が従業員の賃金の20%、従業員が本人の賃金の8%をそれぞれ納付することから、従業員が移転できるのは、自らが納付した8%の保険金分のみで、企業が納付した20%の保険金が無駄になってしまいます。このため、勤務地の移転は、保険金待遇の点で従

第 5 章　労務管理

業員の方にマイナス面が大きいというのが実状です。

　労働契約法 49 条では、国が地域をまたがる社会保険関係の移転制度を確立し、改善することを定めています。中央官庁国務院もこの問題を重要視しており、関連立法作業を進めていますが、社会保険関係の円滑な移転について、未だ見透しがついていないというのが現状です。外商投資企業は、従業員の他地域への転勤を検討する場合、この問題に留意しなければなりません。

第3節　社会保険・住宅積立金

Q47　企業の社会保険加入義務

社会保険加入において、企業はどのような義務を負うのでしょうか。加入義務を怠ると、どのような法的リスクを負うのでしょうか。また、従業員は、いつの時点から保険待遇を享受できるのでしょうか。

Point

- 企業は毎月、社会保険取扱機構に保険料総額を申告し、納付する必要がある。
- 保険料を納付しないと、政府機関から是正、滞納金、罰金を課せられ、従業員から損害賠償ないし労働契約の解除・経済補償金の支給を要求される恐れがある。
- 保険の享受は保険加入手続完成後であるため、特に新入社員の場合、保険加入手続が完了するまで、労災事故の防止に努める必要がある。

Ans.

1　社会保険加入における企業の義務

社会保険加入および保険料納付において、企業は以下の3つの義務を負います。企業は常にこれらの義務を意識し、法に基づき関連手続を行う必要があります。

	法的義務	法的根拠
1	企業設立日から30日以内に、社会保険取扱機構で社会保険登記を行う。	社会保険料徴収納付暫定条例8条
2	毎月、社会保険取扱機構に社会保険料総額を申告し、その確認を受けてから所定期間内に社会保険料を納付する。	社会保険料徴収納付暫定条例10条
3	毎月、従業員の賃金から納付すべき社会保険料を控除し、代理納付する。	社会保険料徴収納付暫定条例12条

2 社会保険未加入の責任

企業が社会保険料の納付義務を怠った場合、労働行政管理部門から行政責任を追及され、従業員からは民事責任を追及されるリスクがあります。特に従業員は、これを理由にいつでも労働契約を解除し、企業に経済補償金の支給を求めることができるため、企業内の安定的な労務管理が難しくなります。

(1) 労働行政管理部門からの責任追及

企業が社会保険料を納付しない場合、労働行政管理部門から以下の責任を追及されるリスクがあります（労働法100条、社会保険法86条、社会保険料徴収納付暫定条例24条）。

1	追納	期限付きで社会保険料未納付分の納付命令
2	滞納金	1日あたり0.05％の滞納金
3	罰金	企業責任者に対して1000～20000人民元の罰金、命じられた所定期間内に納付しない場合、企業に対して未納付分の1～3倍の罰金

(2) 従業員からの責任追及

企業が従業員のために社会保険料を納付しない場合、従業員から損害賠償を求められるリスクがあります。この場合における損害とは、①納付すべき保険料に相当する部分の損害、②本来、享受できたはずの社会保険待遇の損害の2つです。

①は、金額をある程度予測することができ、それほど巨額なものではありませんが、②は、得てして想定外なケースが多く、賠償責任請求額も比較的大きくなりがちです。実務上、企業が労災保険に未加入であったことから、労災を受けた従業員が本来社会保険取扱機関から享受すべきであった労災保険待遇を、企業が代わりに享受させなければならず、結果的に企業が大きな損失を被った事例が数多くあります。

企業が従業員のために社会保険料を納付しない場合、従業員がこれを理由にただちに労働契約を解除し、経済補償金の支給を求めることができます（労働契約法38条、46条）。よって、たとえば解雇したい従業員がいても、社会保

険料の未納付を理由に先手を打たれ、解雇どころか、逆に労働契約の解除および経済補償金の支給を求められるリスクが常にあることを留意する必要があります。また、企業から専門的技術訓練を受け、拘束期間中にある従業員でも、これを理由に、違約金を支払わずに、逆に企業から経済補償金を受け、簡単に離職することができるなど、企業としては非常に大きなデメリットを伴います。

1	保険料損害の賠償請求	保険料金額が少額
2	保険待遇未享受による損害賠償請求	従業員が享受できるはずの保険待遇が巨額になる恐れが濃厚
3	労働契約の即時解除	安定した労務管理ができない

3 保険加入・保険待遇享受の時点

　従業員は保険に加入し、保険料を納付してからはじめて保険待遇を享受できます。

　法律上、企業は社会保険取扱機構に対して、月ごとに社会保険料総額を申告し、その確認を受けてから所定の期間内に社会保険料を納付しなければなりません（社会保険料徴収納付暫定条例 10 条）。したがって、実務では多くの企業が、新入社員について、毎月一度にまとめて社会保険取扱機構で保険加入手続を行っています。このため、新入社員が最大 29 日間保険に加入していない可能性が生じます。たとえば、毎月 10 日に社会保険取扱機構で保険料納付手続を行う企業の場合、11 日に入社した社員は、翌月の 10 日まで（約 29 日間）保険に加入していない空白状態になるわけです。

　この方法は法律には違反していませんが、従業員がこの間、社会保険待遇を享受できないことに、企業は留意する必要があります。実務上、入社後、保険加入手続を行わないうちに、労災に遭遇する従業員も少なくありません。この場合、保険未加入状態であることから、当然保険待遇を享受できないため、特に工場では、保険加入手続が完了するまで新入社員に危険な業務に従事させないよう、注意を払う必要があります（Q52「労災保険」参照）。

Q48 養老保険

養老保険のしくみについて教えてください。具体的に、何年間勤務すれば養老保険待遇の享受資格を得ることができるのでしょうか。

Point

- 養老保険料は、従業員の前年度月平均賃金を基準に、企業20％、従業員8％の比率で納付する。
- 1つの地域で累計して15年間養老保険料を納付すれば、その地域の養老保険待遇を享受できる。

Ans.

1 保険料の納付基数

養老保険料は、企業と従業員の両方に納付義務があります。企業が納付すべき養老保険料の比率は、原則として企業の賃金総額の20％以内で、具体的な比率については、各地方政府に委ねられていることに対して、個人が納付すべき養老保険料の比率は、本人の賃金の8％とされています（統一した企業従業員養老保険制度の確立に関する決定3条）。

現在、具体的な納付基準は地域により異なりますが、2018年現在、北京市の場合、企業は従業員全員の社会保険納付基数の合計金額を基準に19％（2016年までは20％）、個人が本人給与の8％の比率で養老保険料を納付しています（段階的による本市の社会保険料率引下げに関する通知1条）。

2 保険料の行方

地域政府が①養老保険金（基礎年金口座）、②養老保険金（個人口座）の2つの口座を開設し、①は1地域に1つしかなく、管轄地域のすべての企業が納付する保険料がここに振り込まれ、②は従業員ごとに開設される個人専用口座であり、従業員が納付する保険料はこの個人口座に振り込まれます。

第3節　社会保険・住宅積立金

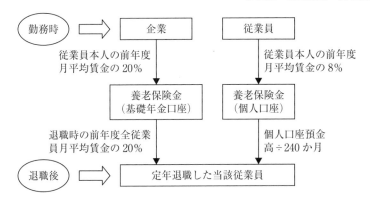

3　保険待遇の享受資格

(1) **納付年数が15年以上の場合**

　従業員の1つの地域における養老保険料の納付年数が累計して15年以上になると、退職後に、基本養老保険金を毎月受給することができます（統一した企業従業員養老保険制度の確立に関する決定5条）。保険金は、前述の基礎年金口座および個人口座からそれぞれ計上され、まとめて支給されます。

　基礎年金口座からは、その地域の前年度従業員月平均賃金の20%を基準として支給され、個人口座からは、個人保険料残高÷（予想平均寿命－定年年齢）×12か月の計算で保険金が算出され、支給されます。

(2) **納付年数が15年未満の場合**

　従業員の1つの地域における養老保険料の納付年数が累計して15年未満の場合、退職後の基礎養老保険金の受給資格がなく、その個人口座にある保険料残高は定年時に1回で全額従業員本人に返済されます。

第 5 章　労務管理

Q49　医療保険

医療保険とはどのような保険なのでしょうか。医療保険待遇を享受するには、どのような条件が必要でしょうか。指定病院での治療費しか医療保険待遇を享受できないのでしょうか。

Point

・医療保険料は、従業員の前年度月平均賃金を基準に、企業6%、従業員2%の比率で納付する。
・医療保険料の納付期間中から医療保険待遇を享受でき、納付年数が男性は25年、女性は20年になると、定年後も医療保険待遇を享受できる。
・医療保険待遇は原則として指定病院でしか享受できない。

Ans.

1　保険料の納付基数

医療保険料は、企業と従業員の両方に納付義務があります。医療保険料の納付比率は、原則として、企業が全従業員賃金総額の6%、従業員は本人賃金収入の2%を基準に納付する必要があります（都市従業員基本医療保険制度の確立に関する国務院の決定2条）。

現在、具体的な納付基準は地域により異なりますが、2018年現在、北京市の場合、従業員の前年度の月平均賃金を基準に、企業が10%、個人が2%＋3人民元の比率で医療保険料を納付しなければなりません。

2　保険料の行方

地域政府が①医療保険金（基礎年金口座）、②医療保険金（個人口座）の2つの口座を開設し、従業員が納付した医療保険料は個人口座に振り込まれます。企業が納付した医療保険料は、さらに2つに分けられ、従業員の年齢に応じて、そのうちの10〜20%が従業員の個人口座、残りの80〜90%は基礎年金口座に振り込まれます（都市従業員基本医療保険制度の確立に関する国務院の

第3節 社会保険・住宅積立金

決定3条)。

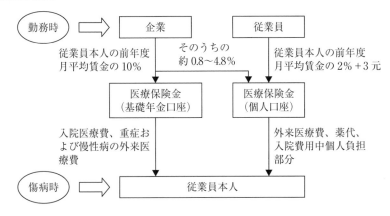

3 保険待遇の享受資格

(1) 勤務中の待遇享受

　従業員が医療保険料の納付期間中に病気になったり負傷したりした場合、医療保険待遇を享受することができます。この場合、医療内容により、入院医療費、重症および慢性病の外来医療費では基礎年金口座から、また、外来医療費、薬代、入院費用のうちの個人負担部分は個人口座から支払われます。もっとも、医療費全額が必ず負担されるというわけではなく、法により認定されたものしか精算を受けることができません。

(2) 定年後の待遇享受

　医療保険料の納付年数が累計して、男性従業員は25年、女性従業員は20年に達すると、定年後も、引き続き医療保険待遇を享受できます。また、所定の納付年数に達しない場合は、定年時に個人口座の残高が一括して従業員に返却されますが、定年後に医療保険待遇を享受することはできません。

第5章　労務管理

Q50 失業保険

失業保険について教えてください。何年間勤務すれば失業保険待遇の享受資格を得ることができるのでしょうか。また、失業保険金の受給には年数制限があるのでしょうか。

Point

- 失業保険料について、企業は従業員全員の賃金総額の2%、従業員は個人の前年度平均賃金の1%を納付する。
- 失業保険料を1年以上納付した従業員は失業保険待遇を享受できる。
- 失業保険待遇の享受期間は最大2年間。

Ans.

1　保険料の納付基数

失業保険料は、企業と従業員の両方に納付義務があります。企業は従業員全員の賃金総額の2%、従業員は本人賃金の1%で納付するよう定められていますが、各地方政府には、ある程度の比率の調整が認められています（失業保険条例6条）。

現在、具体的な納付基準は地域により異なりますが、2018年現在、北京市の場合、企業は前年度の従業員（中国籍従業員のみ）全員の月平均賃金総額の0.8%、従業員は本人の前年度月平均賃金の0.2%の比率で、失業保険料を納付しなければなりません（北京市失業保険規定7条、段階的による本市の社会保険料率引下げに関する通知2条）。

2　保険料の行方

失業保険の場合、基礎年金口座のみが開設され、個人口座は開設されません。よって、企業と従業員が納付した失業保険料は、全額基礎年金口座に振り込まれます。

第3節　社会保険・住宅積立金

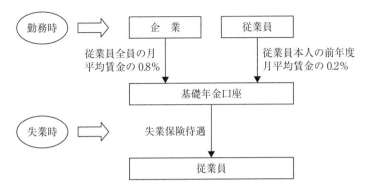

3　保険待遇の享受資格

失業保険に1年以上加入した従業員が、本人の意志によらず失業した場合、失業登記を行い、かつ求職の希望を提出すれば以下の失業保険待遇を享受することができます（失業保険条例14条）。

① 所在地域の最低賃金と最低生活保障基準の間で確定される失業保険金
② 失業期間中に病気にかかった場合の医療補助金
③ 失業期間中に死亡した場合の家族への1回限りの葬儀補助金

4　失業保険待遇の享受期間

失業保険待遇の享受期間は、従業員の失業保険料の納付年数により異なりますが、具体的には以下のとおりです（失業保険条例17条）。失業者がそれぞれの最長受給期間内で失業保険待遇を享受できるものの、受給期間満了または受給期間中に再就職すると、失業保険待遇を享受できなくなります。

失業保険料の累積納付年数	失業保険金の最長受給期間
1年以上5年未満	12か月
5年以上10年未満	18か月
10年以上	24か月

第5章　労務管理

Q51　生育保険

生育保険とはどのような保険なのでしょうか。産休を取る従業員は生育手当を受給することから、企業が賃金を支給しなくても良いのでしょうか。

Point

・生育保険料について、企業には従業員賃金総額の1％以内の比率で納付義務があり、従業員は納付免除。
・産休を取る従業員は生育手当を受給しているため、企業が従業員に賃金を支給しなくてもよいとされているが、地域により、生育手当が従業員の賃金を下回る場合、企業が不足分を支給するよう規定しているところもある。

Ans.

1　保険料の納付基数

　生育保険料の納付義務者は企業であり、従業員個人が生育保険料を納付する必要はありません（企業従業員生育保険試行弁法4条）。
　企業が納付すべき生育保険料の納付比率は、管轄の地域政府が「収支均衡」の原則に基づき調整、確定を行いますが、原則として、企業の賃金総額の1％未満とされています（企業従業員生育保険試行弁法4条）。2018年現在、北京市の場合、従業員（男女問わず）の社会保険料納付基数総額の0.8％を基準に保険料の納付が要求されています（北京市企業従業員生育保険規定7条）。

2　保険料の行方

　地域政府が生育保険基金を設立し、企業が納付した生育保険料は生育保険基金に振り込まれます。

第3節　社会保険・住宅積立金

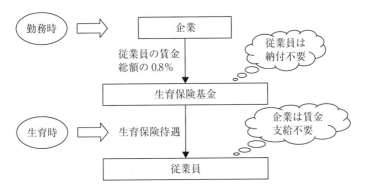

3　保険待遇の享受資格

　企業が従業員のために生育保険料を納付している場合、その従業員は生育保険待遇を享受できます。生育保険待遇の内容は地域により異なりますが、一般的に、地域政府が設立した生育保険基金から以下の費用の支給を受けることができます（企業従業員生育保険試行弁法6条）。

① 　生育・流産手当
② 　生育に関わる医療費（検査費用、出生費用、手術費用、入院費用、薬代）
③ 　計画生育手術費用（中絶、絶育手術に関わる費用）

　生育・流産手当は、従業員が在籍する企業の前年度全従業員の月平均賃金を基準に生育保険基金から支給し、企業は出産休暇期間中に女性従業員に賃金を支払う必要はないとされています（企業従業員生育保険試行弁法6条）。

4　北京市の具体例

(1)　生育手当の計算方法

　中国の各地域では、前述の国務院が公布する弁法を基準に、所轄地域の具体的な状況に基づき、若干の調整を行っています。北京市では、生育手当は、「企業前年度全従業員月平均賃金（納付基準）÷30×産休日数」で計算されます（本市従業員の生育保険政策の調整関連問題に関する通知3条）。企業が生

第5章　労務管理

育保険基金から生育手当を受けると、全額従業員に支給しなければなりません。当該生育手当が従業員本人の賃金を下回った場合、企業が差額部分を補填して従業員に支給しなければなりません。

(2) **実務上の対応**

実務上、生育手当は出産後に受給することになるため、企業が出産休暇中の従業員に対して、残額部分ではなく、今までと同様の賃金を支給するケースがよく見受けられます。この場合、従業員が出産後、生育保険基金から生育手当を受給した後に、企業がその従業員の生育手当分を控除することができます。

(3) **個人所得税問題**

しかし、この場合、生育手当には個人所得税が課税されない点に留意する必要があります。企業が出産休暇中の従業員に今までと同様に賃金を支給すると、個人所得税が発生してしまい、この個人所得税を企業が負担するか個人が負担するか、事前に従業員と協議する必要があります。これを怠ると、発生した個人所得税が企業の負担となります。企業が無断で従業員に賃金を支給し、個人所得税が発生したと解釈されるからです。

事例18
生育保険料未納付時の従業員への損害賠償に関する事例

1　事実

李さんは出産後に、社会生育保険機構に生育手当等の支給を申請したところ、李さんが在籍する企業が李さんのために生育保険料を納付していなかったため、支給できないと断られてしまいました。

2　結果

本来李さんが享受可能であるはずの生育保険待遇（生育手当、医療費など）について企業と協議した結果、最終的に企業は総額14000人民元を李さんに支給することになってしまいました。

第3節　社会保険・住宅積立金

3　解説
　企業は従業員のために生育保険料を納付しなければなりません。本件では、A社はその義務を怠ったため、従業員に損害を賠償することは当然のことといえます。

Q52 労災保険

労災保険について教えてください。外国人従業員も労災に加入できるのでしょうか。労災に遭った場合、具体的にはどのような待遇を享受できるのでしょうか。

Point

・労災は、すべての従業員が加入可能とされ、外国人従業員の加入も可能。
・労災保険料は、企業は従業員賃金総額の 0.2～1.9％ の範囲内で納付義務を負い、従業員は納付免除。
・労災に遭った場合、従業員は労災保険基金および企業からそれぞれ補償を受けられる。

Ans. 1 保険料の納付基数

労災保険料の納付義務者は企業であり、従業員個人が労災保険料を納付する必要はありません（労災保険条例 10 条）。ここにいう従業員とは、企業と労働関係を確立したすべての従業員のことをいい、農民工、外来人員、外国人従業員や総経理も含まれます。

労災保険料の納付比率は、収支均衡の原則に従い、企業所在地、企業が所属する業種の労災危険度、労災発生率、労災保険金の使用状況等により確定されます。基本的には、従業員の賃金総額の 0.2～1.9％ とされています。

2 保険料の行方

企業が納付した労災保険料は全額地方政府が管理する労災保険基金に振り込まれます。

第3節　社会保険・住宅積立金

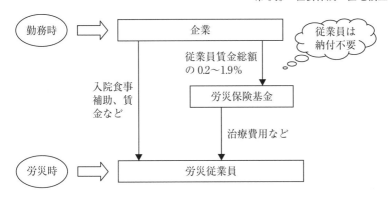

3　保険待遇の享受資格

従業員が業務遂行中に傷病により治療する必要が生じたとき、労災保険待遇を享受することができます。傷病の状況により労災保険基金もしくは企業の負担補償内容が異なり、具体的には以下のとおりとなります（労災保険条例30条～45条）。

	労災保険基金負担部分	企業負担部分
治療費用	労災保険診療項目目録、労災保険薬品目録、労災保険入院サービス基準に合致する治療費用を負担	負担なし
入院食事補助	全額負担	負担なし
リハビリ治療費	労災保険診療項目目録、労災保険薬品目録、労災保険入院サービス基準に合致する治療費用を負担	負担なし
義肢装着費など	義肢、矯正器具、義眼、義歯の装着、車椅子等の補助器具の手配費用を負担	負担なし
治療期間中の賃金	負担なし	休職治療中の賃金支給継続期間内（中国語：停工留薪期）は、原賃金および福利厚生を享受させる。休職治療による賃金支給継続期間は、原則として12か月以内、特殊な場合は12か月を延長可能。

第 5 章 労務管理

生活介護費	月ごとに生活介護費を支給（生活能力に応じ、所在地域の前年度従業員月平均賃金の 30〜50% を基準とする）	負担なし
1〜4 級障害者	①1 回限りの障害補助金を支給（障害等級に従って従業員本人の 21〜27 か月の賃金相当分） ②月ごとの障害手当を支給（障害等級に従って従業員本人の賃金の 75〜90% 相当分）	①労働関係は維持、在籍していた職場からは離れる ②障害手当を基準額に基本医療保険料を納付
5〜6 級障害者	①1 回限りの障害補助金を支給（従業員本人の 16〜18 か月の賃金相当分） ②従業員本人が申し出た場合に限り、労働関係の終了が可能で、この場合、1 回限りの労災医療補助金を支払う	①労働関係を維持、適切な職場を手配 ②職場手配が困難である場合、月ごとに障害手当を支払う（従業員本人の賃金の 60〜70%） ③各種社会保険料を納付 ④従業員本人が申し出た場合に限り、労働関係の終了が可能で、この場合、1 回限りの障害就業補助金を支払う
7〜10 級障害者	1 回限りの障害補助金を支給（従業員本人の 7〜13 か月の賃金相当分） 労働期間満了または従業員本人の申し出により労働契約の終了が可能で、この場合、1 回限りの労災医療補助金を支払う	労働期間満了または従業員本人の申し出により労働契約の終了が可能で、この場合、1 回限りの障害就業補助金を支払う
傷病再発	傷病時の治療費用、リハビリ治療費、義肢装着費等	治療期間中の賃金
死亡	①直系親族に葬儀補助金を支給（前年度の所在地従業員月平均賃金の 6 か月分） ②従業員が生前に扶養していた労働能力を有しない親族に扶養親族救済金を支給（従業員本人の賃金を基準とし、配偶者は 40%、他の親族は 30%、単身の老人（60 歳以上）および孤児は 10% 上乗せ。なお、救済金総額が従業員本人の賃金を上回らないこと） ③直系親族に 1 回限りの業務上死亡補助金を支給（前年度の全国都市住民の平均支配可能収入の 20 倍）	負担なし

第3節　社会保険・住宅積立金

4　労災保険加入における外商投資企業の留意点

　従業員の入社後、労災保険に加入完了するまで、事実上の時間差が発生します。この間、特に工場勤務の場合、危険な作業に従事させないことが重要です。実務上、労災事故に遭ったケースのうち新入社員の割合が高く、そのうち労災保険加入手続履行中であった場合が少なくありません。このような場合、労災保険未加入とみなされ、企業が大きな負担が課せられることとなるため、留意する必要があります。

事例19
労災保険手続中の従業員への損害賠償に関する事例

1　事実
　出稼ぎ労働者である楊さんが、外商投資企業A社での工場勤務を開始して間もない頃に、その工場関係者なら決して行わない行動、すなわち混入物を取り除こうとして、急スピードで回っている機械に手を入れた結果、右手を切断する大ケガを負ってしまいました。

2　結果
　楊さんは入社したばかりで、まだ労災保険の加入手続途中であったことから、労災保険待遇の享受資格がまだなかったため、A社が楊さんのために治療費など数十万人民元を支払いました。
　数年後、楊さんは4級障害者に認定されたことから、A社と労働関係を維持したままで、自宅で休養していましたが、ある日、楊さんがA社に赴き、足が痛むと訴え、かつ足の痛さが右手切断と関連性があるような結論を記載する病院の診断書を提出してきました。楊さんは、足の治療には、数十万人民元の費用がかかる手術を行うか、1年で数万人民元もする漢方治療を数年行うかの方法しかないといいます。手の切断と足の痛さの因果関係の確固たる証拠もなく、楊さんへの対応を考えあぐねていたところ、楊さんがA社の玄関で泣いたり、年老いた楊さんの母親や奥さんがA社の日本人総経理に面会を求め、泣きながら楊さんの困窮を訴え続けるなど、A社の通常業務にまで影響が出るようになりました。
　しかたなく、A社は楊さんとの間に、双方の権利義務関係について徹底した清算を行う代わりに、数年にわたり合計10万人民元を支給する覚書を締結しました。

第5章　労務管理

3　解説

　企業は従業員のために労災保険料を納付しなければなりません。保険に加入しない場合、保険料を受給できません。この場合、企業は従業員が本来享受するであろう保険待遇を享受させなければなりません。このため、入社したばかりで、労災保険加入手続を完了していない従業員に対しては、とりわけ危険な作業に携わらないよう留意する必要があります。

第3節　社会保険・住宅積立金

Q53　労災の認定手続

どのような事故が労災と認定されるのでしょうか。労災の認定手続、また労働能力鑑定の申請手続はどのようになっているのでしょうか。

Point

・無断で機械を操作し負傷する、勤務時間内に他人から暴力を振るわれる、職場での発病、通勤途上に遭遇した交通事故などは労災に該当する。
・労災認定を受けるには、事故発生後30日以内に申請することが必要。
・労災認定を受けるには、多くの書類を提出する必要があり、交通事故の場合、交通警察が発行する「交通事故責任認定書」を提出する必要がある。
・労災を受けた従業員は、症状が安定した後、障害が残り通常勤務に影響を及ぼすと判断した場合、労働能力鑑定の申請を行うことができる。

1　労災の認定基準

労災保険条例14条、15条、16条によると、労災の認定基準は以下のとおりとなります。

	事項	労災	非労災
1	勤務時間中に、職場で業務上の原因によって事故に遭い負傷した場合	○	
2	勤務時間の前後に、職場で業務に関連する準備または後片付け業務に従事したために事故に遭い負傷した場合	○	
3	勤務時間中に、職場で業務を履行するときに暴力等の突発事故に遭い負傷した場合	○	
4	職業病にかかった場合	○	
5	業務による外出期間中に、業務上の原因により負傷、または事故の発生により行方不明となった場合	○	

249

第5章 労務管理

6	通勤途上で、従業員が主要責任を負わない交通事故または都市鉄道、客運フェリー、蒸気機関車事故により負傷した場合	○	
7	勤務時間中に在籍部署において、突然発病して死亡、または48時間以内に治療のかいなく死亡した場合	○	
8	災害救援等の国家利益、公共利益の維持活動中に負傷した場合	○	
9	入社前に軍隊に服役していた従業員で、戦争または公務によって負傷し、障害が残り、かつ革命傷痍軍人証を取得済みである場合において、入社後に持病が再発した場合	○	
10	故意の犯罪による負傷または死亡した場合		○
11	酩酊または覚せい剤使用による負傷または死亡した場合		○
12	自傷または自殺した場合		○

　実務上、以下のような事例もよく見受けられ、実務では労災と認定されているため、留意する必要があります。

➤企業の指示を無視して勝手に機械を操作し負傷した場合（故意に自傷する場合は除く）
➤勤務時間中に他の従業員（精神病患者を含む）から暴力を受け負傷した場合
➤職場で脳出血等の急病が発症し死亡した場合（自宅で発症した場合は該当せず）
➤通勤途上で車にはねられた場合
➤企業が手配した社員旅行期間中に負傷した場合

2　労災認定のプロセス

(1)　30日以内に認定申請

　労災は、企業と従業員の合意のみで認定できるわけではなく、地元の労働行政管理部門に申請し、そこでの認定を受ける必要があります。従業員が事故により負傷したり、職業病予防療法の規定による職業病と診断または鑑定された場合は、企業は事故による負傷の発生日あるいは職業病と診断または鑑定された日から30日以内に、労働行政管理部門に労災認定申請を行わなければなり

ません（労災保険条例17条）。

(2) 認定申請を怠った場合の責任

　企業が所定の期間内（30日以内）に労災認定を申請しない場合、従業員は、事故による負傷の発生日または職業病と診断、鑑定された日から1年以内に、労働行政管理部門に労災認定申請を直接行うことができます。この場合、その期間中に発生した労災待遇に関わる費用をすべて企業が負担しなければなりません（労災保険条例17条）。

(3) 認定申請の必要書類

　労災認定を申請するとき、以下の書類を提出する必要があります。

① 労災認定申請表（事故発生日時、場所、原因および従業員の負傷程度などを含む）
② 労働契約書または労働関係の存在が証明可能なその他の書類
③ 病院が発行する医療診断証明または職業病診断証明書（または職業病診断鑑定書）
④ 公安部門が発行する証明書（傷害を受けた場合）
⑤ 交通警察が発行する交通事故責任認定書（交通事故に遭った場合）
⑥ 従業員の身分証明書

(4) 労働行政管理部門の認定

　労働行政管理部門は、労災認定申請を受理した後、審査の必要に基づき事故による負傷について事実確認調査を行うことができ、企業、従業員、工会（労働組合）、医療機関および関連部門は、これに協力しなければなりません。

　労働行政管理部門は、労災認定申請を受理した日から60日以内に労災認定について決定をなし、かつ書面（サンプル16参照）にて企業と従業員に通知します（労災保険条例20条）。

第 5 章　労務管理

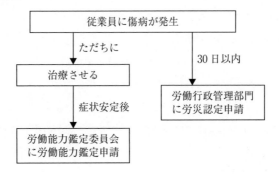

3　労働能力鑑定

　従業員が治療を受け、症状がある程度安定した後、労働能力に影響を及ぼすような障害の可能性が疑われる場合、労働能力鑑定を行わなければなりません（労災保険条例 21 条）。

　労働能力鑑定とは、労働機能障害の程度および生活自立障害の程度について行う等級鑑定のことをいい、現在、労働機能障害は 10 段階の身体障害等級に分類されています（労災保険条例 22 条）。

　労働能力鑑定は、企業または従業員が、労働能力鑑定委員会に労災認定決定書および治療に関わる書類を提出し申請します（労災保険条例 23 条）。労働能力鑑定委員会は書類受領後 60 日以内に結論を下し（労災保険条例 25 条）、この労働能力鑑定書（サンプル 17 参照）をもって、従業員は相応の労災待遇を享受することになります。

【サンプル 16：労災認定決定書】

■■■市人力资源和社会保障局

认定工伤决定书

■人社伤险认决字〔2014〕■■号

申　请　人：■■
职工姓名：■■　　性别：男　　年龄：
身份证号码：■■■■■■■■
用人单位：■■■■■■■■■有限公司
职业/工种/工作岗位：销售副经理
事故时间：2013年■■■
事故地点：石家庄市第五医院
诊断时间：2013年■■■
受伤害部位/职业病名称：左腿

　　2013年■■■17时左右，■■在石家庄市第五医院检修气管镜图像故障，出门口时摔倒受伤。河北省中医院救治，诊断为：左腿远端腓骨骨折。
　　2014年■■■受理■■的工伤认定申请后，根据提交的材料调查核实上述情况属实。
　　■■受到的事故伤害，符合《工伤保险条例》第十四条第（五）项之规定，属于工伤认定范围，现予以认定为工伤。
　　如对本工伤认定决定不服的，可自接到本决定书之日起60日内向■■■人民政府或■■■人力资源和社会保障厅申请行政复议，或者三个月内向■■■人民法院提起行政诉讼。

二〇一四年■■■

送：■■■■■■有限公司
抄：■■市社会劳动保险事业管理局

第5章　労務管理

【サンプル17：労働能力鑑定書】

工伤（职业病）职工劳动能力
鉴定结论通知书

劳鉴字〔2014〕　号

姓　名：
性　别：女
年　龄：43
身份证号码：
单　位：

根据你（单位）向我委提出的再次劳动能力鉴定申请，经省劳动能力鉴定专家组对你的残情进行鉴定后提出的诊断意见，依据《劳动能力鉴定 职工工伤与职业病致残等级》（GB/T16180—2006）的分级标准，经省劳动能力鉴定委员会审定，被鉴定人　　　工伤（职业病）的致残程度为<u>六级，停工留薪期12个月</u>。

本次劳动能力鉴定结论为最终结论。

注：受送达人签章：

　　受送达时间：

（注：労働機能障害6級との決定です）

第3節　社会保険・住宅積立金

事例20
交通事故に遭った日本人駐在員の労災申請の苦労話

1　交通事故

2008年3月、広州にあるA社の日本人駐在員が営業目的で遼寧省にある顧客先B社を訪問するため、B社が手配した車に乗り空港からB社に向かう途中の高速道路で、運転手の操作ミスによりB社の車が前方を走っていた車に衝突し、1人が死亡、4人が重軽傷を負う重大交通事故に巻き込まれました。

日本人駐在員はすぐに地元の病院に運ばれ検査を受けましたが、幸い大した負傷はなく、翌朝には広州に戻りました。ところが、広州に戻った途端に、首や膝に違和感を感じはじめ、仕事の遂行にも支障が出るほどになってしまいました。

2　交通事故責任認定書

これを受けたA社は、広州の労働行政管理部門に労災の申請を行い、担当者から警察が発行する「交通事故責任認定書」が必要であるといわれたため、早速、地元の交通警察に連絡したところ、「交通事故責任認定書」はすでに発行済みで、そこにはA社の日本人駐在員の名前が記載されていないことが判明しました。その理由について、事故発生後、日本人駐在員が事情聴取に応じず、すぐに現場を離れてしまい、その後、交通警察がB社を通じて事情聴取に応じるよう伝えたものの、これに対して日本人駐在員から返事がなかったことから、日本人駐在員を事故の当事者として記入しなかった、と交通警察から説明を受けました。

そこで、「交通事故責任認定書」の再発行を申請したところ、警察からは、①本件に関する「交通事故責任認定書」はすでに発行済み、②本件が刑事事件としてすでに立件され、まもなく送検される予定であることから、「交通事故責任認定書」の再発行に応じることができない、と拒否されました。

3　交通事故認定書の代替書面の発行申請

これを受け、A社は広州の労働行政管理部門に問い合わせを行ったところ、「①日本人駐在員が交通事故で負傷したこと、②事故発生に関して責任を負わないこと」の2点を記載する「交通事故責任認定書」の代替書面を警察から発行してもらえれば、労災認定を申請することができるとの回答を受けました。

そこでA社は再度警察に連絡を取り、何度か交渉を試みたものの、「交通事故責任認定書」の代替書面の発行は可能であり、そこに「日本人駐在員が事故発生に関して責任を負わないこと」を記載することができるが、「日本人駐在員が交通事故で負傷したこと」については記載できないとの説明を警察から受けました。事故発生直後、日本人駐在員は公安交通管理機関が指定した病院で診断を受け、かつ、事故処理を担当する交通警察に同行することが必要であったにもかかわらず、本件ではこれらの手

第5章 労務管理

続を経ていない、というのがその回答理由でした。

4 結果

　最終的に労災認定に必要な代替書面を受けることができなかったため、A社はやむを得ず労災認定申請を断念しました。

5 今後の留意点

　中国の労災認定手続は複雑で、中国人であっても実際に労災認定手続を経験していないと、その認定プロセス、必要書類などの情報を知る人はほとんどいません。今後、この種の交通事故に遭遇した場合には、警察の事情聴取を受け、労災認定申請できる「交通事故責任認定書」の発行を必ず受けておくよう、留意する必要があります。

　もっとも、通勤途上の交通事故、業務を目的とした外出中の交通事故は、労災保険条例により労災と定められていますが、昨今、ほとんどの車が保険に加入しており、保険企業からの救済が可能であることを理由に、交通事故は労災として認定すべきではないとする意見があり、これを受けて労災保険条例の関連規定を改正しようとする動きもあります。日本企業はこれに留意し、従業員のために商業傷害保険などに加入する等して対応する必要があるでしょう。また、普段から会社の運転手の勤務実態に注意を払う必要があります。

第3節　社会保険・住宅積立金

Q54　住宅積立金制度

住宅積立金制度について教えてください。日本人駐在員が加入することはできるのでしょうか。

Point

・企業および従業員は、従業員前年度平均賃金の5～12％の範囲内で住宅積立金を納付する義務がある。
・住宅積立金は従業員の個人財産となるが、住宅購入後に、はじめて引き出しが認められる。
・日本人駐在員が住宅積立金を納付する必要はなく、納付することもできない。

1　住宅積立金の納付義務者

かつて中国では、企業が従業員に無償で住宅を提供していた時代がありました。しかし、現在では、この住宅提供が資金提供に姿を変え、従業員の住宅購入資金を確保するために、住宅積立金（住宅購入預金）制度が確立されています。

現在、企業も従業員本人も住宅積立金を納付する義務を負い、企業は毎月従業員の賃金からその納付すべき住宅積立金を控除し、代理納付しなければなりません。なお、ここにいう従業員とは、農民工や外来従業員（企業所在地域の戸籍を有しない者）を含みますが、外国籍従業員は含まれません（住宅積立金のいくつかの具体的な問題に関する通知1条）。

2　納付比率

企業および従業員が納付すべき住宅積立金は、以下の方法により算出されます（住宅積立金管理条例16条）。

第5章　労務管理

住宅積立金金額＝①従業員本人の前年度月平均賃金

×②企業住宅積立金納付比率

① 従業員本人の前年度月平均賃金は、原則的に従業員の賃金を基準にしますが、最大金額は、所在地域における前年度従業員の月平均賃金の3倍を超えてはなりません（住宅積立金管理における若干の具体的な問題に関する指導意見3条）。

② 住宅積立金納付比率は地域および企業により異なりますが、5％を下回ってはならず（住宅積立金条例18条）、また、原則として12％を上回ってもなりません（住宅積立金管理における若干の具体的な問題に関する指導意見2条）。企業および従業員が納付した住宅積立金はすべて従業員の収入として、従業員が住宅を購入すると、これらの住宅積立金を引き出すことが認められます。この収入は、個人所得税が課税されないため、以前は一種の節税対策として、住宅積立金納付比率を高く設定する企業もありましたが、これを是正するため、国は住宅積立金納付比率を最大12％と制限しました。

3　住宅積立金の納付

企業は毎月、従業員の賃金から従業員が納付すべき住宅積立金を控除し、企業が納付すべき住宅積立金とあわせて所在地域の住宅積立金管理センターに支払います。

住宅積立金は、いわば「住宅を確保するための貯金」であるため、従業員がこれを勝手に引き出すことはできず、住宅購入、住宅建築、住宅のリフォームおよび大改修という事由ではじめて住宅積立金管理センターにその積み立てた住宅積立金の支給を申請することができます（住宅積立金管理条例24条）。なお、積立金の支給申請は通常1年に1回までとされています。

第 3 節　社会保険・住宅積立金

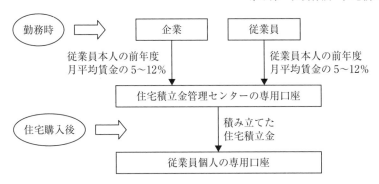

4　住宅積立金未納付時の責任

　企業が住宅積立金を納付しない場合、住宅積立金管理センターから期限付きで是正を命じられ、所定期間に是正しない場合、1～5 万人民元の罰金を課せられます（住宅積立金管理条例 37 条）。

　また、従業員に対して、その受けた損失を賠償する必要があります。つまり、従業員の入社時（最大は、住宅積立金管理条例の実施日である 1999 年 4 月まで）から起算して、その納付すべき住宅積立金および利息を賠償する必要があります（住宅積立金管理における若干の具体的な問題に関する指導意見 6 条）。

　また、従業員から、住宅積立金の未納付を理由に、労働契約の解除や経済補償金の支給を求められるリスクも伴います。企業から専門的技術訓練を受け、拘束期間中にある従業員でも、これを理由に、違約金を支給せずに、逆に企業から経済補償金を受け、簡単に離職することが可能となります。

第5章 労務管理

第4節　女性従業員・未成年従業員保護

Q55　女性従業員の法的保護

女性従業員に従事させてはならない業務はあるのでしょうか。女性従業員の勤務について、中国ではどのような法的保護があるのでしょうか。

Point

・女性従業員に重労働をさせてはならない。
・月経期間中に低温の作業場での勤務は禁止。
・既婚妊娠前の女性従業員が有毒物質に接触する作業は禁止。
・妊娠期間中の女性従業員による残業は原則禁止で、妊娠7か月以降になると、政府労働行政管理部門の許可を受けなければ夜勤ができない。
・授乳期間中の女性従業員の残業は禁止、また夜勤も原則禁止。

Ans.

1　従事させてはならない業務

企業は女性従業員を以下の業務に従事させてはなりません（女性従業員労働保護特別規定附属書類1条）。もっとも、外商投資企業の場合、女性従業員にこれらの作業を行わせる状況は実際にはそれほど多くはありませんが、工場の場合、重いものを担う重労働に特に留意する必要があります。

① 鉱山の坑内作業
② 国が定める第4級体力労働強度以上の作業
③ 1回あたりの負荷重が20キロ以上で1時間あたり6回以上の連続負荷重作業、または1回あたりの負荷重が25キロ以上の断続負荷重作業

2　月経期間中の特別保護

企業は月経期間中の女性従業員を以下の業務に従事させてはなりません（女

性従業員労働保護特別規定附属書類2条)。

① 冷水作業(第2~4級の冷水作業)
② 低温作業(第2~4級の低温作業)
③ 高強度労働(第3~4級体力労働強度の作業)
④ 高所作業(第3~4級高所作業)

事例21
月経期間中の女性従業員への禁止業務事例

1 事実

A社は肉類加工を主な業務とする企業であり、作業のための大きな冷凍室があります。ある日、一部の女性従業員が総経理(男性)に月経期間中だけは勤務場所を冷凍室から他の場所にするよう配慮を求めました。総経理は、女性従業員らの訴えを理解することができず、また今まで他の女性従業員からこのような要求を受けたことがなかったことから、この要求を拒否しました。これを受けた女性従業員たちは、労働争議仲裁委員会に仲裁を申し立てました。

2 解説

本件の場合、仲裁判断で企業が負けることは目に見えています。なぜなら、月経期間中の女性従業員に、摂氏5度以下の環境で勤務させてはならず、冷凍室は月経期間中の女性従業員の勤務場所として禁止されているからです。

3 妊娠期間中の特別保護

企業は、妊娠期間中の女性従業員に以下の業務をさせてはなりません(女性従業員労働保護特別規定6条、同規定附属書類3条)。実務上、もともと残業の多い女性従業員に対し、妊娠7か月以降も引き続き残業させる企業は少なくありませんが、これは法律違反となります。

第5章　労務管理

① 残業（妊娠7か月以降の場合に限る）
② 夜勤（夜22時から朝6時まで）（妊娠7か月以降の場合に限る）
③ 空気中の鉛等有毒物質の含有量が衛生基準を超えた環境下での作業
④ 抗癌薬物等を製造する作業、麻酔剤気体等に接触する作業
⑤ 非密封源放射性物質の操作、核事故および放射事故の応急処置
⑥ 高所作業
⑦ 冷水作業
⑧ 第3級と第4級高温作業
⑨ 第3級と第4級騒音作業
⑩ 第3級と第4級体力労働強度の作業
⑪ 密室、高圧室の作業または潜水作業、強烈な震動が伴う作業、または頻繁にかがんだり、登ったり、腰を曲げ下げする作業

事例22
妊娠7か月の女性従業員への夜勤が禁止された事例

1　事実

　衣服の加工企業であるA社は、ある顧客から突然大きな注文を受けました。期日どおりに納品するため、A社は夜を徹して生産作業を行うことを決定しました。妊娠7か月の李さんは、現場を指導指揮する責任者の立場にあり、注文の品質を確保するため、総経理から夜勤を求められました。総経理は李さんの妊娠のことを知っており、李さんに工場内を巡回するだけでよく、体調を見て随時休憩してもよいと言っていました。
　20日ほど夜勤を続けた李さんはある日、工場内で倒れ流産してしまいました。

2　結果

　このような場合、A社はどのような責任を負うのでしょうか。本件の場合、当初A社は李さんの流産と夜勤には因果関係がないと主張するつもりでしたが、夜勤をさせることそのものが禁止されており、自社に過失があることが判明したため、李さんと協議し、賠償金を支払うことになりました。

3　解説

　李さんの流産は夜勤によるものか否か、その事実の判明は困難です。しかし、企業は妊娠7か月の従業員に夜勤を求めるべきではありません。企業に過失がある以上、仲裁および訴訟で敗訴する恐れが強くなります。

262

第4節　女性従業員・未成年従業員保護

4　授乳期間中の特別保護

　企業は授乳期間中の女性従業員に以下の作業をさせてはなりません（女性従業員労働保護特別規定9条、同規定附属書類4条）。授乳期間は、子供が生れた日から1年間と定められており、子供を生んだ女性従業員には、その子供が1歳になるまで、残業、夜勤をさせるべきではありません。

① 　残業
② 　夜勤（夜22時から朝6時まで）
③ 　空気中の鉛等有毒物質の含有量が衛生基準を超えた環境下での作業

第 5 章　労務管理

Q56 ──三期期間中にある女性従業員の解雇──

　三期（妊娠、出産、授乳）期間中にある女性従業員を解雇することはできないのでしょうか。どのような場合に解雇できるのでしょうか。合意解除は危険でしょうか。

Point

・個人の能力が足りないこと、企業の経営が苦しいことなどを理由に、三期期間中にある女性従業員を解雇することはできない。
・就業規則に著しく違反した女性従業員は即時解雇できる。
・三期期間中にある女性従業員の労働契約の期間は三期期間が終了するまで延期される。
・三期期間中にある女性従業員と労働契約を合意解除することはできるが、女性従業員が自らが三期期間中にあることを知らなかった場合、合意解除が無効とされる恐れがある。

1　三期期間中にある女性従業員の解雇制限

　企業は、以下の事由により女性従業員を解雇することはできますが、三期（妊娠、出産、授乳）期間中にある従業員について、これらを理由とした労働契約の解除が禁止されています（労働契約法42条）。三期期間中は妊娠日から起算し、授乳期は子供が満 1 歳までとするため、前後して合計 1 年 10 か月間となります。

① 従業員が、疾病または業務外で負傷し、所定の治療期間が満了した後も元の業務に従事することができず、かつ、企業が別途手配した業務にも従事することができない場合
② 従業員が業務に堪えられず、訓練または職場の調整を経た後もなお、業務に堪えられない場合
③ 労働契約締結の際に根拠とされていた客観的状況に重大な変化が発生して労働契約の履行が不可能となり、企業と従業員の協議によっても、労働契約の内容の変更について合意に達することができない場合

第4節　女性従業員・未成年従業員保護

④　企業が企業破産法の規定により再生し、人員を削減する必要がある場合
⑤　企業の生産経営に重大な困難が発生し、人員を削減する必要がある場合
⑥　企業が、従来の製品とは別の製品へと生産を転換し、重大な技術革新を行い、または経営方式を調整し、労働契約を変更したにもかかわらず、人員を削減する必要がある場合
⑦　労働契約締結の際に根拠とされていた客観的状況に重大な変化が発生したために労働契約の履行不能が引き起こされ、人員を削減する必要がある場合

2　即時解雇できる状況

三期期間中にある女性従業員とはいえ、必ずしも解雇できないというわけではありません。労働契約法39条が定める事由がある場合、企業は三期期間中にある女性従業員を即時解雇することが認められます。

①　試用期間中に採用条件に適合しないことが企業側により証明された場合
②　企業の規則制度に著しく違反する場合
③　職務を著しく懈怠し、または私利を図り不正行為をなし、企業に重大な損害をもたらした場合
④　従業員が同時期に他の企業との間に労働関係を確立し、企業の業務完成に重大な影響をもたらし、または企業の指摘を受けても、これを拒み是正しない場合
⑤　従業員が詐欺、脅迫の手段を用いて、または企業の弱みにつけ込み、企業の真実の意思に反する状況において労働契約を締結または変更し、当該労働契約が無効になった場合
⑥　法により刑事責任を追及された場合
⑦　従業員が労働契約の締結を拒否した場合

事例23

妊娠中の従業員が就業規則に著しく違反したため解雇された事例

1　事実

王さんは妊娠したため、王さんの勤務するA社はこれに配慮して、王さんの業務負担を軽くしました。時間に余裕のできた王さんは、勤務中に電子メールを通じてわいせつ写真を友人に送付してしまいました。A社の就業規則には、「勤務時に企業のパソコンを利用してわいせつ写真を送付することは企業の就業規則に著しく違反する

第 5 章 労務管理

行為に該当し、企業が労働契約を解除できる」旨が盛り込まれています。これを根拠として、A 社は王さんを解雇しました。

2 解説

妊娠中であれば何でも許されるというものではありません。企業の就業規則に著しく違反すれば、どのような事情があっても、企業が当該従業員を解雇することができます。このため、企業は詳細な就業規則を作成することが重要となります。

3 期間満了による労働契約終了の制限

労働契約の期間満了により、企業は労働契約を終了させることができます（企業に無固定期間労働契約の締結義務がある場合は除く）。しかし、三期期間中にある従業員の場合、労働契約を終了させることができず、労働契約は三期期間の終了時まで自動的に延長されます（労働契約法 42 条、45 条）。

たとえば、2019 年 3 月 31 日までの労働契約の従業員が 2019 年 3 月 1 日に妊娠した場合、平均三期期間である 1 年 10 か月で計算し、その労働契約は自動的に 2021 年 1 月 1 日までに延長されます。

事例24
労働契約期間満了により妊娠中の従業員と労働契約を終了できない事例

1 事実

劉さんは A 社と 2 年の固定期間労働契約を締結し、労働契約期間満了前に、企業は劉さんに労働契約終了通知書を発行し、労働契約期間満了日に、劉さんは労働契約の終了手続を行いました。

しかし、労働契約終了手続完了の 10 日後に、劉さんの夫が北京市紅十字朝陽医院が発行した妊娠 8 週の超音波検査結果を企業に提出し、労働契約を授乳期間満了まで延長するよう求めてきました。A 社は、診断書に病院の印鑑が押されていないことを理由に、労働契約の延長を拒否しました。そこで劉さんは、妊娠 56 日目であると明記された北京婦産医院の診断書を提出してきました。A 社は、診断書の発行日以前に労働契約の終了手続がすでに完了していることを理由に、労働契約の延長を拒みました。

266

これを受けて、劉さんは労働仲裁委員会に仲裁を申し立てました。

2 仲裁委員会の判断

仲裁委員会は、企業に対して労働契約の終了決定を撤回し、労働契約を延期し、かつ労働契約終了日から仲裁判断を下した日までの賃金を劉さんに支給するよう、判断を示しました。

3 解説

妊娠中の従業員に対して、労働契約期間満了を理由に労働契約を解除することは認められません。本件では、妊娠中であることを知らないまま労働契約を解除した劉さんの権利が最大限に保護された結果となりました。

4 労働契約の合意解除の可能性

企業は三期期間中にある女性従業員と平等な立場で協議した上、労働契約を解除することができます。実務上、労働契約解除後、はじめて妊娠の事実が判明した場合、女性従業員が妊娠を理由に労働契約の合意解除が無効であると主張できるのかが大きな問題となります。このような場合の合意解除について、現在、ケースごとに判断が異なっており、いまだ統一的な見解はありません。したがって、女性従業員と労働契約を合意解除するときには、このリスクを意識しておく必要があります。

第5章 労務管理

Q57 生理休暇、出産休暇および授乳休暇

女性従業員の生理休暇、出産休暇、授乳休暇などについて、法令ではどのように定められているのでしょうか。

Point
・女性従業員には多くの休暇制度が設けられており、地方により休暇日数が異なる。
・妻の出産時に、夫に付き添い休暇を与える地方もある。

Ans.

1 生理休暇

従業員が重度の月経痛または月経過度の場合、病院の診断書を受ければ、1〜2日の休暇をとることができます（女性従業員保健作業規定7条4項）。したがって、病院の診断書を受けた従業員に対して、企業は1〜2日の休暇を与える必要があります。

2 出産前の検査

出産前の検査とは、妊婦および胎児の健康を保障するため、衛生部門の要求に従って行うべき検査のことをいい、この場合、正常の出勤とみなされます。企業はこれにより、病欠、私用休暇、欠勤としてはなりません（女性従業員労働保護特別規定6条）。

3 胎児保護休暇

国有企業の場合、妊娠中の従業員は医師の診断書に基づき、その胎児を保護する目的で休暇をとることができ、この場合、企業は当該従業員に病欠待遇を与えなければなりません（女性従業員の胎児保護休憩および病欠休憩が6か月を超過した後の生育時の待遇問題に関する上海市労働局への国家労働総局保険

福利司の回答1条)。

これは、国有企業を対象に公布されたものであり、外商投資企業はこの規制を受けませんが、医師の診断書がある以上、外商投資企業も診断書に従い従業員に病欠待遇を与えるべきでしょう。

4 出産前休暇

従業員の出産前休暇の取得可否について、国レベルの規定はなく、各地の地方政府により定められています。

たとえば上海市では、妊娠7か月以降の場合、勤務上の必要に合致し、従業員本人からの申請を企業が許可した場合、2.5か月の出産前休暇を取ることができ、従業員が出産前休暇を申請しない場合でも、企業は従業員に1日あたり1時間の休憩を与えなければなりません（上海市女性従業員労働保護弁法12条）。

5 流産休暇

女性従業員が流産した場合、妊娠4か月未満であれば15日、妊娠4か月満了後であれば42日の休暇を与えなければなりません（女性従業員労働保護特別規定7条2項）。

現在、中国各地では、前述の規定よりも手厚い規定を設けているところもあります。

	流産休暇日数	法的根拠
北京	妊娠4か月未満は15〜30日 妊娠4か月以上は42日	北京市企業従業員生育保険規定14条
上海	妊娠3か月未満は30日 妊娠3か月以上7か月未満は45日	上海市女性従業員労働保護弁法14条
広州	妊娠2か月未満は15日 妊娠2か月以上4か月未満は30日 妊娠4か月以上は45日	広州市人口および計画生育管理弁法26条

第 5 章　労務管理

6　出産休暇

　出産休暇は 98 日で、このうち産前休暇が 15 日、産後休暇が 83 日とされています（女性従業員労働保護特別規定 7 条）。出産前の 15 日とは、出産予定日前の 15 日のことをいい、あらかじめこれを出産後に振り分けてはならず、予定よりも早く出産した場合、未消化の産前休暇分を出産後の 83 日に加算し、予定日よりも遅い出産の場合、超過した日数は病欠扱いとして計算します（『女性従業員労働保護規定』の問題に関する回答 10 条参照）。

　なお、難産の場合は、15 日をさらに加算し、双子以上を出産する場合も同じく、1 人増加につき 15 日を加算します（女性従業員労働保護特別規定 7 条）。

　出産休暇をとる場合、従業員は生育保険待遇を享受することができ、社会保険取扱機関から賃金に相当する生育保険金を受けることができます。なお、企業が従業員のために生育保険に加入しないことは法律違反行為となり、企業は従業員に正常の賃金を支給する必要が生じます。

　上述全国通用の出産休暇のほか、各地方政府が地元だけが適用できる優遇政策を公布しています。

	出産休暇日数	法的根拠
北京	法定以外に、30 日の休暇を奨励	北京市人口および計画生育条例 18 条
上海	法定以外に、30 日の休暇を奨励	上海市人口および計画生育条例 31 条
広州	法定以外に、80 日の休暇を奨励	広東省人口および計画生育条例 30 条

7　授乳期間休暇

　授乳期間とは、子供が満 1 歳までの期間をいいます。この期間中、企業は女性従業員に 1 日につき 1 時間の授乳時間を与えなければなりません（女性従業員労働保護特別規定 9 条）。

第4節　女性従業員・未成年従業員保護

8　夫の付き添い休暇

　女性従業員が出産するとき、その夫が妻を付き添うための休暇を取得することができます。これに関して、現在のところ全国統一の規定はなく、各地方の政府の判断に委ねられています。付き添い休暇が付与された場合、休暇期間中は正常の出勤とみなされ、企業は正常どおりに付き添い休暇中の従業員に賃金を支給する必要があります。

	付き添い休暇日数	法的根拠
北京	15日	北京市人口および計画生育条例18条
上海	10日	上海市人口および計画生育条例31条
広州	15日	広東省人口および計画生育条例30条

第5章　労務管理

Q58 未成年従業員の法的保護

未成年従業員とは具体的には何歳のことを指すのでしょうか。未成年従業員を採用するときに、留意すべき点は何でしょうか。

Point

- 未成年従業員とは満16歳以上18歳未満の従業員を指す。
- 未成年従業員を採用する場合、政府労働行政管理部門で登記する必要がある。
- 未成年従業員を採用する場合、採用前の健康診断、採用後の定期健康診断を受診させる。
- 未成年従業員に重労働をさせてはならない。

Ans.

1　未成年従業員とは

中国の成年は満18歳とされ、満16歳以上18歳未満の従業員は未成年従業員と呼ばれます。企業は未成年従業員を雇用すること自体は可能ですが、その採用、勤務においては、多くの制限が設けられています。

2　採用に関わる政府での登記義務

未成年従業員を採用する場合、企業はあらかじめ企業所在地の労働行政管理部門に「未成年従業員健康診断表」および「未成年従業員登記表」を提出し、「未成年従業員登記証書」の発行を申請する必要があります（未成年従業員特別保護規定9条）。未成年従業員は、この「未成年従業員登記証書」を受けてからはじめて企業で勤務することができます。

3　健康診断を受診させる義務

企業は費用を負担し、以下のとおり未成年従業員に対する定期の健康診断を受診させる必要があります（労働法65条、未成年従業員特別保護規定6条）。

第 4 節　女性従業員・未成年従業員保護

このため、未成年従業員を採用する前にあらかじめ健康診断を行い、その後も定期的に健康診断の受診を促す必要があります。

① 勤務前
② 勤務後満 1 年時
③ 満 18 歳、かつ直近の健康診断から半年を超えた時

4　従事させてはならない業務

未成年従業員を以下の業務に従事させてはなりません（未成年従業員特別保護規定 3 条）。

① 1 級以上の粉塵接触作業
② 1 級以上の有毒作業
③ 2 級以上の高所作業
④ 2 級以上の冷水作業
⑤ 3 級以上の高温作業
⑥ 3 級以上の低温作業
⑦ 4 級以上の体力労働強度の作業
⑧ 鉱山の坑内作業、高山での石材採掘作業
⑨ 森林業における伐採、流木および森林保守作業
⑩ 放射性物質に接触する作業
⑪ 可燃、可爆、化学性やけど、高熱やけど等、危険性が大きい作業
⑫ 地質調査および資源調査に関わる野外作業
⑬ 潜水、トンネル作業、海抜 3000 メートル以上の高原作業（高原居住者を除く）
⑭ 1 回あたりの負荷重が 20 キロ以上で 1 時間あたり 6 回以上の連続負荷重作業、または 1 回あたりの負荷重が 25 キロ以上の断続負荷重作業
⑮ 全身に強烈な震動をもたらす作業
⑯ 長時間にわたり頭を下げ、腰を曲げ、荷物を上げ、体をかがめる作業、1 分間に 50 回以上回るアッセンブリーラインでの作業

第5章　労務管理

⑰　ボイラー作業

第5節　工会（労働組合）

Q59　工会の位置づけ

中国の工会（労働組合）は、日本の労働組合のように企業と対抗する位置にある組織なのでしょうか。企業には工会の設立を支持する法的義務があるのでしょうか。また、従業員から工会設立の申入れがあった場合、企業はどのように対応すべきでしょうか。

Point

・中国の工会（労働組合）は、日本の労働組合とは異なり、労使間の橋渡し的役割が期待できる。
・工会は、共産党の指導を受ける。
・工会の設立は従業員の権利であり、企業はこれを阻止してはならない。
・企業は工会の設立過程に積極的に関わることで、企業に友好的な工会の設立が可能。

1　工会の法的位置づけ

(1)　労使関係の橋渡し

中国の工会（労働組合）は、従業員の自由意志により設立することができる組織です（工会法2条）。

工会の基本的な責務は、従業員の合法的な権益の保護です（工会法6条）。それと同時に、工会が企業の経営管理活動を支持し（工会法38条）、従業員が積極的に企業から手配された作業任務を全うするよう従業員に働きかけることも、工会の重要な役割の1つです（工会法7条）。

このことから、中国の工会は日本の労働組合とは異なり、もっぱら企業側と対抗する組織というわけではなく、企業における従業員の合法的な権益を保護するとともに、企業の合法的な権益も保護する存在、いわば企業と従業員の関

係を調整し両者のコミュニケーションの橋渡しとなる役割を果たす組織であると位置づけることができます。

(2) 共産党および上級工会の指導を受ける

中国工会定款の総則は、工会について、「中国共産党の指導を受ける従業員が結成した組織であり、共産党が労働者とコミュニケーションをとる橋渡しである」と定めています（中国工会定款総則）。

また、工会法9条では、工会が従業員の権益保護に関わる工会活動等を行うとき、上級工会（地方各級総工会、中華全国総工会）による指導を受けなければならないと定めています。

中華全国総工会は、中国共産党中央書記処の指導を受けるため（中華全国総工会のホームページより）、企業の工会も実質的には中国共産党の指導を受けることになります。

2 工会の実態

すでに中国の多くの企業（外商投資企業を含む）に工会が設立されています。しかし、ほとんどの工会が形骸化しており、機能していないのが実状です。また、一部の工会では、従業員側の利益保護を優先し、従業員の権益を侵害した企業と対立するケースも多く見受けられます。企業側の利益の保護も考えて、従業員が集団的労働紛争活動を行い、サボタージュを行ったり、ストライキを行ったりする場合に、従業員側と折衝し、企業と従業員間の矛盾を調整し、生産の早期回復を図り、工会としての機能を十分果たしているものは、まだほんのわずかにすぎません。

3 工会の設立は企業の義務ではない

工会を設立することは、従業員の権利ではあるものの、義務ではありません。企業の方にも工会を設立させる義務や権利はなく、また、従業員に工会を設立するよう積極的に働きかける法律上の義務も特にはありません。

第5節　工会（労働組合）

4　工会の設立事由

企業工会はおもに以下の2つの事由により設立される場合がほとんどです。
① 労働条件および労働待遇等に不満を感じる一部の従業員が企業と交渉を行うために、他の従業員に工会の設立を呼びかけた場合
② 上級工会が企業の一部の従業員に工会設立を働きかけた場合

実務上、②のケースは決して珍しいことではありません。すべての企業に工会を設立させることが上級工会の義務であること以外に、企業が設立した工会の経費の一部（最大40％まで）を上級工会に上納することが決まりであるために、上級工会にとっては企業が工会を設立すればするほど多くのインセンティブが発生するメリットがあるからです。

5　工会の設立を要求された場合の企業側の対応

従業員が企業に対し工会の設立を申し入れてきた場合、法律上、企業が工会の設立に対し特に便宜を与える必要はないものの、従業員が自ら団結して工会を設立することに対して、企業はこれを阻止・阻害することはできません（工会法3条）。

実務の場でも、工会を設立する従業員側の意志が固いものであれば、むしろ企業は全従業員に工会に加入するよう呼びかけるなど、工会の設立に積極的に対応し便宜を図るケースの方が多いようです。実際、企業が工会の設立過程に積極的に関わることで、企業にとっては友好的な工会が設立する可能性が高くなります。

6　企業に友好的な工会と敵対的な工会

工会の設立プロセスの状況いかんによっては、工会が企業にとって友好的なものにも敵対的なものにもなり得ます。一般的に中国の既存の工会は、以下のいずれかのパターンで設立されています。
① 従業員が企業と相談し、企業が工会の設立を支持し、全従業員に工会へ

の加入を呼びかけ、積極的に対応する場合
② 従業員が企業に相談したものの、企業が工会の設立を支持しないため、従業員が自ら組織し、工会を設立する場合
③ 従業員が企業に相談することなく、自ら組織し工会を設立する場合
④ 上級工会(中華全国総工会または地方各級総工会)が企業に工会の設立を働きかけ、企業が従業員に促し工会を設立する場合

①のパターンでは、企業が積極的に工会設立にかかわっていく中で、うまく工会責任者の人選などを推薦し、法律に明るく企業とコミュニケーションがとりやすい人物を工会の責任者に就任させることができれば、企業と非常に友好的な関係の工会になる可能性が高くなります。これに対して、②と③、特に③の場合、設立当初から従業員が工会を企業に対抗する組織として意識してしまうため、設立後も何かにつけて企業に対抗する傾向が強くなりがちです。

工会が設立されると、企業の従業員管理には多かれ少なかれ影響が出てきます。そのため外商投資企業は、従業員の工会設立の意向の有無を常に配慮し、従業員にその意志が見受けられる場合には、企業に友好的な工会が設立されるよう努めるべきでしょう。

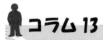

コラム13
米ウォルマート社からみる中国での工会設立の実態

1 工会設立を嫌がるウォルマート

米国の小売大手であるウォルマートは、工会設立を嫌がる企業の代表格といえます。一部報道によると、米国では工会に加入した従業員を解雇し、カナダにいたっては経営不振という理由で工会を設立したばかりの店舗を閉店させているなど、なかなか穏やかではありません。

2 工会設立を拒否したウォルマート

ウォルマートは1996年から中国に進出を始め、現在、中国全土で多くの店舗を展開していますが、当初は工会を設立した店舗は一軒もありませんでした。外商投資企業における工会設立の普及を図るため、中華全国総工会はウォルマートに対して工会の設立を何度も働きかけましたが、ウォルマート側は「従業員に工会を設立する意志

第5節 工会(労働組合)

がなく、企業は従業員から工会設立の要請を受けていない」ことを理由に、工会の設立に消極的な姿勢を見せていました。

3 しかたなく工会設立

ウォルマートが中国に進出して10年後の2006年7月29日、福建省泉州市晋江店でウォルマート中国初の工会が設立されることになりました。工会結成当日、泉州市総工会のオフィスでウォルマート晋江店の25人の従業員が7人の委員を選出し、29歳の柯雲龍氏が工会の主席として選出されました。

その後、半月もたたぬうちに、ウォルマートの他の9つの店舗で工会が次々に設立され、2006年8月10日には、ウォルマートは「具体的な措置を講じて、中華全国総工会に協力し、中国全土の店で工会を設立する」との表明を行いました。

4 解説

工会設立をめぐる企業と中華全国総工会との攻防において、中華全国総工会の働きかけが見事企業側を動かした結果となったわけですが、ウォルマートが工会設立に同意した背景には、大都市への出店がなかなか認められず、現に上海でのはじめての出店が2004年以降であったことも無関係ではなかったはずです。また、当時中国の多くのマスコミが工会設立に反対しているウォルマートを猛批判し、その業績に影響が出たということも工会設立を同意するに至った理由の1つであるともいわれています。

現在、中華全国総工会は条件に合致する企業のすべてに工会を設立することを目標として掲げていますが、積極的に工会を設立しようとする外商投資企業がそれほど多くないのが現状です。

第5章 労務管理

Q60 工会組織の構造

従業員による工会設立にはどのような条件があるのでしょうか。企業の工会と全国総工会等の上級工会とはどのような関係でしょうか。上級工会が企業の工会を通じて企業の経営活動に意見するようなことはあるのでしょうか。

Point

・工会会員が25人以上集まれば、工会委員会を設立すべきであり、25人未満でも工会委員会の設立は可能。
・工会は、①中華全国総工会、②地方各級総工会、③基層工会（企業工会）、の3つの等級からなり、上級工会（①～②）は基層工会（企業工会）に対して、設立の認可、工会主席の承認、工会活動の指導を行うことができる。
・実務上、上級工会は企業工会による工会経費の納付状況には注意を払っているものの、企業工会の工会活動に対しては、通常口出しはしない。

Ans. 1 工会設立の条件

従業員が25人以上に達しないと工会（労働組合）を設立できないと思われていることが多いようですが、実はこれは工会法10条の誤った解釈です。

工会法10条によると、企業の工会会員が25人以上に達した場合、工会委員会を設立すべきであるとされています。また、25人未満の場合、単独で工会委員会を設立すること、また、2つ以上の企業の工会会員が連合して一つの工会委員会を設立すること、あるいは組織員1人を選出して会員を組織し工会活動を展開することもできるとされています。これにより、25人以下であっても、会員がいれば工会活動の展開が可能であると解釈することができます。

すなわち、理論上は従業員が1人の企業にも工会を設立することが可能です。

第5節 工会（労働組合）

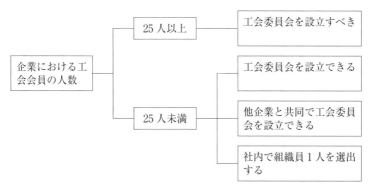

2 工会組織の構造

　中国の工会は、全国総工会、地方各級総工会、基層工会（企業工会）の3段階に分けられ、そのうちの地方各級総工会は、北京市のような直轄市では①市レベルの総工会と②区レベルの総工会に、広東省のような省では①省レベルの総工会、②市レベルの総工会、③区レベルの総工会に分けられます。上級工会は下級工会の工会活動の指導を行います。

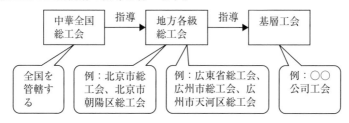

3 上級工会の権利

　企業内に設立される工会は基層工会に該当し、これに対して上級工会（全国総工会、地方各級総工会）には、以下の権利があります。

(1) 工会設立を認可する権利

　基層工会の設置については、必ず直近の上級工会（区レベルの総工会）に報告を行い、その承認を受けなければなりません（工会法11条）。企業に工会が設立されていない場合、上級工会は人員を派遣して、企業の従業員に工会設立

第 5 章　労務管理

の援助・指導を行うことができます。

(2)　**基層工会の主席等の人選を承認する権利**

基層工会の委員、副主席、主席の選出結果について、直近の上級工会（区レベルの総工会）に報告を行い、その承認を受ける必要があります（中国工会定款 27 条）。

(3)　**下級工会を指導する権利**

上級工会には、基層工会を指導する権限があります（工会法 9 条）。実務では、区レベルの総工会や省レベルの工会が指導することもあれば、全国総工会が直接指導にあたるケースもあります。

4　上級工会の指導の実態

法律上では、上級工会には基層工会に対して指導を行う権利があります。このため、上級工会は、下級工会に対する指導を通じて、下級工会の所在する企業にまで影響をもたらすのではないかと懸念する企業も少なくありません。

実際には、上級工会が、常に下級工会を指導して、がんじがらめに管理しているわけではありません。一般的に、上級工会が下級工会の経費支払状況を調査することはあっても、下級工会の工会活動（企業による従業員の権利侵害行為の是正を含む）に指示を行うことはあまりありません。なお、重大な事故もしくは重大な影響を有する事件（大規模リストラなど）の場合には、上級工会が下級工会の活動、その所在する企業の行動に影響を及ぼすことも考えられます。

第5節　工会（労働組合）

Q61 ─ 工会の設立プロセスおよびしくみ

工会の設立プロセスについて教えてください。企業の工会組織はどのようなしくみになっているのでしょうか。日本人が工会主席になることは可能でしょうか。分公司がある場合、分公司にも1つの単位として独立した工会を設立する必要があるのでしょうか。

Point

・従業員が企業で工会（労働組合）を設立するには、区レベルの総工会に申請し、その認可を受ける必要がある。
・工会組織は、会員（代表）大会、工会委員会、副主席、主席からなる。
・総経理、副総経理、人事部長、外国人従業員は工会の主席を務めることができない。
・分公司ごとに工会を設立すべき。

1　上級工会の認可が必要

従業員が企業で工会を設立するには、上級工会（区レベルの総工会）に申請し、その認可を受けなければなりません（工会法11条）。しかし、具体的な申請方法に対する法律上の規定はありません。企業での工会設立に際して、法律上、上級工会が当該企業に人を派遣し指導することができ（工会法11条）、実務でも区レベルの総工会が基層工会の設立に非常に熱心であることから、積極的に工会設立に協力しています。

2　工会組織

工会組織は会員（代表）大会、工会委員会、副主席、主席からなります。工会委員会の委員、副主席、主席の任期は企業の規模により3年または5年ですが（工会法15条）、実務では、5年制が多く採用されているようです。工会は、選出した委員、副主席、主席の人選を上級工会（区レベルの総工会）に報告

第 5 章　労務管理

し、その承認を受ける必要があります（中国工会定款 27 条）。

3　会員大会

　会員大会は、全会員から構成され、会員数が多い場合は、会員代表を選出して会員代表大会を組織することができます。会員大会または会員代表大会は、工会の権力機関にあたり、年に 1〜2 回の会議を開催します（企業工会作業条例（試行）8 条）。なお、会員大会または会員代表大会は、原則として勤務時間外で開催されるべきであり、勤務時間内で開催する必要がある場合には、事前に企業の同意を受けなければなりません（工会法 40 条）。

4　工会委員会

　工会委員会は、会員大会が選出した委員から構成され、会員大会の執行機関にあたります。一般的に、委員は会員数に比例して選出されます。

　工会委員会は、四半期ごとに会議を開催する必要があります（企業工会作業条例（試行）15 条）。なお、委員は毎月勤務中に最大 3 営業日まで工会活動に参加することが認められるため、工会委員会は勤務時間内で会議を開くことができます。

第 5 節　工会（労働組合）

会員数	委員数
25 人未満	主席または組織員 1 人
25 人以上 200 人以下	3～7 人の委員
201 人以上 1000 人以下	7～15 人の委員
1001 人以上 5000 人以下	15～21 人の委員

5　主席・副主席

　工会の主席、副主席は、会員大会から選出することもでき、工会委員会から選出することもできます（中国工会定款 27 条）。実務上、従業員のために企業と戦わない工会が多いため、中華全国総工会が 2008 年 7 月 25 日に公布した「企業工会主席産出弁法（試行）」6 条では、企業の行政責任者（行政副職を含む）、出資者およびその近親者、人事部門責任者、外国人従業員は、工会主席への選任が禁止されています。今まで、人事部長が工会主席として選任されるするケースが多かったものの、現在では、これができないことに留意する必要があります。

主席になれない者	総経理、副総経理、人事部長、外国人従業員
主席になれる者	上記以外の者、人事部長以外の部長、課長、普通従業員など

6　分公司ごとに工会を設立

　分公司が独立した工会を設立すべきなのか、あるいは設立できるのかについて、法律上の明確な規定はありません。

　なお、中国では、属地主義を原則として労務管理が行われており、分公司は法人格を有しませんが、労務管理の面では独立して労働者と労働契約を締結することが認められ、社会保険登記も分公司ごとに行われており、労働紛争が発生した場合には分公司が当事者となることができることから、分公司は独立して工会を設立できると一般的には理解されています。事実、分公司ごとに独立した工会を設立することを上級工会も推奨しています。

第5章　労務管理

　一方、分公司ごとに工会を組織するとそれぞれの工会の管理方法が異なり、社内の統一的な従業員管理に支障をもたらすため、総公司で工会を設立し分公司の従業員に総公司の工会に加入させる外商投資企業も中にはあります。

　上級工会への経費上納との関係から、分公司所在地の上級工会が分公司の工会会員に分公司で独立した工会を設立するよう働きかけることが考えられますが、このとき、分公司の従業員には分公司を１つの単位として工会を設立する権限があり、企業はこれを阻止できないことに注意しておかなければなりません。

第5節　工会（労働組合）

Q62　工会の権限

企業の工会には、どのような権限が賦与されているのでしょうか。

Point

- 企業の労務管理に不正がある場合、工会（労働組合）が指摘することができる。
- 企業が集団契約（労働協約）に違反した場合、工会がこれを指摘できる。
- 企業が従業員の権利を侵害した場合、これを調査する権利がある。
- 業務中に発生した従業員の死傷事故について、工会が事故処理に参加できる。
- 全従業員（総代表、総経理、副総経理等の日本人駐在員を含む）の賃金総額の2％を経費として、企業に支給を求めることができる。

Ans.

1　企業の民主管理制度違反行為に対する是正要求（工会法19条）

企業が従業員代表大会、その他の民主的管理にかかる制度に違反した場合は、工会には、企業に対しその違反行為の是正を要求する権利があります。

2　集団契約に違反した企業の責任追及（工会法20条）

企業が集団契約（労働協約）に違反し、従業員の権益を侵害した場合は、工会は企業の責任を追及することができ、また、集団契約の履行に関して紛争が発生し、協議によりこれを解決しえない場合には、工会は労働争議仲裁機関に仲裁を申し立てることができます。

3　企業による従業員処分・解雇行為等への介入（工会法21条）

企業が一方的に従業員との労働契約を解除するとき、事前にその理由を工会

に通知しなければならず、当該解除行為が法律法規または関連契約の規定に違反するものと認められる場合、工会は企業のこの決定に対して再検討を要請する権利があります。また、企業が従業員を処分した場合で、工会がこれを適切でないと判断するとき、企業に対して意見を提出することができます。

4　企業の不正労働行為への是正（工会法22条）

企業が従業員に賃金の一部もしくは全額を支払わず、任意に労働時間を延長し、その他の従業員の権益を侵害する状況にある場合、工会は従業員を代表して企業と交渉を行い、企業に対しその是正措置を要求することができます。

5　企業の安全確保への要求（工会法24条）

企業が従業員に危険な作業を強要し、生産過程に重大な事故を引き起こす恐れがある場合、工会は企業に解決策を提案することができます。

6　企業の不正労務管理行為への調査（工会法25条）

企業が従業員の権利を侵害した場合、これを調査する権利が工会にはあり、企業もこれに協力しなければなりません。

7　重大事項の調査処理への参加（工会法26条）

企業が業務上の死傷事故またはその他の従業員の健康に重大な危害を及ぼす問題の調査および処理を行うとき、工会もこれに参加することができます。この場合、工会は政府関係部門に対し、その問題の処理に関する意見を提出しなければならず、かつ、この問題について直接責任を負う主管人員および関係責任者の責任追及を要求する権利があります。

8　重要事項の検討決定への参加（工会法38条）

企業は、経営管理および発展にかかる重要問題を検討するとき、工会の意見を聴取しなければならず、また、賃金、社会福祉、労働安全衛生、社会保険等

第5節　工会（労働組合）

の従業員の切実な利益に関する会議を開催するときは、工会の代表がこれに参加することができます。

9　就業規則作成・変更時の意見提供（労働契約法4条）

企業は、労働報酬、勤務時間、休憩・休暇、労働安全衛生、保険、福利厚生、従業員訓練、労働規律および労働ノルマ管理等に関連する従業員の切実な利益に直接に関わる規則制度または重要事項を作成、変更または決定する場合には、工会との平等な立場での協議によりそれを確定しなければなりません。規則制度および重要事項の決定の実施において、工会が妥当ではないと判断した場合には、使用者に対して協議による変更、整備を申し立てる権利を有します。もっとも、これらは工会の権利に過ぎず、企業はこれに応じる義務はありません。

10　工会の活動経費の請求（工会法42条）

工会は企業に対して、毎月、全従業員の賃金総額の2％を工会の経費として支払うよう請求することができます。ここにいう従業員とは、企業と労働契約を締結するすべての従業員のことをいい、工会への加入の有無や国籍を問わないため、たとえば工会に加入していない日本人駐在員（総代表、総経理、副総経理等の高級管理職）もこの中に含まれます（中外合資経営企業の支払う工会経費の賃金総額計算問題に関する通知）。

なお、日本人従業員の「賃金」の内容として、中国現地法人負担分のみか、それとも日本本社の補填分も含まれるのかについて、明確な規定はありません。しかし、上海では、公開された判例ではありませんが、中国現地法人負担分のみと認定されたものがあるようです。実務上、企業の工会を通じて、上級工会と協議し、工会の経費を決めたほうがよいでしょう。

11　必要な施設等の提供の要求（工会法45条）

工会は企業に対して、工会活動に必要な施設、活動場所等の物的な条件を提

第5章 労務管理

供するよう要求することができます。

工会経費について外国人従業員の賃金も総賃金に計上すべきとする事例

1 事実

上海にあるAホテルは、合弁企業であり、工会が設立されています。工会経費の支給に関して、Aホテル側は「全従業員の賃金総額の2％」で支給することには同意するものの、外国人従業員の賃金は賃金総額に含まれるべきではないと主張し、合計9万人民元をAホテルの工会に支給しました。これに対して工会側は、外国人従業員の賃金も賃金総額に含まれるべきであると主張し、該当金額33万人民元あまりの経費が未支給であるとして、Aホテルを相手取り、経費の支給を求める訴訟を提起しました。

2 裁判所の判断

上海市中級人民法院は、Aホテルに対して33万人民元の支給を命じる判決を下しました。

3 解説

外国人従業員は工会に参加するか否かにかかわらず、その賃金は企業の賃金総額に計上され、企業はこれを元に工会経費を支払う必要があります。

第5節　工会（労働組合）

Q63　工会に対する企業の義務

工会が設立された後、企業は工会に対してどのような義務を負うのでしょうか。工会の活動に企業がどこまで協力しなければならないのでしょうか。派遣社員も企業の工会に加入できるのでしょうか。

Point

・従業員を解雇するとき、事前に工会（労働組合）に解雇理由を通知しなければならない。
・就業規則を作成・変更するとき、工会と協議しなければならない。
・全従業員の賃金総額の2％を経費として工会に支給しなければならない。
・工会の活動に必要な施設を提供しなければならない。
・工会の非専属委員には、1か月につき3日間有給の工会活動時間を与える必要がある。
・従業員が200人以上の企業には専属の工会主席を設置し、従業員が334人以上の企業には1人の専属職員を設置する必要がある。
・派遣社員にも、自社の工会に加入する権利がある。

Ans.

1　工会に対する企業の義務

工会（労働組合）に対する企業の義務は、工会の権利とも関わってきますが、主に以下のものが挙げられます。

(1) 労働契約解除時の工会への事前通知義務

企業は、従業員との労働契約を一方的に解除する場合（即時解雇および無過失解雇を含む）、事前に解除理由を工会に通知する必要があります。工会は、企業の労働契約解除行為が法律法規または関連契約の規定に違反していると認定した場合、企業に再度検討を要請する権利をもち、企業は工会の要請を検討し、かつ処理結果を書面で工会に通知しなければなりません（工会法21条）。工会への事前通知義務を怠ると、労働解除が無効と認定される恐れがありま

第5章 労務管理

す。

事例26
工会への通知を怠ったため解雇が違法解雇とされた事例

1 事実

　李さんは、上海にあるソフトウェア開発公司A社に入社し、その後、A社は深圳企業とソフトウェア開発契約を締結したため、業務の関係上、深圳企業に派遣されました。李さんは深圳企業での勤務期間中に、無断で深圳企業の従業員名義を利用してソフトウェアを購入し、深圳企業のネットワークユーザー権限を改ざんするなどの行為を行ってしまいました。

　これを受けて、A社は李さんに対し、就業規則に著しく違反したことを理由に、労働契約の解除と、この一件がもとで深圳企業とのソフトウェア開発契約の履行が中止になったことによりA社が被った101371人民元の損害賠償を求める通知を交付しました。一方、李さんもA社に対して未払い分の残業代の支給を求め争う構えを見せました。

　当事者間の意見が折り合わないため、李さんおよびA社はそれぞれ労働争議仲裁委員会に仲裁を申し立てました。

2 仲裁委員会の判断

　仲裁委員会は、両仲裁を合併審理し、A社の労働契約の解除については認めたものの、その他の請求を棄却しました。

　A社および李さんは、いずれもこの判断を不服として裁判所に訴えを提起しました。裁判所は、李さんの労働契約の解除について、A社が工会に通知すべきであり、A社に工会がない場合には、従業員代表または上級工会に通知すべきであったのに、ソフトウェア公司が所定の手続を履行しなかったことを理由に、労働契約の解除を無効と判断しました。

3 解説

　実務上、工会通知義務を怠った一方的労働契約解除に対して、手続上の瑕疵はあっても労働契約を解除する十分な理由があれば、労働契約解除を有効とすべきであると解釈する裁判所は少なくありません。なお、企業としては、極力不要な紛争を避けるために、工会通知義務をきちんと履行すべきでしょう。企業に工会がない場合には、従業員代表または上級工会（区レベルの総工会）に通知を行わなければなりません。

第5節　工会（労働組合）

(2) 工会経費の支払義務

工会組織を設立した企業は、毎月の全従業員（総代表、総経理、副総経理等の日本人駐在員を含む）の賃金総額の2％の割合で、工会側に経費を割り当てなければなりません（工会法42条）。日本では、企業が労働組合を援助するのは不当労働行為に該当するため、労働組合への経費支払は固く禁止されています。この点について、中国と日本との考え方の相違を理解する必要があります。

(3) 必要な施設等の提供義務

企業は、工会活動の展開に必要な施設および活動場所等の物的な条件を提供しなければなりません（工会法45条）。

(4) 工会の非専属委員の業務時間内における工会活動への有給付与義務

工会の非専属委員（工会以外の企業の通常業務の遂行義務を持つ従業員）が業務時間を利用して工会に関わる会議の参加、また工会活動を行う場合、1か月につき3営業日の範囲内なら正常出勤したとみなされ、企業は通常どおりに賃金を支給しなければなりません。言い換えると、企業は、工会の非専属委員に毎月3営業日までの有給活動時間を与える義務があります（工会法44条）。

(5) 工会の専属職員に対する賃金等の支払義務

かつては、工会の専属職員（企業と労働契約を締結しているが、もっぱら工会活動のみを行う従業員）に対して、工会が賃金、賞与および手当等を支給していましたが、2001年の工会法改正により、企業がこれらの専属職員の賃金等を負担するようになりました（工会法41条）。

もっとも、すべての工会に専属職員を設置する必要があるわけではなく、従業員が200人以上の企業には法律上の義務ではないものの、専属の工会主席を設置することが認められ（工会法13条）、また中華全国総工会（立法機関ではない）が2006年7月6日に公布した「企業工会作業条例（試行）」（法律ではないが実務での実効性はある）13条では、工会の専属職員は企業従業員数の0.3％を下回らない比率で設置すべきであるとの要求があります。これに基づいて考えるならば、たとえば従業員が334人在籍する企業には1人の専属職員

第5章　労務管理

を設置しなければなりません。工会の専属職員の設置について実務では、工会の要請がある場合は、企業は工会と協議して決定するパターンが多いようです。

(6) 重大事項決定時に工会を参加させる義務

企業は、従業員による業務上死傷事項およびその他の従業員の健康に関する問題の調査および処理を行う場合、工会の意見を聞く必要があり、従業員の賃金、福利厚生、労働安全衛生、社会保険などの従業員の切実な利益に関して討議する会議を開く場合、工会を参加させる義務があります（工会法26条、38条）。

(7) 就業規則作成・変更時の工会との協議

企業は、労働報酬、勤務時間、休憩休暇、労働安全衛生、保険、福利厚生、従業員訓練、労働規律および労働ノルマ管理等に関連し、従業員の切実な利益に直接に関わる規則制度または重要事項を作成、変更または決定する場合には、工会との平等な立場での協議によりそれを確定しなければなりません。規則制度および重要事項の決定の実施において、工会が妥当ではないと判断した場合には、企業に対して、協議による変更、整備を申し立てることができます（労働契約法4条）。

2　派遣社員の工会加入

企業と労働契約を締結する従業員は当然企業の工会に加入することができますが、企業と労働契約を締結していない派遣社員が企業の工会に加入できるかどうかについて、従来から議論のあるところでした。これを受けて労働契約法64条では、派遣社員の派遣会社か企業（派遣先企業）のいずれかの工会を選択して加入できる権利が定められ、これにより派遣社員が企業（派遣先企業）の工会に加入できる法的根拠が明確になりました。また、派遣社員が派遣先企業の工会への加入を希望した場合に、企業がこれを拒否することはできません。原則的に1人の従業員は1つの工会にしか加入できないため、すでに派遣会社の工会に加入しているような場合には、その会員資格を派遣会社から企業

第5節　工会（労働組合）

（派遣先企業）の工会に移転する必要があります。なお、詳細については、Q18「派遣社員利用時の労務管理」を参照してください。

第5章　労務管理

Q64 ─工会主席の特別保護─

工会設立後、工会主席等との労働契約に何か変化はあるのでしょうか。解雇が難しくなったり、賃金を上げたりしなければならないのでしょうか。

Point

・非専属の工会主席、副主席、委員の労働契約期間は、工会におけるそれぞれの任期期間満了日まで自動的に延長される。
・工会主席、副主席の職務変更は非常に困難。
・工会主席は企業の副総経理と同様の賃金、待遇を受ける。
・工会活動に参加したことを理由に従業員を解雇すると、24か月分の賃金を賠償することになる。

Ans.

1　主席・副主席・委員の労働契約期間の延長

工会（労働組合）に専属する主席・副主席または委員は、その労働契約の期間が自動的に主席・副主席または委員としての就任期間と同期間に延長されます。たとえば、3年の労働契約を締結した従業員が、勤務2年目に任期5年の専属の工会委員に選任された場合、その労働契約の期間は、工会委員就任日から7年（労働契約残余の2年間＋委員就任期間の5年間）となります。

一方、非専属の主席・副主席または委員で、残された労働契約の期間が就任期間よりも短いとき、その任期の終了日まで労働契約の期間が延長されます。たとえば、3年労働契約を締結した従業員が、勤務2年目に任期5年の非専属の工会委員に選任された場合、その労働契約の期間は、工会委員就任日から5年となります（工会法18条）。

第5節　工会（労働組合）

事例27
工会主席の労働契約期間の自動延長を認めた事例

1　事実
葉さんは合弁企業と2年間の労働契約を締結していましたが、企業は葉さんに労働契約期間満了により労働契約を終了する旨を通知しました。

これに対して、葉さんは、自らが去年、工会主席として選出され、5年間の任期があることを挙げ、労働契約は工会主席任期満了時まで自動延長されるべきであると主張しました。葉さんは合弁企業と何度も交渉を行いましたが、合弁企業側が労働契約の終了通知を撤回しなかったため、労働争議仲裁委員会に仲裁を申し立てました。

2　仲裁委員会の判断
仲裁委員会は、葉さんの主張を受け入れ、合弁企業に対して労働契約の終了通知の撤回を命じました。

3　解説
中国では、工会主席の地位は厚く保護されています。企業の就業規則に著しく違反するなどの深刻な事情がない限り、企業は簡単に工会主席を解雇できません。

2　主席・副主席の職務変更は原則不可能

工会の主席または副主席は、基本的にはその任期が満了するまで、企業がその職務を変更することはできず、業務上の必要によりどうしても変更する必要がある場合、事前に工会委員会および直近の上級工会の同意を得なければなりません（工会法17条）。主席・副主席を解雇するときも同様に、工会委員会および直近の上級工会の同意を受けなければなりません。

実務では、主席・副主席の解雇を通常の従業員解雇時と同様に、工会に通知するだけで、その同意を待たずに、解雇手続を進める場面も見受けられますが、この場合、訴訟になると違法解雇と認定され、企業に莫大な損失をもたらす恐れがあるため、企業は留意が必要です。

第5章　労務管理

事例 28
上級工会の同意を待たなかったため工会主席の解雇が違法と認定された事例

1　事実
A社に勤める高さんが同社の工会の副主席に選出され、5年間の任期でした。副主席任期期間中に、A社は高さんに対して、累計して34日間も無断欠勤したことを理由に、即日解雇とする解雇通知を交付しました。これに対して、高さんは労働争議仲裁委員会に仲裁を申し立て、労働契約解除に関わる経済補償金 168000 人民元および未消化年次有給休暇の補償金 8533 人民元の支給を求めました。

2　仲裁委員会の判断
仲裁委員会は高さんの請求を認めました。

3　裁判所の判断
一審裁判所も仲裁委員会と同様に高さんの請求を認めました。これに対して、二審裁判所（北京市第二中級人民法院）は、経済補償金金額を 79728 人民元に変更したものの、やはり違法解雇という仲裁委員と一審の認定を支持しました。二審裁判所は、高さんの無断欠勤がA社の労働規律に違反したことは認定したものの、A社の解雇手続について、A社がファックスおよび速達で上級工会に解雇通知を送付し、上級工会の同意を受ける前に高さんを解雇した点に瑕疵があるとして法律違反と認定しました。

4　解説
本件の場合、3か月間のうちに34日間も無断欠勤したことを理由に公司が高さんを解雇することについて、本来ならなんの問題もありませんでした。しかし、A社が所定の手続を怠ったがために、違法解雇と認定されてしまい、しかも莫大な損失を被る結果となってしまいました。

通常社員の解雇の場合、企業は解雇通知を企業の工会に通知するだけでよく、その同意までを受ける必要はありません。このため、本件のように、本来ならその解雇について、企業が上級工会の同意を受けなければならない法律上の義務がある工会の主席・副主席の任に就いている従業員の解雇の場合にも、上級工会の同意を待たずに工会通知日にうっかり解雇してしまうケースがよく見受けられます。本件の場合、A社が法定の義務をきちんと履行していれば、敗訴することはなく、高さんに多額の経済補償金を支払う必要はありませんでした。

3　主席の待遇向上

企業工会作業条例（試行）24条には、「工会主席は、企業の行政副職の待遇を享受する」と定められています。

ここにいう「行政副職」とは、その法的概念は不明確ですが、一般的には副総経理のことをいい、企業に複数の副総経理がいる場合には、企業内部の総務管理について責任を負う副総経理と同じ待遇を享受すると理解されています。

また、ここにいう「待遇」についてですが、これが賃金を指すのか、それともその他の待遇（たとえば専用個室および車などの手配）のことを指すのか明確ではありません。この点について、各地方の工会の理解はそれぞれ異なるものの、基本的には、車等の手配は副総経理の業務遂行に必要な待遇であり、工会主席はこのような業務を遂行しないため、車等の手配は必要ではないと解されています。

企業工会作業条例（試行）は、立法機関でない中華全国総工会が公布するものであり、理論上、法的効力はないものの、実際には各地の工会がこれに従い実施しており、これに従わない企業には粘り強く交渉する場面などもよく見受けられます。このことから、企業は工会主席に対して、その就任の日から企業の副総経理と同等の待遇を与える必要があります。

	労働契約期間延長	職務変更拒否	待遇向上
工会主席	○	○	○
工会副主席	○	○	×
工会委員	○	×	×

4　工会会員の違法解雇時の懲罰的賠償金

企業は従業員に対して、工会活動に参加したことを理由に解雇を行ってはなりません。また、工会の専属従業員が、工会法が定める職責を履行したことを理由に解雇することもできません。これに反すると、労働行政管理部門から労働関係の回復および労働契約解除期間中に受けるべき報酬の支給を命じられ、

第 5 章　労務管理

または従業員に本人の年収の 2 倍（24 か月分賃金）を賠償金として支給することが命じられることとなります（工会法 51 条）。

さらに、最高人民法院の民事審理における『中華人民共和国工会法』適用の若干問題に関する解釈 6 条では、従業員が年収の 2 倍を賠償金として請求することは、労働契約の違法解雇による経済補償金の請求に反するものではないとしています。

この点については、通常の労働契約の違法解雇に比べて、かなり厳しい懲罰であるため、留意しておく必要があります。

5　工会主席、副主席の解雇

工会の主席、副主席の解雇が全くできないわけでもありません。その任期期間中に、企業の就業規則に著しく違反することなど、労働契約法 39 条に定める状況に該当した場合、企業には解雇権限があります。また、当事者間で協議した上で労働契約の合意解除も認められます。さらに、その任期期間中に法定の定年年齢を迎えた場合には、労働契約が自動的に終了します（工会法 18 条）。

事例 29
工会主席の労働契約の合意解除に関わる事例

1　事実

楊さんは A 社の工会主席を務めていました。楊さんと A 社の契約では、双方が労働契約を合意解除するとき、A 社が楊さんの勤続年数に応じて満 1 年ごとに 1 か月賃金に相当する生活補助金を支給するとの内容がありました。

その後、A 社は工会に対して、今後 A 社が楊さんと労働契約を更新する予定はないものの、楊さんが工会主席であることを考慮して、当該労働契約は工会主席任期満了時まで延長する旨の書面を交付しました。

そして、楊さんが工会主席を勤めることに伴い延長されていた労働契約が終了することに伴い、A 社は慰労金として 427889 人民元（楊さんの 24 か月分賃金に相当）を支給し、労働契約終了後は双方の間にいかなる経済紛争も存しない旨の労働契約合意解除契約書を両者で締結しました。

第5節　工会（労働組合）

楊さんは労働争議仲裁委員会に仲裁を申し立て、この中で労働契約の合意解除に関わる生活補助費223236人民元および50％の額外経済補償金の支給を求めました。

2　仲裁委員会の判断

仲裁の中で、楊さんがA社から強引に労働契約の合意解除契約を迫られたと主張したのに対して、A社は楊さんが離職時にA社および同僚に送付した感謝の意をあらわすEmailを提出し、楊さんが自己の意志で離職していると反論しました。仲裁委員会は、楊さんの請求を棄却しました。

3　裁判所の判断

楊さんは訴訟を提起しましたが、一審二審とも、合意解除契約書は双方の有効な意思表示であり、双方に経済紛争が存在しないとの約定は法律に違反せず、かつ企業が支給した慰労金が、楊さんが受けるべき法定の労働契約合意解除に関わる経済補償金よりはるかに上回ることを考えれば、A社が楊さんに生活補助費を支給する必要はないとの判断を示しました。

4　解説

企業は工会主席と労働契約を合意解除することができます。合意解除時に締結した合意解除契約書は双方の有効な意思表示であり、企業と工会主席がともにその拘束を受けます。本件の場合、A社は楊さんに支給した慰労金が楊さんが受けるべき法定の労働契約合意解除に関わる経済補償金よりはるかに上回ったことが裁判所に評価され、A社の勝訴につながりました。しかし、支給した慰労金が少額であった場合、どのような判決になるのかは、興味深いところです。

第5章　労務管理

Q65 工会の経費

工会の経費使用の注意点について教えてください。また、従業員が工会会員になるために、会員費を納付する必要はあるのでしょうか。

Point

- 企業工会（労働組合）が企業から受けた経費のうち、40%程度を上級工会に上納する。
- 従業員が工会会員になるには、その賃金の0.5%を会費として支払う必要がある。
- 工会経費は、会員の旅行などの活動費用として使用することができる。

1　工会経費の構成

工会（労働組合）の経費は、主に企業が工会に支給する経費および会員従業員が納付する会費からなります。企業が工会に支給する経費は、従業員総賃金の2%が基準とされていますが、会員従業員の会費は、各従業員の月給を基準に0.5%の割合で納付します（工会会費の受領納付に関する通知1条）。実務上、従業員の会費の計算を容易にするため、上級工会と相談の上、従業員の賃金を問わず一律に一定金額（たとえば5人民元）を納付させることもよくあります。

2　上級工会への上納

企業工会が企業から受けた工会経費のうち、40%を下回らない金額を上級工会に上納することが原則とされていますが（中華全国総工会の『工会経費上納方法の調整に関する通知』の徹底的な実施に関する通知）、具体的な比率については、各省レベルの工会が実情に基づきそれぞれ確定しているため、その比率はまちまちです。

たとえば北京市では、原則として工会経費のうちの30%を上級工会に上納

第 5 節　工会（労働組合）

することが決められています（外商投資企業の工会経費の割当に係る問題に関する北京市総工会、北京市財政局の通知 3 条）。なお、特殊な事情がある場合は、上級工会と相談の上で、この比率を下げることもできます。

3　工会経費の使用方法

工会経費は、以下の用途に使用することが認められます（基層工会経費収支管理弁法 7 条）。

① 　会員活動費用。たとえば、会員行事開催、遠足、交歓会、見学、映画、ダンスパーティー、園遊などの集団活動費用
② 　従業員活動費用。たとえば、従業員教育、文化的な娯楽、体育、宣伝活動およびその他の活動のための支出
③ 　工会業務費用。たとえば、工会幹部および幹部候補者の政治・業務勉強会、工会会員代表大会等のための支出
④ 　事業支出。工会が管理する、従業員のための文化、体育、教育、生活面におけるサービス等の付属事業に使われる費用および企業への必要な補助金

実務上、社内旅行、各種クラブ活動（サッカー、バトミントン、水泳など）などの活動を工会が主催者として行う、または工会の活動として企業が従業員に参加を呼びかけて行う場合、それに要する費用は、基本的に工会経費の中から拠出することができます。

事例 30
北京市初の解雇された工会主席の苦闘事例

1　工会設立の経緯

北京市海淀区（のち順義区に移転）にある A 社は 1991 年に設立し、2003 年の時点で 200 人近くの従業員を有する日中合弁企業です。

2003 年 6 月 9 日、A 社は会議を開き、従業員に支給する年末奨励費、洗濯粉等の福利を廃止することを決定しました。この決定に対して、従業員たちは、当時公司の

第5章 労務管理

総務部総経理を担任していた唐さんに決定の撤回を斡旋するよう相談を持ちかけました。

これを受けて、唐さんが数回にわたりA社と交渉を行いましたが、結局、A社の決定は変わらず、会議決定は従業員全員への書面通知の形で確定されました。

従業員たちは、工会の設立を唐さんに相談し、唐さんが北京市海淀区総工会の任さんに相談したところ、工会設立を支持する、との回答を受けました。そこで唐さんは工会設立のことをA社に申し入れましたが、A社からはまったく相手にされませんでした。

2003年7月30日、海淀区総工会の任さんがA社を訪問し、日本側総経理である山田英男氏（仮名）に対して、従業員が工会を設立する意欲があれば、誰もこれを阻止できないとの助言を行いました。また2003年8月13日には、海淀区総工会がA社に対して、工会設立の条件に合致することから、8月22日に工会設立大会を開催すべきとの見解を表明しました。

これに対して、翌日の8月14日に、山田総経理が従業員たちに工会設立の準備作業を中止せよとの指示を出しました。

8月18日、海淀区総工会の任さんが再度A社に足を運んで交渉を行い、かつ山田総経理に「工会設立大会への出席を願う」旨の招待状を渡しました。

8月22日午後3時、工会設立大会に106人の従業員が参加し、唐さんが103人の投票を受け、公司の工会主席に選任されました。この後、海淀区総工会が唐さんの就任を認める回答を発行し、その任期は2008年8月21日までの5年間になりました。

2 工会とA社の戦い

2003年9月9日、工会はA社に対して、従業員との労働契約の締結、社会保険の加入、福利の回復を求める一連の要望書を提出しました。また、A社が外来労働者のために「外来人員就労証」を申請しなかったことにつき、工会自らが海淀区労働部門に告発し、A社は海淀区労働部門から2.5万人民元の罰金を処せられることになりました。

2003年10月16日、北京市総工会所属の新聞誌「労働午報」に「工会を認めず、また労働契約を締結せず、社会保険料も納付しない、一体この企業は何を考えているのか」と題した記事を掲載し、この中でA社を批判し、多くの新聞紙がこの記事を転載しました。

3 職務解除によるトラブル

2003年11月3日、A社が唐さんに対して職務解除通知を発行し、その内容は即日自宅待機を命じるものでした。職務解除の理由について、唐さんが任期期間中に本職を全うせず、記者に虚偽の情報を流し、A社の名誉が毀損され、生産秩序に影響をもたらしたとされていました。

A社の決定に対して、11月27日、海淀区総工会の副主席戴さんがA社を訪問し、山田総経理と交渉を試みたものの決裂に終わり、翌年の1月14日に、北京市労働局、

第5節　工会（労働組合）

北京市総工会、北京市企業家協会が会議を行い、A社に対して唐さんの職務回復を要求する事態になりました。その結果、A社は唐さんの職務を回復しました。

4　1回目の解雇トラブル

2004年3月、A社の生活用水が汚いとして、工会が海淀区衛生局に告発し、これを受けて海淀区衛生局が調査を行ったところ、A社の「衛生許可証」が期間満了しているにもかかわらず更新手続を行っていなかったことが判明し、A社に5000人民元の罰金を科しました。

2004年8月30日、ついにA社が唐さんに対して、労働契約解除通知を交付しました。解除理由は、①衛生許可証の管理責任のある唐さんの職務懈怠により、A社に損害をもたらしたこと、②勤務期間中に合計7日間の無断欠勤があったこと、の2点でした。

5　仲裁・訴訟

A社の労働契約解除を不服として、唐さんは順義区労働争議仲裁委員会に仲裁を申し立てました。2006年9月、仲裁委員会は、唐さんの無断欠勤の証拠はなく、また衛生許可証の未更新による損害が解雇という重大な処分にはつながらないとして、A社に対して、労働契約解除通知の撤回と唐さんへの2004年9月から2006年9月までの賃金損失合計6.68万人民元の支払いを命じました。A社がこれを不服として、訴訟を提起しましたが、一審二審ともA社の敗訴に終わりました。

6　2回目の解雇トラブル

唐さんは、北京市第二中級人民法院が2007年11月6日に下した勝訴判決をうけてA社に復帰を要請しましたが、A社は唐さんの立ち入りを禁止したままでした。

2007年12月4日、唐さんが仲裁委員会に仲裁を申し立て、再度復帰できるよう要請しましたが、A社から「事実的労働関係の終了決定」が交付され、また12月12日にA社工会が唐さんの主席職位を解任していたことも判明しました。

唐さんが再度訴訟を提起し、一審で勝訴判決を受けました。しかし、2008年12月16日、北京市第二中級人民法院は、二審判決（終審判決）を下し、一転A社の勝訴が確定しました。二審判決では、唐さんの労働契約に約定した労働期間がすでに満了しており、かつ2007年12月12日に工会主席から解任されたため、同日をもってA社との労働契約関係が終了するとの認定が下されました。

7　まとめ

唐さんと公司との戦いは5年という長い歳月をかけて、ようやく終止符が打たれました。唐さんとの労働契約を終了させたいA社の狙いは果たされましたが、この戦いの中で、唐さん、A社両者ともに膨大な時間と労力を費やし、結局どちらも勝者とはいえない結果に終わってしまいました。

第5章　労務管理

コラム 14
日ごろの労務管理のチェックポイント

1　労働契約
- ☐ 従業員の出勤日から1か月以内に労働契約を締結したか
- ☐ 締結した労働契約に賃金、勤務場所、勤務内容などを明確に定めているか
- ☐ 締結した労働契約は何回目か
- ☐ 競業避止義務の約定を盛り込んでいるか

2　就業規則
- ☐ 内容は合法か
- ☐ 内容に明らかに不合理なものはないか
- ☐ 就業規則案は従業員代表大会または従業員全員の討論を経たか
- ☐ 前述のことを証明できる証拠を保管しているか
- ☐ 工会（労働組合）または従業員代表と平等な立場で就業規則案を協議したか
- ☐ 上述のことを証明できる証拠を保管しているか
- ☐ 就業規則を従業員に告知したか
- ☐ 上述のことを証明できる証拠を保管しているか

3　賃金
- ☐ 同一労働・同一報酬原則を守っているか
- ☐ 最低賃金制度を守っているか
- ☐ 月ごとに、全額、貨幣で賃金を支給しているか
- ☐ 賃金明細書を交付しているか
- ☐ 総経理を含め、残業代を支給しているか

4　労働時間・休暇・休日
- ☐ 残業は1日3時間以内、1か月36時間以内に抑えているか
- ☐ 年次有給休暇を取得させているか
- ☐ 結婚休暇を与えているか
- ☐ 休暇中の賃金の計上方法は正しいか

5　社会保険・住宅積立金
- ☐ 従業員のために5険（養老、医療、失業、生育、労災）を付保しているか
- ☐ 従業員のために住宅積立金を納付しているか
- ☐ 労災認定のプロセス、必要書類を理解しているか

6　女性従業員・未成年従業員保護

- □　月経期間中にある女性従業員に特別保護を与えているか
- □　女性従業員に生理休暇、出産休暇、授乳休暇を与えているか
- □　妊娠7か月以降の女性従業員に残業または夜勤を手配していないか
- □　夫に妻の出産に関わる付き添い休暇を与えているか
- □　未成年従業員（18歳未満）が「未成年従業員登記証書」を持っているか
- □　未成年従業員に健康診断を受けさせたか
- □　未成年従業員に重労働を手配していないか

7　工会（労働組合）

- □　工会との意見交換は順調か
- □　全従業員の賃金総額の2%で工会に経費を支給しているか
- □　工会にその活動の展開に必要な施設および活動場所等を提供しているか
- □　工会の非専属委員に毎月3営業日までの有給活動時間を与えているか
- □　工会の専属職員の賃金を負担しているか
- □　従業員の切実な利益に関わる重大事項を決定する場に、工会を参加させたか
- □　無断で工会主席・副主席の職務を変更していないか
- □　工会主席に企業の副総経理並みの待遇を享受させているか

第6章

労働契約の解除・終了・変更・更新

第 6 章　労働契約の解除・終了・変更・更新

> ### ワンポイント用語解説

☘ 労働契約の解除制限者

　企業が一方的に労働契約を解除できない従業員のことをいいます。たとえば、労災に遭い労働能力の喪失または一部喪失が確認された従業員、疾病または業務外で負傷し、所定の医療期間にある従業員、三期（妊娠、出産、授乳）期間中にある女性従業員、企業で 15 年連続して勤務し法定の定年年齢に達するまで 5 年未満の従業員、企業の工会主席、集団契約協議における従業員代表などがこれに該当します。

☘ 労働契約の解除

　労働契約の期間満了前に、労働契約を解除することをいいます。解除は、合意解除、従業員による解除（通知解除、即時解除）、企業による解除（即時解雇、無過失解雇、リストラ）などに分けられます。

☘ 労働契約の終了

　労働契約の期間が満了すると、労働契約が終了します。このほか、労働契約の期間満了前であっても、従業員が死亡、法定の定年年齢に達した場合などは労働契約が自動的に終了します。

☘ 法定の定年年齢

　中国における法定の定年年齢は、男性は一律満 60 歳、女性は普通従業員（中国語：工人）が満 50 歳、幹部が満 55 歳とされています。中国の法律では普通従業員（工人）と幹部の区別を明確に定めておらず、企業が自らこれを定義付ける必要があります。実務上、課長クラス以上の女性従業員を幹部と定義していることが多いようです。

第6章　労働契約の解除・終了・変更・更新

即時解雇

　従業員が企業の就業規則に著しく違反したなどの場合、企業が即時に従業員を解雇することができます。従業員に過失があることから、過失解雇とも呼ばれ、この場合、企業が従業員に経済補償金を支給する必要はありません。

無過失解雇

　従業員に過失はないものの、傷病により業務に従事できない、手配業務を遂行する能力がない、または労働契約を締結するときに根拠とした客観的状況に重大な変化が発生した場合、企業が従業員に1か月前までに通知した後、従業員を解雇することができます。この種の解雇の場合、従業員には過失がないため、企業は従業員に経済補償金を支給する必要があります。

人員削減（リストラ）

　従業員側の原因（過失か無過失）ではなく、企業が経営不振などの理由により、従業員を解雇することをリストラといいます。この場合、経済補償金の支給はもとより、事前にリストラ案を労働行政管理部門に報告する必要があります。

リストラ禁止従業員

　リストラしてはならない従業員のことをいい、疾病または業務外で負傷し所定の医療期間にある従業員、三期（妊娠、出産、授乳）期間中にある女性従業員、自社において15年連続して勤務し、かつ、法定の定年退職年齢に達するまで5年未満の従業員などがこれに該当します。

リストラ劣後従業員

　一部の従業員をリストラするとき、優先して継続雇用しなければならない従業員のことをいいます。自社との間において比較的長期間の固定期間労働契約を締結している者、自社との間において無固定期間労働契約を締結している

第6章　労働契約の解除・終了・変更・更新

者、家庭内にほかの就業者がおらず、かつ扶養の必要のある老人または未成年がいる者などがこれに該当します。

解雇通知

従業員を解雇するとき、書面で解雇通知を作成し、これを従業員に交付しなければなりません。これを怠ると、解雇の効力が発生せず、従業員との労働関係が継続することになります。

工会への解除理由通知書

従業員を解雇するとき、事前に解除理由通知書を作成し、工会（労働組合）に交付する必要があります。これを怠ると、解雇が無効とされるリスクがあります。

労働契約解除証明書

企業が発行する従業員との労働関係の解除を証明する書面です。労働契約解除時に従業員に交付する必要があり、従業員がこれをもって、社会保険関係、個人ファイルの移転手続を行います。再就職時に、新しい職場から労働契約解除証明書の提出を求められるケースもよくあります。

経済補償金

労働契約を解除するとき、法に基づき従業員に支給しなければならない金銭上の補償をいいます。日本の退職金とは法的に性質が異なります。

額外経済補償金

企業が法に基づき従業員に経済補償金を支給しない場合、従業員は裁判所に対して、経済補償金の支払のほか、支給すべき経済補償金金額の50％に相当する金員の上乗せ支給を求めることができます。当該上乗せ金員のことを額外経済補償金といいます。

賠償金（2倍経済補償金）

従業員の解雇において、当該解雇が無効と認定される場合、従業員が企業に対して賠償金の支給を求めることができます。賠償金金額は従業員の受けるべき経済補償金の2倍となります。なお、賠償金を求めると、従業員が労働契約の回復を求めることができなくなります。

第6章　労働契約の解除・終了・変更・更新

第1節　合意解除

Q66 労働契約の合意解除

従業員と協議し労働契約を合意解除する場合の留意点は何でしょうか。この場合、経済補償金を支給する必要はあるのでしょうか。

Point

・解雇よりも合意解除の方が労働紛争になりにくい。
・従業員から合意解除の申入れがあった場合、経済補償金の支給は不要。
・後日の紛争を避けるため、労働契約合意解除協議書の作成が重要。
・解雇すべき従業員を合意解除することができるが、従業員の方から合意解除を申し入れてもらい、その書面を証拠として保管しておくことが重要。

Ans.

1　労働契約の合意解除

企業と従業員が協議して労働契約を解除することができます（労働契約法36条）。企業の一方的な労働契約解除（解雇）と比べ、合意解除はいつでも行うことができ、また1か月前の通知義務、工会への解雇理由に関わる説明義務もなく、さらに、労働契約法42条等が定める解雇制限を受ける従業員（労災に遭った従業員、医療期間中の従業員、三期期間中にある女性従業員など）であっても合意解除することができます。

2　経済補償金の支給義務の有無

合意解除の場合、経済補償金の支給義務の有無は、誰が労働契約の解除を申し入れたかにより異なります。従業員が離職を希望し企業に労働契約の解除を申し入れ、企業がこれに同意した場合、経済補償金を支給する必要はありませんが、企業が従業員の離職を希望し、従業員に相談しその同意を受けた場合、

314

第 1 節　合意解除

経済補償金を支給する必要が生じます（労働契約法 46 条 1 項 2 号）。

　実務では、労働契約の合意解除後、労働契約の解除を自ら先に申し入れた従業員が企業に経済補償金の支給を求め、企業が労働契約の解除を申し入れたのは従業員であることを証明できなかったために、経済補償金を支給せざるを得なかった実例があります。

　このため、このようなトラブルを未然に防ぐためには、従業員から労働契約解除の申入れがあった場合、必ず従業員からの書面による退職願を保管しておき、また、安全を期するため、労働契約解除合意書を交わし、そこに従業員から労働契約の解除の申入れがあったとする旨を明記しておく必要があります。

【サンプル 18：退職願】

退職願

　この度、一身上の都合により、○○年○○月○○日をもちまして退職させていただきたく、ここにお願い申し上げます。

　　　　　　　　　　　　　　　　　　　　　　○○年○○月○○日
　　　　　　　　　　　　　　　　　　　営業部　従業員名（署名）

○○有限公司
総経理　○　○　殿

3　労働契約解除合意書の作成が重要

　労働契約の合意解除の大きなメリットとして、労働契約の解除だけでなく、

第6章　労働契約の解除・終了・変更・更新

従業員とのこれまでの権利義務関係を一括して整理できることが挙げられます。実務上、賃金計算、残業代支給、損害賠償など、企業と従業員との間にさまざまなトラブルが発生する恐れがありますが、従業員が在籍期間中にこのようなトラブルについて仲裁を申し立てることは少なく、労働契約の解除後に、企業に損害賠償などを求めてくるパターンが多数を占めるためです。

労務管理の安定化を図るため、労働契約を合意解除するときには、従業員の不平不満を聞き出し、これらのトラブルを一括して解決し、かつ労働契約解除合意書で「今後、従業員は、いかなる理由をもってしても企業に対して金銭的または非金銭的な要求を求めないものとする」旨の内容を盛り込むことが重要です。これさえあれば、従業員が詐欺などを証明しない限り、労働契約を合意解除した後に企業に賠償などを求めることができなくなります。

4　正当な解雇理由のある従業員を合意の方法で解除する際の留意点

企業の就業規則に著しく違反し、正当な解雇理由のある従業員に対して、その再就職等を配慮し、企業がこのような従業員を解雇するのではなく、従業員に辞職を求め、労働契約合意解除という形で、労働契約を終了させるケースが実務ではよく見受けられます。この中で、慰労金の名義で従業員に経済補償金を支給することもあります。

これはこれでよいのですが、従業員に企業から辞職を申し入れた場合、これを書面に残すのではなく、逆に従業員から辞職願いを提出してもらうことが重要です。さもなければ、合意解除を申し入れたのは企業であると認定され、企業が従業員に経済補償金を支給しなければならなくなる恐れが生じます。

【サンプル19：従業員の申入れによる労働契約合意解除協議書】

労働契約合意解除協議書

甲：〇〇〇〇有限公司（企業）
乙：〇〇〇　（従業員）

第1節　合意解除

(身分証明書番号：○○○○○○○○)

　乙が甲に双方の○○年○○月○○日付け「労働契約」(以下、「労働契約」という)の解除を申し入れたため、甲乙は、友好的な協議を経て以下のとおり合意を達成した。

第1条　(合意解除)
　労働契約は○○年○○月○○日をもって解除されることとする。
第2条　(賃金)
　甲は○○年○○月○○日までに、乙にその取得すべき賃金○○人民元を支給する。
第3条　(慰労金)
　乙の長年の勤務に鑑み、甲は、○○人民元の慰労金を乙に支給する。
第4条　(慰労金の支給日)
　乙は、○○年○○月○○日までに甲の規則制度に従い、誠実に業務引継手続を行い、甲から借りた財物をすべて甲に返還しなければならない。
　甲は、業務引継完成日から10日以内に前述の慰労金を乙に支給する。なお、法に基づき個人所得税が発生する場合には、甲がその個人所得税を代理控除・代理納付してから残額を乙に支給するものとする。
第5条　(債務不存在の確認)
　乙は、甲が本協議書に定める賃金、慰労金を乙に支給した後、乙に対していかなる債務も存在しないことを確認し、今後、甲に対していかなる経済的要求またはその他の要求を行わないことに同意する。
第6条　(秘密保持)
　乙は、労働契約解除後、甲の業務、経営、顧客、財務、従業員、知的財産権、賃金等に関する甲の情報、または甲に関連もしくは甲の利益に影響を及ぼしうる情報について、引き続きその秘密を厳格に保持するものとし、これらの秘密情報を第三者に漏洩もしくは開示してはならない。
第7条　(違約責任)
　乙は本協議書に違反した場合、違約金として甲から受けた慰労金を甲に返済しなければならず、甲に損害をもたらした場合は、甲に賠償しなければならない。
第8条　(発効)
　本協議書は甲乙双方が署名または捺印してから発効するものとする。本協議書は一式2部とし、甲乙はそれぞれ1部を保有する。

甲　(捺印)　　　　　　　　　　　　乙　(署名)：
総経理または授権代表　(署名)：
○○年○○月○○日　　　　　　　　　○○年○○月○○日

第6章　労働契約の解除・終了・変更・更新

【サンプル20：企業の申入れによる労働契約合意解除協議書】

労働契約合意解除協議書

甲：○○○○有限公司（企業）
乙：○○○（従業員）
（身分証明書番号：○○○○○○○○）

　甲乙は、友好的な協議を経て、双方が○○年○○月○○日に締結した「労働契約」（以下、「労働契約」という）の解除事項について、以下のとおり合意を達成した。

第1条　（合意解除）
　労働契約は○○年○○月○○日をもって解除されることとする。
第2条　（賃金）
　甲は○○年○○月○○日までに乙にその取得すべき賃金○○人民元を支給する。
第3条　（経済補償金）
　関係法律法規の規定に基づき、経済補償金は従業員の甲における勤続年数に基づき、満1年につき1か月の賃金、6か月以上1年未満の場合は1か月の賃金、6か月未満の場合は0.5か月の賃金を基準として、経済補償金を計算する。ここにいう賃金とは、従業員の労働契約解除日から直近12か月の平均賃金のことを指す。
　甲は、前述の基準に基づき、乙に対して、○○人民元の経済補償金を支給するものとする。
第4条　（慰労金）
　前条にいう経済補償金のほか、甲は、別途○○人民元の慰労金を乙に支給する。
第5条　（経済補償金および慰労金の支給日）
　乙は、○○年○○月○○日までに甲の規則制度に従い、誠実に業務引継手続を行い、甲から借りた財物をすべて甲に返還しなければならない。
　甲は、業務引継完成日から10日以内に前述の経済補償金および慰労金を乙に支給する。なお、法に基づき個人所得税が発生する場合には、甲がその個人所得税を代理控除・代理納付してから残額を乙に支給するものとする。
第6条　（債務不存在の確認）
　乙は、甲が本協議書に定める賃金、経済補償金、慰労金を乙に支給した後、乙に対していかなる債務も存しないことを確認し、今後、甲に対していかなる経済的要求またはその他の要求を行わないことに同意する。
第7条　（秘密保持）
　乙は、労働契約解除後、甲の業務、経営、顧客、財務、従業員、知的財産権、賃金等に関する甲の情報、または甲に関連もしくは甲の利益に影響を及ぼしうる情報につ

いて、引き続きその秘密を厳格に保持するものとし、これらの秘密情報を第三者に漏洩もしくは開示してはならない。

第8条（違約責任）

　乙は本協議書に違反した場合、違約金として甲から受けた慰労金を甲に返済しなければならず、甲に損害をもたらした場合は、甲に賠償しなければならない。

第9条（発効）

　本協議書は甲乙双方が署名または捺印してから発効するものとする。本協議書は一式2部とし、甲乙はそれぞれ1部を保有する。

甲（捺印）　　　　　　　　　　　　乙（署名）：
総経理または授権代表（署名）：
〇〇年〇〇月〇〇日　　　　　　　　〇〇年〇〇月〇〇日

第6章　労働契約の解除・終了・変更・更新

Q67 経済補償金の支給

労働契約を合意解除する場合、法定の経済補償金を下回る金額での支給に関する合意は認められるのでしょうか。また、労災で労働能力を喪失した従業員との労働契約を合意解除することは認められるのでしょうか。

Point

・従業員が自らの権利を知らないまま労働契約の合意解除に至ると、労働紛争が起こりやすい。
・従業員が法定の経済補償金金額を知った上で合意すれば、企業が法定の経済補償金を下回る金額を支給することも可能。
・労災を受けた従業員など労働契約の解除制限者であっても、合意解除することはできる。

Ans.

1　合意解除に関わるトラブル

合意解除は解雇と比べるとトラブルは少ないものの、皆無ではありません。合意解除後に発生するトラブルのほとんどが、合意解除交渉時に従業員が自らの権利を知らなかったことに起因するものです。最近は特に、支給した経済補償金の金額が法定の経済補償金の金額より少額であること、解除制限者を解雇したことに関わる紛争が実務では多く見受けられます。

従業員が自らの権利をよく知らないことについて企業に過失はないものの、実務ではよく、従業員が弱者であることを理由に、従業員が自らの権利を知らなかったことを主張した場合、裁判所は従業員側を保護するケースが見受けられます。このため、労働関係を安定させるため、合意解除においては、企業の方から従業員が持つべき権利（法定の経済補償金の金額、年次有給休暇未消化による3倍賃金受領の権利、労働契約解除制限者であることなど）を知らせ、労働契約解除合意書の中でも、その権利を明記しておくことが重要です。

2 合意した経済補償金が法定の経済補償金を下回る場合

　賃金基準の計算方法の間違い等の事情で、法定の経済補償金金額を下回る経済補償金に合意してしまうケースがよくあります。この場合、従業員から不足分の支給を求められれば、企業は、この合意を盾に不足分の支給を拒否することはできません。中国の裁判所は、経済補償金の支給金額が適当でないと判断した場合、これを変更することができるからです（最高人民法院の労働争議事件の法律適用の若干問題に関する解釈20条）。

　企業が従業員に支給すべき経済補償金を支給しない場合、従業員は企業に対して経済補償金の支給のほか、経済補償金の50％に相当する額外経済補償金の上乗せ支給を請求することができます（Q93「2008年より前および2008年以降の経済補償金の計算方法」参照）。しかし、額外経済補償金の上乗せ支給は、企業が悪意をもって従業員に経済補償金を支給しない場合に適用する制度です。実務上、合意した経済補償金が法定の経済補償金より下回ったことにつき、従業員は企業が悪意があったと証明することは難しいのが実状です。このため、合意した経済補償金が法定の経済補償金より下回った場合、通常では、裁判所は経済補償金の不足分につき企業に対して従業員に50％の額外経済補償金の上乗せ支給を命じることはありません。

　もっとも、従業員が法定の経済補償金金額を知りながらも法定より低い金額に合意した場合には、この限りではありません。この場合、企業は従業員が法定の経済補償金金額を知っていたことを証明する必要があります。実務では、あらかじめ「労働契約合意解除協議書に法定の経済補償金金額は○○人民元であるが、従業員は△△人民元の経済補償金の支給に同意する」旨を明記しておく対策も見受けられます。

第6章　労働契約の解除・終了・変更・更新

事例31
約定の経済補償金が法定額より少なかったため、追加支給が命じられた事例

1　事実
　李さんは北京市にあるA社で勤務していましたが、2年後、双方が労働契約合意解除協議書を締結し、即日をもって労働契約を解除し、李さんの月基本賃金が4000人民元であることから、経済補償金金額として5か月分を乗じた20000人民元を支給する、との内容で合意に至りました。A社としては、李さんの勤続年数は3年未満であり3か月分を支給すればよかったものの、2か月分を余分に支給したと思っていました。
　しかし後日、李さんがA社に対して、賃金は労働契約解除時の平均賃金を基準に計算し、不足分55000人民元の支払を求め、朝陽区労働争議仲裁委員会に仲裁を申し立てました。

2　仲裁委員会の判断
　朝陽区労働争議仲裁委員会はA社に対して55405人民元の経済補償金の支給を命じました。

3　裁判所の判断
　A社はこれを不服として、北京市朝陽区人民法院に訴訟を提起しました。
　訴訟の中で、労働契約解除時の李さんの直近12か月の賃金金額は、毎月4000人民元の基本給であったものの、コミッション収入などを入れると、平均15081人民元になることが明らかになりました。
　北京市朝陽区人民法院は、本件における法定の経済補償金は45243人民元（＝15081×3か月）であり、実際に支給された経済補償金よりはるかに高額であり、A社に対し、不足分である25243人民元（＝45243－20000）の支払を命じました。
　A社も李さんもいずれも上訴せず、一審判決が有効となりました。

4　解説
　従業員を解雇するとき、法定の経済補償金を全額支給しなければなりません。支給した経済補償金の金額が法定の経済補償金の金額より少額であったため、不足分の支給を命じられました。

3 解除制限者との合意解除の効力

労働契約の合意解除は、当事者がその有する権利を処分することに該当するため、法律の強行規定に反しない限り、その自由意志に委ねられます。このため、労働契約法42条等の制限を受け、企業が一方的に労働契約を解除できない従業員（解除制限者）、たとえば、労災に遭い労働能力の喪失または一部喪失が確認された従業員、疾病にかかりまたは業務外で負傷し、所定の医療期間にある従業員、三期（妊娠、出産、授乳）期間中にある女性従業員、企業で15年連続して勤務し法定の定年年齢に達するまで5年未満の従業員などであっても、当事者間で合意に達すれば労働契約を解除することができると考えられます。

もっとも、解除制限者と合意解除を行うときには、企業は従業員に対して当該従業員が解除制限中の身分であることを知らせる必要があります。これを怠ると、従業員が自らの本意ではなかったとして、労働契約の合意解除の無効を主張してくる恐れがあります。また、合意解除後にはじめて、従業員が自らが解除制限者に該当すると知った場合、当該従業員が合意解除の無効を主張すれば、それを支持する裁判所は少なくありません。

事例32

妊娠を知らなかったことを理由に労働契約の合意解除請求が認められた事例

1 事実

楊さんはA社の販売部門で働いていましたが、A社が販売部門を撤廃することになったため、楊さんを含めた販売部門の全従業員と労働契約の解除の協議が行われることになりました。楊さんは「労働契約解除協議書」に署名し、楊さんの労働契約は即日をもって解除され、A社は楊さんに法定の経済補償金の3倍に相当する経済補償金を支給しました。

4か月後、体調のすぐれなかった楊さんは病院から妊娠12週（妊娠日は労働契約合意解除日以前）であるとの診断書を受けました。即日、楊さんはA社に労働契約

第6章　労働契約の解除・終了・変更・更新

合意解除の無効を申し入れましたが、A社はこれを拒否しました。楊さんは労働争議仲裁委員会に仲裁を申し立て、①「労働契約解除協議書」の解除、②労働契約解除翌日からの賃金と25％の経済補償の支給を求めました。

2　仲裁委員会の判断

仲裁委員会は、労働契約の合意解除は妊娠後の楊さんにとって真実の意思表示ではなく、合意解除は無効であると判断する一方、A社が楊さんに出勤を求めた日から起算し、労働契約解除時の賃金基準に従い賃金を支給すべき、との仲裁判断を下しました。

3　裁判所の判断

A社はこれを不服として、訴訟を提起しました。裁判所は、企業は妊娠中の従業員の労働契約を解除することはできず、楊さんが自己が妊娠していることを知らなかったため、「労働契約解除協議書」の解除を求める権利を有するとの判断を示し、一審二審とも、労働契約の回復、労働契約回復請求日からの賃金支給を命じました。

4　解説

三期（妊娠、出産、授乳）期間中にある従業員は厚く保護されるため、企業は三期期間中にある従業員を雇用してはなりません。企業は三期期間中にある従業員と労働契約を解除することは認められますが、三期期間中にあるにもかかわらず、これを知らずに企業と労働契約を合意解除した場合、従業員は労働契約の解除を取り消すことができるか否かは、法律上、不明確です。本件は、三期期間中にあることを知らずに、企業と労働契約の合意解除を行った従業員を保護するものです。

第2節　労働契約の終了

Q68　労働契約の期間満了

労働契約の期間満了により労働契約を終了する場合に留意すべき点は何でしょうか。期間満了しても、労働契約を終了できないケースはあるのでしょうか。

Point

・期間満了により労働契約を終了する場合、企業は従業員に経済補償金を支給する義務を負う。
・期間満了であっても、企業が労働契約を終了できないケースがある。
・期間満了により労働契約を終了するには、事前通知、年次有給休暇の消化、業務の引継、企業財産の返還などの作業を行う必要がある。
・労働契約終了後、労働契約終了証明書の発行、従業員の社会保険関係および個人ファイルの移転、労働契約書について最低2年間の保管が必要。

1　経済補償金の支給が必要

　固定期間労働契約の期間満了をむかえ、企業に従業員との継続雇用の意思がない場合、2以下に示す状況以外であれば、労働契約を終了することができます。この場合、2008年1月1日以降の勤務については、従業員に経済補償金を支給する必要があるため注意が必要です。

> ◆　例　◆
>
> 　2006年4月1日に入社した従業員で、2018年3月31日に労働契約期間が満了した場合、企業は10.5か月分（2008年分から2017年分の10か月、2018年分の0.5か月）の賃金を基準に従業員に経済補償金を支給する必要があります。なお、具体的な経済補償金の計算方法は、Q91「経済補償金の算出方法」を参照してください。

第6章 労働契約の解除・終了・変更・更新

2 期間満了により労働契約を終了できないケース

労働契約の期間が満了しても、労働契約を終了できないことがあります。この場合、労働契約が終了できない事由が消滅するまで契約を延長するか、無固定期間労働契約を締結する必要が生じます（労働契約法45条、14条）。

	従業員の状況	対応
1	職業病の危険と接する作業に従事する従業員が、職場を離れる前の職業健康診断を行っていない場合	職業健康診断完了日まで延長する
2	職業病の疑いのある患者従業員が診断もしくは医学観察期間にある場合	診断終了日または医学観察期間満了日まで延長する
3	職業病を患うまたは業務上負傷し、労働能力を喪失または一部を喪失し、1〜6級障害者と認定された場合	労働契約期間を定年日まで延長する
4	疾病を患うまたは業務外負傷で、所定の医療期間内にある場合	医療期間満了日まで延長する
5	女性従業員が三期（妊娠、出産、授乳）期間中にある場合	授乳期間満了日まで延長する
6	15年連続勤務し、かつ、法定の定年年齢に達するまで5年未満の場合	定年まで延長する
7	工会の主席、副主席または委員	任期満了日まで延長する
8	集団契約交渉時における従業員代表	交渉職責履行完了日まで延長する
9	10年連続して勤務し、かつ従業員から無固定期間労働契約の締結の申し入れがある場合	無固定期間労働契約を締結する
10	10年連続して勤務し、法定の定年年齢まで10年以下であり、従業員から無固定期間労働契約締結の申し入れがある場合（企業が初めて労働契約制度を実施するか、国有企業の組織変更に伴う労働契約の締結し直しの場合に限る）	無固定期間労働契約を締結する
11	2回連続して固定期間労働契約を締結し、かつ従業員から無固定期間労働契約の締結を申し入れられた場合	無固定期間労働契約を締結する

労働契約期間の延長により、自社での従業員の勤務期間がちょうど10年を

超えた場合、企業は労働契約法14条に従い、従業員と必ず無固定期間労働契約を締結しなければならないのかと懸念する企業があります。

◆ 例 ◆

李さんは2009年4月1日に入社し、最後の労働契約は2018年3月31日までとなっています。A社は2018年3月31日の労働契約期間満了（合計9年間の勤務）に伴い、李さんとの労働契約を終了すると計画しています。しかし、労働契約期間満了前の2月に、李さんが妊娠したことが判明しました。3月31日は、李さんの妊娠期間中に該当するため、A社は李さんとの労働契約を解除できず、期間延長しなければなりません。その後、李さんが出産し、授乳期間を経た結果、李さんとの労働契約はすでに満10年間になりました。A社は授乳期間満了後の李さんとの労働契約を解除することができるのでしょうか。

現在、このような場合には、企業は労働契約法14条の制限を受けずに、延長期間満了後に労働契約を終了させることができると考えられています。つまり、この場合、三期（妊娠、出産、授乳）期間の終了に伴い、労働契約が終了できない事由が消滅するため、企業は労働契約を終了させることができます。なお、この場合、A社が2018年の2月に李さんに労働契約を終了する予定であったが、妊娠したため、労働契約期間を延長した旨を通知する必要があります。

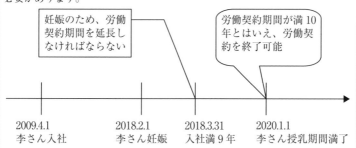

3 期間満了による労働契約終了時の留意点

(1) 通知義務の履行

期間満了により労働契約を終了する場合、企業がいつまでに従業員に通知を行うべきか、法律には具体的な規定はなく、よって従業員との労働契約に従うことになります。実務では、30日前までに通知すると約定することがほとん

第6章　労働契約の解除・終了・変更・更新

どで、中には60日前と約定する労働契約も見受けられます。企業は、その労働契約が定める期間に従い労働契約解除の通知を行うべきです。

(2) 年次有給休暇の消化

　年次有給休暇の全部または一部が未消化である場合、契約終了日前までに、これを消化させる必要があります。これを怠ると、従業員に3倍賃金を支給する必要があります。一般的に労働契約解除の場合、速やかに契約解除を行う必要があるため、不本意ながら3倍賃金を支給しているケースが多いようですが、労働契約の期間満了による終了の場合、時間的余裕もあるため、早めに当該従業員に年次有給休暇を手配し、これを消化させておくべきです。

(3) 業務引継および企業財産の返還要求

　従業員に未完成の業務があれば、企業は従業員に対して業務の引継作業を求めることができます。また、従業員が企業の財産（携帯、パソコンおよび部屋など）を利用している場合、合理的な期間内にこれらの財産の返還を要求することもできます。

　ここにいう合理的な期間についてはケースバイケースで判断する必要がありますが、携帯およびパソコンは即時返還を求めることができ、部屋の明け渡しの場合、荷物の片付け、引越し企業の最短稼働可能時間、従業員の次の部屋の確保等の要素を考慮し、実務では、5〜10日の準備時間を与えることが一般的には多いようです。

　従業員による業務引継や企業財産の返還を確実にするために、「離職人員業務引継確認表」を作成し、業務の引き継ぎや企業から借りた財産の返還状況について細かいチェック項目を設けて確認を行う方法もよく利用されています。

(4) 労働契約終了証明書の発行

　労働契約を終了する際に、従業員に労働契約終了証明書を発行する必要があります（労働契約法50条1項）。そこに、労働契約期間、労働契約の終了日、従業員の職務、企業における勤続年数を明記しなければなりません（労働契約法実施条例24条）。

第 2 節　労働契約の終了

(5)　社会保険関係および個人ファイルの移転

　労働契約の終了後 15 日以内に、従業員の個人ファイル（中国語：档案）および社会保険関係の移転手続を行わなければなりません（労働契約法 50 条 1 項）。

(6)　労働契約書を 2 年間保管

　従業員との労働契約書を少なくとも 2 年間保管する必要があります（労働契約法 50 条 3 項）。

【サンプル 21：離職人員業務引継確認表】

離職人員業務引継確認表

○○○様

　本確認表をもって、関連部署で離職に関わる業務引継およびその他の関連作業を遂行してください。

○○有限公司
○○年○○月○○日

部署	引継作業	引受人署名	引継時間
所属部署	業務ファイルおよび関連資料の引継		
	オフィスの鍵の返還		
	個人デスクの鍵の返還		
	部署から借りた財産の返還		
総務部	ID カード、鍵の返還		
	企業から借りた事務用品の返還		
	企業から借りたその他の財産の返還		
IT 部	当該従業員の電子メールの取消し		
	電話機の返還		
	パソコンの返還		
財務部	企業から借りた借金の返済		
	罰金の控除		
	その他の控除すべき金員の控除		
他の部署			

所属部署責任者（署名）　　　　　　　人事部責任者（署名）

Q69 定年

従業員が定年年齢に達したとき、労働契約は自動的に終了するものでしょうか。定年後の従業員を引き続き使用したい場合、どうすればよいのでしょうか。このほかの場合にも、労働契約が自動終了するケースはあるのでしょうか。

Point

- 従業員が法定の定年年齢に達すると自動的に労働契約が終了する。
- 法定の定年年齢は、現状男性60歳、女性幹部55歳、女性普通従業員は50歳となる。法が女性幹部と女性普通従業員の区別を定めていないため、企業が定款または就業規則でこの部分を明確に定めることが必要。実務では、課長クラス以上を女性幹部とすることが多い。
- 定年従業員を引き続き使用する場合、業務委託契約を締結すべき。
- 企業の中途解散などの場合も、労働契約が終了する。

Ans.

1 定年年齢に達した場合＝労働契約の終了

労働契約法によると、従業員が基本養老保険待遇を享受したときから、労働契約は終了します（労働契約法44条1項2号）。しかし、中国では基本養老保険待遇を享受するには、養老保険金を累計して15年間納付する必要があります。このため、これまでは定年年齢に達しているのに基本養老保険を享受できない従業員が出る不具合が生じていました。

これを受けて労働契約法実施条例では、労働契約法のこの不具合を補正し、従業員が法定の定年年齢に達した場合、自動的に労働契約が終了すると定めています（労働契約法実施条例21条）。

	労働契約の終了条件	結果
労働契約法	従業員が基本養老保険待遇を享受すること	基本養老保険待遇の享受条件が厳しく定年年齢に達しても労働契約の終了条件に合致しない可能性あり
労働契約法実施条例	従業員が定年年齢に達したこと	定年年齢が確定されやすく、労働関係の安定化を期待できる

2 法定の定年年齢とは

法定の定年年齢は、現状男性は一律満60歳、女性は普通従業員が満50歳、幹部の場合は満55歳とされています（老弱病残幹部の処遇に関する国務院の暫定弁法4条、普通従業員の定年退職に関する暫定弁法1条）。ここで留意すべきなのは、中国の法律では女性の普通従業員と幹部についての区別を明確に定めておらず、企業が自らこれを定義付ける必要があることです。実務上、課長クラス以上の女性従業員を幹部と定義していることが多いようです。

なお、近年、中国の人口老齢化問題が深刻になり、法定の定年年齢を伸ばすべきとの立法動向があります。今後、女性の定年年齢が一律に55歳に統一され、男女ともに、その定年年齢を徐々に引き上げ、最終的に65歳で定年になる見込みです。

3 定年年齢に達した従業員への対応

従業員が法定の定年年齢に達すると、労働契約は自動的に終了し、また、従業員に経済補償金を支給する必要はありません。

企業が定年年齢に達した従業員に対して勤務の継続を望まない場合、定年日までの賃金を支給し、定年日の翌日から出勤を拒否することができます。

一方、勤務の継続を望む場合、企業と定年年齢に達した従業員は、労働関係なのか、役務委託関係なのか、実務では見解が分かれています。業務委託関係の場合、企業が役務提供者のために社会保険料および住宅積立金を納付する必要はなく、労働報酬の支給のみに限られ、また契約期間満了による業務委託契

第 6 章 労働契約の解除・終了・変更・更新

約終了後に経済補償金を支給する必要もないなど企業にとっては条件的に非常に有利になります。

　企業と定年年齢に達した従業員の関係に関わる紛争が発生した場合、すでに養老保険を享受し始めた者と企業との間の関係は役務提供契約になると判断されています（最高人民法院の労働争議事件の法律適用の若干問題に関する解釈（三）7 条）。一方、定年年齢に達したものの、いまだ養老保険を享受できない者の場合、実務では、労働関係と判断される可能性もあれば、役務提供契約と判断される可能性もあります。後日のトラブルを避けるため、定年年齢に達した従業員を継続して雇用する場合、労働契約なのか、業務委託契約なのかを、あらためて契約を締結することで、双方の権利義務関係を明確化すべきです。

4　定年従業員への賃金支給、社会保険料納付方法

　企業は定年年齢に達した従業員に定年日までの賃金を支払います。たとえば、1960 年 3 月 20 日生まれの男性従業員であれば、2020 年 3 月 19 日（満 60 歳）まで勤務することが可能で、当該期日までの賃金を支払います。なお、社会保険料および住宅積立金の納付は賃金の日割りが認められておらず、月単位で計上されるため、退職する月の勤務日数が 1 か月に満たない場合でも、1 か月分の社会保険料および住宅積立金を納付しなければなりません。

5　労働契約が終了するその他のケース

　定年のほか、次に掲げる事由のいずれかに該当する場合にも、労働契約が自動終了します（労働契約法 44 条）。このうち、労働契約の終了は従業員の過失によらない場合、すなわち、「企業が法により破産宣告を受けた」、「企業が営業許可を取り消され、閉鎖もしくは抹消を命じられた」、「企業が中途解散を決定した」などの場合、企業が従業員に経済補償金を支給する必要があります。なお、経済補償金の計算方法については、Q91「経済補償金の算出方法」を参照してください。

① 労働契約期間が満了した場合
② 従業員が死亡し、または人民法院から死亡の宣告もしくは失踪の宣告を受けた場合
③ 企業が法により破産宣告を受けた場合
④ 企業が営業許可を取り消され、閉鎖もしくは抹消を命じられた場合
⑤ 企業が中途解散を決定した場合
⑥ 法律、行政法規の定めるその他の事由がある場合

コラム 15
定年年齢に達した派遣社員への対応方法

　直接雇用（正社員）の場合、定年年齢に達した従業員に関して、労働契約の約定いかんにかかわらず、労働契約法実施条例 21 条に基づき、定年日に労働契約を終了することができます。

　たとえば、1960 年 3 月 20 日生まれの男性従業員の場合、満 60 歳をむかえる 2020 年 3 月 19 日に労働契約が終了となります。

　一方、間接雇用（派遣社員）の場合、正社員と同様に取り扱うことができるのかについて、定年退職する従業員の増加に伴い、昨今この問題を抱える企業が増えてきています。

　実務上、ほとんどの派遣契約では、労働契約法 44 条に基づき「派遣社員が法に基づき基本養老保険待遇を享受し始めたとき」、企業が派遣の打ち切りができると約定されています。中国では、基本養老保険待遇の開始日は定年日からではなく、定年日の翌月からです。

　たとえば、1960 年 3 月 20 日生まれの男性従業員の場合、2020 年 4 月 1 日から基本養老保険待遇を享受することになります。

　そこで、2020 年 3 月 20 日～3 月 31 日の期間について、派遣社員を継続して使用すべきかどうかの問題が生じます。実務でも、派遣社員を 3 月 31 日まで勤務させ、31 日までの賃金を支給するよう企業に求める派遣会社が実際にあります。

　この場合、派遣契約に従い、31 日まで勤務してもらうことも可能ですが、企業が一日でも早く派遣の打ち切りを行いたい場合、派遣会社に対して、派遣会社と派遣社員との間の労働契約が 3 月 20 日に自動終了することを理由に、派遣会社がこの派遣社員を派遣することはできないと主張することができ、3 月 20 日以降の従業員の出勤を拒み、3 月 19 日までの賃金しか支給しないとして派遣会社に対抗することもできます。

第6章 労働契約の解除・終了・変更・更新

第3節　従業員による労働契約の解除

Q70 従業員からの労働契約解除の申入れ

従業員の方から自由に労働契約を解除することはできるのでしょうか。このような場合でも、企業が従業員に経済補償金を支給しなければならない状況があるのでしょうか。

Point

・従業員が企業に30日前（試用期間中は3日前）までに書面で通知を行えば、労働契約を解除することができる。
・企業に過失がある場合、従業員は即時に労働契約を解除することができ、かつ企業に経済補償金の支給を求めることができる。
・課長クラス以上の従業員であっても残業代を支給する必要があり、これを怠ると、従業員はいつでも労働契約の解除ができ、その上経済補償金の支給を求められる。

1　従業員による労働契約解除の方法

　従業員は、①通知解除、②即時解除という2つの方法で、自ら労働契約を解除することができます。①は企業に特に過失がない場合に、②は企業に過失がある場合に利用できる方法です。②の場合であると、企業が従業員に経済補償金を支給しなければならないため（労働契約法37条、38条）、企業はこの点に留意しておく必要があります。

第3節　従業員による労働契約の解除

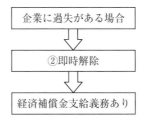

2　従業員による通知解除

　従業員は、企業にその意思を通知すれば自由に労働契約を解除することができます。試用期間中にある従業員の場合、口頭か書面のいずれかの方法で3日前までに通知すれば労働契約を解除することができ、試用期間が終了している従業員の場合は、書面で30日前までに企業に通知する必要があります。

　離職の自由は従業員の当然の権利であり、これについて企業の許可を受ける必要はありません。よって、企業の同意許可を受けなくても、通知日から30日（試用期間中は3日）を超えると、労働契約が自動的に解除されます。実務では、高級管理職に対して、辞職は2か月前までに企業に通知しなければならないなどと労働契約で約定するケースが見受けられますが、これは法定の30日を超えているため無効になります。

3　従業員による即時解除

　企業が次に掲げる事由のいずれかに該当する場合には、従業員は即時に労働契約を解除することができ、企業は従業員に経済補償金を支給する必要があります（労働契約法38条、46条1項1号）。また、この場合、拘束期間の約定があっても、この約定の制限を受けず、従業員が企業に違約金を支払う必要もありません（労働契約法実施条例26条1項）。さらに従業員に未消化の年次有給休暇が残っている場合には、企業は従業員に3倍の賃金を支払わなければなりません。

第6章　労働契約の解除・終了・変更・更新

① 企業が労働契約の約定どおりに労働保護または労働条件を提供しない場合
② 企業が労働報酬を遅滞なく満額で支払わない場合
③ 企業が法定の従業員の社会保険料を納付しない場合
④ 企業の規則制度が法律法規の規定に違反し、従業員の権益を損なう場合
⑤ 企業が詐欺、脅迫の手段を用いて、または従業員の弱みにつけ込み、従業員の真実の意思に反する状況において労働契約を締結または変更し、この労働契約が無効になった場合
⑥ 企業が暴行、威迫または人身の自由を不法に制限する手段により、従業員に労働を強要した場合
⑦ 企業が規則に違反して危険な作業を強要し、従業員の人身の安全に危険を及ぼした場合
⑧ 法律、行政法規の規定により従業員が労働契約を解除することができるその他の事由がある場合

4　従業員による即時解雇の権利濫用に留意

　上記3で述べたとおり、企業に過失があれば、従業員はいつでも労働契約を解除することができます。また、この場合、企業が従業員に経済補償金を支給する義務を負うほか、従業員に専門的技術訓練を提供し拘束期間を約定していても、従業員は拘束期間違反の制限を受けることはなく、企業に違約金を支払う必要もありません。逆に、従業員に未消化の年次有給休暇があれば、企業は従業員に3倍賃金を支給わなければなりません。

　企業は、このような従業員による即時解雇権の濫用に留意する必要があります。現に、企業が就業規則に著しく違反した従業員を解雇しようかと検討していた矢先に、企業が残業代を支払わないことを理由に、従業員の方が先手を打って労働契約を解除し、その上経済補償金の支払を求めてきたという実例もあります。

　実際に、日系の外商投資企業では、不定時勤務時間制度を申請しないにもかかわらず課長クラス以上の従業員に残業代を支給しないケースが少なくありません（Q25「勤務時間条項」参照）。また、女性従業員に対して出産できる順序を割り振っている企業もあると聞きます。このような行為は違法であり、従業員の即時解除の格好の口実となるため、企業側は留意する必要があります。

第3節　従業員による労働契約の解除

Q71　従業員からの労働契約解除の制限

従業員の辞職に対して制限を付ける行為は法律上禁止されているのでしょうか。獲得コストの高い従業員の離職を防ぐには何か方法があるのでしょうか。事前通知を行わずに辞職しようとする従業員、出社しない従業員に対して、どのように対応すればよいのでしょうか。

Point

・社会保険関係および個人ファイルの移転拒否をもって従業員の離職を阻止することは違法。
・違約金で離職に制限を付けることは可能であるが、専門的技術訓練を受けた従業員にしか違約金を約定できない。
・賠償金を労働契約で約定し、離職を阻止することも違法。
・獲得コストの高い従業員の離職を防ぐには、労働関連法規では限界がある。
・事前通知せず離職する従業員に対して損害賠償責任を追及することはできるが、損害額の証明が困難。
・突然辞めると言い出し出社しなくなる従業員に対しては解雇手続を経て労働契約を解除する必要がある。

1　離職手続懈怠による辞職阻止は違法

労働契約終了証明書を発行しない、社会保険関係および個人ファイルの移転手続を行わないなどして従業員の離職を阻止しようとする企業がありますが、これは完全な違法行為です。このような行為は、労働行政管理部門から是正を命じられ、従業員に損害をもたらした場合、これを賠償しなければなりません（労働契約法89条）。

2　違約金の約定による阻止の可能性

かつて、企業が従業員の辞職を阻止するため、従業員が一方的に労働契約を

第6章 労働契約の解除・終了・変更・更新

解除する場合には企業に違約金を支払わなければならない旨の約定を労働契約に盛り込むケースがよく見受けられました。これは、従業員が有する職業選択の自由に違反することから、労働契約法では、違約金を約定できる状況を以下の2つの場合に限定しています（労働契約法25条）。

① 従業員に専門的技術訓練を提供し、拘束期間を約定した場合
② 競業避止義務を約定した場合

競業避止義務の約定は、離職した従業員による競業を禁止することであり、従業員の離職自体を阻止することはできません。このため、従業員の辞職を阻止できるのは、事実上、従業員に専門的技術訓練を提供し、拘束期間を約定した場合に限られています。

しかし、従業員に専門的技術訓練を提供し拘束期間を約定しても、従業員が拘束期間の約定違反に関わる違約金を企業に支払えば自由に離職することができるため、従業員の離職を完全に阻止できるわけではないという点に留意すべきです。この場合も、企業としては、違約金を支払わない従業員に対して、違約金の支払を求めるしか術はなく、労働契約の解除を認めないということはできません。

3 賠償金による離職阻止は禁止

企業が従業員の辞職を避けるため、従業員が一方的に労働契約を解除する場合には、賠償金の支払を課す旨を労働契約で約定する防止策が従来はよく見受けられました。これも労働契約法の下では認められない約定です。現在、賠償金の約定はすなわち違約金の約定とみなされ、2で述べた2つの状況以外における約定は無効とされています。このため、賠償金による離職阻止も行うことはできません。

4 獲得コストの高い従業員の離職防止策

獲得コストの高い従業員とは、通常の従業員より大きな費用をかけて雇用した従業員のことをいいます。たとえば、拘束期間制限または競業避止義務を負

う人材を誘致するため、このような従業員の旧雇用主に対する違約金を企業が代わりに負担した場合などがこれに該当します。

この種の従業員が労働契約期間内に労働契約を解除すれば、企業は従業員に対して、雇用時に支出した費用の賠償を請求することが従来までは認められていました（『労働法』の労働契約規定違反に関する賠償弁法4条）。しかし、労働契約法施行後、2で解説したとおり、この種の従業員であっても、違約金または拘束期間を約定することはできなくなりました。よって、たとえ高い費用をかけて獲得した従業員であっても、拘束期間を約定し、その離職を制限することは認められません。

このように、この種の従業員の離職を防ぐには、労働関連法規では限界があります。実務では、契約法による従業員の辞職防止方法が検討されています。具体的には、企業が従業員の拘束期間違反または競業避止義務違反の違約金を負担するのではなく、違約金に相当する金員を従業員に貸し出し、従業員が自社で一定年数勤務した後、貸付金の返済義務を免除する旨の貸付契約を締結する対応策が考えられます。従業員が所定期間内に辞職すれば、企業が貸付契約違反を理由に従業員に対して損害賠償責任を追及することができます。

5 通知義務違反の従業員への責任追及

従業員が即時解除の条件に合致しないにもかかわらず、30日前の通知義務を履行せずに、通知後すぐにほかの企業に転職するケースが実務ではよくあります。

この場合、企業が従業員に対して労働契約違反を理由に以下の費用の賠償請求することが法律上は可能です（『労働法』の労働契約規定違反に関する賠償弁法4条）。しかしながら、実務上、このような費用の証明は難しく、従業員への責任の追及は必ずしも容易ではありません。

① 従業員を採用するために支出した費用（人材紹介会社に支払った紹介料など）
② 企業が従業員のために支出した訓練育成費用

第6章　労働契約の解除・終了・変更・更新

③　生産、経営または業務にもたらした直接経済損害

④　労働契約に定めるその他の賠償費用

6　出社しない従業員への対処方法

実務上、企業との意見衝突などの理由から、ある日突然辞めると言い出し出社しなくなった、または企業に通知しないまま出社しなくなり、企業からの連絡に応じなくなったといったケースがあります。この場合、企業がこのような従業員の問題を放置したままでいるのは得策ではありません。なぜなら、労働契約が存続していることになるため、後日、従業員から賃金の支給を求められる恐れが生じるからです。

よって、出社しない従業員に対して、まずは労働契約の解除手続の遂行を要求し、従業員がこれに応じない場合、無断欠勤を理由に解雇する必要があります。解雇の場合、社内で解雇通知を行うだけでは十分ではなく、解雇通知を従業員にも交付するなど、所定の解雇手続を履行する必要があります。詳細については、Q73「解雇手続」を参照してください。

事例33

突然出社しなくなった従業員から未出社期間中の賃金支給を求められた事例

1　事実

李さんは北京市にある物流会社A社に運転手として入社し、労働契約を締結せず、毎月最終日を給料日として月給2000人民元を受け取る約定を口頭で行いました。

入社2か月目の際に、李さんは賃金の増額を求めましたが、A社がこれを拒否したため、「辞めてやる！」と言い残して、その日は物別れに終わりました。

結局、翌日から李さんはA社に出勤せず、A社は何度も李さんに連絡をとり、口頭で労働契約の解除手続の遂行を求めましたが、無視され続けました。

2か月後、李さんは労働争議仲裁委員会に仲裁を申し立て、賃金増額要求日からA社が李さんに自宅待機を要求したにもかかわらず、その間の賃金が未払いであると主張し、①労働契約の解除、②経済補償金1000人民元＋額外経済補償金500人民元、③支給すべき自宅待機期間中の賃金4000人民元＋額外経済補償金1000人民元、④労

働契約未締結による賠償金4000人民元などの支払を求めました。

2　結果
　仲裁委員会で、結局A社と李さんは、①仲裁申立日前日をもって労働契約を解除する、②A社が李さんに労働契約未締結による賠償金2000人民元、2か月分の生活費1022人民元を支払うという点について合意に達し、両者は和解しました。

3　解説
　この場合のA社の過失は、労働契約を締結していなかったことだけではなく、李さんが「辞める」と言い出した後、李さんに労働契約の解除を求める際に、無視されたからといって、それを放置してしまった点にもあります。実務の場でも、実際にこのA社と同じような対応を行っている企業が決して少なくありません。この場合、企業の利益を保護するためにも、無断欠勤という理由で解雇手続を行う必要があります。

第6章　労働契約の解除・終了・変更・更新

第4節　企業による労働契約の解除（解雇）

Q72 ─解雇条件─

どのような条件に合致すれば、企業が従業員を一方的に解雇できるのでしょうか。また、所定の解雇条件に合致しても、たとえば妊娠中の従業員など解雇できない恐れはあるのでしょうか。

Point

・従業員に対して、企業は①即時解雇、②無過失解雇、③リストラ（人員削減）の3つの方法で労働契約を解除することが可能。
・①即時解雇の場合、特に制限はなく、妊娠中の従業員でも解雇することはできるが、②無過失解雇および③リストラの場合、解雇できない従業員がいる。

Ans.

1　企業による一方的な労働契約解除の条件

　日本では労働契約法16条において「解雇は、客観的に合理的な理由を欠き社会通念上相当であると認められない場合は、その権利を濫用したものとして、無効とする」と定められています。これは今まで積み重ねられた判例を元に条文化されたものですが、日本では「社会通念上相当」であれば、逆に企業は従業員を解雇することができることとなっています。したがって、中国の方が労働者の保護が強いと思われます。

　中国においては、条文上、以下の3つの状況に該当する場合、企業が従業員の同意を受けずに労働契約を一方的に解除することができます。

(1)　**即時解雇**

　従業員が次に掲げる事由のいずれかに該当する場合、企業は即時に労働契約を解除することができます（労働契約法39条）。これらの場合における解雇は、従業員の過失によるものであり、よって企業は従業員に経済補償金を支給

第4節　企業による労働契約の解除（解雇）

する必要はありません。

> ①　試用期間中に採用条件に合致しないことが企業側により証明された場合
> ②　企業の規則制度に著しく違反する場合
> ③　職務を著しく懈怠し、または私利を図り不正行為をなし、企業に重大な損害をもたらした場合
> ④　従業員が同時期に他の企業との間に労働関係を確立し、企業の業務完成に重大な影響をもたらし、または企業の指摘を受けても、これを拒み是正しない場合
> ⑤　従業員が詐欺、脅迫の手段を用いて、または企業の弱みにつけ込み、企業の真実の意思に反する状況において労働契約を締結または変更し、当該労働契約が無効になった場合
> ⑥　法により刑事責任を追及された場合
> ⑦　従業員が労働契約の締結を拒否した場合

(2)　無過失解雇

次に掲げる事由のいずれかに該当する場合には、企業は従業員を解雇することができます（労働契約法40条）。この解雇においては従業員による過失が発生していないため、実務上、無過失解雇と呼ばれています。この場合、企業は30日前までに書面により従業員本人に通知（1か月分の賃金相当額を上乗せして支払えば30日前の通知は不要）し、経済補償金を支給する必要があります。

> ①　従業員が、疾病または業務外で負傷し、所定の医療期間が満了した後も元の業務に従事することができず、かつ、企業が別途手配した業務にも従事することができない場合
> ②　従業員が業務に堪えられず、訓練または職場の調整を経た後もなお、業務に堪えられない場合
> ③　労働契約締結の際に根拠とされていた客観的状況に重大な変化が発生して労働契約の履行が不可能となり、企業と従業員の協議によっても、労働契約の内容の変更について合意に達することができない場合

(3)　リストラ

次に掲げる事由のいずれかに該当する場合、企業は従業員を解雇することができます（労働契約法41条）。これは経営困難によるリストラの意味合いのある解雇によく用いられることから、実務では、リストラ（人員削減）と呼ばれています。この場合、企業が30日前までに工会（労働組合）または従業員全

第6章　労働契約の解除・終了・変更・更新

体に状況を説明し、工会または従業員の意見を聴取した上で、労働行政管理部門に人員削減案を報告する必要があり、また従業員に経済補償金を支給する必要があります。

① 企業が企業破産法の規定により再生する場合
② 企業の生産経営に重大な困難が発生した場合
③ 企業が、従来の製品とは別の製品へと生産を転換し、重大な技術革新を行い、または経営方式を調整し、労働契約を変更したにもかかわらず、人員を削減する必要がある場合
④ 労働契約締結の際に根拠とされていた客観的状況に重大な変化が発生したために労働契約の履行不能が引き起こされるその他の場合

2　解雇制限

従業員が次に掲げる事由のいずれかに該当する場合、企業は1の(2)無過失解雇および(3)リストラを実施することはできません（労働契約法42条）。なお、従業員が企業の就業規則に著しく違反したなど、即時解雇の条件に合致する場合、企業は1(1)即時解雇を実施することができます。その意味で就業規則の整備が重要となります。

① 職業病の危険と接する作業に従事する従業員が、離職前に職業健康診断を行っていない場合、または職業病の疑いのある患者従業員が診断もしくは医学観察期間である場合
② 企業に在籍している間に職業病を患うまたは業務上負傷し、かつ、労働能力の喪失または一部喪失が確認された場合
③ 疾病または業務外で負傷し、所定の医療期間にある場合
④ 従業員が三期（妊娠、出産、授乳）期間中にある場合
⑤ 企業において15年連続して勤務し、かつ、法定の定年退職年齢に達するまで5年未満である場合
⑥ 企業の工会主席に選出されている場合
⑦ 集団契約協議における従業員代表に選出されている場合
⑧ 法律、行政法規が定めるその他の事由がある場合

第 4 節　企業による労働契約の解除（解雇）

能力欠如の妊娠従業員を解雇できない

　A 社が有名大学を卒業した女性従業員を採用しました。採用後、期待していたほどの勤務能力がないことが判明し、2 か月の試用期間内であることから、採用条件に合致しないことを理由に解雇しようと検討しましたが、明確な理由が見つけられず、この時点での解雇は断念することになりました。

　その後 2008 年の金融危機をきっかけに、業務に堪えられないことを理由にこの女性従業員を解雇する準備作業を進めていた矢先に、当該女性従業員から妊娠したと知らせられました。この場合、A 社は当該女性従業員を解雇できるのでしょうか。

回答：NO。

　妊娠中の従業員に対して、無過失解雇を行うことはできません。女性従業員の場合、妊娠すると、就業規則に著しく違反するなどの過失がない限り、約 2 年近くの（妊娠 10 か月＋授乳 1 年）労働契約の継続が確保されます。2008 年の金融危機の際には、リストラを回避するためか、妊娠する従業員が増えたとの報道もありました。金融危機のため、業務も暇になり、子供を望んでいた人にとっては絶好のチャンスであり、2、3 年後、子供が幼稚園に入る頃には金融危機も終わるだろうと考えた人が多いようです。

第6章 労働契約の解除・終了・変更・更新

Q73 解雇手続

従業員を解雇する場合、どのような手続を経なければならないのでしょうか。工会（労働組合）への事前通知を怠ると、解雇が無効とされるのでしょうか。

Point

・解雇に必要な手続とは、工会（労働組合）への事前の理由通知、従業員への解雇通知である。
・解雇に必要な手続を経なかったため、違法解雇と認定されるケースが実務では多発している。

Ans. 1 手続の瑕疵（間違い）による違法解雇を避ける

実務上、解雇をめぐるトラブルは非常に多く、裁判所から違法解雇との認定を受けたもののうち、そもそも解雇理由がなかったことによるものは別として、正当な解雇理由があるにもかかわらず、解雇手続の瑕疵（間違い）により違法解雇と判断されてしまったケースをよく耳にします。したがって、このようなミスを犯さないためにも、所定の解雇手続に従うよう常に意識しておく必要があります。

2 所定の解雇手続とは

従業員を解雇するとき、工会に解雇理由を事前に通知し、かつ解雇通知書を従業員に送達する必要があります。

(1) 工会への解雇理由の通知

企業は従業員を解雇する前に、工会にその従業員を解雇する理由を通知する必要があります（労働契約法43条）。違法解雇の可能性が疑われる場合、工会は企業に是正を求めることができ、企業は工会の意見を検討し、工会に対し書面により処理結果を通知しなければなりません（労働契約法43条）。この処理

第4節　企業による労働契約の解除（解雇）

結果の報告とは、工会に従業員の権限を保護する職務を果たさせるためのものであり、工会の同意まで受ける必要はありません。

　工会への通知は、従業員を解雇する前に行うことが要求されているため、実務では、従業員を解雇する前日に工会に通知するか、解雇当日の午前中に工会に通知し午後に従業員を解雇する方法がよく利用されています。また、工会へ通知を行ったという証拠確保のため、工会の担当者に書面の解雇理由通知書を交付し、これを受領したとの書面を受けることが必要不可欠です。

　実務上、工会に通知を行わないケースも少なくありませんが、この場合、解雇は無効になる恐れが非常に強いため注意が必要です。

【サンプル22：解雇理由通知書】

解雇理由通知書

○○有限公司工会　御中

　当社は以下の理由により、当社従業員○○○殿の解雇を決定しましたことを、ここにお知らせいたします。
　解雇理由：○○○○○○○○

　　　　　　　　　　　　　　　　　　　　　　　　　　○○有限公司（社印）
　　　　　　　　　　　　　　　　　　　　　　　　　　○○年○○月○○日

○○有限公司　御中

　上記の解雇理由通知書を受領しました。

　　　　　　　　　　　　　　　　　　　　　　　　　　○○有限公司工会（捺印）
　　　　　　　　　　　　　　　　　　　　　　　　　　○○年○○月○○日

注：本解雇理由通知書は、一式2部とし、企業と工会がそれぞれ1部ずつ保有する。

第6章　労働契約の解除・終了・変更・更新

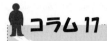
コラム17
企業に工会がない場合、通知義務をどのように果たすべきか

　工会に解雇理由を通知しなければなりませんが、企業に工会がない場合について、この通知義務をどのように果たすべきか、労働契約法43条はこれを明確にしていません。
　企業に工会がない場合、通知しなくてよいとの意見もありますが、通知義務を果たしていないため解雇が無効と認定されるリスクが残ります。
　現在、労働契約法43条にいう工会は企業の工会に限定していないため、上級工会に通知すべきとの見解が有力です。したがって、解雇手続にわずかな瑕疵（間違い）も残さないようにするためにも、企業の管轄地区の上級工会に通知すべきです。上級工会には、区レベルの総工会、市レベルの総工会などがありますが、まずは区レベルの総工会に通知した方がよいでしょう。区レベルの総工会が解雇通知の受領を拒否した場合、市レベルの工会に通知し、市レベルの総工会も受領を拒否された場合は、中華全国総工会に通知を行えばよいと思われます。
　なお、通知の証拠を残すため、インターネットで配達状況を確認できる郵便局のEMS（国際スピード郵便）などを通じて送達しておく必要があります。

(2)　従業員への解雇通知

　従業員を解雇するときには、従業員に解雇を通知しなければなりません。労働契約は解雇通知時点をもって解除されます。実務上、証拠を残すため、ほとんどの企業が解雇理由を明記する解雇通知書を従業員に送付し、また従業員が解雇通知を受領した証拠（郵便局の配達状況確認書など）を保存しています。企業が従業員に解雇通知を送付しない場合、労働契約が解除されず、労働関係が継続していくこととなります。企業が解雇通知を送付したことを証明できなかったため、労働契約が継続し企業に従業員の生活費の支給を命じられたケースもあるため、この点を留意しておく必要があります。

第4節　企業による労働契約の解除（解雇）

【サンプル 23：解雇通知書】

解雇通知書

○○○　殿

以下の理由により、当社は貴殿を本日付で、解雇いたします。
解雇理由：○○○○○○○○

○○有限公司（社印）
○○年○○月○○日

○○有限公司　御中

上記の解雇通知書を受領しました。

従業員（署名）：
○○年○○月○○日

注：本解雇通知書は、一式2部とし、企業と従業員がそれぞれ1部ずつ保有する。

従業員への解雇通知の送付方法

1　解雇通知書の送付方法
解雇通知書の送付には、以下の方法が考えられます。
① 手渡し
② 郵便局による EMS 送達
③ 電話通知
④ 携帯へのショートメッセージ送付
⑤ E メールアドレスへのメール送付
⑥ 新聞公告

解雇通知書の送付で一番重要なことは、従業員が通知を受けたという証拠の確保です。実務上、従業員が解雇通知の受け取りを拒否することもあるため、十分に留意する必要があります。

第6章　労働契約の解除・終了・変更・更新

2　各送付方法のメリット・デメリット

①の手渡しの場合、社内での手渡しであれば、書類に従業員のサインをもらいます。もし従業員がサインを拒否した場合、数人の従業員（後日の証人になる）の前で手渡し、かつ社内掲示板などで解雇した旨を公告することが考えられます。従業員の自宅に送付するとき、従業員本人がいなければ、その他の成人親族に渡し、この親族から受領済みの署名を受けます。

従業員と企業で接触できない場合、②の郵便局のEMS送達による方法が考えられます。中国には郵便物内容証明制度がないため、郵送したことを証明するためには、公証人に郵便物の内容を確認してもらい、郵便局を通じて郵送した過程を公証してもらう公証送達という対応方法が考えられます。しかし、実務上、郵便物に「解雇通知書」と明記した上で郵送するだけでも可能です。この場合、当然ながら、インターネットで配達状況を確認できる郵便局のEMSなどを通じて送達しておく必要があります。

手渡しおよび郵便局を通じて送達することができない場合、⑥の新聞公告が考えられます。つまり、地元の新聞紙面上で解雇する旨を掲載します。実務では、この方法を利用するケースがよく見受けられます。しかしながら、従業員が新聞公告を読まない可能性もあり、新聞公告は、あくまで手渡しおよび郵送ができなかった条件の下ではじめて利用すべき通知手段であることに留意するべきです。

従業員が出社拒否など企業に来ない場合には、電話で知らせたり、携帯にショートメッセージを送付したり、Eメールを送付したりすることがよく見受けられますが、これらの方法は、いずれも証拠能力が低く、また、内容の改ざんが容易であるため、裁判所が証拠として認めないリスクがあります。

第4節　企業による労働契約の解除（解雇）

Q74 解雇前の準備事項

従業員を解雇する場合、事前にどのような準備が必要でしょうか。年次有給休暇の消化および業務引継など、留意すべき点は何でしょうか。

Point

・解雇時には、年次有給休暇の消化、業務の引継、企業財産の返還に留意すべき。
・解雇時または解雇後、労働契約解除証明書の発行、解雇月分の賃金および経済補償金の支給、社会保険関係および個人ファイルの移転、労働契約書の最低2年間の保管が必要。

1　解雇前に準備しておく作業

(1) 年次有給休暇の消化

従業員が年次有給休暇の全部または一部を消化していない場合、解雇日までにこれを消化させるか、消化していない年次有給休暇の日数×3倍の賃金（3倍賃金）を支払うか、いずれかの方法を選択する必要があります。実務では、特に解雇の場合、企業としては一日も早く従業員を退職させたいケースが多いため、従業員に3倍賃金を支給する方法が多く利用されています。

(2) 業務引継および企業財産の返還要求

解雇する従業員に未完成の業務があれば、企業はこの従業員に対して業務の引継作業を求めることができます。また、従業員が企業の財産（携帯、パソコンおよび部屋など）を利用している場合、合理的な期間内にこれらの財産の返還を要求することができます。合理的な期間の具体的な解釈については、ケースバイケースで判断する必要がありますが、携帯およびパソコンなどは即時の返還を求めることができ、部屋の明け渡しについては、荷物の片付け、引越し企業の最短稼働可能時間、従業員の次の部屋の確保等の要素を考慮する必要があります。実務では、5～10日の猶予期間を与えることが一般的には多いよう

第 6 章　労働契約の解除・終了・変更・更新

です。

2　解雇時または解雇後の留意点

⑴　労働契約解除証明書の発行

　労働契約を解除する際、企業は従業員に対して労働契約解除証明書を発行する必要があります（労働契約法 50 条 1 項）。この労働契約解除証明書には、労働契約期間、労働契約の解除日、従業員の職務、企業における勤続年数を明記する必要があります（労働契約法実施条例 24 条）。実務では、解雇通知書の作成の際に、労働契約期間等の必要事項を合わせて明記し、解雇通知書をもって労働契約解除証明書に充てることもあります。

　労働契約解除証明書は、企業が従業員宛に発行する労働関係の解除を証明する書面であり、従業員はこれをもって、社会保険関係や個人ファイルの移転手続を行う必要があります。実務上、企業が発行する労働契約解除証明書の不備を防ぐため、大連市などの地方政府は労働契約解除通知書の雛形（サンプル 24 参照）を発行し、企業に利用を呼びかけています。企業がこれを利用しない場合、従業員の社会保険関係および個人ファイル関係の移転に支障をもたらす恐れがあるため、留意する必要があります。

【サンプル 24：大連市所定の労働契約解除通知書】

　　　　　　　　　　　　　　労働契約解除証明書

氏名_____　性別_____　身分証明書番号
戸籍所在地：_____省_____市_____県区_____街_____号
現　住　所：_____区市県_____街_____号
当社での勤務開始日 _____年____月____日
解除した労働契約の期間：
固 定 期 間 _____年____月____日から____年____月____日まで
無固定期間 _____年____月____日から
任務完了期間 _____年____月____日から　　任務の完了時まで

第4節　企業による労働契約の解除（解雇）

労働契約の解除事由：
　（　）双方の協議による合意
　（　）労働者の自己都合
　（　）企業が労働契約に約定された労働保護または労働条件を提供しなかった
　（　）企業が労働報酬を適時満額支給しなかった
　（　）企業が法定の労働者の社会保険費を納付しなかった
　（　）企業の規則制度が法律法規に違反し、労働者の権益を害した
　（　）企業側の原因により労働契約が無効となった
　（　）企業が暴力、脅迫または不法に人身の自由を制限する手段により労働者に労働を強要した
　（　）労働者が試用期間中に雇用条件に合致しない事が証明された
　（　）労働者による企業規則への重大な違反があった
　（　）労働者の重大な職務懈怠や私利を図るための不正行為により企業の利益に深刻な損害を与えた
　（　）労働者が同時に他の雇用主と労働関係を確立し、企業の職務遂行に深刻な影響を及ぼした、または企業からの是正の申し出を拒否した
　（　）労働者が法に基づき刑事責任を追及された
　（　）労働者が医療期間満了後も元の業務に従事する事ができず、企業が別途手配した業務にも従事できなかった
　（　）労働者が業務に堪えられず、研修実施または職場調整後も依然として業務に堪えられなかった
　（　）労働契約締結時に根拠とした客観的状況に重大な変化が生じ、協議を経ても労働契約内容を変更できなかった
　（　）企業による人員削減

労働契約の解除日：_____年____月____日
経済補償金の支給状況：_____か月、毎月_____人民元、合計_____人民元
失業保険納付番号：企業_____　個人_____

企業（押印）　　　　　取扱人：　　　　　　　　　　年　　　月　　　日

注：①本証明書は企業より発行され、一式3部とする。1部を労働者に渡し、もう1部は労働者の個人ファイルに添付し、残りの1部を企業が保存するものとする。
　　②企業は15日以内に労働者個人ファイルをその戸籍所在地の市または区、市、県の失業保険取扱機構に移管する。

(2)　**賃金支給**

　解雇する場合、賃金および経済補償金など、従業員に支給すべき金員を計算

第 6 章　労働契約の解除・終了・変更・更新

し、所定期間内に従業員に支給します。

(3)　**個人ファイルおよび社会保険関係の移転**

企業は、労働契約解除日から 15 日以内に解雇従業員のために、その個人ファイル（中国語：档案）および社会保険関係の移転手続を行う必要があります（労働契約法 50 条 1 項）。

(4)　**労働契約書等の関連書類の 2 年間保管**

企業は労働契約書を少なくとも 2 年間保管する必要があります（労働契約法 50 条 3 項）。

コラム 19
業務引継を拒否した従業員の保険関係移転手続を拒否できるのか

実務では、業務引継を拒否する従業員も中にはいることでしょう。この場合、企業がこの従業員の個人ファイルや保険関係の移転手続、労働契約解除証明書の発行、賃金および経済補償金の支給などに対して拒否を行う、すなわち対抗措置を講じることができるのでしょうか。

答えは NO。

解雇した従業員のために、個人ファイルおよび保険関係の移転、労働契約解除証明書の発行を行うことは、企業に課せられた法定の義務であり、従業員の業務引継拒否（労働契約違反）に対抗することはできません。

しかし、この場合、経済補償金は支給しなくてもよいことになっています。労働契約法 50 条 2 項で、経済補償金は業務引継完成時に支給されると定められているからです。なお、賃金の支払を拒否できるかについては、法律上の規定は不明確ですが、業務引継拒否による損害賠償金として支給しないことが可能と考えられています。もっとも、実際には企業の被った損害金額を証明することは、非常に難しいということに留意する必要があります。

第4節　企業による労働契約の解除（解雇）

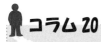

従業員解雇時のチェックポイント

1　解雇条件に合致するか

(1)　試用期間内の解雇の場合
　　□　採用条件が明確か
　　□　採用条件を従業員に知らせているか
　　□　従業員が採用条件を知っているという証拠があるか
　　□　従業員の勤務能力を考課し、客観的に評価したか

(2)　就業規則の著しい違反による解雇の場合
　　□　就業規則の内容は合法か
　　□　就業規則が民主的手続を経て作成されたものであるか
　　□　就業規則を従業員に公示しているか

(3)　職務懈怠・私利を図った従業員の解雇の場合
　　□　従業員が所定の職務を著しく懈怠したか
　　□　従業員が私利を図り不正行為を行ったか
　　□　企業が従業員の職務懈怠・私利を図った行為により損害を被ったか
　　□　企業が被った損害が重大か、または就業規則が定める重大の基準に合致したのか

(4)　兼職従業員の解雇の場合
　　□　従業員が兼職している事実があるか
　　□　兼職により企業の業務遂行に重大な影響をもたらしたか
　　□　企業からの兼職停止命令に対し従業員がこれを拒否したか

(5)　詐欺、脅迫、弱みに付け込んだ従業員の解雇の場合
　　□　従業員が企業に対し詐欺、脅迫、弱みに付け込んだか
　　□　企業が従業員から詐欺、脅迫、弱みを握られるような行為を受けたため労働契約を締結したか

(6)　刑事責任を追及された従業員の解雇の場合
　　□　従業員が受けた処罰が刑事責任によるものか
　　□　刑事責任を命じた判決が発効したか

第6章　労働契約の解除・終了・変更・更新

(7) 労働契約の締結を拒否した従業員の解雇の場合
- ☐ 従業員に書面で労働契約の締結を通知したか

(8) 病気を患ったまたは業務外負傷した従業員の解雇の場合
- ☐ 患った病気または負傷が業務と無関係か
- ☐ 所定の医療期間が満了しているか
- ☐ 医療期間満了後に元の業務に従事できないか
- ☐ 別途の業務を手配したか
- ☐ 従業員の労働能力の鑑定を行ったか

(9) 業務に堪えられない従業員の解雇の場合
- ☐ 従業員が業務に堪えられないか
- ☐ 従業員に育成訓練を行ったか
- ☐ 職場の調整を行ったか
- ☐ 育成訓練または職場の調整後も依然業務に堪えられないか

(10) 契約締結時の客観的状況の重大変化による解雇の場合
- ☐ 契約締結時に根拠とした客観的状況に変化が発生したか
- ☐ 客観的状況の変化により労働契約の履行が不可能になったか
- ☐ 労働契約の内容変更に関して従業員と協議したか

(11) リストラの場合
- ☐ 企業がリストラのできる状況になったか
- ☐ 解雇する従業員がリストラ禁止従業員またはリストラ劣後従業員に該当しないか
- ☐ 30日前までに工会または従業員全員に事情説明したか
- ☐ リストラ案を従業員に提出したか
- ☐ リストラ案に関して従業員の意見を聴取したか
- ☐ 地元の労働行政管理部門にリストラ案を報告し、その意見を聴取したか

2　手続要件を履行したか

- ☐ 解雇前に工会に解雇理由を通知したか（リストラの場合を除く）
- ☐ 従業員に書面にて解雇通知を交付したか
- ☐ 従業員が解雇通知を受けた証拠があるか

3　その他の留意点

- ☐ 従業員に未消化の年次有給休暇はないか

第 4 節　企業による労働契約の解除（解雇）

- □　支給すべき賃金、経済補償金（あれば）を正確に計算できたか
- □　業務引継を行ったか
- □　従業員に企業財産の返還を求めたか
- □　労働契約解除通知書を発行したか
- □　従業員の社会保険関係、個人ファイル（保管している場合のみ）の移転手続の用意ができたか
- □　従業員の労働契約等の書類を確実に保管してあるか

第6章　労働契約の解除・終了・変更・更新

Q75 違法解雇の責任

　解雇が無効と認定された場合、企業は一体どのような責任を負うのでしょうか。仲裁・訴訟期間中の賃金まで賠償しなければならないのでしょうか。企業側が訴訟に負けた場合、従業員側の弁護士費用を賠償する必要があるのでしょうか。

Point

・違法解雇と認定された場合、従業員が企業に対して、①労働契約の継続履行（回復）、または②経済補償金の2倍に相当する賠償金の支給のいずれかを請求することができる。
・労働契約の継続履行を命じられた場合、企業は従業員の違法解雇期間中の賃金、社会保険料相当額を賠償しなければならない。
・違法解雇であっても経済補償金の支給のみで済む可能性がある。
・企業が敗訴しても、従業員側の弁護士費用を賠償する必要はない。

1　労働契約の継続か賠償金の支給

　違法解雇と認定された場合、従業員は企業に対して、①労働契約の継続履行（回復）、または②経済補償金の2倍に相当する賠償金の支給のいずれかを請求することができます（労働契約法48条）。

2　労働契約の継続履行請求

(1)　労働契約の継続

　従業員が労働契約の継続履行を希望する場合には、労働契約の継続履行が不可能である場合を除き、企業は労働契約の履行を継続しなければなりません。この場合、企業は従業員に経済補償金の2倍に相当する賠償金を支給する必要はありません。なぜなら、賠償金は労働契約終了における補償的性質をもつものだからです。

(2) 賃金、社会保険料相当額の賠償

違法解雇と認定された場合、企業は従業員の違法解雇による損害を賠償しなければなりません。この場合の「損害」とは、解雇日から違法解雇と認定された日までの期間中の賃金および社会保険料相当額のことをいいます。

社会保険料は、関連規定に従い社会保険取扱機関に追加納付を行います。一方、賃金損失については、従業員本人の賃金、企業の従業員の平均賃金、地元の最低賃金など各種ある中で、どの賃金を基準に賠償すべきか見解が分かれています。

違法解雇の責任のすべてが企業にある場合、企業が従業員の勤務時の賃金と同額の金員を賠償します。これに対して、従業員にもある程度の過失がある場合には、地元の最低賃金基準を参照に賠償を行い、また、仲裁および訴訟進行中に、従業員が他の企業で働いて収入を受けている場合、その収入部分につき企業から受けるべき賃金賠償額から控除する必要がある、との見解が有力です。

3 賠償金の支払請求

違法解雇と認定された場合、従業員が企業に対して、労働契約の回復を求めずに、経済補償金の2倍に相当する賠償金の支給を求めることができます。この場合、企業が従業員に賠償金を支給すれば、改めて経済補償金を支給する必要はありません。

なお、実務では、すべての違法解雇において、従業員に賠償金を必ず支給しなければならないというわけではありません。違法解雇の原因は、①解雇理由がないにもかかわらず解雇したこと、②解雇理由があるものの所定の解雇手続を経なかったことの大きく2つの事由からなります。所定の解雇手続を経なかった場合の2倍の経済補償金の支給が企業には厳しすぎるという観点から、この場合、賠償金を支給する必要はなく、企業が手続上の瑕疵（誤り）を補正し、経済補償金のみを支給すればよいとの意見があります（上海市高級人民法院の『労働契約法』適用の若干問題に関する意見8条）。

第 6 章　労働契約の解除・終了・変更・更新

4　従業員側の弁護士費用の賠償は不要

　従業員が労働紛争のために弁護士を起用し、弁護士報酬を支払った場合、たとえ従業員が仲裁または訴訟で勝訴しても、その弁護士費用は個人で負担しなければなりません。中国では、この種の紛争では、勝訴者が敗訴者に弁護士費用の負担を求める権利がないためです。

事例34

解雇が無効とされた後における従業員の賃金損失の認定事例

1　事実

　呂さんが北京にある A 社に入社し、財務部の出納を担当しました。労働契約は 2 年更新で、数回締結しました。
　労働契約期間満了の 30 日前に、A 社が呂さんに「労働契約更新意思確認書」を送付し、そこに 15 日以内に労働契約を終了するか、もしくは更新するかを確認書に記入した上で人事部に提出し、提出しない場合は労働契約の終了を選択したものとみなす旨の内容が書かれていました。
　数日後、呂さんが確認書に「労働契約の更新に同意する」旨を記入し、同日の日付を付けた上で書類を人事部に提出しました。当時、A 社の人事部の管理職が更迭されており、呂さんは安全を期するために確認書のコピーをとっていました。
　その数日後、人事部から呂さんに労働契約終了通知が交付されたため、これに驚いた呂さんが人事部の新しい部長に確認をとったところ、人事部が呂さんの確認書を受領しなかったため企業側は呂さんが労働契約の終了を選択したと判断したとの説明を受けました。呂さんは事実と異なることを説明しましたが、A 社は終了通知を撤回しませんでした。
　これを受けて、呂さんは労働争議仲裁委員会に仲裁を申し立て、終了通知の撤回と無固定期間労働契約の締結を求めました。

2　仲裁委員会の判断

　仲裁委員会は、A 社による「15 日以内に更新可否の確認」要求は法律に合致しないために無効であり、労働契約期間内に呂さんが労働契約の更新を希望していたことから、労働契約を更新すべきとし、また労働契約終了通知受領後、呂さんが労働契約の更新に奔走し出勤できていないことから、この期間について、A 社が自宅待機従業員に支払う生活費を基準に呂さんに生活費を支給すべきとの判断を下しました。

第 4 節　企業による労働契約の解除（解雇）

3　裁判所の判断

これを不服としたＡ社は訴訟を提起しました。これと同時に、呂さんも不服であるとして裁判所に対して無固定期間労働契約の締結、仲裁申立日以降から判決が下される日までの自らの賃金を基準とした賃金の支払を求めました。

一審裁判所は呂さんの主張を認め、労働契約が 10 年以上継続しており従業員が要求している以上、企業は無固定期間労働契約を締結しなければならないとし、仲裁申立日以降についても、呂さんがＡ社に出勤しなかったのはＡ社が呂さんの出勤を拒否したからであり、Ａ社から自宅待機を命じられたわけではないとして、呂さんの正常の賃金である 1680 人民元を基準に仲裁申立日から判決発行日までの賃金をＡ社が呂さんに支給しなければならない、との判決を下しました。

Ａ社は北京市第二中級人民法院に上訴しましたが、最終的には呂さんと和解し、労働契約を解除する代わりに、Ａ社が呂さんに対し 1680 人民元の基準で仲裁申立日から判決発行日までの賃金を支給し、かつ 10 か月分の経済補償金を支給することで決着がつきました。

4　解説

解雇が無効と判断され、従業員が復帰して来た場合、解雇時から復帰時までの従業員の賃金損失をどのように認定すべきか、中国の現行法ではこれを明確にしていません。本件では、仲裁委員会はＡ社が呂さんに生活費を支給すればよいとしましたが、裁判所は呂さんの受けるべき賃金を基準とした支給を命じました。

第6章　労働契約の解除・終了・変更・更新

Q76 試用期間中にある従業員の解雇

試用期間中にある従業員を解雇する場合に留意すべき点は何でしょうか。

Point

・試用期間中の従業員に対して、採用条件に合致しないと証明できれば解雇することができるが、実務上、その証明は非常に困難。
・明確な採用条件が必要なだけでなく、考課を実施し、客観的に採用条件に合致しないことを証明する必要がある。

Ans. 1　試用期間中にある従業員の解雇事由

試用期間中の従業員に対して、規則制度の重大違反など試用期間完了後の従業員と同様の理由で解雇できるほか、「採用条件に合致しないことが証明された場合」、企業はその従業員を即時解雇することができます（労働契約法39条1項1号）。この場合、企業は従業員に経済補償金を支給する必要はありません。

2　採用条件に合致しない理由で解雇するときの留意点

試用期間中の従業員の解雇は比較的簡単だと認識している企業が多いようですが、これは誤った認識です。事実、試用期間中にある従業員の解雇が違法解雇と認定された例も数多くあります。企業が敗訴する最大の原因は、従業員が採用条件に合致しないことを企業が証明できないことにあります。

このため、試用期間中にある従業員を解雇する場合、以下の点に留意する必要があります。

(1) 明確な採用条件がある

採用条件がなければ当然「採用条件に合致しないこと」を理由に従業員を解

雇することはできません。このため、あらかじめ採用条件を定めておく必要があります。採用条件とは、雇用する従業員に対する企業の要求のことをいい、その内容は違法でない限り企業が一方的に定めることができます。募集要項を採用条件にすることもできますが、実際には、より明確な内容のもの（たとえば試用期間内の販売実績など）を採用条件にする必要があります。

(2) **従業員に採用条件を告知**

企業は事前に採用条件を従業員に知らせる必要があります。従業員に採用条件を知らせたことを証明するには、具体的には以下の方法が考えられます。

① 募集要項で採用条件を定める場合、募集広告のコピーを保管しておくこと
② 採用条件を書面にまとめ、従業員に署名をもらうこと
③ 労働契約で採用条件を明記すること

(3) **考課実施による能力欠如の証明**

試用期間中に従業員の勤務状況を客観的に記録し、かつ人事考課を行うなどの評価を行います。採用条件に合致しないことを理由に従業員を解雇する場合、企業は従業員が採用条件に合致しないことを証明しなければなりません。この場合、企業が客観的な評価でもって採用条件に合致しないことを明確に証明する必要があり、勘や感覚的なものによる判断は認められません。

(4) **試用期間終了前に解雇通知**

試用期間中の従業員を解雇する場合、使用期間内に従業員に解雇通知を行わなければなりません。いったん試用期間が完了してしまうと、たとえ採用条件に合致しない証拠があっても、企業はこれを理由に従業員を解雇することができません。

実務の場では、試用期間が満了した翌日に出勤してきた従業員に解雇通知を行うケースが見受けられますが、これは通知が試用期間を過ぎた後になるため、違法解雇となります。しかしながら、試用期間の最終日に解雇通知を行うべきかといえば、そういうわけでもありません。すなわち、何らかの理由で、最終日に従業員本人に直接通知する機会がなければ、解雇ができなくなるから

第6章　労働契約の解除・終了・変更・更新

です。したがって、やはり余裕をもって試用期間満了日の数日前までには解雇通知を交付するようした方がよいでしょう。

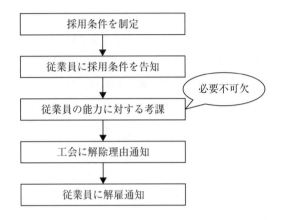

コラム21

精神病を患った従業員は採用条件に合致しないことを理由に解雇可能

　採用した従業員が試用期間中に病気にかかった場合、企業は考課手続を経なければ、疾病が採用条件に合致しない理由であるとして、この従業員を解雇することはできません。実際、入社後すぐ病気にかかり、医療期間が満了しないうちに試用期間が終了してしまうケースがあるため、入社前の健康診断が非常に重要となります。

　ただし、病気が精神病であればこの限りではありません。試用期間中に精神病を患ったことが判明した場合、企業が病院の診断書をもって採用条件に合致しないことを理由に解雇することが認められます（『精神病患者の労働契約解除問題に関する指示伺い』に対する労働部弁公室の回答）。

第4節　企業による労働契約の解除（解雇）

Q77　就業規則に著しく違反した従業員の解雇

就業規則に著しく違反した従業員を解雇する場合に留意すべき点は何でしょうか。セクハラ、パワハラを行った従業員を解雇できるのでしょうか。

Point

・就業規則への著しい違反を理由に従業員を解雇するには、就業規則が①内容が合法、②民主的手続を経過、③従業員に公示済み、の3つの条件に合致する必要がある。
・従業員の違反行為が、就業規則が定める著しい違反行為に該当しなければならない。
・就業規則で「セクハラ、パワハラは就業規則への著しい違反」と定める内容があれば、セクハラ、パワハラを行った従業員を解雇できる。

Ans.

1　就業規則違反の従業員の解雇

従業員が企業の就業規則に著しく違反した場合、企業はこの従業員を即時解雇することができます（労働契約法39条1項2号）。この場合、企業は従業員に経済補償金を支給する必要はありません。

2　有効な就業規則の3条件

就業規則への著しい違反を理由に従業員の解雇を行う場合、就業規則が有効なものでなければなりません。有効な就業規則といえるためには、以下の3つの条件に合致する必要があります（最高人民法院の労働争議事件の法律適用の若干問題に関する解釈19条）。

①	その内容が法律・行政法規・政策規定に合致すること
②	民主的手続を経て作成していること
③	従業員に公示していること

第6章　労働契約の解除・終了・変更・更新

このため、企業が就業規則を作成するとき、その就業規則をもって従業員を拘束するには、常に上述の3条件を意識しておく必要があります。これを怠ると、就業規則の著しい違反を理由に従業員を解雇する場合、違法解雇と認定される恐れがあります。

事例35
民主的手続を経なかった自宅待機管理規程が審理の根拠とできなかった事例

1　事実
方さんは北京にあるA社と労働契約を締結し、2年間の労働期間でした。この労働契約の9条で、「A社の生産任務が不足または市場状況に変化が生じた場合、A社が方さんに対して最大1年間の自宅待機を命じることができ、方さんはこれに同意する。自宅待機期間中、A社は最低生活費を下回らない基準で方さんに賃金を支給する」と約定しました。なお、A社には、自宅待機に関して「自宅待機人員管理規程」および「自宅待機人員管理に関する補充規程」という2つの規則制度（以下、「自宅待機規程」という）がすでにありました。

半年後、A社は生産経営状況に変化が生じたことを理由に、方さんに自宅待機を命じ、1932.63人民元を支給しました。なお、方さんの平均賃金は5945.44人民元でした。

2　仲裁委員会の判断
方さんは北京市労働仲裁委員会に仲裁を申し立て、仲裁委員会はA社に対して、賃金の不足部分、労働契約解除に関わる経済補償金8918.16人民元（平均賃金の1.5倍）の支払を命じました。

3　裁判所の判断
A社はこれを不服として訴訟を起こし、市場変化に伴う大幅な赤字が出たために、「自宅待機規程」に従い方さんに自宅待機を命じたのであり、一方的な労働契約の変更には該当しないと主張しました。

裁判所は、A社が「自宅待機規程」が所定の民主手続および公示手続を経たという証拠を提出できなかったことから、この「自宅待機規程」の合法性が認められず、よってA社は方さんに自宅待機を命じる権利を有しないとし、仲裁委員会の判断を支持する判断を示しA社も方さんも上訴しませんでした。

4 解説

就業規則の内容が法律に合致していたとしても、当該就業規則の作成において、民主的手続および公示的手続を経ないと、当該就業規則は無効となります。実務上、本件と同様、手続上の瑕疵が原因でせっかく作成した就業規則が従業員を拘束できないとされるケースが非常に多くあります。外商投資企業は就業規則を作成（変更時を含む）する場合、手続上の瑕疵がないよう留意する必要があります。

3 著しい違反の判断基準

(1) 判断基準を明確にすること

有効な就業規則であるというだけでは十分ではありません。就業規則に違反すれば、ただちに解雇できるわけではなく、就業規則に著しく違反した場合に限って従業員を解雇することができます。このため、就業規則への著しい違反とは何かについて、就業規則でその判断基準を明確に定める必要があります。

就業規則への著しい違反の判断基準範囲が狭かったために、総経理を暴行した従業員を解雇できなかったり、セクハラを行った従業員を解雇できなかったケースなどが実務では多々あります。しかしながら、判断基準をあまりに広く定めると不合理なものになる恐れがあるため、判断基準については念入りに検討する必要があります。

「職場でタバコを吸う」ことが就業規則の著しい違反に該当すると定める就業規則が実際にあります。ガソリンスタンドの場合、このような規則については問題がないと考えられますが、一般の企業で、これを就業規則に対する著しい違反と判断するにはかなりの無理があるでしょう。また、「1か月に2回以上の遅刻」が就業規則の著しい違反に該当すると定める場合、職業の特性上パイロットや電車運転手なら適用も考えられますが、一般の企業では不合理であるといわざるをえません。

(2) 合理性

裁判所が就業規則の合理性まで審査すべきかどうかについては統一的な見解がありません。法律上、就業規則が2に述べた3条件に合致していれば、裁判所はこれを事件審理の根拠にすべきであり、就業規則が不合理なものである場

第6章　労働契約の解除・終了・変更・更新

合、従業員（代表）大会または工会の企業との交渉において、裁判所は企業の就業規則の合理性まで判断する必要はなく、その権限もないとする見解があります。一方で、就業規則の作成における企業の決定権が大きいため、従業員（代表）大会または工会と議論を行い所定の手続を経た就業規則でも、明らかに不合理な内容を有する就業規則が実際には少なくないことから、裁判所がその合理性を判断すべきとする見解もあります。

実務でも、合理性が認められず、就業規則の著しい違反にならないと認定されるケースがあるため、就業規則に定めがあるからといって安心できないことを外商投資企業は留意しておく必要があります。

事例36
個室移転命令に従わなかったことが就業規則の著しい違反に該当しないため解雇が認められなかった事例

1　事実
馬さんは北京にあるA社に入社しました。馬さんはA社で顧客誘致部の部長を務め、月給は4000人民元でした。

労働契約期間満了前に、A社の副総経理が馬さんに対して口頭でその個室を総経理室の隣に移転するよう通知を行いましたが、馬さんは自己の個室を移転させませんでした。

これを受けて、A社は馬さんに対して、A社就業規則に定める就業規則への著しい違反事項である「上司の命令を執行せず、管理に服従せず、正常の調整、手配に服従しない」ことに該当するとして、解雇通知を行いました。

馬さんは北京市東城区労働争議仲裁委員会に仲裁を申し立て、経済補償金1万人民元の支払を求めました。

2　仲裁委員会の判断
仲裁委員会はA社に1万人民元の経済補償金の支払を命じました。

A社はこれを不服として裁判所に訴訟を提起し、一審裁判所は、馬さんがA社の指示に従わずA社の就業規則に著しく違反し、A社の解雇行為が正当なものであるとして、経済補償金を支給する必要はないとの判決を下しました。

3　裁判所の判断
馬さんはこれを受けて北京市第二中級人民法院に上訴し、第二中級人民法院は、馬

第4節　企業による労働契約の解除（解雇）

さんが個室を移転しなかったことは、就業規則の著しい違反には該当しないとして、A社が解雇する理由はないと判断し、馬さんの経済補償金として本来12000人民元の支払請求ができたものの、馬さん自身が10000人民元しか請求しなかったため、10000人民元の経済補償金の支払を命じました。

4　解説

上司の命令を執行せず、管理に服従せず、正常の調整、手配に服従しないことを就業規則に対する著しい違反として、企業が従業員を解雇できるとする就業規則がよく見受けられます。この場合、その命令の内容、命令を執行しない場合の影響にいっさい関係なく、企業が当該従業員を解雇できるのか、実務上、その合理性を疑問に思う裁判官は少なくありません。本件は、就業規則の合理性を問題視し、解雇を無効とした事例です。

4　セクハラまたはパワハラを行った従業員の解雇可否

セクハラまたはパワハラを行った従業員を解雇できるのかについて、就業規則がその判断の分かれ目になります。就業規則で「セクハラ、パワハラは就業規則への著しい違反」と定める内容がなければ、セクハラまたはパワハラを行った従業員の解雇をめぐって訴訟になった場合、企業が敗訴する恐れがあるため、留意する必要があります。

就業規則に「セクハラ、パワハラは就業規則への著しい違反」とする旨の内容があったとしても、セクハラ、パワハラを行った従業員を解雇する場合には、セクハラ、パワハラの行為事実を確認しなければなりません。被害者のみの証言では足りず、「セクハラ、パワハラを行った」旨の加害者の証言または裁判所の認定を受けなければなりません。

第6章　労働契約の解除・終了・変更・更新

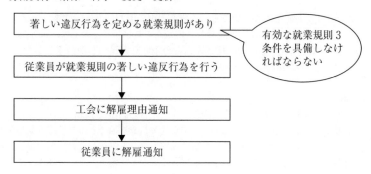

第4節　企業による労働契約の解除（解雇）

Q78 不正従業員の解雇

著しい職務懈怠、または私利を図り不正行為をなし、企業に重大な損害をもたらした従業員を解雇する場合、留意すべき点は何でしょうか。その職務を利用してリベートを受け取った従業員を解雇することはできるのでしょうか。従業員の不正事実に関わる証拠収集を目的に、従業員のメールを企業が従業員に無断で閲覧することは許されるのでしょうか。

Point

・著しい職務懈怠、または私利を図り不正行為をなし、企業に重大な損害をもたらした従業員を解雇する場合、職務懈怠の証明だけでなく、企業が重大な損害を被ったことも証明しなければならない。
・重大な損害の証明が実際には難しいため、就業規則で、1000人民元など一定の損害額を重大な損害として定めることが有効。
・リベートを受領した従業員を解雇するには、「リベート受領が就業規則の著しい違反行為に該当する」と就業規則でこれを明記しておく対策が効果的である。
・企業は従業員の承諾なしに、その社用メールを閲覧することができる。

1　職務懈怠・私利を図った従業員の解雇

従業員が職務を著しく懈怠し、または私利を図り不正行為をなし、企業に重大な損害をもたらした場合、企業は従業員を即時解雇することができます（労働契約法39条1項3号）。この場合、企業は従業員に経済補償金を支給する必要はありません。

2　職務懈怠とは

ここにいう著しい職務懈怠とは、不注意により労働契約または就業規則が定める義務を履行せず、企業に重大な損害（有形、無形を含む）をもたらした場

第6章　労働契約の解除・終了・変更・更新

合をいいます。たとえば、品質検査担当者が要求どおりに検査すれば発見できる瑕疵であるにもかかわらず、その検査義務を履行せずに不合格品が市場に出回り企業に大きな損害をもたらしたこと、上司の指導に従わず勝手に機械を操作し高価な機械を壊したことなどがこれに該当します。

3　私利を図ることとは

ここにいう私利を図り不正行為をなすとは、企業の利益を忠実に保護せず、職位を利用して私利を図ったことをいいます。たとえば、取引先から密かにリベートを受領し優遇した価格で取引先と取引を行うこと、優秀な人材が他にいるのに自己の親戚を採用したこと、同一勤務・同一報酬原則に違反し、自己の親戚に高い給料を支給する行為などがこれに該当します。

4　重大損害とは

従業員による著しい職務の懈怠行為、私利を図るための不正行為があったものの、企業に損害をもたらさず、またはもたらした損害が軽微である場合には、企業はこの従業員を解雇することができません。重大な損害をもたらした場合に限り、従業員の即時解雇が認められるからです。

ここにいう「重大な損害」について、企業によりそれぞれ判断基準が異なることから、企業が自社の状況に応じて就業規則でこれを具体的に定めることができます（『労働法』若干条文に関する労働部弁公庁の説明25条3項）。実際、1000人民元以上の損害を重大な損害として就業規則に定めるケースが一般的には多く見受けられます。これが重大な損害になり得るか、最終的には仲裁委員会または裁判所が判断することとなりますが（『労働法』若干条文に関する労働部弁公庁の説明25条3項）、この就業規則の定めがない場合には、重大な損害の認定基準がないとして、解雇が困難となります。したがって、重大な損害として認定されるかどうかは別として、就業規則に一定の基準を設けておくことは必要でしょう。

第 4 節　企業による労働契約の解除（解雇）

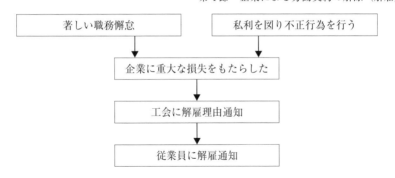

5　リベートを受け取った従業員の解雇可否

　その職務を利用し、従業員が取引先からリベートを受け取った場合、これは「私利を図り不正行為をなした」に該当する行為であるといえます。しかし、これだけを理由に労働契約法 39 条 1 項 3 号に基づき従業員を必ず解雇できるとは限りません。労働契約法 39 条 1 項 3 号に基づき、従業員を解雇するには、リベートの受領が「企業に重大な損害をもたらした」という前提条件に合致する必要があるものの、この前提条件の認定は、実務では必ずしも容易ではありません。

　リベート受領を制限するためには、「リベート受領が就業規則の著しい違反行為に該当する」と就業規則でこれを明記し、リベートを受領した従業員に対して、「就業規則への著しい違反」（労働契約法 39 条 1 項 2 号）に該当するとして解雇対象とする対策が効果的です。

6　従業員のメールの監視可否

　企業が従業員に無断でメールの内容を閲覧することができるのか、中国の現行法ではこれを明確に定めていません。社用メールは、企業が従業員の私用に供するものではなく、その業務遂行のために従業員に賦与する必要ツールであり、いわば企業の財産、業務記録に該当します。企業には自らの財産、業務記録に対して、随時これをチェックする権利があると考えられるため、現段階で

第6章 労働契約の解除・終了・変更・更新

は、就業規則に別段の定めがなくても、企業が従業員の承諾なしに、その社用メールを閲覧することができると考えられています。

事例37
職務懈怠の結果2000人民元の損害をもたらした従業員を解雇できるとした事例

1 事実

劉さんは広東南油対外服務有限公司（以下、「南油FESCO」という）という人材派遣企業と労働契約を締結し、倉庫管理員として南油FESCOから広州にあるA社に派遣されました。

ある日、A社で17箱の景品（2000人民元程度）が紛失したことを判明しました。その後、南油FESCOが劉さんに労働契約解除証明書を発行しました。劉さんが派遣先企業での勤務期間中に、著しい職務懈怠の結果、派遣先企業に重大な経済的損害をもたらしたことが、その解雇理由でした。

2 仲裁委員会の判断

劉さんはこれを不服として、広州市越秀区労働争議仲裁委員会に対して仲裁を申し立て、経済補償金の支給等を請求しました。しかし、仲裁委員会は劉さんの請求を棄却しました。

3 裁判所の判断

劉さんは訴訟を提起しましたが、一審二審とも敗訴しました。その中で二審の広州市中級人民法院は、劉さんが倉庫管理員として週ごとに在庫品を点検すべきであったにもかかわらず、紛失が判明するまでの2か月間に本件景品を点検せず、その職務を著しく懈怠し、かつ2000人民元の損害は重大損害と認定できる、との判断を下しました。

4 解説

職務懈怠だけでは、解雇の根拠とはなりません。解雇するには、職務懈怠の結果、企業に重大な損害がもたらされたことを証明する必要があります。本件は、2000人民元の損害を重大な損害と認定しました。なお、外商投資企業としては、重大な損害の認定基準を明確にし、1000人民元など具体的な金額を就業規則で定める方策が効果的であると考えられます。

第4節　企業による労働契約の解除（解雇）

Q79　兼業従業員の解雇

自社と別に他社と二重の労働関係をもつ従業員を解雇する場合、留意すべき点は何でしょうか。

Point

・兼職した従業員を解雇するには、①企業の業務遂行に重大な影響をもたらし、または②企業の指摘によっても、これを拒み是正しない場合、のいずれかに該当した場合にはじめて認められる。
・①企業の業務遂行に重大な影響をもたらしたという証明は事実上困難であるため、②是正拒否を理由に解雇すべきであり、この場合、就業規則で兼職禁止と明確に定める対策などが考えられる。

1　他社と二重の労働関係をもつ従業員の解雇

従業員が同時に他社と労働関係を確立し（いわゆる兼職）、自社の業務遂行に重大な影響をもたらし、または企業の指摘によっても、これを拒み是正しない場合、企業はその従業員を解雇することが認められます（労働契約法39条1項3号）。この場合、企業は従業員に経済補償金を支給する必要はありません。

2　兼職可能

中国では、これまで従業員が兼職してはならないとの法律上の規定はなかったものの、従業員が1つの企業を通じて社会保険料を納付する必要があったために、事実上、1つの企業でしか勤務することができず、兼職は認められていないものと考えられてきました。ところが、社会保険料の納付方法に変化はないものの、2008年1月1日から施行された労働契約法39条1項3号では、企業が一定の条件の下で兼職する従業員を解雇できると定められました。これにより、現在では兼職が認められるものと考えられています。よって今後は、兼

第6章　労働契約の解除・終了・変更・更新

職という理由だけで従業員を解雇することは難しいものとなります。

3　兼職従業員の解雇条件

兼職した従業員を解雇するには、以下の2つの事由のいずれかに該当しなければなりません。

① 企業の業務遂行に重大な影響をもたらしたこと
② 企業の指摘によっても、これを拒み是正しないこと

兼職により企業の業務遂行に重大な影響をもたらしたのかどうか、この証明が困難であるため、現実的には、従業員に兼職を禁止し、兼職が疑われる従業員については、所定期間内に他社との労働関係を解除しかつ労働関係が解除された関連証拠を提出するよう通知を行い、従業員がこれを拒否した場合、ここではじめて解雇する方法が考えられます。

このほかに実務でよく使われる手法として、兼職には企業の同意を受ける必要があり、企業の同意を受けない兼職は企業の就業規則に対する著しい違反として解雇できるとする就業規則を設ける方法が見受けられます。

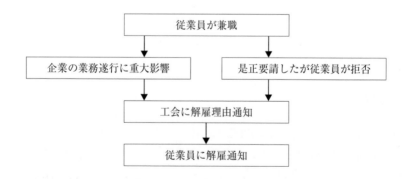

第 4 節　企業による労働契約の解除（解雇）

兼職した従業員を解雇した事例

1　事実

合弁企業 A 社で主任を勤める王さんは、個人的に保険代理人資格を取得し、その後 B 社の商品販売団体に加入しました。王さんは A 社の業務を熱心に行っていましたが、時々勤務中に同僚に B 社ブランドの生活用品の購入を勧めたり、保険代理人として同僚やその家族と保険契約を締結していました。

ある日、ある従業員が王さんが職権を利用し部下に保険加入を勧めたり、日常生活用品を企業に持ち込み販売していると A 社に告発しました。A 社は様々な調査を行って、その事実を把握し、王さんに事実確認を行いましたが、王さんはこれを否認しました。

その後、A 社の総裁が社内を巡回中に、王さんが従業員に日常生活用品を勧めている現場を目撃しました。これを受けて、A 社は王さんとの労働契約を解除しました。

2　仲裁委員会の判断

王さんは経済補償金、違法解雇賠償金を求めて、仲裁を申し立て、仲裁委員会は A 社に対して賠償金 4 万人民元の支給を命じました。

3　裁判所の判断

A 社はこれに不服として、訴訟を提起しました。裁判所は A 社の主張を受け入れ、解雇は正当なものと認定し、最終的には経済補償金を支給する必要はない、との判決を下しました。

4　解説

王さんは A 社の指摘を受けたにもかかわらず、兼職を継続したため、A 社は王さんを解雇できると考えられます。

第6章　労働契約の解除・終了・変更・更新

Q80　悪質従業員の解雇

詐欺、脅迫または企業の弱みに付け込んだ手段を用いて従業員が企業と労働契約を締結した場合、企業はこの従業員を解雇できるのでしょうか。この場合、従業員に支給した賃金の返済を求めることはできるのでしょうか。

Point

- 詐欺、脅迫または企業の弱みに付け込んだ手段を用いて従業員が企業と労働契約を締結した場合、企業はこの従業員を解雇することが可能。
- 虚偽の履歴書を提出したからといって、ただちに従業員を解雇できるわけではなく、企業がその虚偽情報を重視して採用に至った場合にはじめて解雇が可能となる。
- 経歴を詐称した従業員を解雇するとき、支給した賃金の返還を求めることができるが、従業員が提供した役務に対して労働報酬を支給する必要が生じ、事実上、両者で相殺されることが多い。

Ans.

1　不誠実従業員の解雇

　従業員が詐欺、脅迫または相手の弱みに付け込んだ手段を用いて、企業の真実の意思に反する状況において労働契約を締結または変更し労働契約が無効になった場合、企業は当該従業員を解雇することができます（労働契約法39条1項5号）。この場合、企業は従業員に経済補償金を支給する必要はありません。

　ここにいう「詐欺」とは、故意に虚偽の情報を知らせまたは故意に真実の情報を隠匿し、企業にその真実の意思に反する判断をさせることをいいます（最高人民法院の『民法通則』の徹底執行の若干問題に関する意見68条）。たとえば、従業員が虚偽の学歴証書や技術証書を提出し、企業がこれを信じ込んで従業員を採用した場合には、この従業員を解雇することができます。

　ここにいう「脅迫」とは、人または企業の名誉または財産等に損害をもたら

すことを迫り、企業にその真実の意思に反する判断をさせることをいいます（最高人民法院の『民法通則』の徹底執行の若干問題に関する意見69条）。たとえば、労働期間満了後に企業側には労働契約を更新する意思がないものの、従業員が総経理に対して労働契約の更新を認めないと殺してやるなどと脅迫し、総経理がやむを得ず労働契約を更新したような場合には、この従業員を解雇することができます。

ここにいう「相手の弱みにつけ込む」とは、企業が危難に陥ることを悪用し、不正利益を図るため、企業にその真実の意思に反する判断をさせ、その利益を著しく損なったことをいいます（最高人民法院の『民法通則』の徹底執行の若干問題に関する意見70条）。

2　虚偽の履歴書を提出した従業員の解雇可否

従業員が虚偽の履歴書を提出するケースが実務ではよくあり、その虚偽の内容もさまざまです。

① 大卒でないのに大卒と自称すること
② 普通の大学出身を名門大学出身と偽ること
③ わずかな技術を持つだけにもかかわらず、国家資格である高級工程師資格の保持者であると嘘をつくこと
④ 年齢や民族の詐称
⑤ 勤務経験を誇大主張すること
⑥ 既婚なのに未婚と偽ること
⑦ 子供がいるのに子供がいないと自称すること

経歴を詐称する事実は、従業員の人間性について疑問が残るところです。しかし、これがただちに従業員の解雇事由となり得るかについては、そもそも従業員が詐称を行った理由、詐称部分に対する企業の信頼度、重視度などにより相対的に判断することになります。

3　解雇可否の見極め

年齢、民族、婚姻状況の詐称について、通常、これらを理由に従業員を解雇

第6章　労働契約の解除・終了・変更・更新

することはできません。これらの事由で解雇してしまうと、年齢、民族、既婚者差別にあたるとして、違法解雇と認定される恐れが非常に強いため注意が必要です。

しかし、子供がいるのに子供がいないと自称して入社し、子供が原因で企業が期待していた業務を完成できない場合、このような従業員の解雇は可能であると考えられています。

未だに中国では多い学歴の詐称についてですが、企業が従業員の学歴を重視し採用に至ったのであれば従業員を解雇することができるものの、学歴ではなくその能力を重視していたのであれば、学歴詐称は従業員を解雇する正当事由とすることはできません。

勤務経験の場合についても同様で、数人程度の小規模企業での会計勤務経験を、あたかも多国籍企業の会計士であったかのように見せかけ、これを重視した企業が従業員を解雇することはできても、試験を実施するなど、その能力を見極めた上で採用した場合、勤務経験のある企業の規模が実は小さかったからといって、その従業員を解雇することはできません。

4　賃金の返済要求の可否

従業員が詐欺、脅迫または相手の弱みにつけ込み、企業の真実の意思に反する状況において労働契約を締結または変更した場合、その労働契約は無効となります。いったん労働契約が無効となれば、その効果は労働契約締結時まで遡り、企業と従業員との間に労働関係ではなく業務委託関係があったとみなされ、企業は従業員にこれまで支給した賃金の返済を求めることができます。なお、従業員に勤務実態がある場合、その勤務時間に応じて、企業が同時期、同職種、同職位の賃金基準を参照に報酬を支給する必要があります（最高人民法院の労働争議事件の法律適用の若干問題に関する解釈14条）。

事実、企業が支給した賃金の返済を求めるケースは多くありますが、逆に支給すべき報酬を証明できないために、支給した賃金＝支給すべき報酬とみなされ、賃金の返済が認められない場合がほとんどです。

第4節　企業による労働契約の解除（解雇）

5　損害賠償請求の可否

労働契約の無効により企業に損害がもたらされた場合、企業は従業員に損害賠償を請求することができます。しかし経歴の詐称部分について調査を怠った企業側にも過失があると認められる恐れもあることから、たとえ損害額を証明できたとしても、全額賠償認定はなかなか難しいようです。

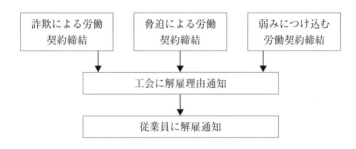

事例39

学歴を詐称した従業員を解雇できた事例

1　事実
潘さんは、上海のＡ社に専門学校卒業であるところを上海財経大学卒業であると学歴を偽って入社し営業部部長を担当、月給は8000人民元でした。2年後、Ａ社は潘さんの大卒学歴は詐称であるとして、履歴書に虚偽の記載があることを理由に潘さんを解雇しました。

2　仲裁委員会の判断
潘さんはただちに労働争議仲裁委員会に仲裁を申し立て、仲裁委員会はＡ社に1.2万人民元の経済補償金の支給を命じました。

3　裁判所の判断
Ａ社はこれを不服として裁判所に訴訟を提起し、潘さんが学歴を偽ったために企業が不当に高い賃金を支給していたと主張しました。裁判所は、Ａ社の主張を受け入れ、解雇は正当であり、経済補償金を支給する必要はないとの判決を下しました。

第 6 章　労働契約の解除・終了・変更・更新

4　解説
　学歴を詐称した従業員を信頼し、その学歴を重要視し、高い賃金を支給したものであるため、A 社は潘さんを解雇できると考えられます。これに対して、学歴を詐称したものの、A 社がその学歴を重要視せず、低い賃金を支給する場合、潘さんを解雇できなくなる恐れがあります。

事例 40
学歴を詐称した従業員を解雇できなかった事例

1　事実
　何さんは広州にある B 社に入社し、入社登記表の学歴欄に大卒と嘘の記入を行いました。何さんと B 社は労働契約は締結せずに、口頭で月給 3500 人民元で合意しました。
　半年後、何さんは部長に昇進し、月給も 4300 人民元にアップしました。
　1 年後、B 社は自社の賃金制度の改革を行い、その結果、何さんの月給が 2600 人民元に下がることを何さんに通知しました。何さんはこの決定に反対したため、B 社は何さんが企業の要求に合致せず、さらに虚偽の学歴を記入したことを理由に、何さんを解雇しました。

2　仲裁委員会の判断
　何さんは広州南沙経済技術開発区労働争議仲裁委員会に仲裁を申し立て、1 か月賃金に相当する通知金 4300 人民元、2 か月賃金に相当する経済補償金 8600 人民元の支払を求めました。仲裁委員会は、何さんのこれらの請求を認めました。

3　裁判所の判断
　B 社はこれを不服として訴訟を提起しましたが、広州市番禺区人民法院および広州市中級人民法院は、いずれも B 社が何さんと労働関係を確立した時点で、何さんの学歴に対し特別な要求も約定もなかったため、入社登記表で虚偽の学歴を記入したことを理由に解雇することは違法解雇であるとの判決を下しました。

4　解説
　事例 39 とは正反対で、B 社は何さんの学歴ではなく、その能力を重要視し、何さんを採用しました。このため、何さんは学歴を詐称したものの、B 社はこれを理由に何さんを解雇することはできません。

第4節　企業による労働契約の解除（解雇）

Q81　刑事責任を追及された従業員の解雇

法により刑事責任を追及された従業員を解雇する場合に留意すべき点は何でしょうか。行政拘留、刑事拘留は刑事責任に該当しないのでしょうか。また、企業が就業規則に「行政拘留、刑事拘留を受けた従業員を解雇できる」と定めることは可能でしょうか。

Point

・刑事責任を追及された従業員を解雇することができる。
・検察機関からの不起訴決定、行政拘留、刑事拘留は刑事責任に該当せず、これらを理由に、「刑事責任を追及された」として解雇を行うことはできない。
・行政拘留、刑事拘留を受けた従業員に対して、就業規則を根拠に、企業の就業規則への著しい違反に該当するとして、解雇できる可能性がある。

Ans.

1　刑事責任を追及された従業員の解雇

企業は法に基づき刑事責任を追及された従業員を即時解雇することが認められています（労働契約法39条1項6号）。この場合、企業は従業員に経済補償金を支給する必要はありません。

2　刑事責任とは

ここにいう刑事責任とは、以下のことをいいます（『労働法』若干条文に関する労働部弁公庁の説明25条4項）。刑法が定める有期懲役等の処罰だけでなく、犯罪状況が軽微であるため裁判所から処罰を免除されるケース、検察機関から起訴を免除されることも刑事責任に該当します。

383

第6章　労働契約の解除・終了・変更・更新

① 検察機関から起訴を免除されたこと
② 裁判所から刑事処分の免除を受けたこと
③ 裁判所から有罪判決（①行動監視、②拘留、③有期懲役、④無期懲役、⑤死刑、⑥罰金、⑦財産の没収、⑧政治権利の剥奪）を受けたこと

　従業員が刑事責任を追及されたか否か、企業自身に判断する権利はありません。たとえば、従業員が窃盗を犯した事実が発覚した場合に、ただちに「刑事責任を追及された」として解雇する企業が実際には見受けられますが、これは違法にあたるため注意が必要です。刑事責任の有無については、検察機関および裁判所の決定、判決を待ってから企業側は判断する必要があります。

　また、裁判において、有罪の一審判決が下されたからといって、ただちに「刑事責任を追及された」ことを理由に従業員を解雇することもできません。従業員が一審判決に対して上訴すれば、一審判決が発効せず、法的効力を有しないからです。企業は、一審判決の発効日（従業員への送達日から15日以内に従業員が上訴しないと一審判決が発効する）または二審判決（終審判決）が下されるまで解雇を待つ必要があります。

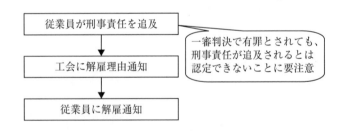

事例41

刑事処分が免除された従業員の解雇可否に関する事例

1　事実

　A社と労働契約を締結している王さんは、北京市某区人民法院から「故意傷害罪を犯したものの、刑事処罰を免除する」旨の判決を受け、さらに、北京市第二中級人

民法院から「上訴棄却、原審維持」の終審判決を受けました。

これを受けて、A社は王さんとの労働契約を解除しました。これに対して、王さんは仲裁を申し立て、労働契約解除の決定取消し、労働関係の回復を求めました。

2　仲裁委員会の判断

仲裁委員会は、刑事処罰の免除も刑事処分に該当するため、王さんの請求を棄却しました。

3　解説

刑事処罰の免除も刑事処分に該当します。したがって、A社は王さんを解雇することができます。

3　よく刑事責任に間違えられること

(1)　検察機関からの不起訴決定

不起訴決定は、起訴免除とは異なり、検察機関が公安機関から移送を受けた事件について、審査の後に、犯罪を構成せずまたは刑事責任を追及すべきではないと判断した後に下した決定のことであり、刑事責任には該当しません（企業が人民検察機関から不起訴決定を受けた従業員の労働契約解除可否の問題に関する労働社会保障部弁公庁の回答）。このため、これを理由に刑事責任が追及されたとして労働契約を解除することはできません。

(2)　行政拘留

従業員の行政拘留は、企業が実際に遭遇する可能性が比較的高いものかもしれません。行政拘留とは、治安管理（飲酒運転、賭博、買春）に違反し、公安局から最高15日間の身柄を拘束されることをいいます。これは刑事処罰ではないため、刑事処罰を受けたとして解雇することはできません。なお、拘留期間が企業の定める解雇に必要な無断欠勤日数に達した場合、就業規則への著しい違反（無断欠勤）を理由に従業員を解雇できる可能性があります。また、就業規則に「行政拘留が就業規則への著しい違反に該当する」旨の内容があれば、就業規則への著しい違反を理由に従業員を解雇できる可能性も考えられます。

第6章 労働契約の解除・終了・変更・更新

(3) 刑事拘留

　刑事拘留とは、犯罪の疑いがあるとして公安機関に最高37日間身柄拘束されることをいいます。刑事拘留されている従業員は、犯罪の嫌疑がかかるだけの状態であり、犯罪の事実についてはその後の裁判所の判断を受ける必要があります。刑事拘留自体は刑事処罰ではないため、刑事処罰を受けたとして解雇することはできません。

　実務上、拘留期間を無断欠勤として従業員の解雇事由とできるかについては意見が分かれていますが、一般的には、欠勤は事実であるが「無断」ではないため、これを解雇できないと考えられています。

　しかし、企業の就業規則で「刑事拘留が企業の就業規則への著しい違反に該当する」と定めている場合、これをもって就業規則への著しい違反を理由として、従業員を解雇できる可能性があると考えられています。

事例 42
刑事拘留を受けた従業員の解雇を無効とした事例

1　事実

　周さんは長年四川省宜賓市にあるA社に勤め、A社と無固定期間労働契約を締結しました。

　A社勤務期間中に、周さんは職務横領罪の疑いで刑事拘留され、四川省宜賓市長寧県人民法院は周さんに対して懲役1年、執行猶予2年の一審判決を下しました。

　周さんはこれに不服として上訴しましたが、一審判決を下された翌日、A社は著しく職務懈怠し、私利を図り企業に重大な損害をもたらし、かつ刑事責任を追及されたことを理由に周さんを解雇しました。

　上訴審では、四川省宜賓市中級人民法院が事実が不明確であることを理由に、一審判決を取り消し、長寧県人民法院に事件の再審理を命じました。その後、長寧県検察機関が訴えの撤回を申し立て、翌日に長寧県人民法院により撤回申立が認められました。

　これを受けて、長寧県公安機関は犯罪事実が不明確であることを理由に、立件を取り消し、立件取消決定を周さんに送付しました。

2　仲裁委員会の判断

　立件取消決定を受けた周さんは労働契約の解除が不当であるとして、長寧県労働争

第 4 節　企業による労働契約の解除（解雇）

議仲裁委員会に仲裁を申し立てましたが、60 日の時効が成立したとして、受理されませんでした。これを受けて、周さんは長寧県人民法院に訴訟を提起しました。

3　裁判所の判断

長寧県人民法院は、周さんが立件取消決定を受けてから 1 か月以内に仲裁を申し立てたため、60 日間の時効が過ぎておらず、周さんが刑事処罰を受けたことにはあたらず、A 社が周さんの私利を図り企業に重大な損害をもたらしたことを証明できなかったことを理由として、労働契約の回復を命じました。

4　解説

企業の就業規則に「刑事拘留を受けた従業員を解雇できる」旨を定めれば、刑事拘留を受けた従業員を解雇することができます（事例 15 参照）。本件では、A 社はこのような就業規則を有しなかったため、解雇は無効とされました。本件は、就業規則の内容の重要性が浮き彫りとされた事例です。

第6章　労働契約の解除・終了・変更・更新

Q82 労働契約の締結を拒否した従業員の解雇

労働契約の締結を拒否した従業員を解雇する場合に留意すべき点は何でしょうか。

Point

・労働契約を締結しない企業に重い処罰を課す一方、企業に労働契約の締結を拒否する従業員を解雇できる権利を与えている。
・雇用日から1か月以内の解雇の場合、勤務に見合う報酬を支給すればよいが、1か月を超えた場合、2倍賃金、経済補償金の支給義務が生じる。
・労働契約の締結を求める場合、書面で従業員に通知しなければならない。

Ans.

1　労働契約の締結が企業の義務

労働契約法は、企業に対して従業員を雇用してから1か月以内に労働契約を締結しなければならない義務を明確にしており、労働契約を締結しない企業には2倍賃金の支給など企業に重い処罰を課しています（労働契約法82条）。

このため、企業は従業員と労働契約を必ず締結しなければならず、従業員が労働契約の締結を拒否した場合、企業はそれを理由に従業員を解雇する必要があります。これを怠ると、従業員から2倍賃金の支給などを求められるリスクが生じます。

2　雇用日から1か月以内の場合

雇用日から1か月以内に、労働契約の締結を拒否した従業員を解雇する場合、従業員に経済補償金を支給する必要はありません（労働契約法実施条例6条）。なお、従業員に勤務実態がある場合、その勤務期間について労働報酬を支給する必要があります。労働報酬は、企業と従業員が約定した賃金を基準に計上します。

第 4 節　企業による労働契約の解除（解雇）

たとえば、4月1日に入社した従業員を4月15日に解雇した場合、従業員に15日間の賃金を支給すれば当該従業員を解雇できます。

3　雇用日から満 1 か月以上の場合

企業が雇用日から1か月以内に従業員と労働契約を締結しない場合、2か月目から従業員に2倍の賃金を支払わなければなりません。この場合に企業が従業員を解雇するには、従業員に2倍賃金を支払うほかに、経済補償金も支給する必要が生じます（労働契約法6条）。

たとえば、4月1日に入社した従業員を5月15日に解雇した場合、企業が①4月の賃金、②5月の15日間の賃金の2倍、③1か月賃金に相当する経済補償金、の合計額を従業員に支給する必要が生じます。

このように、雇用日から満1か月以上経った場合の解雇は、1か月以内の解雇よりも、企業の責任が重くなります。雇用日から1か月以内に労働契約を締結することが企業の法的義務であり、これを怠った企業が重い処罰を受けるのは、当然の処分です。したがって、企業としては、労働契約の早期締結を常に心がけておく必要があります。

4　解雇時の留意点

労働契約の締結を拒否した従業員を解雇する前に、企業は従業員に書面で労働契約の締結を通知する必要があり（労働契約法実施条例6条）、口頭で通知するだけでは十分ではないことに留意する必要があります。

第6章 労働契約の解除・終了・変更・更新

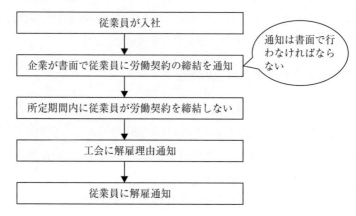

第4節　企業による労働契約の解除（解雇）

Q83 医療期間経過後の従業員の解雇

病気にかかった従業員が所定の医療期間を過ぎた後も正常に勤務できない場合、このような従業員をただちに解雇できるのでしょうか。解雇する前に別の業務を手配しなければならないのでしょうか。

Point

・病気にかかった従業員に対し、所定の医療期間内に解雇することは厳禁。
・所定の医療期間が満了した従業員が元の業務に従事できない場合、ただちに従業員を解雇することはできず、他の業務を手配することが必要。
・業務に従事できるか否か、企業が独自に判断することはできず、労働鑑定委員会の鑑定を受ける必要がある。
・従業員を解雇するとき、従業員の障害状況により、医療補助費を支給しなければならない恐れがある。

1　解雇は可能

　従業員が、病気を患うまたは業務外で負傷し、所定の医療期間が満了した後も元の業務に従事することができず、かつ企業が別途手配した業務にも従事することができない場合、企業は従業員本人に対し30日前までに書面での通知を行う、または従業員に1か月分の賃金相当額を上乗せして支払った後に労働契約を解除することができます（労働契約法40条1項1号）。

　この場合、企業は従業員に経済補償金を支給する必要があります。また、従業員が労働鑑定委員会から5～10級の障害鑑定を受けた場合、企業は当該従業員に最低6か月の賃金を医療補助費として支給しなければならず、1～4級の障害鑑定を受けた場合、当該従業員の退職手続を行わなければなりません（労働契約制度の実行に関わる若干問題に関する労働部の通知22条、労部発〔1996〕354号通知に関わる問題の解釈に関する労働部弁公庁の通知2条）。

第6章　労働契約の解除・終了・変更・更新

2　医療期間満了

医療期間中の従業員の解雇は認められません。解雇は所定の医療期間が満了した後でなければなりません。医療期間は従業員の勤続年数により異なりますが、詳細については、Q44「病欠休暇」を参照してください。

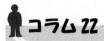

医療期間の計算方法

勤続年数が1年の高さんは慢性病を患い、2月6日からの20日間、3月の31日間、4月の30日間、さらに8月6日から再度入院し、20日間の病欠をとりました。この場合、医療期間はすでに満了しているのでしょうか。

回答：満了していません。

高さんの勤続年数が1年であるため、3か月間の医療期間があります。その医療期間は高さんの最初の病欠日から6か月内で累計して計算します。
本件の場合、2月6日から8月5日までの6か月間の期間中の高さんの医療期間は、20日+31日+30日=81日であり、3か月間を超えていません。
8月6日から25日の病欠がありましたが、これは、2月6日からの病欠と合併して計算することはできず、8月6日から6か月の範囲内で再度3か月の医療期間が与えられるため、改めて計算する必要があります。

3　別の業務の手配義務

医療期間満了後、従業員が元の業務に従事できない場合、これを理由に企業は従業員を解雇することができません。企業は従業員に別の業務を手配し、従業員が新たな業務にも従事できない場合においてはじめて解雇することができます。また、手配した業務は従業員の能力に照らし合わせて適正なものでなければならず、解雇したいがために、わざと難しい業務を手配すれば違法解雇と認定される恐れがあります。

第4節　企業による労働契約の解除（解雇）

4　業務に従事できないことの判断基準

　従業員が業務に従事できない状況が発生してから、はじめて解雇の可能性について検討することができます。この場合、従業員が業務に従事できるかどうか、企業が独自に判断することはできず、労働鑑定委員会による鑑定を受けなければなりません（『中華人民共和国労働法』の徹底執行に関わる若干問題に関する意見35条）。企業が、労働鑑定委員会の鑑定を受けずに、外見だけで従業員の業務従事は不可能であると判断し、労働契約を解除することは違法解雇に該当するため、留意する必要があります。

5　30日前の通知

　解雇の場合は、30日前に従業員に通知する必要があります。なお、労働契約法では1か月賃金を支給すれば、この30日前の通知義務を省くことができ、ただちに解雇することができるとしています。

　実務でも1か月賃金を支給して即時に労働契約を解除する方法が多く利用されています。この場合、企業にしてみれば、1か月勤務の場合と同額の賃金を支給することから、即時解雇よりも期限いっぱいまで働いてもらった方がよいようにも思われます。しかし実際には、1か月賃金を支給し即時に労働契約を解除する方法が多く利用されています。従業員に残り1か月の間に業績への貢献を期待できる状況にないことや、その間に従業員が病気、ケガ、労災、妊娠の事由が発生すると、解雇できなくなってしまうのがその理由です。

第6章　労働契約の解除・終了・変更・更新

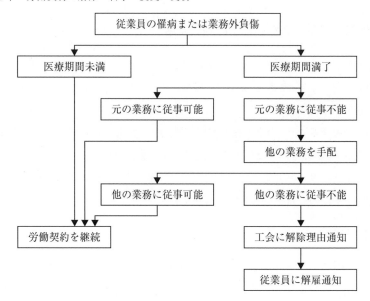

事例43
別の業務の手配を怠ったため、病気治癒後の従業員の解雇を無効とした事例

1　事実
郭さんは北京のタクシー会社Ａ社の運転手です。長年、Ａ社に勤めています。
ある日、郭さんが目にけがをしてしまい、治療の必要があるとして、長期間の欠勤が続きました。1年後、Ａ社は郭さんに対して医療期間満了後も業務を遂行できないことを理由に解雇通知を行ったため、郭さんは労働争議仲裁委員会に仲裁を申し立てました。

2　仲裁委員会の判断（1回目）
仲裁委員会は、労働契約の解除が無効であるとして、労働契約の継続を命じました。これに対して、Ａ社も郭さんも異議を申し立てなかったため、その後、郭さんは自宅療養を続け、Ａ社が毎月584人民元の基準で病欠賃金を支給していました。

3　仲裁委員会の判断（2回目）
1回目の仲裁判断を受けたＡ社は郭さんに2回目の解雇通知を行いました。治療

期間中の無断欠勤がA社の主張した解雇理由でした。

郭さんはふたたび労働争議仲裁委員会に仲裁を申し立てました。北京市労働争議仲裁委員会は、労働契約の継続、2回目の解雇日から仲裁判断が下された日までの賃金の支払を命じました。

4 裁判所の判断

A社は訴訟を提起し、郭さんに再度通告したにもかかわらず郭さんの欠勤が続いたとして、解雇すべき正当な理由があると主張しました。しかし、A社が郭さんに代わりの業務を手配したこと、出勤を通知したことを証明することができなかったことから、裁判所は解雇の理由はなく、A社が郭さんに2回目の解雇日からの賃金を支給し、労働契約を継続すべきであると命じました。

5 解説

企業は、医療期間満了後に業務を従事できない従業員を解雇するには、あらかじめ別の業務を手配する必要があります。当該従業員が別途手配した業務にも従事できない場合に、はじめて解雇が可能となります。本件の場合、A社は郭さんに別の業務の手配を怠ったため、解雇は無効とされました。

第6章　労働契約の解除・終了・変更・更新

Q84 能力欠如従業員の解雇

従業員が業務に堪えられず、育成訓練または職場の調整を経た後もなお、業務に堪えられない場合、この従業員を解雇できるのでしょうか。この場合、留意すべき点は何でしょうか。

Point

・業務に堪えられない従業員をただちに解雇することはできず、育成訓練の実施または職場での調整が必要。なおも業務に堪えられない場合に、はじめて解雇が可能。
・従業員が業務に堪えられないと、企業が独自に判断することができるが、公平、公正、公開に基づく判断が必要。

Ans.

1　解雇可能

従業員が業務に堪えられず、育成訓練や職場の調整を経た後もなお、業務に堪えられない場合、従業員本人に対して30日前までに書面での通知、または従業員に1か月分の賃金相当額を上乗せして支払えば労働契約を解除することができます（労働契約法40条1項2号）。

2　業務に堪えられないことの判断基準

業務に堪えられないことがこの場合の解雇の前提となるわけですが、その判断基準について、「要求に従い労働契約に約定した任務または同様の職種、職位にある他の従業員の勤務量を完成できない」ことをいうとされています（『労働法』若干条文に関する労働部弁公庁の説明26条）。

最終的な判断は企業自らに委ねられているため、実際にこの権限を使用する場合には、公平、公正、公開に基づく考課制度が必要となります。具体的には、考課制度を従業員に公開し、考課結果は具体的かつ客観的で比較検討可能なものでなければなりません。従業員に課す業務は通常の従業員が正常の勤務

時間内で完成できる内容でなければならず、また、考課結果に対して従業員が不服を申し立て、理由陳述する権利を与えなければなりません。

そのためには、企業の内部考課制度が確立されている必要があります。その制度の中で、たとえば業績が3か月連続して50点未満（100点満点）の場合を業務に堪えられないと定義するなど、具体的な判断基準を設けます。

実務では、「末位淘汰制」（業績が一番悪い従業員を解雇する制度）を実施する企業がありますが、これは従業員が業務に堪えられない判断基準として認められません。

3　育成訓練または職場の調整が必要

業務に堪えられないことを理由に従業員を解雇する前に、育成訓練の実施または職場の調整は必ず行わなければならないプロセスです。育成訓練を実施するか、職場を調整するかは企業の経営判断に委ねられ、どちらかの方法を企業が二者択一することができます。この場合の育成訓練または職場の調整は企業の権限内であるため、従業員の同意を受ける必要はなく、労働契約の変更にも該当しません（職場変更を起因とする従業員と企業が労働争議等を発生したなどの問題に関する労働部弁公庁の回答1条参照）。育成訓練または職場の調整を行ってもなお業務に堪えられない場合に、はじめて企業は従業員を解雇することができます。

4　30日前の通知

従業員を解雇するには、30日前に通知を行う必要があります。なお、労働契約法は1か月賃金を支給すれば、この30日前の通知義務を省くことができ、ただちに解雇することができるとしています。

実務では、1か月賃金を支給し即時に労働契約を解除する方法が多く利用されています。この場合も、疾病やケガによる解雇の場合と同様、従業員に残り1か月の間に業績への貢献を期待できる状況にないことや、その間に従業員が病気、ケガ、労災、妊娠の事由が発生すると、解雇できなくなってしまうのが

第6章　労働契約の解除・終了・変更・更新

その理由です。

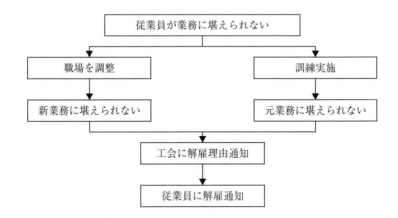

事例44
業務に堪えられない従業員の解雇が認められた事例

1　事実

張さんは、北京にあるA社と5年間の労働契約を締結しました。張さんは営業代表を担当し、基本給は14000人民元です。

A社の就業規則には、従業員が業務に堪えられず、従業員業績改善の研修または職場の調整を経てもなお業務に堪えられない場合には、30日前に本人に通告し労働契約を解除することができるという規定があります。

A社は張さんが所定の業務を完成できなかったとして、業績改善研修に参加するよう促しました。研修期間は3か月で、張さんの上司である李さんが張さんに業務の展開方法（販売計画の作成、計画の実施状況確認、顧客の反応確認など）を指導し、張さんが毎週李さんに研修効果を報告するといった内容です。

しかし、張さんはA社からの研修参加通知に対して特に何の反応も示さず、3か月後も所定の研修成果を出すこともできませんでした。A社は張さんに対し、研修期間を12月31日まで延長することを通知しました。研修期間中、李さんが張さんと計3回の面談を行い、その中で張さんは完成すべき販売目標を設定しました。

研修期間満了後、上司の李さんは張さんの研修結果について、研修目標を達成できず、研修に対する姿勢も消極的であり、進歩も遅いとの理由で、不合格の評価を下しました。

これを受けて、A社は張さんに対し、1か月後に労働契約を解除する旨を通知し、

398

第 4 節　企業による労働契約の解除（解雇）

1 月 15 日に張さんに解雇通知を交付しました。

2　労働争議仲裁委員会の判断

張さんは北京市労働争議仲裁委員会に仲裁を申し立て、仲裁委員会は業務に堪えられないことの証明を A 社ができなかったことから、労働契約の回復を命じました。

3　裁判所の判断

この仲裁判断を不服とした A 社は北京市朝陽区人民法院に提訴し、朝陽区人民法院は、A 社が社内研修制度に基づき張さんに研修を行い、依然張さんが業務に堪えられないことが判明したとして、A 社は労働契約を解除できる、との判決を下しました。

張さんは北京市第二中級人民法院に上訴しましたが、審理中に和解しました。

4　解説

業務に堪えられないとの認定は必ずしも容易なことではありません。本件の場合、A 社はその社内研修制度に基づき張さんに研修を行い、これにより、従業員に「訓練実施」を行いました。問題は、訓練実施後の A 社社内の考課（その上司である李さんの評価）が、張さんが業務に堪えられないとの認定となるか否かです。仲裁委員会は上司である李さんの評価だけでは業務に堪えられないとの証拠として足りないとしていましたが、裁判所は反対の立場をとりました。

第6章　労働契約の解除・終了・変更・更新

Q85 状況変化による解雇

労働契約締結の際に根拠とされていた客観的状況に重大な変化が発生して労働契約の履行が不可能となった場合、従業員の解雇は可能なのでしょうか。

Point

・労働契約締結の際に根拠とされていた客観的状況に重大な変化が発生して労働契約の履行が不可能となった場合、従業員の解雇が可能。
・客観的状況の重大変化とは、企業の移転、吸収合併、資産譲渡などを指す。
・重大変化が発生した場合、ただちに解雇することはできない。労働契約の変更につき、従業員とあらかじめ協議する必要がある。

1　解雇可能

労働契約締結の際に根拠とされていた客観的状況に重大な変化が発生し、労働契約の履行が不可能となり、企業と従業員の協議によっても、労働契約の内容の変更について合意に達することができない場合、30日前までに従業員に書面による通知、または従業員に1か月分の賃金相当額を上乗せして支払えば、労働契約を解除することができます（労働契約法40条1項3号）。

2　客観的状況の重大変化発生とは

ここにいう「客観的状況」とは、不可抗力が発生し、または企業の移転（引越し）、吸収合併、資産譲渡など労働契約の全部または一部が履行できないその他の状況が発生したことをいいますが、人員整理のためのリストラはこれには含まれません（『労働法』若干条文に関する労働部弁公庁の説明26条）。

第4節　企業による労働契約の解除（解雇）

3　従業員と協議する過程が必要

　客観的状況に重大な変化が発生して労働契約の履行が不可能となった場合でも、企業がただちに労働契約を解除することは認められません。労働契約の内容を変更するなど、あらかじめ従業員と協議を行い、従業員の同意が受けられない場合に、はじめて解雇の根拠ができます。

　ここにいう「労働契約の内容の変更」とは何かについて、法律では明確にされていません。実務上、職場の変更、賃金の引下げなどをいい、労働契約の解除を含まないとする意見もあります。これに対して、労働契約の解除も労働契約の内容の変更に該当するとの意見もあります。すなわち、従業員との間で、所定より上乗せした補償を支給する代わりに労働契約の解除を協議すれば、これも労働契約の内容の変更に該当するとみなされ、従業員がこれに同意しない場合でも、企業が解雇を断行することができるとする意見です。

4　30日前の通知

　解雇するには、30日前に従業員に通知を行う必要があります。なお、労働契約法は1か月賃金を支給すればこの30日前の通知義務を省くことができ、ただちに解雇することできるとしています。

　実務では、1か月賃金を支給し即時に労働契約を解除する方法が多く利用されています。この場合も、疾病やケガによる解雇の場合と同様、従業員に残り1か月の間に業績への貢献を期待できる状況にないことや、その間に従業員が病気、ケガ、労災、妊娠の事由が発生すると、解雇できなくなってしまうのがその理由です。

第6章　労働契約の解除・終了・変更・更新

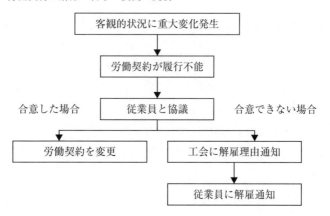

事業統合する場合、従業員を解雇できるのか

　近年、日系企業の事業統合が多く見受けられます。数年前まで、中国のあちこちに投資し設立してきた企業を統一管理する必要に迫られたというのが、そのほとんどの理由でしょう。さて、このような事業統合にともなう従業員の解雇は認められるのでしょうか。

　回答は YES。

　事業統合は、労働契約締結時に根拠とされていた客観的状況に重大な変化が生じたことに該当し、企業が従業員と労働契約の解除の協議を行った結果、たとえ両者が合意に至らない場合でも、従業員を解雇することができます。もちろん、この場合には従業員に経済補償金を支給する必要があります。
　事業統合のほか、事業譲渡、企業移転（引越し）などの場合にも同様に、労働契約を解除することが可能です。

第 4 節　企業による労働契約の解除（解雇）

事例 45
企業の部門廃止が客観的状況の重大変化に該当し、解雇が認められた事例

1　事実

馮さんは、上海市浦東新区にある物流企業 A 社に入社し、航空運送部門の部長として、4 万人民元の賃金を受けていました。

市場の影響を受け、A 社の航空運送業務は著しく減少し、A 社の董事会は航空運送業務を停止し、運送業務部門を廃止することを決定しました。

当時、A 社の航空運送部門には馮さんを含め、7 人の従業員が在籍していましたが、A 社はこれらの 7 人の従業員と協議し、1 人が A 社と労働契約の合意解除に同意し、5 人が A 社の陸上運送部門および海運部門への職場調整に応じましたが、馮さんだけが A 社の職場調整にも同意せず、交渉が難航していました。交渉の中で、A 社は馮さんに対して、業務開発部の部長補佐または海運部部長補佐への職場調整すると同時に、A 社の賃金管理制度に従った賃金調整を申し入れましたが、馮さんはこれに対して拒否の姿勢を貫いていました。

2 か月間の交渉にもかかわらず、合意に及ばなかったため、A 社は馮さんに解雇通知を発行しました。翌日、馮さんは労働争議仲裁委員会に労働関係の回復を求め、仲裁を申し立てました。

2　仲裁委員会の判断

仲裁委員会は、A 社の解雇は有効であるとして、馮さんの請求を棄却しました。

3　解説

労働契約締結の際に根拠とされていた客観的状況に重大な変化が発生した場合、企業が従業員を解雇する可能性が生じ、実務上、多くの企業がこれを理由に従業員を解雇しています。しかし、客観的状況の重大変化とは何か、従来から統一された見解はありません。本件では、部門の廃止が客観的状況の重大変化に該当するとの判断が下されました。なお、2018 年現在、従業員を解雇するため部門廃止も辞さないという悪質な企業が増えているため、とくに北京市の裁判所は、部門廃止は客観的状況の重大変化に該当しないとの判断が多く下されています。

第6章　労働契約の解除・終了・変更・更新

Q86 ─リストラ─

　生産経営に重大な困難が発生し、多くの従業員をリストラ（経済的人員削減）する必要がある場合でも、リストラできない従業員とはどのような従業員でしょうか。また、一部の従業員のみをリストラする場合、継続雇用すべき従業員の優先順位があるのでしょうか。リストラ手続を行う場合に政府労働行政管理部門の許可を受ける必要があるのでしょうか。

Point

・企業の生産経営に重大な困難が発生した場合、企業はリストラを実施できる。
・20人以上の従業員を削減する必要がある、または削減する従業員が20人未満ではあるが企業従業員総人数の10％以上を占める場合、①工会（労働組合）または全従業員の意見を聞き、②労働行政管理部門に報告する義務がある。
・労災を受け労働能力を失った従業員など、リストラできない従業員がいる。
・一部の従業員のみをリストラする場合、自社での勤続年数が長い従業員など、従業員の中に継続雇用すべき優先順位がある。

Ans.

1　リストラが可能な状況

　次に掲げる事由のいずれかに該当し、20人以上の従業員を削減する必要がある、または削減する従業員が20人未満ではあるが企業従業員総人数の10％以上を占める場合には、企業は30日前までに工会（労働組合）または従業員全体に状況を説明し、工会または従業員の意見を聴取した上で、政府労働行政管理部門に人員削減案を報告した後に、従業員をリストラ（経済的人員削減）することができます（労働契約法41条）。この場合、従業員には経済補償金を支給する必要があります。

404

① 企業が破産法の規定により再生する場合
② 企業の生産経営に重大な困難が発生した場合
③ 企業が従来の製品とは別の製品へと生産を転換し、重大な技術革新または経営方式の調整を行い労働契約を変更したにもかかわらず、人員を削減する必要がある場合
④ 労働契約締結の際に根拠とされていた客観的状況に重大な変化が発生したために労働契約の履行不能が引き起こされるその他の場合

ここにいう「生産経営に重大な困難が発生した」との認定基準は、各地方でそれぞれ異なります。たとえば北京市では、3年連続して赤字経営かつ赤字額が毎年増加していること、債務超過であること、80％の従業員が勤務中止または自宅待機にあること、最低生活費基準に従い従業員に生活費を支給できない期間が連続して6か月を超えたことなどが、「重大な困難」状況にあると認定されていました（旧北京市企業経済的人員削減規定3条）。この認定基準は、2017年12月31日に廃止され、現在のところ、「重大な困難」の判断基準は、裁判官の裁量権に任されています。

2　リストラ対象従業員の選別

企業がリストラが可能な状況にあっても、従業員を自由にリストラできるわけではありません。リストラできない従業員（リストラ禁止従業員）、同等の条件の下ではリストラできない従業員（リストラ劣後従業員）がいることに注意が必要です。このため、あらかじめ企業の従業員を選別し、「リストラ禁止従業員」や「リストラ劣後従業員」に該当しないかを留意しておかなければなりません。

(1)　リストラ禁止従業員

次に掲げる事由のいずれかに該当する従業員は、「リストラ禁止従業員」であり、企業はこれらの従業員をリストラすることはできません（労働契約法42条）。

① 職業病の危険と接する作業に従事する従業員が、職場を離れる前の職業

第 6 章　労働契約の解除・終了・変更・更新

健康診断を行っていない場合、または職業病の疑いのある患者従業員が診断もしくは医学観察期間である場合
② 自社に在籍中に職業病を患うまたは業務上負傷し、かつ労働能力の喪失または一部喪失が確認された場合
③ 疾病にかかりまたは業務外で負傷し、所定の医療期間にある場合
④ 女子従業員が三期（妊娠、出産、授乳）期間中にある場合
⑤ 自社において 15 年連続して勤務し、かつ、法定の定年退職年齢に達するまで 5 年未満の場合
⑥ 法律、行政法規の定めるその他の事由がある場合

(2) **リストラ劣後従業員**

次のいずれかの事由に該当する従業員は「リストラ劣後従業員」と呼ばれ、企業が一部の従業員をリストラする場合、これらの従業員を優先的に継続雇用しなければなりません（労働契約法 41 条）。
① 自社との間において比較的長期間の固定期間労働契約を締結している者
② 自社との間において無固定期間労働契約を締結している者
③ 家庭内に他の就業者がおらず、かつ扶養の必要のある老人または未成年者がいる者

3　リストラ手続

リストラを行う場合、企業は以下のプロセスを経なければなりません（労働契約法 41 条、企業経済的人員削減規定 4 条）。
① 30 日前までに工会または従業員全員に事情を説明し、かつ生産経営状況に関する資料を提供する。
② 削減される従業員、削減の実施時期、実施のプロセス等を含むリストラ案を提出する。
③ リストラ案に関する工会または従業員全員の意見を聴取した上、変更を行う。
④ 地元の労働行政管理部門にリストラ案、工会または従業員全員の意見を

第4節　企業による労働契約の解除（解雇）

報告し、当該労働行政管理部門の意見を聴取する。
⑤　リストラ案を正式に公布し、リストラされる従業員と労働契約の解除に関する手続を行い、経済補償金を支給し、労働契約解除証明書を発行する。

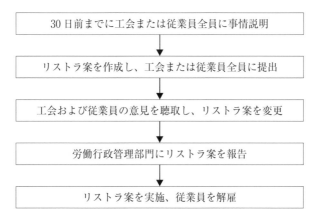

4　実務上の対応および留意点

(1)　従業員への対応

　リストラ案について、工会または従業員は企業に意見を提出することができます。この場合、企業はその意見を真摯に聴取しなければならないとされています（企業経済的人員削減規定9条）。これは、就業規則の作成と同様、企業が聴取を行った事実があるだけでよく、その意見を受け入れる義務まではありません。ただし、実務上、リストラは多くの従業員の生活基盤に関わるため、合理的な意見であれば、企業は積極的に受け入れるべきです。あまりにも一方的なものである場合、従業員の暴動を引き起こす恐れがあるからです。

(2)　労働行政管理部門への対応

　リストラ案を労働行政管理部門に報告する必要があります。法律上、審査認可ではなく、報告という表現にとどまっていることから、企業が労働行政管理部門にリストラ案を提出しさえすればよく、その同意まで受ける必要はないと

考えられています。

　具体的にどのような報告をすべきか、明確な法律規定はありません。しかしながら実務では、報告の方法、報告の内容、報告の書類に不備があるとして、報告を受理しない労働行政管理部門があります。また、報告を受けたとしても、報告を受けた証憑を企業に発行しないなど、企業のリストラの実施に法的リスクをもたらしています。

　上海市では、上海市人力資源社会保障局が2009年1月8日に、「法に基づくリストラ実施における企業の報告に関する上海市人力資源社会保障局の通知」を公布し、企業のリストラ案の報告方法、提出書類等を定めています。同通知によると、企業が労働行政管理部門に提出するリストラ報告には、「リストラに対する工会（労働組合）または従業員代表の意見書」の提出が義務付けられています。この書類を提出しないと、労働行政管理部門から企業のリストラ案の報告は受理されないことになります。このため、リストラを実施するとき、企業に工会（労働組合）および従業員代表がなければリストラの実施が不可能となり、またこれらがあってもリストラ案への意見表明に拒否を示された場合も同じく、リストラを実施することができません。同通知により、企業のリストラ実施は、従業員側の協力をなくしては事実上実施できなくなっており、これは労働契約法に定めるリストラに関わる規定の本来の趣旨に反しているといわざるを得ません。

(3)　**経済補償金の支給基準**

　リストラで契約を解除する従業員に対して、経済補償金を支給する必要があります。このとき、経済補償金の支給基準の確定方法が実務上の大きな課題となります。

　実際に一部の日系企業には、従業員を区別せず、一律に法定の経済補償金に2、3か月の賃金を上乗せして経済補償金を支給、あるいは従業員の勤続年数に応じて10年以上の従業員は3か月の賃金、10年未満の従業員は2か月の賃金を上乗せしたり、また、子供を扶養する単身父母、老人を扶養する従業員、夫婦とも自社で働くいわゆる「双職工」など生活困難と独自に認定する従業員

第4節　企業による労働契約の解除（解雇）

には、1か月の賃金を上乗せするなど、その基準確定方法はさまざまです。

　このように、企業が自ら経済補償金の支給基準を定める場合、このような支給基準は必ず一部の従業員の不平不満を招き、結果的に経済補償金の支給基準に関わる交渉が難航し、リストラの実施が困難となるリスクがあるため、留意する必要があります。たとえば、10年以上勤務した従業員について3か月の賃金を上乗せして支給するという基準を定めると、9年半働いた従業員の不満を招きます。また、生活が困難な従業員には1か月の賃金を上乗せして支給するという基準を定めれば、ほとんどの従業員が生活困難であると申請してくることが予想されるなど、企業は難しい対応を迫られることになります。

　実務上、政府労働行政管理部門は、企業の独自の経済補償金支給案が一部の従業員に有利になるとはいえ、従業員間に差別待遇が発生している場合、必ずしもこれをよいものとして評価しているとは限りません。企業が労働行政管理部門にリストラ案（経済補償金支給基準を含む）を報告するとき、経済補償金はあくまで法定の経済補償金を支給すれば十分であり、上乗せして支給する場合には従業員の勤続年数、生活困難などを配慮すべきでなく、上乗せを検討する場合には全員に一律して上乗せして支給するよう指導を行うことがあります。

(4)　リストラ実施のタイミング

　中国人には春節（新暦の2月ごろ）を非常に重視する文化的習慣があり、春節を楽しく過ごすということは外国人が考える以上に彼らにとっては重要なことです。このため、中国でビジネスを行う企業としては中国の文化を尊重し、特別な理由がない限りは、リストラ案の公布、リストラの実施は春節以降に行うことも、一種のマナーであると思われます。

　また、大規模リストラの場合、3月上旬を避ける方が無難です。中国では、毎年3月に全国人民代表大会が開催され、政府としては、この期間中の社会の安定をことのほか重要視しているため、リストラを実施した結果従業員が暴動を起こすような事態が発生すれば、企業の社会的責任も大きく問われることになるからです。

第6章　労働契約の解除・終了・変更・更新

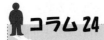
コラム 24
リストラを迫られた従業員約 600 人が
日本人総経理を 6 時間にわたって取り囲んだ事件

　1993 年に北京に設立した電気製品を製造する外商投資企業 A 社は、赤字経営が続いたため、2008 年末から 800 人におよぶ従業員の大リストラを検討し始めました。

　2009 年 2 月初旬、A 社の日本人総経理が、数回の朝会において、何気なく企業の目下の経営状況および自主退職に関わる経済補償を従業員に知らせました。A 社は法に基づきリストラを行うより、従業員と協議し、労働契約の合意解除を通じて人員削減を行った方がよいと考えていました。

　2 月 20 日、A 社は「自主退職実施要領」を A 社の工会（労働組合）に告知したものの、そこには経済補償の基本原則しかなく、具体的な数字は記載されていませんでした。これに対して、「まるで晩御飯に 5 品目の料理があると教えられたものの、具体的にどのくらいの量があるのかわからないようだ」と感じた工会（労働組合）は、専門家に相談した上で、2 月 23 日に、その意見を A 社に提出しました。

　2 月 25 日の午後、A 社は従業員大会を開き、そこで日本人総経理が退職の経済補償案を正式に公布し、退職を希望しない従業員については、郊外にある A 社の分公司に転勤の可能性があると説明しました。

　離職補償案は、自主退職に同意する従業員については、法定の経済補償金を上回る経済補償が支給されるというものでしたが、この補償案に従えば、30 万人民元をもらえる従業員もあれば、4、5 万人民元しかもらえない従業員もあり、賃金が低い従業員を中心に、これまでの賃金金額への不満、住宅補助、昇進等に関わる不満が一気に噴出し、補償案の変更を強く求める声が上がりました。

　同日午後 5 時半ごろ、従業員側の要求は受け入れられず、日本人総経理の変更案に納得できない従業員たちが徐々に騒ぎ始め、従業員大会は両者の言い分が対立したまま平行線をたどりました。そこで、午後 7 時ごろ、日本人総経理は「補償案の再検討」を理由に、いったん総経理室に戻りました。これを追うかのように、約 600 人の従業員が日本人総経理を取り囲みました。

　午後 11 時ごろに、日本人総経理はなんとかマイクロバスに乗り込み、A 社の裏門からこっそり脱出しました。

　本件は、中国の多くのメディアにより報道され、国内では一時大変な騒ぎとなりました。その後、A 社は従業員側と協議し、経営が徐々に回復したことも手伝って、変更後の補償案は多くの従業員に受け入れられ、従業員による自主退職を実現することができました。

第5節　労働契約の変更・更新

Q87　労働契約変更時の従業員の同意

　労働契約を変更するには従業員の同意を受ける必要があるのでしょうか。また、企業は、労働契約で企業が一方的に従業員の勤務内容、勤務場所、賃金を調整することができるとの約定があることを理由に、一方的に従業員の勤務内容等を調整できるのでしょうか。また、同じ職場で職場結婚した従業員に対して職場の調整を行うことができるのでしょうか。

Point

・労働契約の内容（勤務内容、勤務場所、賃金）を変更するには、従業員の合意を受ける必要があり、企業が一方的に調整できる旨の約定をもって勤務内容、勤務場所、賃金の調整を強行することは違法。
・労働契約を変更するには、書面で行うべき。
・①労働能力の欠如、②業務に堪えられない、③客観的状況の重大変化、④就業規則への重大違反の場合、企業は一方的に労働契約の内容を変更することができる。
・職場結婚した従業員に対する一方的な職場調整または解雇は違法。

1　労働契約の変更は当事者間の合意が必要

　企業と従業員が協議して合意すれば、労働契約を変更することができます（労働契約法35条）。これにより、労働契約の内容を変更するには、当事者間の合意が必要であり、企業が一方的に労働契約を変更し、従業員の勤務内容、勤務場所、賃金などを調整する行為は認められません。

　しかし実務では、労働契約や就業規則で、「企業が生産経営状況に応じて従業員の勤務場所、勤務内容等を調整することができ、従業員は正当な理由なくこれを拒否してはならない」という内容を約定するケースが非常に多く見受け

第6章　労働契約の解除・終了・変更・更新

られます。

　現在、この種の約定は、労働契約法26条1項2号に定める「企業の法的責任を免除し、従業員の権利を排除した」ものに該当するとして、無効であるとする見解が通説となっており、実務上、企業の一方的な労働契約の調整を無効とした判例が数多くあります。これは日本における実務よりも企業側にとって厳しいものであるといえるため、企業はこれに留意する必要があります。

　賃金も同様です。実務では、昨年度に利益が出ず赤字であることを理由としたり、あるいは特定の従業員の昨年度の成績が悪いことを理由としたりして、一方的に特定の従業員の賃金を引き下げる企業もあります。しかし、従業員の同意を受けないこのやり方は違法となるため、留意する必要があります。なお、企業に就業規則3条件（Q34「就業規則の有効条件（3条件）」参照）を備える考課制度がある場合には、企業は当該考課制度に従い成績の悪い従業員の賃金を引き下げることが可能となります。

2　労働契約の変更は書面にて

　労働契約を変更するときには、労働契約の締結時と同様に、書面による形式で行わなければなりません（労働契約法35条）。実務では、口頭による従業員への労働契約の変更通知がよく見受けられます。賃金の引上げなど、従業員に都合のよい変更であれば特に問題は発生しないものの、その逆の場合、労働契約法の規定に合致しないだけでなく、後日、約定の内容が不明確ということで紛争が生じやすいため、この点にも留意すべきでしょう。

　もっとも、ここにいう書面とは、労働契約のような正式なものである必要はなく、文字で記載するものであれば書面に該当します。たとえば、従業員への賃金支給明細、職務変更通知なども書面として認められています（上海市高級人民法院の『労働契約法』適用の若干問題に関する意見3条）。

3　企業による労働契約の変更権限

　労働契約の変更は当事者間の合意が絶対的な要件というわけではなく、いく

つかの例外も認められています。現在、以下の事由が発生するとき、企業は一方的に労働契約を変更することができ、従業員の同意を受ける必要はありません。

(1) 労働能力の欠如

労働契約法40条1項1号によると、従業員が、疾病を患うまたは業務外で負傷し、所定の医療期間が満了した後も元の業務に従事することができない場合、企業が一方的に新しい業務を手配することができます。従業員がこれを拒否した場合、企業は従業員を解雇することができます。

もっとも、この場合、従業員の業務を調整する前に、企業は従業員の労働能力の欠如を証明する証拠（すなわち労働能力鑑定委員会の鑑定書）を取得しなければなりません。また、新しい業務を手配するときには、その業務が当該従業員の能力に見合うものでなければなりません。

(2) 業務に堪えられない

労働契約法40条1項2号によると、従業員が業務に堪えられず、訓練または職場の調整を経た後もなお、その業務に堪えられない場合、企業は当該従業員を解雇することができます。すなわち、従業員が業務に堪えられない場合、企業は当該従業員を解雇する前に、選択肢の一つとして、一方的に従業員の職場を調整することができます。

もっとも、この場合、企業は従業員が業務に堪えられないことを証明しなければならず、かつ調整する職場も合理的に見て従業員にとって堪えられそうなものにするなどの配慮が必要となります。

(3) 客観的状況の重大変化

労働契約法40条1項3号によると、労働契約締結の際に根拠とされていた客観的状況に重大な変化が発生して労働契約の履行が不可能となり、企業と従業員の協議によっても、労働契約の内容の変更について合意に達することができない場合、企業はこの従業員を解雇することができます。

これにより、客観的状況に重大な変化が発生した場合、企業は従業員の職務内容を一方的に調整することが可能となります。従業員がこれを拒否した場

合、企業は従業員を解雇することができます。

(4) 就業規則違反への罰則

従業員が企業の就業規則に違反した場合、企業が就業規則に従い、従業員に対して勤務内容の調整、賃金の引下げを行うことができるかについて、現在のところ統一的な見解はありません。労働契約法にはこれを認める明確な規定がないことから、このような行為は無効であるとする説がある一方、就業規則が①法に合致し、②民主的な手続を経て作成され、③従業員に開示したなどの条件を満たせば、就業規則が従業員を管理する根拠になるという有力説もあります。

4　職場結婚した従業員の職場調整

同じ企業または職場で勤務する従業員同士が結婚するとき、企業はこれを理由に2人またはどちらか一方を解雇することはできません。また、従業員の同意なくして、職場の調整を行うこともできません。日本では、職場結婚をすると、どちらか一方に離職を求めたり、その職場を調整したりすることも見受けられますが、中国ではそのような行為は違法とされます。

第5節 労働契約の変更・更新

事例 46

企業による従業員の勤務場所に対する一方的な調整が違法とされた事例

1 事実

貝さんと北京にある建築会社 A 社は 3 年間の労働契約を締結しました。勤務内容は財務部の出納係で、月給は 1650 人民元（後に 2560 人民元に昇給）と労働契約で約定し、同じく労働契約の 5 条では、「A 社が勤務内容の変更を求めた場合、貝さんが正当な理由がなくこれに同意しなければ、A 社は労働契約を解除できる」とする内容も取り決められていました。

その後、A 社に内蒙古で建築プロジェクトが立ち上がり、A 社は貝さんを内蒙古に派遣しようとしたところ、貝さんが自らの労働場所は北京にあるべきであり、内蒙古には行かないと主張し、この辞令を拒否しました。

これを受けて、A 社は「貝さんとの労働契約の解除決定」を貝さんに送付しました。

2 仲裁委員会の判断

貝さんは、個人ファイルの移転手続を行いましたが、これと同時に、北京市朝陽区労働争議仲裁委員会に労働仲裁を申し立てました。しかし、仲裁委員会は貝さんの請求を棄却しました。

3 裁判所の判断

貝さんは、北京市朝陽区人民法院に訴訟を提起しました。

朝陽区人民法院は、A 社が貝さんの同意を受けずに一方的に労働契約を解除したことは違法であると認定する一方、貝さんが個人ファイルの移転手続を行ったことは労働契約の解除に同意したも同然の行為であると認定し、①A 社の「貝さんとの労働契約の解除決定」を取り消し、②労働契約の合意解除日は個人ファイル移転日であり、③A 社が貝さんに労働契約の解除に関わる経済補償金 5120 人民元（2 か月分の賃金）および額外経済補償金 2560 人民元（経済補償金の 50％）の支払を決めた判決を下しました。

A 社は北京市第二中級人民法院に上訴しましたが、中級人民法院は朝陽区人民法院と同様、A 社が勤務内容を調整できるとの約定があっても、勤務内容が労働契約の重大事項であるため、これを調整するには従業員の同意が必要との見解を示し、上訴を棄却しました。

4 解説

労働契約または就業規則で、企業が状況に応じて従業員の勤務場所、勤務内容等を

第6章　労働契約の解除・終了・変更・更新

調整することができ、従業員が正当な理由なくこれを拒否してはならない、と約定するケースが実務では非常によく見受けられます。このような約定は、従業員の権利を排除するものであるとして、無効であると認定されるケースがほとんどです。労働契約法施行後も、このような約定は、「企業の法的責任を免除し、従業員の権利を排除する」ものとして、無効であるとする見解が通説となっています。

　もっとも、調整が合理的なもの、たとえば、本件の場合、勤務場所は北京市から内蒙古に移転するのではなく、北京市朝陽区範囲内での移転であり、貝さんの勤務環境および生活品質に重大な影響をもたらさないような場合の調整であれば有効であるとする説も有力です。

　また、労働契約で調整後の勤務場所、勤務内容について明確な定めがあり、たとえば、出納係から販売部門に移転可能とする約定があらかじめ定められていれば、企業はこれに従い調整することができるとする説もあります。

　企業としては、従業員の勤務場所等を調整する必要に迫られた場合、あらかじめ従業員とよく協議し、極力合意を受けて調整を行うよう努めるべきです。従業員が調整に拒否の姿勢を示した場合、その調整にはそもそも合理的な理由があるかを再度検討し、合理的な理由はなく、労働契約で自由に調整できると約定してあることを理由に調整するのであれば、これは違法と認定されてしまうため、留意する必要があります。

第5節　労働契約の変更・更新

Q88 労働契約の更新協議書の締結

労働契約を更新するときに、書面で更新協議書を締結しなければならないのでしょうか。これを怠ると、どのような法的リスクを負うのでしょうか。

Point

・労働契約の更新が必須のケースがある。
・労働契約期間満了前に、従業員に契約更新の意思確認を行うことが必要。場合により、従業員に経済補償金を支給する必要が生じる。
・更新は必ず書面で行う。

Ans.

1　労働契約の更新が必須のケース

労働契約の更新可否について、企業、従業員共にこれを判断する権利がありますが、以下の状況の場合、従業員が要求すれば、企業は従業員と必ず契約更新を行わなければなりません。このとき、更新後の労働契約は無固定期間労働契約が原則で、従業員があえて固定期間労働契約の締結を求めた場合には、従業員の希望どおりに固定期間労働契約の締結を行うことができます（労働契約法14条）。

① 　従業員が自社で10年連続して勤務した場合
② 　2008年1月1日以降、従業員が自社と2回連続して固定期間労働契約を締結した場合

2　労働契約更新の申入れが重要

企業に労働契約更新の意思がある場合、その旨を事前に従業員に通知し、更新後の賃金、職務などについて協議を行う必要があります。労働契約更新の可否については、従業員にも判断する権利があるため、事前確認をしておくと、余裕をもって従業員の意向を把握することができ、安定した労務管理にも有益

第6章　労働契約の解除・終了・変更・更新

です。

　なお、企業による契約更新の事前通知には、従業員の意向確認よりも、さらに重要な役割があります。従来までは、労働契約を更新しない場合、企業が従業員に経済補償金を支給する必要はありませんでした。しかし、労働契約法の施行により、従業員が労働契約の更新を望まない場合は別として、従業員に労働契約更新の意思がある一方で、企業がこれを望まない場合、従業員に対して経済補償金の支給義務が発生します（労働契約法46条1項5号）。そこで、更新を望まないのは、企業と従業員のどちらかを明確にするためにも、企業から従業員に労働契約の更新の申入れが重要となります。

　企業から契約更新を申し入れ、従業員がこれに応じなければ、企業は従業員に経済補償金を支給せずに労働契約を終了させることができます。また、従業員が賃金の引上げなどの要求を行い、企業がこれに応じず、契約更新しないと決定する場合、同じく従業員に経済補償金を支給せずに労働契約を終了させることができます。もっとも、従業員の賃金を引き下げる条件で労働契約の更新を申し入れ、従業員がこれを拒否し、労働契約が終了する場合には、企業は従業員に経済補償金を支給しなければなりません。

【サンプル25：労働契約の更新意思確認書】

労働契約の更新意思確認書

　〇〇〇殿

　貴殿と当社との労働契約が〇〇年〇〇月〇〇日で期間満了することに伴い、当社としては貴殿と労働契約を更新する意思がありますが、貴殿の意思確認をいただきたく、本確認書の受領後、5営業日以内に書面による回答をお願いいたします。
　所定期間内に書面での回答がない場合、貴殿に当社との労働契約の更新意思はないものと判断し、貴殿との労働契約は期間満了日をもって終了することになります。

〇〇有限公司
〇〇年〇〇月〇〇日

○○有限公司　御中

上記の確認書を受領しました。

　　　　　　　　　　　　　　　　　　　　　　従業員（署名）：
　　　　　　　　　　　　　　　　　　　　　　○○年○○月○○日

○○有限公司　御中

労働契約の更新について、私は
□　更新意思があります
□　更新意思はありません

　　　　　　　　　　　　　　　　　　　　　　従業員（署名）：
　　　　　　　　　　　　　　　　　　　　　　○○年○○月○○日

3　更新協議書の締結が必須

　労働契約の更新時には、更新協議書あるいは新たな労働契約を締結しなければなりません。しかし実際には、更新協議書の締結義務を知らないためか、更新協議書を締結しないまま従業員を継続使用するケースや、更新後の労働条件に双方が合意できず、交渉中に労働契約が期間満了し、事実上従業員を継続して使用するケースがあります。しかし、労働契約の締結を厳格に要求している労働契約法の下では、このような状況は極めて危険であるといわざるを得ません。

　期間満了後の継続使用について、新しい労働契約を締結したことと同義であるとみなされ、企業が書面での契約を締結しないと、労働契約法82条、14条により、従業員が働いた2か月目から2倍の賃金を支払う必要が生じ、また働いた日から1年満了後、企業が従業員と無固定期間労働契約を締結したものとみなされます。

第6章 労働契約の解除・終了・変更・更新

> ◆ 例 ◆
>
> 2010年3月31日に労働契約が満了する従業員を引き続き利用する場合、契約満了日から1か月以内に書面で労働契約の更新を行わなければなりません。この手続を放置したままにすると、2010年5月1日分からこの従業員に対し2倍の賃金を支給する必要が生じ、2011年4月1日から従業員と無固定期間労働契約を締結したとみなされることになります。

4 更新協議書の締結方法

　更新協議書を締結するときには、初回の労働契約のような分厚いものを再度締結する必要はなく、半ページ程度の労働契約変更案を作成し、そこに更新後の条件を明記し、残りの権利義務関係については初回の労働契約に従うと約定すれば済みます。労働条件に特に変更がない場合、その旨を記載し、労働時間の変更のみを記載します。

【サンプル26：労働契約更新協議書】

労働契約更新協議書

　甲および乙は、友好的な協議を経て、甲乙間の〇〇年〇〇月〇〇日付け労働契約の期間を〇〇年〇〇月〇〇日までに延長し、その他の内容は従前のとおりとすることについて合意した。

甲（捺印）　　　　　　　　　　乙（署名）：
総経理または授権代表（署名）：
〇〇年〇〇月〇〇日　　　　　　〇〇年〇〇月〇〇日

第6節　経済補償金

Q89　経済補償金の支払に関する認定基準

経済補償金とは、日本の「退職金」と同じ意味なのでしょうか。労働契約を終了または解除する場合、経済補償金の支払可否を区別する認定基準について教えてください。

Point

・経済補償金は法律に基づき企業が従業員に支給しなければならない金員のことであり、賃金の後払的な性格を有する日本の退職金とは法的性質が異なる。
・労働契約を終了または解除する場合、必ずしも経済補償金を支払わなければならないわけではない。

Ans.

1　経済補償金とは

　経済補償金とは、労働契約の終了または解除の場合に、企業が法定の条件および基準に従い、従業員の損失を補償するために従業員に支給する金員のことをいいます。経済補償金は、あくまで企業が従業員に支給するものであり、従業員が企業に支払うものではないという点において、損害賠償金とは異なります。また、経済補償金の支給は、当事者間の約定によるものではなく、法の定めに基づき企業が行うものであることから、日本の退職金とも法的性質が異なります。

第6章　労働契約の解除・終了・変更・更新

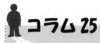

コラム25
中国の経済補償金と日本の退職金の比較

　日本では、退職手当、退職慰労金とも呼ばれる退職金制度が古くから広く普及しており、現在も日本の多くの企業で一定年数を勤務した従業員が退職するときには、その勤続年数、役職、企業への貢献度、退職事由等に応じて、企業から一定金額の退職金を支給されるとする制度があります。これは法定の制度ではなく、企業が優秀な人材を確保する目的で、その経営判断により設けられているものですが、就業規則に退職金の規定を設けた場合、退職金は賃金の一部とみなされ、退職予定者は就業規則に基づき企業に支給を請求することができます。

　一方、中国の経済補償金は日本の退職金とは法的性質が異なります。中国の経済補償金は法の定めに基づき企業が行わなければならない法的義務であり、一定条件に合致する退職予定者は企業から合法的に経済的補償の支給を請求できます。これは、日本にはない法制度です。

　中国で退職金制度を導入する企業はそれほど多くはありませんが、中国にも日本のような退職金制度を導入しようと試みる日系外商投資企業もあります。この場合は日本と同様に、優秀な人材確保を目的に、あくまで企業の経営判断により導入有無を決定することになります。

　実務上、特に労働契約の合意解除の場合、従業員に対して経済補償金に若干の上乗せを行う日系外商投資企業は非常に多く、この点は中国で高く評価されています。特に就業規則に規定を設けていない場合、日系外商投資企業が退職者に具体的にいくらの退職金を支給するのか、ケースバイケースで判断が可能です。しかし、就業規則に退職金制度の規定を盛り込み、これを制度として実施する場合には、日本と同様、退職者に退職金を支給する法的義務が生じることになるため、留意する必要があります。

2　経済補償金の支給義務の有無

　労働契約の終了または解除の場合、企業は必ずしも従業員に経済補償金を支給しなければならないわけではなく、支払義務はその状況に応じて異なります。原則として、労働契約の終了または解除に、従業員の過失がなければ経済補償金の支給義務が発生することとなります（労働契約法36条、38条、40条、41条、44条、46条、労働契約法実施条例22条、労働契約法39条等）。

第6節 経済補償金

コラム 26
経済補償金の支給義務の有無のチェックポイント

1 経済補償金の支給義務がある場合

(1) 従業員による一方的解除
- □ 企業が労働契約の約定どおりに労働保護または労働条件を提供しないため従業員が労働契約を解除した場合
- □ 企業が労働報酬の支払を遅延または満額で支払わないため従業員が労働契約を解除した場合
- □ 企業が法により従業員の社会保険料を納付しないため従業員が労働契約を解除した場合
- □ 企業の規則・制度が法律法規の規定に違反し、従業員の権益を損うため従業員が労働契約を解除した場合
- □ 企業が詐欺、脅迫の手段を用いて、または従業員の弱みにつけ込み、従業員の真実の意思に反する状況において労働契約の締結または変更を行ったため当該労働契約が無効になった場合
- □ 企業が暴行、威迫または人身の自由を不法に制限する手段により、従業員に労働を強要、または企業が規則に違反して指揮し、危険な作業を強要し従業員の人身の安全に危険を及ぼす行為などをしたため従業員が労働契約を解除した場合

(2) 従業員に対する無過失解雇
- □ 従業員が、疾病を患うまたは業務外で負傷し、所定の医療期間が満了した後も元の業務に従事することができず、かつ、企業が別途手配した業務にも従事することができないため企業が労働契約を解除した場合
- □ 従業員が業務に堪えられず、育成訓練または職場の調整を経た後もなお業務に堪えられないため企業が労働契約を解除した場合
- □ 労働契約締結の際に根拠とされていた客観的状況に重大な変化が生じたため労働契約の履行が不可能となり、企業と従業員との協議によっても、労働契約の内容の変更について合意に達することができないため企業が労働契約を解除した場合

(3) リストラ（人員削減）
- □ 企業が企業破産法の規定により再生し、従業員をリストラした場合
- □ 企業の生産経営に重大な困難が発生したため従業員をリストラした場合
- □ 企業が、従来の製品とは別の製品へと生産を転換し、重大な技術革新を行い、または経営方式を調整し、労働契約を変更したにもかかわらず、人員を削減する

第6章 労働契約の解除・終了・変更・更新

必要があり、従業員をリストラした場合
- □ 労働契約締結の際に根拠とされていた客観的状況に重大な変化が発生したために労働契約の履行不能が引き起こされ、従業員をリストラした場合

(4) 従業員の責によらぬ契約終了
- □ 企業が法により破産宣告を受け、労働契約が終了する場合
- □ 企業が営業許可を取り消され、閉鎖もしくは抹消を命じられ、または中途解散を決定したため、労働契約が終了する場合

(5) 期間満了
- □ 労働契約期間が満了した場合。ただし、企業が労働契約に定める条件を維持しまたは向上させ、労働契約を更新しようとするにもかかわらず、従業員が更新に同意しない場合はこの限りではない。

(6) 合意解除
- □ 企業が従業員に対し労働契約解除の動議を提出し、かつ、従業員との協議に基づく合意により、労働契約を解除する場合

(7) 所定業務達成
- □ 一定の業務達成を期間とする労働契約が業務達成により終了した場合

2 経済補償金の支給義務がない場合

(1) 即時解雇
- □ 試用期間中に採用条件に適合しないことが企業側により証明された従業員を解雇する場合
- □ 企業の規則制度に著しく違反した従業員を解雇する場合
- □ 職責を著しく懈怠し、私利を図り不正行為をなし、企業に重大な損害をもたらした従業員を解雇する場合
- □ 同時期に他の企業と労働関係を確立し、企業の業務遂行に重大な影響をもたらし、または企業の指摘によってもこれを拒み是正をしない従業員を解雇する場合
- □ 従業員が詐欺、脅迫の手段を用いて、または企業の弱みにつけ込み、企業の真実の意思に反する状況において労働契約を締結しまたは変更し、当該労働契約が無効になった場合
- □ 法により刑事責任を追及された従業員を解雇した場合

(2) 期間満了
- □ 労働契約期間が満了し、企業が労働契約に定める条件を維持しまたは向上させ、労働契約を更新しようとするにもかかわらず、従業員が更新に同意しない場

合

(3) **合意解除**
  □ 従業員が企業に対し労働契約解除の動議を提出し、かつ、企業との協議に基づく合意により、労働契約を解除する場合

(4) **労働契約締結拒否による解雇**
  □ 雇用日から1か月以内に、企業の書面による通知を受けた後も、企業と労働契約の締結を拒否した従業員を解雇する場合

第6章　労働契約の解除・終了・変更・更新

Q90　合意解除時等の経済補償金

　労働契約を合意解除する場合、期間満了により終了する場合、違法解雇する場合など、経済補償金の支給義務の有無の判断にあたり、留意すべき点は何でしょうか。

Point

- 合意解除の場合、従業員の方から合意解除の申入れがあれば、経済補償金の支給は不要。
- 期間満了による契約の終了において、企業が現状の条件維持で労働契約の更新を求めたにもかかわらず、従業員がこれに同意しない場合、経済補償金の支給は不要。
- 即時解雇の場合、解雇が無効とされると、従業員に賠償金（2倍の経済補償金に相当）を支給する必要があるが、改めて経済補償金を支給する必要はない。

1　合意解除時の経済補償金

(1)　**合意解除を申し入れたのは誰か**

　労働契約期間満了前に、企業と従業員が協議し労働契約を合意解除する場合、どちらが合意解除を申し入れたのかにより、経済補償金の支給義務が異なります。企業が従業員に労働契約の解除を申し入れた結果、労働契約を合意解除した場合、経済補償金の支給義務が発生します。これに対して、従業員の方が労働契約の解除を申し入れた結果、労働契約を合意解除した場合、経済補償金の支給義務は発生しません。

(2)　**申入れ側を明確にする**

　実務上、どちらが先に労働契約解除を申し入れたかについて、紛争が発生しやすいため、従業員からの労働契約の解除の申入れがあった場合には、従業員に退職願を提出させて証拠を確保する対応策を講じるべきです。

第6節　経済補償金

　ここで留意すべきなのは、退職願は従業員の自由意志により提出されるものでなければならないということです。企業の脅迫等などを受けて従業員が退職願を提出した場合、企業側が労働契約解除を申し入れたことと同義であるとして経済補償金の支給を命じられる恐れがあり、最悪の場合、労働契約の違法解除として賠償金（2倍の経済補償金に相当）の支給を命じられる恐れもあります。

2　期間満了時の経済補償金

(1)　更新意思がないのは誰か

　契約期間満了により労働契約が終了する場合、これまで企業は従業員に経済補償金を支給する必要はありませんでした。これに対し労働契約法では、企業が従業員に対し、今までの労働契約に定める条件を維持または向上させた上で労働契約を更新しようとするにもかかわらず、従業員が更新に同意しない場合を除き、従業員に経済補償金を支給する必要があると定めています（労働契約法46条1項5号）。

　つまり、従業員が労働契約の更新を望まない結果、労働契約が終了する場合、企業は従業員に経済補償金を支給する必要はありません。これに対して、企業が労働契約の更新を望まない結果、労働契約が終了する場合、企業は従業員に経済補償金を支給する必要があります。

◆　例　◆

　月給5000人民元の従業員との労働契約が期間満了する場合に、企業が5000人民元の給与を維持して労働契約の更新を申し入れたにもかかわらず、従業員がこれに同意せず、賃金を引き上げなければ更新しないと主張する場合、企業が労働契約を終了させても、経済補償金を支給する必要はありません。

　これに対して、企業が現状よりも安い4800人民元で労働契約を更新すると望み、従業員がこれに反対して労働契約が終了した場合、企業は従業員に経済補償金を支給する必要が生じます。

第6章 労働契約の解除・終了・変更・更新

(2) 更新意思の確認が重要

労働契約が期間満了により終了し、企業が従業員に経済補償金を支給しない場合、従業員が労働契約の更新を望んでいないこと、または企業が労働条件を維持し労働契約の更新を申し入れたにもかかわらず当該従業員がこの条件に反対したことを証明する必要が生じます。

このため、後日の紛争を避けるには、労働契約期間満了前に、企業が従業員に同じ賃金を支給し労働契約を更新する意思がある旨の書面を従業員に交付し、所定の期間内に更新可否を書面で回答するよう求める対応策を講じるべきです（サンプル25参照）。

3 即時解雇時の経済補償金

企業が労働契約法39条に基づき従業員を即時解雇する場合、従業員に経済補償金を支給する必要はありません。しかし実務では、従業員が労働契約法39条に定める状況に合致しないにもかかわらず、企業が従業員を即時解雇する事例も多く見受けられます。この場合、違法解雇に該当するため、企業は経済補償金ではなく、経済補償金の2倍に相当する賠償金を従業員に支給しなければなりません（労働契約法87条）。ただし、賠償金を支給した後に再度経済補償金を支給する必要はありません。

> ◆ 例 ◆
>
> 　月給5000人民元で1年3か月勤務した従業員と合意解除した場合、従業員に7500人民元（＝5000人民元×1.5か月）の経済補償金を支給すれば済みます（計算方法はQ91「経済補償金の算出方法」参照）。
> 　これに対して、当該従業員を即時解雇したものの、この解雇が違法解雇と認定された場合には、企業は従業員に15000人民元（7500人民元×2倍）の賠償金を支給する必要が生じます。

4 労働契約法施行前と施行後の経済補償金の相違

前述の1～3に説明した経済補償金の支給方法は、労働契約法施行後（2008年1月1日以降）に締結した労働契約の解除時に適用されます。しかし、たと

え同じ事由であっても、労働契約法施行前に締結した労働契約の解除時にも適用されるとは限りません。詳細については、Q93「2008年より前および2008年以降の経済補償金の計算方法」を参照してください。

第 6 章 労働契約の解除・終了・変更・更新

Q91 経済補償金の算出方法

経済補償金はどのように算出すべきでしょうか。この場合の賃金部分についてはどのように計算すべきでしょうか。

Point

- 経済補償金金額＝勤続年数に対応する月数×賃金基準
- 勤続年数に対応する月数は、勤務1年につき1か月、6か月以上1年未満は1か月、6か月未満は0.5か月と計上する。
- 賃金基準は、従業員の直近12か月の平均賃金
- 低収入者の賃金基準は、地元の最低賃金基準とする。
- 高収入者の賃金基準は、地元の平均賃金の3倍とする。

Ans.

1 経済補償金の支給基準

経済補償金金額は、従業員の勤続年数と賃金をもとに、その金額を算出します。

　　経済補償金金額＝勤続年数に対応する月数×賃金基準

2 勤続年数に対応する月数

従業員の勤続年数が1年以上の場合は満1年につき1か月の賃金を基準に、また、6か月以上1年未満の場合は1か月の賃金を基準に、6か月未満の場合は0.5か月の賃金を基準として、経済補償金を計算します（労働契約法47条）。

◆ 例 ◆

例1：自社における勤続年数が3年11か月の従業員の場合、勤続年数に対応する月数＝4か月

例2：自社における勤続年数が3年1日の従業員の場合、勤続年数に対応する月数＝3.5か月

3　賃金基準の計算方法

経済補償金を計算する場合の従業員の賃金基準とは、労働契約解除または終了時の従業員の賃金ではなく、労働契約解除または終了前の従業員の直近12か月間の平均賃金のことをいいます。なお、従業員の勤務が12か月未満である場合、実際に勤務した月数に従い平均賃金を計算します（労働契約法実施条例27条）。

> ◆　例　◆
>
> 例1：2020年3月31日に労働契約を解除する場合、賃金基準は、当該従業員の2019年4月1日から2020年3月31日までの平均賃金となります。
> 例2：2020年3月31日に労働契約を解除し、当該従業員の入社日が2019年10月1日の場合、賃金基準は、当該従業員の2019年10月1日から2020年3月31日までの平均賃金となります。

4　低収入従業員への特例

労働契約解除または終了前に、従業員の私用休暇や病欠、もしくは自宅待機する時間が長い場合、算出する平均賃金が地元の最低賃金基準を下回る可能性があります。このような場合、地元の最低賃金基準を賃金基準として経済補償金を計算します。

> ◆　例　◆
>
> 2018年3月31日に労働契約を解除し、当該従業員の直近12か月の平均賃金が1750人民元で、北京市2017年度の最低賃金基準である2000人民元を下回る場合、最低賃金である2000人民元を基準にその勤続年数に応じる月数を乗じる金額を経済補償金とする必要があります。

5　高収入従業員への特例

(1)　金額の上限

従業員の月賃金（12か月の平均賃金）が企業所在地の前年度従業員月平均

賃金の3倍を上回る場合は、その従業員に支給する経済補償金の賃金基準は、企業所在地における前年度従業員月平均賃金の3倍の金額として計算します。

> ◆ 例 ◆
>
> 北京市の2016年の従業員月平均賃金が7706人民元であり、その3倍は23118人民元となります。2017年3月31日に労働契約を解除し、当該従業員の直近12か月の平均賃金が25000人民元である場合、その賃金基準は23118人民元となります。

(2) 年数制限

勤続年数を計算するとき、勤続年数に対応する月数は最高で12か月を超えてはならず、よって仮に13年勤務した場合でも12か月で計算されます。

> ◆ 例 ◆
>
> 2007年4月1日に入社し18年間勤務した劉さんが2025年に、企業A社に解雇されました。仮に当時の劉さんの月賃金が3万人民元であり、A社所在地の従業員平均賃金の3倍は2万人民元とします。この場合の劉さんの経済補償金は、3万人民元(2008年より前の該当部分)×1か月+2万人民元×12か月(2008年以降該当部分)=27万人民元となります。

高収入従業員は最高でも12か月という年数制限を受けるため、同時期に入社した従業員のなかでも、収入の低い従業員の方が収入の高い従業員より高額の経済補償金を受けるという奇妙な現象が生じる可能性があります。

> ◆ 例 ◆
>
> 2016年の北京市の従業員月平均賃金である7706人民元を例にとって説明すると、同じ20年間勤務した従業員で、ある従業員の月賃金が2万人民元、ある従業員の月賃金が3万人民元とした場合、前者の経済補償金が40万人民元(2万×20か月)であることに対して、後者の経済補償金は、高収入従業員への年数制限を受けることから277416人民元(23118人民元×12か月)となります。

もっとも、12か月制限は労働契約法施行後の勤務期間にしか適用されないため、前述のような現象は、2008年から12年後の2020年以降に発生する問題となります。

第6節　経済補償金

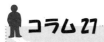
コラム 27
残業代を経済補償金に関わる賃金基準に計上すべきか

1　賃金基準に計上すべき内容に関わる混乱
　賃金は、基本給、奨励金、手当（出張手当、食事手当、交通費手当）、補助金、残業代等からなりますが、経済補償金を計算する場合、これらのものをすべて賃金基準に計上すべきかどうかについて法律上の規定が不明確であり、実務では特に、出張手当、食事手当、交通費手当、残業代の賃金基準への合算について混乱が見受けられます。

2　法律上の規定が不明確
　経済補償金に関わる賃金基準の内容については、労働契約法47条、労働契約法実施条例27条、労働契約違反および解除の経済補償弁法11条にその規定があります。これらの規定によると、賃金基準について、「従業員が受領すべき賃金」、「①時間による賃金または出来高による賃金、②奨励金、③手当、④補助金等の貨幣収入を含む」、「企業が正常に生産した状況下の従業員の賃金」とそれぞれ表現されています。
　これらの規定から、賃金基準について、従業員の手取り賃金ではなく、税込み賃金（従業員が法に基づき納付すべき社会保険料、住宅積立金および税金を控除する前の賃金）をいうことが明確に読み取れます。
　また、企業が従業員のために納付した①社会保険料、②住宅積立金、③労働契約未締結により従業員に支給する罰金の性格を有する部分の賃金、は賃金基準に計上しないことも明らかです。
　しかし、残業代が含まれるのか、すべての手当および補助金を計上すべきかについては、前述の規定では明確にされていません。

3　国家統計局等が定める賃金構成
　一般に、中国において賃金の構成を説明するとき、国家統計局が1990年1月1日に公布した「賃金総額構成に関する規定」、「『賃金総額構成に関する規定』の若干の具体範囲に関する国家統計局の解釈」、「『中華人民共和国労働法』の徹底執行に関わる若干問題に関する意見」53条等の規定が根拠とされています。
　これらの規定によると、賃金は主として、①時間による賃金、②出来高による賃金、③奨励金、④手当および補助金、⑤残業代、⑥特殊状況下において支払われる賃金等から構成されるとされています。
　これらの規定に沿って考えるならば、残業代は計上されるものの、交通費手当、出張手当は賃金に計上されないことになります。

4　裁判所の判断

　経済補償金を計算する場合に、従業員の残業代を賃金として計上すべきかについては、従来から議論の分かれるところです。判例においても、残業代の計上を認めるものもあれば、逆に認めないものも多く、いまだ統一的な見解はありません。北京市の裁判所は、残業代を計上すべきとの意見を取っていますが（北京市高級人民法院、北京市労働争議仲裁委員会の労働争議事件審理の法律適用問題に関する解答21条）、上海市の裁判所は残業代を計上すべきではないとの意見を取っています（上海市高級人民法院の民事法律適用質問回答（2013年第1期）5条）。

5　日系企業の留意点

　このように、地方により経済補償金の計算基準が異なります。日系企業としては、所在地の計算基準を把握したうえで対応すべきです。そのうち、中国の各地に拠点を有する日系企業は、社内のルールを統一するため、残業代および交通費手当、出張手当については経済補償金計算時の賃金に計上するところもあります。

第6節　経済補償金

Q92 経済補償金と勤続年数の関係

経済補償金計算時における勤続年数についてはどのように計算すればよいのでしょうか。グループ内で転勤させる場合の勤続年数の計算方法はどうすればよいのでしょうか。

Point

・勤続年数は従業員の勤務日から起算。
・企業の指示で海外に留学した場合の留学期間も勤続年数に計上。
・医療期間、長期休養期間は勤続年数に計上。
・退役軍人の軍齢はその最初の雇用企業の勤続年数に計上。
・中国側合弁パートナー企業からの出向者は、パートナー企業での勤続期間も合わせて勤続年数に計上。
・企業の指示でグループ企業間に転属させる場合、勤続年数は合算。

1　勤務日から起算

経済補償金計算時における勤続年数は、自社における勤務日から起算し、他社での勤続年数は当然計上しません。この点は、年次有給休暇日数の計算時とは異なります（Q43「年次有給休暇」参照）。

実務では、入社後しばらく経ってからはじめて従業員と労働契約を締結する企業が多く見受けられますが、この場合、労働契約に定める勤務日ではなく、実際の勤務日から勤続年数を起算しなければならないため注意が必要です。また、企業と連続して数回の労働契約を締結している場合、勤続年数は自社における最初の勤務日から起算します。なお、数回の労働契約を締結しているものの、連続した契約でない場合には、直近の連続期間のみを計上します。

第6章 労働契約の解除・終了・変更・更新

> ◆ 例 ◆
>
> ある従業員が自社で2年間働いた後、仕事を辞め日本に2年間留学し、また自社に復帰してきた場合、留学前の2年間の勤務は経済補償金計算時の勤続年数に計上する必要はありません。

2 留学期間

従業員が国費で留学した場合、所定の留学期間を勤続年数に計上しなければなりません（国家教育委員会の『出国留学人員の勤務に関する若干暫定規定』の批准・転送に関する国務院の通知9条）。ただし、国有企業ならともかく、外商投資企業が、この制限による影響を受けることはまずないでしょう。

なお、外商投資企業の場合であっても、企業の指示により留学後に自社に復帰することを前提に従業員を留学させ、かつ留学期間中も労働契約を維持したときには、留学期間も勤続年数に計上しなければなりません。

3 医療期間・長期休養期間は計上

従業員が病気になったり、業務と関係なく負傷した場合、所定の医療期間が与えられますが、この医療期間は勤続年数に計上されます（『「同一の使用単位での勤続時間」および「本単位の勤務年数」の理解に関する指示伺い』に対する労働部弁公庁の回答2条）。

事実上、慢性病を患う従業員の場合など、所定の医療期間満了後も、企業が労働契約を維持し、当該従業員に長期休養を与えるケースがよくあります。この場合、長期休養中に企業が従業員に対して賃金も生活補助費も支払わなくても、労働契約が維持される以上、長期休養期間は勤続年数に計上されるべきであると考えられます。

4 退役軍人の勤続年数

退役軍人を雇用する日系の外商投資企業（特に工場）が実務では少なくありませんが、ここで気をつけなければならないのが、軍人の軍齢が退役後の最初

第6節　経済補償金

の企業の勤続年数に計上されるということです（退役義務兵の就職手配における企業の改革に伴う労働契約制度実施に関する民政部、労働部、総参謀部の意見の批准・転送に関する国務院の通知5条）。このため、退役軍人の経済補償金を計算するときには、その軍齢を勤続年数に計上する必要があります。もっとも、その軍齢は、退役後の最初の企業にのみ計上されるため、他の企業で1日でもいったん労働関係を確立している退役軍人の場合、退職時に企業から経済補償金を受けたか否かにかかわらず、その軍齢は2番目以降の勤務先企業の勤続年数に計上されることはありません。

5　中国側合弁パートナー企業からの出向者の勤続年数

もともと中国企業で勤務しており、この中国企業が日本企業と合弁企業を設立したため、中国企業から合弁企業に出向してきたパターンの従業員がよく見受けられます。この場合、当該従業員の中国企業での勤続年数が合算されます（『外商投資企業労働管理規定』の関連問題の徹底に関する労働部弁公庁の回答2条）。もっとも、この従業員が中国側合弁パートナーの指示により合弁企業に出向したのではなく、自らの意思と判断で中国側合弁パートナーと労働契約を解除して、合弁企業に来た場合にはこの限りではありません。

6　分割合併の場合

企業が分割、合併、または合弁企業から独資企業に、有限公司から株式会社に組織変更した場合、合併分割前および組織変更前の従業員の勤務期間が勤続年数に計上されます（会社法175条、177条）。

7　関連企業への転職時の勤続年数

従業員本人の原因によらず、企業（旧会社）が従業員を別の企業（新会社）に手配した場合、旧会社における従業員の勤続年数は新会社の勤続年数に合算します（労働契約法実施条例10条）。

実務上、不採算企業または不採算部門を閉鎖し、一部の従業員を別法人であ

第 6 章　労働契約の解除・終了・変更・更新

る関連企業に転職させるケースがよくあります。この場合、不採算企業が従業員に経済補償金を支給していなければ、不採算企業における従業員の勤続年数が別法人である関連企業（新雇用先）の勤続年数に計上されます。もっとも、不採算企業の手配ではなく、従業員がその判断で不採算企業と労働契約を解除し、不採算企業の関連企業に転職してきた場合にはこの限りではありません（労働契約法実施条例 10 条）。

第6節　経済補償金

Q93　2008年より前および2008年以降の経済補償金の計算方法

2008年より前に入社した従業員の経済補償金はどのように計算すればよいのでしょうか。2008年より前と2008年以降の経済補償金を別々に計算すべきでしょうか。

Point

・2008年1月1日より前に入社した従業員の経済補償金は、2008年を境に分断して計算する。
・2008年の前後において、経済補償金の発生有無、発生金額などが異なるため、それぞれ確認が必要。
・勤続年数は分断して計算する。
・3倍平均賃金超過時は、分断して計算する。
・違法解雇の場合には、分断して計算しない。

Ans.

1　経済補償金の分断計算の原則

2008年1月1日より前に入社した従業員と労働契約を解除または終了する場合の経済補償金の計算について、労働契約法97条3項では、労働契約を解除または終了し、労働契約法の定めに基づき経済補償金を支給する必要がある場合、経済補償金の勤続年数は、労働契約法施行日である2008年1月1日から起算し、2008年より前の勤務部分については、2008年より前の関連規定に従うと定めています。すなわち、2008年より前の関連規定が経済補償金の支給を定める場合にはじめて経済補償金を支給する必要が生じます。

これにより、2008年1月1日をまたぐ労働契約のある従業員との契約を解除または終了する場合、2008年以降と2008年より前の2段階に分けて、経済補償金の支給義務の認定基準および支給金額の算出方法を考える必要があります。

第6章　労働契約の解除・終了・変更・更新

2　2008年1月1日の前後における経済補償金支給義務の相違

　2008年以降は労働契約法に基づき経済補償金を計算しますが、2008年より前はおもに労働法28条、労働契約違反および解除の経済補償弁法（以下、「481号通知」という）に基づき経済補償金を算出します。これを比較すると、労働契約を終了または解除するときの経済補償金の支給義務において、以下のような相違があります。

契約解除終了事由	2008年より前	2008年以降
企業の申入れによる合意解除	経済補償金支給義務あり、最高12か月分まで（481号通知5条）	経済補償金支給義務あり、12か月制限を受けない
病気により仕事に従事できない理由による解雇	経済補償金支給義務あり、月数制限なし（481号通知6条）	左と同様
職務に堪えられない理由による解雇	経済補償金支給義務あり、最高12か月分まで（481号通知7条）	経済補償金支給義務あり、12か月制限を受けない
労働契約締結時の客観的根拠の重大変化による解雇	経済補償金支給義務あり、月数制限なし（481号通知8条）	左と同様
経営困難によるリストラ	経済補償金支給義務あり、月数制限なし（481号通知9条）	左と同様
違法解雇	経済補償金を支給する	経済補償金の2倍に相当する賠償金を支給
企業側からの期間満了による終了	経済補償金支給義務なし	経済補償金支給義務あり

　これらの相違のほか、2008年前後では、勤続年数に対応する月数の計上方法も以下のとおり異なるため、留意する必要があります。

第6節　経済補償金

	2008年より前の関連規定	労働契約法の関連規定
勤続年数に対応する月数の計上方法	勤続年数が満1年につき1か月、1年未満の場合は1か月賃金を基準とする	勤続年数が満1年につき1か月、6か月以上1年未満の場合は1か月、6か月未満の場合は0.5か月の賃金を基準とする

さらに、経済補償金を支給しない場合、従業員に賦与する救済措置、救済内容も異なります。

	2008年より前の関連規定	労働契約法の関連規定
経済補償金を支給しない場合	従業員が裁判所に経済補償金の50％に相当する額外経済補償金の支給を請求することが可能	従業員が労働行政管理部門に告発し、労働行政管理部門が企業に経済補償金の支給を命じ、企業がこれを拒否した場合、労働行政管理部門が経済補償金の50〜100％の賠償を命じることが可能

なお、2017年11月24日より、前述481号通知が廃止されました（第5回目の失効および廃止書類の宣布に関する人力資源社会保障部の通知）。481号通知が廃止された後、2008年より前の経済補償金の計算方法について、2018年現在、関連法令はいまだ公布されていません。実務では、労働契約法97条3項にいう「2008年より前の関連規定」に失効された481号が含まれているとの意見が多くあります。すなわち、481号通知が廃止されたものの、経済補償金の計算方法に相違はほぼないと考えられています。

3　経済補償金計算時の留意点

(1)　勤続年数の分断可否

経済補償金制度が変更になった2008年1月1日をまたぐ2007年4月1日から2008年3月31日までの1年契約の場合、1か月分もしくは1.5か月分のどちらの賃金を基準に計算すべきか、混乱している企業も多いのではないでしょうか。

現在、中国各地のほとんどの裁判所では、勤続年数を分断して経済補償金を

算出する方法が行われています。この例の場合ですと、2007年4月1日～2007年12月31日は1か月分の賃金、2008年1月1日～2008年3月31日部分については0.5か月分の賃金を計上し、合計1.5か月分の賃金に相当する経済補償金が発生します。

これにより、2007年12月31日と2008年1月1日の2日しか働いていない従業員にも、この例と同額の1.5か月分賃金の経済補償金が生じるという奇妙な現象が生じます。

(2) 3倍平均賃金超過時の分断可否

労働契約法では、高収入従業員の経済補償金について、その賃金基準が当該地域の従業員平均賃金の3倍を超えてはならないという制限が設けられています（労働契約法47条2項）。2008年より前の関連規定ではこのような制限はありませんでした。

このため、従業員の賃金基準が従業員平均賃金の3倍を超える場合、2008年より前の経済補償金を計上するときにも3倍以内という制限をつけるべきなのか、実務の場では混乱が見受けられます。これについては今のところ、分断して計算すべきとの意見が有力であり、「経済補償金＝2008年以降の勤続年数に対応する月数×平均賃金3倍＋2008年より前の勤続年数に対応する月数×実際賃金」となります。

(3) 違法解雇に関わる2倍経済補償金の分断可否

企業が従業員を違法解雇した場合、経済補償金の2倍に相当する賠償金を従業員に支給しなければなりません。この場合、経済補償金に2倍を乗じるのは、2008年以降の経済補償金のみなのか、それとも2008年より前の経済補償金も含まれるのかは、議論の分かれるところです。

これに関して、広東省の裁判所では、2008年以降のみに適用するという見解を示しています（広東省高級人民法院、広東省労働争議仲裁委員会の『労働争議調停仲裁法』および『労働契約法』の適用の若干問題に関する指導意見30条）。しかし、広東省の裁判所が見解を表明した後に公布された労働契約法実施条例25条では、「賠償金の計算年数は勤務日から起算する」と定めてお

第6節　経済補償金

り、2008年より前の部分についても適用するとしているため、現在、広東省の裁判所による法の適用方法の動向に注目が集まっています。

なお、上海市および北京市では、労働契約法実施条例25条に従い、2008年より前の部分についても適用するとの解釈を採用しています（上海市高級人民法院の『労働契約法』適用の若干問題に関する意見21条1項4号、北京市高級人民法院、北京市労働争議仲裁委員会の労働争議事件の法律適用問題に関する研究会会議紀要25条3項）。

(4)　**額外経済補償金の支給義務**

企業が規定に従わず従業員に経済補償金を支給しない場合、労働契約法施行以前では、従業員が裁判所に対して、経済補償金の支払のほか、50％の額外経済補償金の支払を直接請求することが認められていました。

一方、労働契約法では50％の額外経済補償金の支給義務については定めず、その代わりに、従業員に行政救済措置を与えています。それによると、企業が経済補償金を支給しない場合、従業員による労働行政管理部門への告発を受けて、労働行政管理部門が企業に経済補償金の支給を命じることができます。企業がこれを拒否した場合、労働行政管理部門が50～100％の賠償を命じることとなります。

それでは、2008年以降の部分について企業が経済補償金を支払わない場合、従業員が裁判所に直接50％の額外経済補償金の支払請求を行うことができないのか、それとも請求できるのか、請求できる場合、2008年より前の経済補償金のみについて請求できるのか、あるいは2008年以降の部分についても請求できるのか、という問題が生じます。

現在、上海市では、裁判所は50％の額外経済補償金の支給請求を認めておらず（上海市高級人民法院の『労働契約法』適用の若干問題に関する意見17条）、北京市はこれとは逆に、50％の額外経済補償金の支給請求を認める立場をとっています（北京市高級人民法院、北京市労働争議仲裁委員会の労働争議事件の法律適用問題に関する研究会会議紀要27条）。

第6章　労働契約の解除・終了・変更・更新

(5)　期間満了による経済補償金

労働契約の期間が満了し、企業が労働契約を終了する場合、従業員に経済補償金を支給する必要があります（労働契約法46条1項5号）。しかし、2008年より前の勤務について、企業が経済補償金を支給する必要があると定める規定がないため、2008年より前の勤務に対する経済補償金の支給は不要です。

> ◆　例　◆
>
> 　2007年4月1日〜2009年3月31日の労働期間を約定した労働契約の場合、2008年1月1日（労働契約法施行日）以降に該当する1年3か月の勤続年数（2008年1月1日から2009年3月31日まで）部分について、従業員に1.5か月の賃金を支給する必要があります。2007年4月1日から2007年12月31日までの部分については、経済補償金を支給する必要はありません。

事例47
経済補償金の分断計算に関わる事例

1　事実

高さんは2001年2月1日から北京にある体育用品企業A社に在籍しており、最新の労働契約期間は2007年1月1日から2007年12月31日までです。2003年6月25日、高さんがA社の工会の副主席に選出され、2008年6月24日までの5年間の任期となっていました。

2008年1月21日、A社が高さんに対して、2007年11月26日から累計して34日間も無断欠勤したことを理由に、即日解雇とする解雇通知を交付しました。これに対して、高さんは労働争議仲裁委員会に仲裁を申し立て、労働契約解除に関わる経済補償金168000人民元および未享受年次有給休暇の補償金8533人民元の支給を求めました。なお、高さんの月平均賃金は24000人民元であり、2007年度の北京市従業員平均賃金は3322人民元でした。

2　仲裁委員会の判断

仲裁委員会は、高さんの請求を認めました。

3　裁判所の判断

A社はこれを不服として、訴訟を提起しましたが、一審裁判所は仲裁委員会の仲裁判断を支持しました。これに対して、二審裁判所（北京市第二中級人民法院）は、

違法解雇との認定を維持しつつも、経済補償金金額を79728人民元に変更しました。

北京市第二中級人民法院の本件における経済補償金の算出方法は以下のとおりです。

2001年2月1日から2007年12月31日までの就労期間については、6年を超えているため、勤続年数対応月数は7か月で計算し、2008年1月1日から2008年1月21日までの21日間は、0.5か月と計算します。また、賠償金は2008年以降の勤務部分のみに適用すると判断し、

(3322×3)×7か月＋(3322×3)×0.5か月×2＝79728人民元と算出されました。

4 解説

本件の場合、北京市第二中級人民法院は、勤続年数では分断計上を行ったものの、3倍平均賃金超過および違法解雇に関わる2倍の経済補償金についても分断計上を採用したことについて、広く批判されています。

なお、高さんが額外経済補償金の支給を請求しなかったため、額外経済補償金の支給義務の有無について、北京市第二中級人民法院の意見は特には出されませんでした。

第6章　労働契約の解除・終了・変更・更新

Q94　経済補償金の支払方法

経済補償金の支払方法について教えてください。分割して支払うことは可能なのでしょうか。経済補償金にかかる個人所得税をどのように控除すべきでしょうか。控除しない場合、企業に何かしらの責任が発生するのでしょうか。

Point

- 経済補償金は、離職従業員の業務引継完成時に一括して支給すべき。
- 経済補償金は個人所得税の課税対象であるため、企業はそこから個人所得税を控除しなければならない。
- 経済補償金における個人所得税＝｛［(経済補償金－該当地域の前年度従業員平均賃金の3倍－実際に納付した住宅積立金－実際に納付した社会保険料)÷企業での勤続年数－個人所得税控除額］×適用税率－速算控除金額｝×企業での勤続年数

1　業務引継完成時に支給

経済補償金は従業員の業務引継完成時に支払います（労働契約法50条1項）。これまで、経済補償金の支払と業務引継は2つの異なる法律関係であるとして、企業は従業員が業務を引き継がないことを理由に、経済補償金の支給を拒否することが認められていませんでした。よって業務引継を拒否する従業員に対しては、企業が経済補償金を支給した後、業務引継の拒否による損害賠償を請求する方法がとられていました。

しかし2008年以降、業務引継を拒否する従業員には、企業が経済補償金を支払わなくてよいことになりました。もっとも、訴訟になった場合には、企業が当該従業員が業務引継を完成しなかったことを証明する必要があります。

2　一括払い

　労働契約法は、経済補償金の具体的な支給方法を定めていません。労働契約法実施前の関連規定に基づくならば、一括して支給する必要があります（労働契約違反および解除の経済補償弁法2条）。もっとも、当事者間で分割払いの合意があればこの限りではありません。

3　経済補償金は個人所得税の課税対象

　経済補償金は従業員の収入に該当するため、個人所得税の課税対象となります。実務上、経済補償金のほか、慰労金などの名目で金銭を支給するケースもありますが、これもあわせて個人所得税の課税対象となります。

　企業が従業員に経済補償金を支給するとき、賃金支給時と同様、従業員の個人所得税を代理控除代理納付する義務を負います（個人所得税法8条）。

4　経済補償金の個人所得税の納付方法

　従業員が経済補償金を受領してから次の勤務先を見つけるまで時間がかかる可能性があり、また、経済補償金は労働関係の存続期間に応じるため、経済補償金の法的性質は賃金と同等ではあるものの、その納付方法は通常の賃金に関わる個人所得税の納付方法とは異なります。

　経済補償金（慰労金等を含む）は、以下の原則により計算されます（個人が企業と労働関係の解除により取得した一時限りの補償収入に関わる個人所得税の減免に関する財政部、国家税務総局の通知、個人が労働契約解除により取得した経済補償金に関わる個人所得税納付問題に関する国家税務総局の通知）。

①　当該地域の前年度従業員の年間平均賃金の3倍以内の部分は、個人所得税の課税対象金額から控除されます。実務では、これを前年度従業員月平均賃金と判断する人も見受けられますが、これは間違いです。

②　経済補償金から実際に納付した住宅積立金、社会保険料が個人所得税の課税対象金額から控除されます。

第6章 労働契約の解除・終了・変更・更新

③ 経済補償金は勤務期間に比例して支給されるため、数か月分の賃金を1回で取得するとみなされ、勤続年数で割って平均して計算します。なお、勤続年数が12年を超えた場合、12年で計算します。

これにより、経済補償金の個人所得税の納付金額について、以下の公式を用いて算出することができます。実際の計算例は、以下の例を参照してください。

個人所得税＝{[（経済補償金－当該地域の前年度従業員平均賃金の3倍－実際に納付した住宅積立金－実際に納付した社会保険料）÷企業での勤続年数－個人所得税控除額]×適用税率－速算控除金額}×企業での勤続年数

5 個人所得税控除額

個人所得税控除額は、中国人の場合は年間60000元およびその他の専属控除額、外国人の場合は月5000人民元となっています（個人所得税法6条）。

6 適用税率

個人所得税の適用税率は、以下のとおりとなります（個人所得税法附表）。

	課税対象賃金（年間）	税率
1	36000人民元以下	3%
2	36000人民元超144000人民元以下の部分	10%
3	144000人民元超300000人民元以下の部分	20%
4	300000人民元超420000人民元以下の部分	25%
5	420000人民元超660000人民元以下の部分	30%
6	660000人民元超960000人民元以下の部分	35%
7	960000人民元超の部分	45%

第6節　経済補償金

◆ 例 ◆

北京にあるA社で5年間勤務した中国人従業員王さんは、2017年12月31日をもって企業の申入れを受けて、労働契約の解除に合意しました。A社は王さんに40万人民元相当の経済補償金を支給し、そのうち仮に住宅積立金と社会保険料が3万人民元となりました。北京市2016年の従業員平均賃金が92477人民元であり、この場合、王さんが納付すべき個人所得税は、13742.25人民元で、A社が王さんに経済補償金を支給するとき、そこから13742.25人民元を控除し、税務機関に代理納付しなければなりません。

① $400000 - 92477 \times 3 = 122569$ 人民元（免除金額を差し引く）
② $122569 - 30000 = 92569$ 人民元（住宅積立金と社会保険料を差し引く）
③ $92569 \div 5 = 18513.8$ 人民元（勤続年数を割る）
④ $18513.8 - 3500 = 15013.8$ 人民元（基礎控除金額を差し引く）
⑤ $15013.8 \times 25\% - 1005$ 人民元 $= 2748.45$ 人民元（税率）
⑥ $2748.45 \times 5 = 13742.25$ 人民元（勤続年数を掛ける）

経済補償金の個人所得税金額 $= \{[(40\text{万人民元} - 92477\text{人民元} \times 3 - 30000) \div 5 - 3500\text{人民元}] \times 25\% - 1005\text{人民元}\} \times 5 = 13742.25$ 人民元

注：2018年度の従業員平均賃金のデータがまだ出ていないため、本例では2018年12月31日まで有効の個人所得税の税率で計算した。

第7章

労働紛争解決

第7章　労働紛争解決

> ワンポイント用語解説

※ 労働争議仲裁委員会
　労働紛争が発生すると、従業員または企業が、労働争議仲裁委員会に仲裁を申し立てる必要があります。仲裁委員会の仲裁判断に不服があった場合にはじめて裁判所へ訴訟提起することが認められます。

※ 先裁後審
　労働紛争の場合、当事者は裁判所に直接訴訟を提起することは認められず、まずは労働争議仲裁委員会に仲裁を申し立て、仲裁委員会の仲裁判断を受けなければなりません。つまり、先に労働争議仲裁委員会の仲裁（裁）を受けてから、はじめて裁判所の訴訟審理（審）に入ることができます。

※ 終局判断
　仲裁委員会の仲裁判断のうち、従業員側が不服を唱えれば裁判所に訴訟を提起することができるのに対して、企業が仲裁判断を不服として裁判所に訴えを提起することが認められない仲裁判断をいいます。これは従業員を保護する制度であり、少額賠償など限られた仲裁判断が終局判断とされます。

※ 時効（出訴期限）
　労働紛争は労働紛争発生日から1年以内に提出しなければならず、この時効（出訴期限）を過ぎると、労働争議仲裁委員会が仲裁申立を受理しません。なお、労働関係が継続している限り、労働報酬の未払に関わる紛争については、この1年時効の制限を受けず、従業員はいつでも仲裁を申し立てることができます。

第7章　労働紛争解決

調停手続

　労働紛争が発生した場合、当事者が調停機関に調停を求めることができます。外部の調停機関もありますが、企業が自ら社内に調停機関を設立し、そこで紛争を解決することもできます。調停に応じるか否かは紛争当事者の自由です。

Q95 労働紛争の流れ

労働紛争が起こった場合、直接提訴することは認められず、必ず仲裁を経なければならないのでしょうか。仲裁および訴訟の流れについて教えてください。

Point

・労働紛争の場合、当事者が裁判所に直接訴訟を提起することは認められず、労働争議仲裁委員会に仲裁を申し立てる必要がある。
・賠償金額が少額であり、従業員が勝訴する仲裁判断は終局判断となるため、企業はこれを不服として裁判所に訴えることは認められない。
・労働紛争の場合、仲裁費用は不要であり、訴訟費用も10人民元に過ぎないため、当事者の負担は軽い。
・労働紛争は、仲裁、一審、二審、すべての法的手続を履行すると、決着が付くまで1年程度かかる。

Ans.

1 仲裁は必須

労働紛争の場合、当事者は裁判所に直接訴訟を提起することは認められず、まずは労働争議仲裁委員会に仲裁を申し立て、仲裁委員会の仲裁判断を受けなければなりません（いわゆる「先裁後審」の原則）。仲裁委員会の仲裁判断に不服があるときにはじめて、当事者は裁判所へ訴訟提起することが認められます（労働争議調停仲裁法50条）。

2 仲裁手続の流れ

(1) 仲裁申立書の提出

労働紛争になった場合、従業員または企業が一式2部の仲裁申立書を作成し、労働争議仲裁委員会に提出します（労働争議調停仲裁法28条）。仲裁申立書は書面にて作成することが要求されていますが、当事者による書面での作成

が困難である場合、口頭で仲裁委員会に説明することも認められています。

(2) 受理および受理費用

労働争議仲裁委員会は、仲裁申立書の受領後5日以内に、受理の可否について判断を行います（労働争議調停仲裁法29条）。不受理を決定した場合、または5日以内に受理の可否の決定を下さない場合、申立人は裁判所に訴訟を提起することができます。

仲裁を申し立てる場合、従来は仲裁費用（受理費＋処理費）を仲裁委員会に納付する必要がありました（労働契約鑑定証明および労働争議仲裁費用納付管理弁法2条）。受理費は申立人の人数により、3人以下が20人民元、4～9人が30人民元、10人以上は50人民元となり、処理費は仲裁委員会の実際の支出により徴収されており、明確な基準がなく、実務上、申立人による請求金額がない場合は一律に数百人民元とし、請求金額がある場合は請求金額の1％とすることが多く見受けられました。

> ◆ 例 ◆
> 2007年9月に重慶詩仙太白集団の204人の従業員が重慶詩仙太白集団を相手に仲裁を申し立て、残業代、未払賃金など合計3000万人民元を請求した事例では、仲裁委員会から約35万人民元の仲裁費用の納付を要求されています。

なお、労働争議調停仲裁法（2008年5月1日施行）の施行により、仲裁費用の納付が免除されるようになりました（労働争議調停仲裁法29条）。

(3) 当事者への書類送付

仲裁委員会が申立ての受理を決定した場合、5日以内に、被申立人に仲裁申立書とともに応訴通知書（サンプル27参照）を送付します。被申立人は、仲裁申立書の受領後10日以内に答弁状を仲裁委員会に提出することができます。被申立人の答弁状提出は義務ではありませんが、被申立人側としては自らの権利を主張できるため、有利な仲裁判断を受けるにも、答弁状の提出を行う方がよいでしょう。被申立人が答弁状を提出した場合、仲裁委員会が5日以内にこれを申立人に送付します。

第7章　労働紛争解決

【サンプル27：仲裁委員会からの応訴通知書】

████████区劳动人事争议仲裁委员会

立 案 通 知 书

████劳人仲字[2018]第████号

████████有限公司：

　　本委已受理████申请你（单位）劳动争议案，现将申请书副本送你（单位），并将有关事项通知如下：

　　一、请你（单位）自收到申请书副本之日起十日内向本委提交答辩书两份（使用A4型纸，并签名或盖章）。

　　二、自收到本通知书之日起十日内，劳动者应提交身份证件复印件（A4型纸），用人单位应提交《营业执照》副本复印件（A4型纸）并填写《法定代表人身份证明书》。

　　三、如需委托代理人代理参加仲裁活动，一经确定具体人选，即应填写《授权委托书》提交本委。

　　四、本委决定此案由仲裁员████承办，仲裁员联系电话████████。如要求回避，当事人请向本委提出回避申请。

　　五、如对本案管辖持有异议，请自收到本通知书之日起十日内向本委书面提出，并提供相关依据的原件。

　　　　　　　　　　　　　　　　　　　　　　　年　　月　　日
　　　　　　　　　　　　　　　　　　　　　　　　（盖章）

本委地址：████████████　　　邮编：██████

第7章 労働紛争解決

【サンプル28：仲裁委員会からの開廷通知書】

████区劳动人事争议仲裁委员会

出 庭 通 知 书

████████有限公司：

　　本委受理的██申请你单位劳动争议一案，现决定于2018年2月8日上午9时30分在████████████开庭审理，请准时出庭。

　　特此通知。

书记员：████
联系电话：████████

注：（1）申请人收到本通知，无正当理由拒不到庭或未经仲裁庭同意中途退庭的，视为撤回仲裁申请。
　　（2）被申请人收到本通知，无正当理由拒不到庭或未经仲裁庭同意中途退庭的，可缺席裁决。
　　（3）请注意遵守仲裁庭纪律。

457

第7章 労働紛争解決

(4) 仲裁人構成の通知

仲裁委員会が仲裁申立の受理を決定した場合、5日以内に仲裁人の構成を当事者に通知します（労働争議調停仲裁法32条）。仲裁廷は、通常3名の仲裁人から構成されますが、簡単な労働紛争の場合、1名の仲裁人により審理が行われることもあります（労働争議調停仲裁法31条）。

商事紛争の場合、当事者が仲裁人を選任することが認められていますが、労働紛争の場合には当事者が仲裁人を選任することはできません。もっとも、当事者は、仲裁人が公正に仲裁を行うことができないと判断するときには、仲裁人の忌避を申し立てることが可能です。

(5) 開廷通知

仲裁委員会は、開廷の5日前までに、開廷日および開廷場所を書面（サンプル28参照）にて当事者に通知します。当事者に正当な理由がある場合、開廷の3日前までに延期の申請を行うことができますが、最終的な延期決定の判断は仲裁委員会が行います（労働争議調停仲裁法35条）。

(6) 開廷審理

仲裁は原則として開廷審理ですが、当事者が労働契約で非公開審理を約定している場合は、非公開審理が行われます。審理では、これまで当事者が相手側と弁論することは認められていませんでしたが、労働争議調停仲裁法（2008年5月1日施行）により、認められるようになりました（労働争議調停仲裁法38条）。このため、従来と比べ、開廷審理のための準備作業および開廷時の主張方法、戦略作戦が有利な仲裁判断を得るための重要なカギとなります。

(7) 仲裁判断

仲裁判断は紛争内容により、①終局判断、②非終局判断の2種類に分けられます（労働争議調停仲裁法47条）。

① 終局判断

労働報酬、労災医療費、経済補償金または賠償金を求める審理で、仲裁判断により確定された労働報酬等の賠償金額が、いずれも該当地域の月最低賃金基準の12か月分の金額を上回らない場合、終局判断が適用されます（最

高人民法院の労働争議事件の法律適用の若干問題に関する解釈（三）13条）。たとえば、労働報酬と経済補償金の支給を求める仲裁事件で、労働報酬と経済補償金の合計金額が該当地域の月最低賃金基準の12か月分の金額を上回ったとしても、労働報酬と経済補償金のそれぞれの支払金額が月最低賃金基準の12か月分の金額を上回らなければ終局判断が適用されることになります。

このほか、国の労働基準の執行における勤務時間、休憩休暇、社会保険等に関わる争議の場合も、終局判断が適用されます。

終局判断は、労働争議調停仲裁法が確立した従業員の利益を保護するための制度です。仲裁委員会の終局判断に対しては、従業員側が不服を唱えれば裁判所に訴訟を提起することができるものの、企業が仲裁判断を不服として裁判所に訴えを提起することは認められません。なお、企業が以下のいずれかを証明できる場合、仲裁判断書を受領してから30日以内に、仲裁委員会所在地の中級人民法院（裁判所）に終局判断の取消しを申し立てる救済策が与えられています（労働争議調停仲裁法49条）。

➢ 仲裁判断の法律適用が間違っていること
➢ 仲裁委員会が管轄権を有しないこと
➢ 法定の手続に違反したこと
➢ 仲裁判断の根拠とする証拠が偽造されていること
➢ 相手方当事者が公正な仲裁に影響を与えるに足りる証拠を隠匿したこと
➢ 仲裁人が賄賂を強要し収賄したこと

裁判所が仲裁判断を取り消した場合、当事者は15日以内に、争議事項について裁判所に訴訟を提起することができます。

② 非終局判断

終局判断に該当しない労働争議につき、仲裁委員会は非終局判断を下します。この場合、企業と従業員のどちらかが仲裁判断に不服であれば、いずれも仲裁判断を受領してから15日以内に裁判所に訴訟を提起することができます。15日以内に訴訟を提起しなければ、仲裁判断が発効し、当事者はそ

の拘束を受けることになります。

事例 48
終局判断を理由に企業の訴えを受理しなかった事例

1　事実
　北京にあるA社に勤める賀さんは毎月、月給2100人民元を受けとっていますが、A社が2か月にわたって賀さんに賃金を支払わなかったため、賀さんは労働争議仲裁委員会に仲裁を申し立て、労働契約の解除、未払い賃金4200人民元および経済補償金8400人民元の支給を求めました。

2　仲裁委員会の判断
　労働争議仲裁委員会は、労働契約の解除を認め、かつA社に賀さんに8400人民元（未払賃金4200人民元＋経済補償金4200人民元）の支払を命じました。

3　裁判所の判断
　A社はこれを不服として、裁判所に訴訟を提起しましたが、裁判所は、本件金額が8400人民元であり、北京市の月最低賃金基準の12か月分の金額（730人民元×12か月＝8760人民元）を上回らず、本件が終局判断に該当すると判断し、A社の訴えを受理しませんでした。

4　解説
　本件における労働報酬の賠償金額がA社所在地域の月最低賃金基準の12か月分の金額を上回らないため、終局判断に該当します。A社は本件仲裁判断に不服があっても、裁判所に訴訟を提起することは認められません。

3　訴訟手続の流れ

(1)　裁判所に起訴状を提出

　労働紛争について、非終局判断の場合、企業と従業員のどちらかが管轄裁判所に一式2部の起訴状を提出することができ、終局判断の場合には従業員が管轄裁判所に一式2部の起訴状を提出することができます。

(2)　受理

　管轄裁判所は、提出された書類に対して形式審査を行い、受理条件に合致し

第7章　労働紛争解決

たものと認定した場合、原告に「訴訟費用納付通知書」を交付します。

(3) **訴訟費用の予納（仮納付）**

原告が、「訴訟費用納付通知書」を受領した日から7日以内に、訴訟費用（1件につき10人民元）を予納します（訴訟費用納付弁法13条）。7日以内に予納も行わず予納の猶予も申請も行わなければ、原告が自動的に起訴を撤回したとみなされます。なお、この10人民元の訴訟費用について、最終的に原告と被告のどちらが負担するのかについて、裁判所が訴訟の結果に応じて判断します。

(4) **立件**

法律上では、裁判所が原告の起訴状を受領してから7日以内に立件する必要がありますが（民事訴訟法123条）、実際は裁判所が原告の訴訟費用の入金を確認してから立件することが一般的です。立件に至ったか否か、裁判所がいったん電話で原告に知らせるケースがほとんどで、後日、改めて書面にて立件日を当事者に通知します。立件日は、審理期間の起算日であるため、非常に重要な役割を持っています。

(5) **被告への通知**

裁判所は立件日から5日以内に、起訴状とともに、応訴通知書（サンプル29参照）を被告に送付します。被告は、受領日から15日以内に答弁状を提出する必要があります（民事訴訟法125条）。

(6) **答弁状の原告への送付**

裁判所は被告から答弁状を受領後、5日以内に、これを原告に送付します（民事訴訟法125条）。

(7) **開廷通知**

開廷日3日前までに、裁判所は当事者に「開廷通知書」（サンプル30参照）を送付し、開廷の時間と場所を通知します（民事訴訟法136条）。

(8) **公開審理**

審理は原則として公開制ですが、国家秘密、個人プライバシーに関わる場合は、これを公開してはならず、また商業秘密に関わる場合、当事者から申請が

第7章　労働紛争解決

【サンプル29：裁判所からの応訴通知書】

上海市松江区人民法院
应 诉 通 知 书

（2018）沪　　　　号

　　　　　　　　有限公司：
　　本院已经受理　　　诉你单位劳动合同纠纷一案，现随文发送起诉状副本一份，并将有关应诉事项通知如下：
　　一、在诉讼进程中，当事人必须依法行使诉讼权利，有权行使民事诉讼法第四十九条、第五十条、第五十一条等规定的诉讼权利，同时也必须遵守诉讼秩序，履行诉讼义务。
　　二、在收到起诉状副本后15日内提出答辩状（正本一份，副本一份），答辩时，应提交法律文书送达地址确认书，送交本院。如不按时提交答辩状，不影响本案的审理。
　　三、应在前递交法定代表人身份证明书。如委托代理人代为诉讼，还应递交由法定代表人签名并加盖单位公章的授权委托书。授权委托书须记明委托事项和权限。
　　四、本院在"中国裁判文书网" 公布生效裁判文书，网址：www.court.gov.cn/zgcpwsw
　　五、你公司可以选择登陆上海高院网（www.hshfy.sh.cn），或拨打12368热线等方式联系法官、查询案件办理信息等。
　　你公司的诉讼服务密码为：　　　　，24小时后可使用，请妥善保管。
　　六、案件审理执行过程中涉及的代管款资金，请划入以下指定账户：
　　　　收款账户全称：上海市松江区人民法院
　　　　账　　　　号：6228400037085210168
　　　　开　户　行：农行上海市松江区城区支行
　　《最高人民法院关于人民法院在互联网公布裁判文书的规定》的相关规定印在本通知的背面，请仔细阅读。
　　　　附：1、空白法定代表人身份证明书一份
　　　　　　2、空白授权委托书二份
　　　　　　3、胜诉案件诉讼费用退还告知书
　　　　　　4、当事人"胜诉退费"银行账号确认书

第 7 章　労働紛争解決

【サンプル 30：裁判所からの開廷通知書】

上海市松江区人民法院
传 票

案　　号	（2018）沪■■■号
案　　由	劳动合同纠纷
当事人姓名	■■■■■■有限公司
工作单位或住所	上海市长宁区金钟路■■■■■■
传唤事由	开庭
应到时间	2018年■■日下午 13时45分
应到处所	松江区南青路701号 第十三法庭

注意事项
1、被传唤人必须准时到达应到处所。
2、本传票由被传唤人携带来院报到。
3、被传唤人收到传票后，应在送达回证上签名或盖章。
4、你（公司）可以通过上海法院网（www.hshfy.sh.cn），或拨打12368热线或发送12368短信联系法官、查询案件办理信息等。
你（公司）的案件信息查询密码为：■■■■■24小时后可使用，请妥善保管，切勿外传。
5、联系人：朱宁芳，联系电话：67735555-8513■

主审■■
法官■■
书记■■
二〇■■年■■月■■日

本联送达被传唤人

第 7 章　労働紛争解決

あれば非公開にすることができます（民事訴訟法 134 条）。

(9)　一審判決の言い渡し

一審裁判所は、立件日から 6 か月以内に、事件の審理を終了し判決を下さなければなりません。特殊な理由があれば、当該裁判所の院長の認可を受け 6 か月間延長することができます。さらに、延長する必要がある場合、上級裁判所がこれを認可します（民事訴訟法 149 条）。

(10)　上訴

当事者は一審判決に不服がある場合、一審判決文の送達日から 15 日以内に、上級裁判所に上訴することができます。15 日以内に上訴しなければ一審判決が発効し、当事者を拘束することになります（民事訴訟法 164 条）。上訴する場合、上訴状を一審判決を下した裁判所に提出します。上級裁判所に提出することも認められますが、上級裁判所が 5 日以内に上訴状を一審判決を下した裁判所に転送することになります。

(11)　被上訴人への通知

一審判決を下した裁判所は、上訴状を受領してから 5 日以内に上訴状副本を被上訴人に送付し、かつ上訴状受領日から 15 日以内に答弁状の提出を求めます（民事訴訟法 167 条）。

(12)　二審判決（終審）の言い渡し

二審裁判所は、二審の立件日から 3 か月以内に事件の審理を終了し判決を下さなければなりません。特殊な理由があれば、当該裁判所の院長の許可を受ければ延長することができます（民事訴訟法 176 条）。

日本の三審終審制度に対して、中国では二審終審制度が実施されているため、二審判決が終審判決となり、判決が下された日から発効し、当事者を拘束することになります。

(13)　執行の申立て

敗訴者が判決に定める義務を履行しない場合、勝訴者が一審裁判所に執行を申し立てることができます。執行の申立ては判決文に定める履行日から 2 年以内に行わなければなりません。

第7章　労働紛争解決

【労働紛争仲裁・訴訟手続のフローチャート】

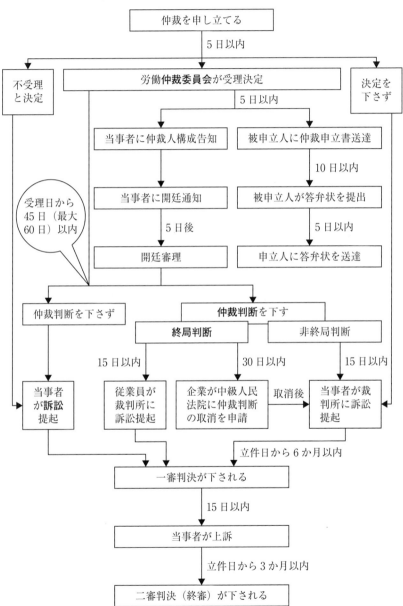

第7章　労働紛争解決

Q96 労働紛争における挙証責任

労働紛争では、通常の民事紛争に比べて企業の挙証責任が重いという話を聞きますが、実際はどうなのでしょうか。

Point

・民事紛争では、主張者側が自らの主張を裏付ける証拠を提出する義務を負うが、労働紛争では、企業が保管すべき証拠である場合には、企業に証拠の提出義務があり、企業がこれを紛失した場合、敗訴するリスクがある。
・賃金支給証憑、社会保険加入・保険料納付記録、従業員募集登記表、申込用紙、出勤記録などは、企業が保管すべき証拠に該当する。

Ans.

1　一般原則

民事紛争では、主張者に挙証責任があるという原則が確立されており、何らかのことを主張する場合には、主張者がその主張を裏付ける証拠を提出する必要があります（民事訴訟法64条）。労働紛争の場合、原則によりながらも、多くの証拠が企業に保管してあることに鑑み、従業員の主張とはいえ、関連証拠が企業に保管されている場合、企業側がこれらの証拠を提出する義務を負います（労働争議調停仲裁法6条）。

このため、企業は普段から労働関係に関する書類をしっかり管理し、紛失しないよう留意する必要があります。これを怠り保管すべき書類を提出できない場合、労働紛争で不利益を被ることになるのは必至です。

2　企業が提出すべき証拠

企業による従業員の解雇、賃金の引下げ、従業員の勤続年数の確定に関わる労働争議の場合、企業が証拠を提出しなければなりません（最高人民法院の労働争議事件の法律適用の若干問題に関するの解釈13条）。つまり、企業が従業

第7章　労働紛争解決

員を解雇した理由、賃金を引き下げた理由、勤続年数の確定を裏付ける証拠を提出し、その合法性を証明する必要があります。

労災の該当可否について企業と従業員の間に紛争が発生した場合、企業が挙証責任を負い、労災でないことを証明しなければなりません（労災保険条例19条）。

賃金支給証憑、社会保険加入・保険料納付記録、従業員募集登記表、申込用紙、出勤記録は、企業が保管するものであるため、企業側がこれらの証拠を提出する責任を負います（労働関係の確立に関わる事項に関する労働社会保障部の通知2条）。

これらの証拠は、企業の保管管理下にあり、従業員がこれらの証拠を提出することはできません。企業がこれらの証拠を提出しない場合、従業員の主張が成立すると推定されます。たとえば、従業員が賃金を受領していないと主張する場合に企業が賃金支給証憑を提出しない場合、賃金を支給しなかったものとみなされます。

3　従業員が提出すべき証拠

従業員のすべての主張に対して企業が反論の証拠を提出しなければならないというわけでもありません。従業員が以下の主張を行う場合には、従業員が自ら証拠を提出する必要があります。

① 企業所在地ではない仲裁委員会に仲裁を申し立て、裁判所に訴訟を提起する場合、労働契約履行地がどこにあるのか、従業員がこれを証明する必要がある

② 労働関係を確立したと主張する場合、労働関係確立の証拠を提出する必要がある

③ 企業から受領した賃金が約定した賃金より少額と主張する場合、従業員が約定した賃金金額を証明する必要がある

④ 無固定期間労働契約を締結すべきと主張する場合、従業員が無固定期間労働契約の締結条件に合致することを証明する必要がある

⑤ 労災による損害賠償を求めた場合、従業員が負傷した事実、労災認定、障害等級認定、治療費用および交通費等の費用金額を証明する必要がある
⑥ 三期（妊娠、出産、授乳）期間中であることに関わる権利を主張する場合、三期にあること、晩婚、難産、流産等の証拠を提出する必要がある

事例 49
企業が解雇決定を従業員に送付した証拠を提出しなかったため解雇が無効と認定された事例

1 事実

李さんはＡ社の従業員ですが、3か月間程度無断欠勤が続いたため、Ａ社は李さんの解雇決定を行いました。この決定はＡ社の従業員代表大会でも可決されました。

2 仲裁委員会の判断

11年後、李さんは突然Ａ社から解雇決定を受けたとして、労働争議仲裁委員会に仲裁を申し立てましたが、仲裁委員会は時効満了を理由に不受理の決定を下しました。

3 裁判所の判断

李さんは裁判所に訴訟を提起しました。裁判所は、Ａ社が李さんを解雇する際の李さんへの書面通知の送付をＡ社が証明できなかったため、この解雇手続には瑕疵があり、解雇は無効であると認定しました。また、李さんはＡ社との労働契約の解除に同意する意思表示をしたため、労働契約が解除になることから、Ａ社に対して李さんへの経済補償金の支給と、今までの11年間の社会保険料の追加納付を命じました。

Ａ社はこれに不服として上訴しました。Ａ社は李さんを解雇する際に、解雇決定をＡ社の掲示板に掲示し、かつ書面による解雇決定を李さんに渡したと主張しましたが、これを証明できる証拠を提出することができなかったため、二審裁判所はＡ社の上訴を棄却し、原審を維持しました。

4 解説

従業員を解雇するときには、従業員に解雇を通知しなければなりません。本件では、Ａ社が李さんに解雇を通知した証拠を提出できなかったため、解雇が無効とされました。このため、従業員を解雇する場合、解雇を通知した証拠（解雇通知書を作成し従業員に交付したことなど）をきちんと保管する必要があります。

コラム 28

残業代支給に関わる労働紛争における
当事者の挙証責任の分担方法

　実務では、残業代の未払に関する労働紛争がよく見受けられますが、この場合における当事者の挙証責任は、以下のとおりとなっています。

　従業員が残業代の未払分の請求を行う場合、残業した事実を証明しなければなりません。企業の就業規則では、残業が企業の許可を受ける必要があると定めている場合、従業員がタイムカードの記録のみをもって残業を主張することは十分ではなく、残業の内容およびその残業が企業の許可を受けたということも証明しなければなりません。

　ただし、残業した事実を証明できる証拠が企業にあるとの明確な証拠が従業員にあれば、企業がこれらの証拠を提出しなければなりません。また、企業は従業員が残業していないことを主張するために、その主張について証明しなければなりません。企業と従業員が共に確認した出勤記録は、残業有無の認定根拠にすることができ、従業員の確認を受けていない出勤記録や従業員がその出勤記録の信憑性を否認している場合には、それが真実でないということを従業員が証明する必要があります。もっとも、就業規則で、出勤記録は企業と従業員の両方の確認（署名など）を受けると定めている場合、従業員の確認を受けていない出勤記録は、認定の証拠にはなりません。

第7章　労働紛争解決

Q97　労働紛争の管轄仲裁委員会

労働紛争の管轄仲裁委員会について教えてください。企業所在地にある仲裁委員会を管轄労働争議仲裁委員会に指定することは無効になるのでしょうか。訴訟に発展した場合、管轄裁判所はどのように決定されるのでしょうか。

Point

- 管轄労働争議仲裁委員会は、労働契約履行地または企業所在地の労働争議仲裁委員会にその資格があり、前者の方が優先される。
- 2008年5月1日施行の労働争議調停仲裁法により、当事者による管轄仲裁委員会の指定が無効になる恐れがある。
- 管轄裁判所は、労働契約履行地または企業所在地の裁判所となり、先に訴訟を受理した裁判所が優先される。

Ans.

1　仲裁委員会の管轄

労働紛争は、労働契約履行地または企業所在地の労働争議仲裁委員会が管轄し、当事者が同時にそれぞれの労働争議仲裁委員会に仲裁を申し立てた場合、労働契約履行地の労働争議仲裁委員会が管轄することになります（労働争議調停仲裁法21条）。

> ◆ 例 ◆
>
> 従業員が、労働契約は北京本社と締結するものの、実際には上海支社で働く状況において労働紛争が発生した場合、北京の仲裁委員会と上海の仲裁委員会のいずれかが管轄することとなります。企業が北京の仲裁委員会に仲裁を申し立て、従業員がこれに異議を申し立てなければ、北京の仲裁委員会が管轄することとなりますが、従業員が同時に上海の仲裁委員会に仲裁を申し立てた場合、上海の仲裁委員会が管轄することになります。上海の仲裁委員会は、労働契約履行地の仲裁委員会にあたるからです。

470

2　管轄労働争議仲裁委員会の約定の効力

　従来まで、労働紛争は従業員の賃金関係所在地の仲裁委員会の管轄が原則とされるものの、当事者が労働契約において管轄労働争議仲裁委員会を約定することが認められていました（企業労働紛争処理条例18条）。このため、実際の労働契約においても、企業所在地にある仲裁委員会が管轄すると約定することがよく見受けられました。

　労働争議調停仲裁法（2008年5月1日施行）では、労働紛争の管轄は1にいう原則に従うと定められていますが、当事者が今までどおりに自由に管轄労働争議仲裁委員会を約定できるのかは、はっきりしません。

　これについて、労働契約履行地が2か所以上あれば、そのうちのいずれかを管轄労働争議仲裁委員会に指定することができ、企業所在地の仲裁委員会のみが管轄するとの約定は無効であるとの見解が有力です。つまり、北京本社と労働契約を締結し、勤務地は上海支社および広州支社などとなる場合、労働紛争は上海または広州の仲裁委員会に指定することが認められます。しかし、北京の仲裁委員会と約定し労働契約履行地である上海と広州の仲裁委員会の管轄を排除することは認められません。

3　具体的な管轄仲裁委員会

　中国の労働争議仲裁委員会には区レベルから市レベルまで、さまざまな仲裁委員会があります。たとえば北京市の場合、各区に労働争議仲裁委員会（たとえば朝陽区労働争議仲裁委員会）が存在し、さらに北京市労働争議仲裁委員会があります。外商投資企業について、現在、以下の3種類の労働紛争の場合は北京市労働争議仲裁委員会が管轄し、残りを区レベルの仲裁委員会が管轄することになっています（北京市の労働争議仲裁事件の管轄の更なる明確化に関する通知1条）。

　① 東城区、西城区、海淀区、豊台区、朝陽、石景山区にあり、登録資本金が1000万米ドル以上の外商投資企業の労働紛争

第7章　労働紛争解決

②　北京市範囲内で重大な影響を有する労働紛争
③　北京市労働争議仲裁委員会が自らが受理すべきと認定した労働紛争

したがって、同じ朝陽区にある外商投資企業でも、登録資本金が1000万米ドル未満である場合には朝陽区労働争議仲裁委員会が管轄しますが、1000万米ドル以上になると自動的に北京市労働争議仲裁委員会が管轄することになります。

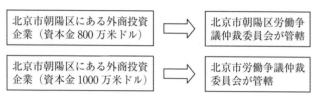

4　裁判所の管轄

労働争議は、企業所在地または労働契約履行地の裁判所が管轄します（最高人民法院の労働争議事件の法律適用の若干問題に関する解釈8条）。仲裁判断に対して、企業と従業員の両者が納得せず、それぞれ管轄権のある裁判所に訴訟を提起した場合、先に受理する人民法院が管轄裁判所となり、後に受理した人民法院の方は事件を先に受理した人民法院に処理を移送させる必要があります（最高人民法院の労働争議事件の法律適用の若干問題に関する解釈9条）。

このため、労働争議仲裁委員会の仲裁判断に対して、企業または従業員がこれに不服があれば、仲裁委員会の所在地にかかわらず、企業所在地または労働契約履行地の裁判所に訴訟を提起することが可能です。なお、企業が北京市にあるものの労働契約履行地が上海市にあり、従業員が上海市の労働争議仲裁委員会に仲裁を申し立て、企業がその仲裁判断を不服とした場合、北京の裁判所に訴訟を提起するという、仲裁地と訴訟地が異なる奇妙な現象が生じます。

第 7 章　労働紛争解決

Q98　労働紛争の出訴期限

　労働紛争の場合の時効（出訴期限）制度は、60 日でしょうか。それとも 1 年間でしょうか。民事訴訟と同様、時効の中断、停止が認められるのでしょうか。

Point

・労働紛争の時効（出訴期限）は従来まで 60 日であったが、労働争議調停仲裁法の施行で 1 年間に延長され、労働契約継続期間中の賃金紛争では、時効が成立しない。
・民事訴訟と同様、時効の中断、停止制度がある。

Ans.

1　労働法の 60 日時効

　労働法 82 条によると、当事者は労働紛争が発生した日から 60 日以内に書面にて労働争議仲裁委員会に仲裁を申し立てることができるとされていました。この 60 日の期間制限について、中断も停止することも認められなかったため、実務では、多くの従業員が仲裁による労働紛争の解決を諦めざるを得ないケースが続出していました。

2　労働争議調停仲裁法の 1 年時効

　上述の労働法に対して、2008 年 5 月 1 日施行の労働争議調停仲裁法は、従業員への救済策を強化しています。労働争議の仲裁申立の時効を 1 年間に延長し、また当事者がその権利が侵害されたことを知った日または知りうるべき日から起算すると定め（労働争議調停仲裁法 27 条）、時効の中断および停止についても認めています。

　現在、労働法 82 条は正式に廃止されたわけではありませんが、労働争議調停仲裁法の実施により、事実上廃止され、今後、労働争議の時効については労働争議調停仲裁法に従い、1 年となります。

3 時効の中断が可能

以下のいずれかの事由が生じた場合、時効が中断し、中断日から時効を改めて起算することになります（労働争議調停仲裁法27条）。

① 当事者が相手方当事者に権利を主張した場合
② 当事者が関連部門に救済を求めた場合
③ 相手方当事者が義務の履行を認めた場合

4 時効の停止も可能

不可抗力またはその他の正当な理由がある場合、時効の停止が認められ、時効停止の原因が消滅した日から時効期間を継続して計算します（労働争議調停仲裁法27条）。

ここにいう不可抗力とは、戦争、地震等の予見、回避、克服できない災害のことをいい、その他の正当な理由とは、権利人が死亡し承継人が未定であること、権利人が暴力、脅威またはその他の人身の自由が制限されていることをいいます。

5 労働契約継続中の賃金紛争に時効はない

労働関係が継続している限り、労働報酬の未払に関わる紛争については、1年時効の制限を受けず、当事者がいつでも仲裁を申し立てることが認められています。一方、労働関係が終了した場合には、終了日から1年以内に提起する必要があります（労働争議調停仲裁法27条）。

労働報酬の未払に関する紛争は実務でもっとも多い労働紛争です。これまで、最高人民法院は、従業員の利益を図るため、労働契約存続期間中に労働法の60日時効の制限を受けないとしながら、従業員が企業からの賃金支給拒否の書面通知を受けた場合はこの限りではない、と定めています（最高人民法院の労働争議事件の法律適用の若干問題に関する解釈（二）2条）。これを受けて、時効の早期成立を図るため、多くの企業が従業員に賃金を支給するとき

第 7 章　労働紛争解決

に、従業員から受領書を受け、当該受領書を賃金支給拒否の書面通知に当てる工夫を行っています。

しかしながら、これは労働法時代のやり方であり、労働争議調停仲裁法の施行以後、この方法が依然有効であるかは疑問視されています。このため、賃金の支給に関して、労働関係が存続する限り、訴訟に備え、企業は賃金支給の証拠をきちんと保管しておくべきでしょう。

保管期間に関して、企業には 2 年間の保管義務が定められているため（賃金支給暫定規定 6 条 3 項）、企業が 2 年間分の証拠さえ保管すればよく、2 年前の証憑を提出する義務はないとの主張もありますが、万が一に備えて、できる限り長く保管しておいた方がよいでしょう。

第7章　労働紛争解決

Q99　労働紛争の回避方法

労働紛争を避けるには、どのような労務管理を心がけるべきでしょうか。また、従業員が仲裁を申し立てた場合、企業側はどのように対応すべきでしょうか。

Point

・労働紛争が仲裁・訴訟手続に入ると、決着までに約1年程度かかり、弁護士を起用すると弁護士費用も発生するため、できる限り労働紛争は避けるべき。
・調停、社内の苦情申立ルートの確立が労働紛争の発生防止に有効的。
・仲裁を申し立てられた場合、従業員の仲裁請求の合法性、合理性を判断し、関連証拠を収集し、仲裁委員会および裁判所の判断を予測し、早い段階で、和解か応戦か企業の方向性を定める。

Ans.

1　労働紛争の回避が重要

労働紛争がひとたび仲裁・訴訟手続に入れば、仲裁で45日（60日まで延長可能）、一審判決は6か月（1年まで延長可能）、二審判決になるとさらに3か月（無期限延長可能）という時間がかかります。以前と比べて仲裁・訴訟費用が軽減したことから、労働紛争が仲裁手続に入ってしまうと、従業員側が二審判決まで粘り強く争うケースが実務では増加していることもあり、労働紛争が決着するまで優に1年を超える事案が増えています。また、仲裁・訴訟手続に入ると、時間の問題だけではなく、弁護士を起用すれば多額の弁護士費用も発生します。

このため、費用対効果の面から労働紛争を仲裁手続前までに阻止することが重要です。

2 調停手続の利用

(1) 3つの調停機関

労働紛争が発生した場合、当事者が調停機関に調停を求めることができます。現在、調停機関には以下の3つが挙げられます（労働争議調停仲裁法10条）。

① 企業内の労働争議調停委員会
② 法に基づき設立された基層人民調停機関
③ 地元に設立された労働争議調停機能を有する機関

(2) 企業内の労働争議調停委員会が望ましい

実務では、①企業内の労働争議調停委員会がよく利用されています。調停は、労働争議の解決の際に必ず経なければならない手続ではありませんが、労働紛争を企業内部で解決することが可能であるため、利用価値は比較的高いと考えられます。

企業内の労働争議調停委員会は、企業の従業員代表および企業代表から構成され、前者は工会メンバーまたは従業員全員により選出された者が担当し、後者は企業の責任者が指定します。また、調停委員会の主任は、工会メンバーまたは双方が認めた者が担当します（労働争議調停仲裁法10条）。

(3) 調停の法的効力

調停を経て、企業と従業員が調停協議書に署名捺印し、さらに調停員による署名と調停機関の印鑑を押印した後、調停内容が発効します。当事者は調停協議書の内容に従って履行しなければなりません（労働争議調停仲裁法15条）。

しかし、調停協議書には強制執行力がないことに留意する必要があります。このため、当事者が調停協議書を履行しない場合、相手方当事者が労働紛争として、労働争議仲裁委員会に仲裁を申し立てることも可能で（労働争議調停仲裁法15条）、また民事紛争として裁判所に訴訟を提起することもできます。後者の場合、調停協議書が裁判所の事実認定の証拠および判断の根拠となります（最高人民法院の人民調停協議に関わる民事事件の審理に関する若干規定3

第7章　労働紛争解決

条)。

3　社内の苦情申立ルートの確立

社内で苦情申立の制度を確立し、企業に不満を持つ従業員に不満を吐き出す場所を提供することで労使間の矛盾を解消するというのも労務管理の1つの方法です。日常業務の中で、従業員が部門責任者にその都度不満を訴えるという光景はよくありますが、企業の規模が大きい場合、専門の社内問題受付委員会等を設置することが有効的です。

事例50
従業員の苦情対応の重要性を浮き彫りにした事例

1　事実

A社は某従業員の社会保険料を納付していませんでした。ある日、このことを知った従業員はA社に対して2000人民元相当の社会保険料の納付を求めました。

2　労働行政管理部門の調査

A社がこれを拒否したため、従業員は労働行政管理部門に告発し、これを受けた労働行政管理部門がA社に対して調査を行った結果、他にも労働法に違反する行為が多数あることが判明し、結局、従業員の社会保険料の納付を命じられるとともに、数十万人民元の罰金を課せられました。

3　解説

社会保険料の納付は、企業の法的義務となります。企業がこれを知らずに、従業員から指摘された場合には、速やかにその不正行為を是正すべきです。

4　仲裁申立書を受領した場合の対処方法

従業員が仲裁を申し立て、企業が仲裁委員会から仲裁申立書を受領した場合、以下の対処方法が考えられます。

(1)　仲裁請求の合法性、合理性の判断

まず、従業員の仲裁請求が合法であるかどうか、および合理性の有無を判断

第7章 労働紛争解決

します。

(2) **事実の確認および関連証拠の収集**

仲裁申立書における従業員の事実に関する陳述の真偽について事前に判断し、かつ関連証拠を収集します。

(3) **仲裁委員会および裁判所の判断の予測**

事実を確認し、関連証拠を収集したあと、企業の客観的立場を分析するとともに、仲裁委員会および裁判所がどのように判断するのかを、事前に予測します。

仲裁手続に入った後、仲裁人から受ける質問を通じて、仲裁判断をある程度予測することもできます。たとえば、従業員が経済補償金の支給を求める紛争において、仲裁人が従業員の直近12か月の賃金金額を確認しない場合は企業に有利な仲裁判断が出る可能性が非常に高く、その逆の場合、すなわち仲裁人が従業員の直近12か月の賃金金額を細かく確認してくる場合、企業が不利な立場にあるということが客観的に判断できます。これは経済補償金の支給を企業に命じる場合に、従業員の直近12か月の賃金を確認する必要があるためで、ここからある程度の仲裁判断を予測することが可能です。

仲裁、訴訟結果をある程度予測できた段階で、和解するか（およびどこまで和解するか）、訴訟で決着をつけるか、企業の方向性を定めなければなりません。和解する必要があれば、仲裁手続の中で和解を申し入れることができますが、その意思にかかわらず、仲裁の開廷には必ず参加しなければなりません。また、答弁状の提出は仲裁申立書の受領日から10日以内、仲裁判断は仲裁受理日から45日以内に下されるため、企業としては、関連証拠を確実に保管し、労働仲裁に迅速に対応できるチームを確立するよう、日ごろから準備しておく必要があります。

第7章 労働紛争解決

Q100 ストライキおよび暴動への対処方法

従業員がストライキ、暴動等の労働紛争を引き起こした場合、企業はどのように対応すべきでしょうか。これらの労働紛争を避けるために、企業が日ごろから留意すべきことは何でしょうか。

Point

- 中国では、ストライキを行ったことを理由とする従業員の解雇は認められないものの、従業員が機械設備を破壊したり高級管理職に人身的危害を加えたりした場合には解雇は可能。
- ストライキ・暴動の発生理由は、賃金等の労働待遇への不満が主なものであるが、日中間の文化や民族性の相違による可能性もある。
- ストライキが発生した場合、迅速かつ適正な対応が必要であるが、日本人スタッフの安全確保が最優先。
- ストライキ等の発生を未然に防止するためにも、従業員の企業に対する意見をよく把握し、理解する必要がある。

Ans.

1 ストライキおよび暴動等の労働紛争の実態

中国では、特に生産型企業でストライキや暴動等の労働紛争が発生することがあります。昨今、日系の外商投資企業を対象とするストライキが頻発し、操業停止により企業に大きな経済的、社会的なマイナスの影響をもたらしています。ストライキ等の労働紛争が発生した場合には、企業は、企業側の権利および従業員側の権利をよく理解し、適切に対応する必要があります。この判断を誤ると、さらなる労働紛争に発展してしまう恐れがあります。

(1) ストライキ

日本では、憲法により、労働基本権の1つとしてストライキをする権利が認められています。中国では、国家公務員によるストライキは禁止されており（公務員法53条1項2号）、これ以外の労働者がストライキを実施できる否かについては、従来から議論の分かれるところです。

中国の 1975 年憲法および 1978 年憲法では、労働者によるストライキの権利が定められていましたが、1982 年憲法以降、労働者のストライキの権利に関する内容が削除されました。これにより、従業員にはストライキの権利がないとする見方が有力でしたが、中国が 2001 年 7 月に、従業員のストライキの権利を認める国連の「経済、社会および文化権利の国際公約」に加入したため、従業員はストライキを実施することができる、との見解が現在強くなっています。

従業員によるストライキの権利をめぐる議論はさておき、中国には、ストライキを実施した従業員に対し、処罰を定める法令はありません。このため、従業員がストライキを実施した場合、企業が従業員に対して、ストライキを理由に労働契約の解除等を行ってはならないことは明らかです。

東方航空のパイロットによるストライキ事件

1 事実

2002 年に設立された国内有数の大手航空会社である中国東方航空有限公司で、2008 年 3 月 31 日から 4 月 1 日にかけて、パイロットによるストライキが発生しました。

この 2 日間、東方航空の雲南昆明発の 21 便の航空機は、それぞれの目的地の上空にまで飛んだものの着陸せずに、乗客には天候の問題で着陸できないと説明し、昆明空港に引き返しました。しかし、その日は、着陸できないほどの悪天候ではありませんでした。

2 処罰

他の航空会社の飛行機が着陸できるのに、東方航空の飛行機がなぜ着陸できないのかと憤慨した一部の乗客が、東方航空を相手に損害賠償を求め訴訟を提起しました。また、航空会社の管轄主管部門である中国民航総局は、東方航空に対して 150 万人民元の罰金、一部の航空便の運営停止を命じました。

その後、東方航空は、ストライキに参加した機長および関係者に対して、機長資格の取消し、飛行停止または一時停止等の処分を下しました。このストライキをきっかけに、東方航空は多くの乗客から利用を敬遠されるようになってしまいました。

第7章　労働紛争解決

3　ストライキの発生原因

東方航空は、飛行機のUターンの原因について、天候や機材の問題ではなく、人為的なものだと世間に説明しましたが、ストライキの発生原因については言及しませんでした。これについて、多くのメディアから、賃金待遇に対するパイロットたちの長期にわたる不満がストライキ発生の最大の理由だとの指摘がなされています。

(2)　暴動

一般的なストライキの場合、従業員が業務の遂行を拒否するだけであり、企業の機械設備等の財産を破壊したり、企業の商品を奪ったり、企業の高級管理職に人身的危害を加えたりすることはありません。しかし、従業員が何らかのきっかけで団結して、企業の財産を壊したり、高級管理職に暴行を加えたりするなど、その行為がエスカレートし、暴動に発展する場合があります。

暴動は法に違反する行為に該当し、その情状が重大である場合、刑法の「故意による財産毀損罪」（刑法275条）、「生産経営破壊罪」（刑法276条）、「群衆を集め奪う罪」（刑法268条）、「群衆を集め社会秩序を乱す罪」（刑法290条）によりその刑事責任を追及することができ、情状がそれほど重大でない場合でも、「企業の正常な生産活動への妨害」（治安管理処罰法23条）、「故意による財産毀損」（治安管理処罰法49条）等によりその行政責任を追及することができます。また、企業は、これらの従業員に対して、「就業規則への著しい違反」に該当するとして解雇することができます。

コラム30

総経理に暴行を加え死亡させた吉林通化鉄鋼の従業員暴動事件

1　背景

吉林省長春市にある通化鋼鉄集団股分有限公司（通鋼集団）は、吉林省では最大の国有鉄鋼企業であり、その傘下に、焦化工場等の鉄鋼製造工場を擁していました。一方、河北省にある建龍集団は、鉄鋼業等を主に行う民間企業であり、2005年および2008年の2回にわたって、通鋼集団の一部の株式を購入しました。

第7章 労働紛争解決

2 操業中止

2009年7月22日、建龍集団が通鋼集団の株式の更なる買増しを行い、出資比率を65％まで引き上げ、通鋼集団を完全に支配しようとしている、という噂が流れ始めました。

7月24日午前、通鋼集団の1000人以上の従業員が集結し、建龍集団の買収計画に強く反対し、建龍集団は通鋼集団の経営から撤退するようスローガンを出し、通鋼集団の多くの工場で生産が中断する事態になりました。

3 暴行

当時、建龍集団から通鋼集団に出向し、通鋼集団の総経理だった陳さんは、なんとか生産の回復を図ろうと、焦化工場の高級管理職と交渉を行うために、焦化工場を訪れました。これを聞きつけた通鋼集団の従業員たちが焦化工場に殺到し、陳さんのいるオフィスを取り囲み、数人の従業員が陳さんに暴行を加え、さらには2階の階段から押し倒しました。

通報を受け、陳さんを救おうとやってきた公安の職員も、従業員らに阻止され工場内に入ることができず、陳さんは大量出血が原因で死亡してしまいました。

4 事件の発生原因

この暴動では、建龍集団が通鋼集団の株式の買増しを行った後に、従業員の賃金を引き下げ、建龍集団が通鋼集団を完全支配した後、大規模なリストラが決行されるとの噂が従業員たちの間に広がったことが、暴動が起こる発端になったということです。

2 労働紛争の発生原因

ストライキや暴動が発生する理由として、賃金等の労働待遇への不満を上げることができます。具体的には、低い賃金、企業に無理強いされた残業における残業代の未払、社会保険料の未納付、住宅積立金の未納付などが、ストライキの発生理由としてよく見受けられます。なお、このほかに中国の日系企業の場合、同業他社よりも労働待遇が悪い、日中間の文化相違による衝突、日本人経営者による中国人従業員への体罰、侮辱などによりストライキや暴動が起きる恐れがあります。

3 労働紛争への対応方法

ストライキや暴動は、企業が知らないうちに従業員が団結して行う場合が数

第7章　労働紛争解決

多くあります。通常の労働紛争と比べ、関わる従業員の数が多いことから、企業が短い期間内に迅速かつ適切に対応する必要があります。

(1) **合理的な要求は受け入れる**

　実務上、この種の労働紛争においては、企業が事件発生の原因を分析し、従業員側の合理的な要求については、これを受け入れる必要があります。ストライキや暴動の場合、短時間で一気に収拾することができなければ、交渉が長引くばかりでなく、生産面においても大きな影響があり、企業へのダメージが甚大になります。

(2) **不合理な要求には誠意をもって説得すべし**

　従業員の提出した要求をすべて満足させる必要はありません。不合理な要求、受け入れることが難しい要求に対しては、誠意をもって従業員たちに説明し、譲歩を求めて交渉を行う必要があります。また、政府労働行政管理部門、後に起こりうる労働紛争発生時の仲裁委員会・裁判所の印象をよくするため、従業員側に解決案を提出すべきです。

(3) **従業員側の代表者と交渉**

　従業員側と交渉を行う場合、日本人経営者の身の安全確保を最優先に考える必要があります。よって、日本人経営者が直接従業員全員と交渉するようなことは避けるべきであり、従業員たちに数人の代表者を選出してもらい、その代表者と協議を行うべきです。この場合、日本人経営者の考え（日本本社の指示を含む）が正確に従業員代表者に伝わっているかが重要なポイントとなります。実務では、通訳の内容が原因で労使間の対立が激しくなるケースもあるため、留意が必要です。

(4) **中立的な立場にある第三者の介在**

　従業員代表との交渉の場において、中立的な立場にある第三者を介在させることが重要です。企業に工会（労働組合）があれば、必ず工会の責任者にも同席してもらいます。従業員側が工会を信用していない場合、上級工会の担当者および政府労働行政管理部門の役人に同席してもらう必要があります。さらに、従業員側に自らの法的権利および義務を知ってもらうためには、弁護士に

よる立ち会いも効果的です。

(5) **警察の起用は慎重に**

警察への通報は、ケースバイケースで判断するしかありません。日本人経営者の安全を確保するためには、警察の保護を受ければ安全ではあります。しかし、警察がいることで従業員の不満が募り、必要以上に状況が悪化する恐れもあり得るため、慎重に判断する必要があります。

4 労働紛争の事前防止策

ストライキや暴動の発生は、企業に相当なダメージを与えます。このため、ストライキや暴動の発生を未然に防止する必要があります。

(1) **従業員側との意見交換ルートの確保**

労使紛争は、企業にとっては避けることのできない課題です。企業は、企業に対する従業員側の意見に日頃から耳を傾け、日常的に従業員側と意見交換を行う必要があります。ストライキや暴動は、従業員側の正当な意見が長期にわたって無視された場合に発生することが多いからです。

(2) **労働法の遵守**

中国の労働関連法規、政策は変化が激しく、また、地方ごとに法規定が異なることが多くあるために、企業はこれらの変化および相違に柔軟に対応しないと、従業員の不満を招く恐れがあります。このため、企業の人事担当者および法務担当者は、常に関連情報を収集し、最新の法、規定に基づき労務管理を行う必要があります。

(3) **従業員個人との労働紛争**

従業員個人との間に労働紛争が発生した場合、その処理方法に留意する必要があります。たとえ相手が個人でも、体罰や侮辱行為は避けなければなりません。これを適正に処理しないと、日中間の民族問題にまで激化し、最悪の場合、ストライキや暴動が引き起こされる恐れがあります。

(4) **信頼できる中国人スタッフの確保**

ストライキや暴動は、企業側の気づかぬところで問題が深刻化して発生する

第 7 章　労働紛争解決

ことが多いため、信頼できる中国人スタッフを確保しておけば、ストライキ等の関連情報をいち早くキャッチすることができ、これを事前に防止できる可能性もあります。

法令一覧

法令名（日本語訳） 法令名（中国語原文）	公布機関 採択・公布・施行日

【ア行】

一部住民の休暇の給与関連問題に関する書簡 劳动和社会保障部办公厅关于部分公民放假有关工资问题的函	労働社会保障部弁公庁 2000年2月12日公布、同日施行

【カ行】

外国企業常駐代表機構の管理に関する国務院の暫定規定 国务院关于管理外国企业常驻代表机构的暂行规定	国務院 1980年10月30日公布、同日施行
外国人来華勤務許可制度の全面実施に関する通知 国家外国专家局、人力资源社会保障部、外交部、公安部关于全面实施外国人来华工作许可制度的通知（外专发〔2017〕40号）	国家外国専門家局、人力資源社会保障部、外交部、公安部 2017年3月28日公布、同年4月1日施行
会社法 中华人民共和国公司法	全国人民代表大会常務委員会 2013年12月28日改正、2014年3月1日施行
外商投資企業の工会経費の割当に係る問題に関する北京市総工会、北京市財政局の通知 北京市总工会、北京市财政局关于外商投资企业拨交工会经费有关问题的通知	北京市総工会、北京市財政局 1992年8月22日公布、1992年7月1日施行
外商投資企業の審査認可登記管理の法律適用の若干問題に関する執行意見 关于外商投资的公司审批登记管理法律适用若干问题的执行意见	国家工商行政管理総局、商務部、税関総署、国家外貨管理局 2006年4月24日公布、同日施行（工商外企字〔2006〕81号）

法令一覧

『外商投資企業労働管理規定』の関連問題の徹底に関する労働部弁公庁の回答 劳动部办公厅关于贯彻《外商投资企业劳动管理规定》有关问题的复函	労働部弁公庁 1995年7月14日公布、同日施行（労弁発［1995］163号）
広東省高級人民法院、広東省労働争議仲裁委員会の『労働争議調停仲裁法』および『労働契約法』の適用の若干問題に関する指導意見 广东省高级人民法院、广东省劳动争议仲裁委员会关于适用《劳动争议调解仲裁法》、《劳动合同法》若干问题的指导意见	広東省高級人民法院、広東省労働争議仲裁委員会 2008年6月23日公布、同日施行（粤高法発［2008］13号）
広東省の『中華人民共和国障碍者保障法』実施弁法 广东省实施《中华人民共和国残疾人保障法》办法	広東省人民代表大会常務委員会 2010年6月2日改正、同年7月1日施行
広東省人口および計画生育条例 广东省人口与计划生育条例	広東省人民代表大会常務委員会 2016年9月29日改正、同日施行
基層工会経費収支管理弁法 基层工会经费收支管理办法	中華全国総工会 2017年12月15日公布、同日施行（総工弁発［2017］32号）
企業が人民検察機関から不起訴決定を受けた従業員の労働契約解除可否の問題に関する労働社会保障部弁公庁の回答 劳动和社会保障部办公厅关于职工被人民检察院作出不予起诉决定用人单位能否据此解除劳动合同问题的复函	労働社会保障部弁公庁 2003年7月31日公布、同日施行（労社庁函［2003］367号）
企業経済的人員削減規定 企业经济性裁减人员规定	労働部 1994年11月14日公布、1995年1月1日施行（労部発［1994］447号）
企業工会作業条例（試行） 企业工会工作条例（试行）	中華全国総工会 2006年7月6日公布、同日施行

法令一覧

企業工会主席産出弁法（試行） 企业工会主席产生办法（试行）	中華全国総工会 2008年7月25日公布、同日施行
企業従業員生育保険試行弁法 企业职工生育保险试行办法	労働部 1994年12月14日公布、1995年1月1日施行（労部発［1994］504号）
企業従業員賞罰条例 企业职工奖惩条例	国務院 1982年4月10日公布、同日発効、2008年1月15日廃止
企業従業員年次有給休暇実施弁法 企业职工带薪年休假实施办法	人力資源社会保障部 2008年9月18日公布、同日施行
企業従業員の病気または非業務上負傷の医療期間に関する規定 企业职工患病或非因工负伤医疗期规定	労働部 1994年12月1日公布、1995年1月1日施行（労部発［1994］479号）
企業従業員の『法定定年年齢』の意味に関する回答 劳动和社会保障部办公厅关于企业职工"法定退休年龄"涵义的复函	労働社会保障部弁公庁 2001年5月11日公布、同日施行（労社庁函［2001］125号）、2017年11月24日廃止
企業の学生に支給する実習報酬に関わる所得税政策問題に関する通知 财政部、国家税务总局关于企业支付学生实习报酬有关所得税政策问题的通知	財政部、国家税務総局 2006年11月1日公布、2006年1月1日施行（財税［2006］107号）
企業労働紛争処理条例 中华人民共和国企业劳动争议处理条例	国務院 1993年7月6日公布、同年8月1日施行、2011年1月4日廃止
基層工会経費収支管理弁法 基层工会经费收支管理办法	中華全国総工会 2017年12月15日公布、同日施行

法令一覧

刑法 中华人民共和国刑法	全国人民代表大会常務委員会 2017年11月4日改正、同日施行
工会会費の受領納付に関する通知 中华全国总工会关于收交工会会费的通知	中華全国総工会 1978年11月13日公布、同日施行（工発〔1978〕101号）
工会法 中华人民共和国工会法	全国人民代表大会常務委員会 2009年8月27日改正、同日施行
公共場所衛生管理条例実施細則 公共场所卫生管理条例实施细则	衛生部 1991年3月11日公布、同年6月1日施行、2010年2月12日失効
『公共場所衛生管理条例実際細則』等の規範性書類の一部の内容の修正に関する通知 关于修改《公共场所卫生管理条例实施细则》等规范性文件部分内容的通知	衛生部 2010年2月12日公布、同日施行
広州市人口および計画生育サービスおよび管理規定 广州市人口与计划生育服务和管理规定	広州市人民政府 2017年12月15日公布、2018年2月1日施行
江蘇省労働契約条例 江苏省劳动合同条例	江蘇省人民代表大会常務委員会 2013年1月15日改正、同年5月1日施行
公務員法 中华人民共和国公务员法	全国人民代表大会常務委員会 2005年4月27日公布、2006年1月1日施行
国営企業従業員の慶弔休暇および路程休暇に関する国家労働総局、財政部の通知 国家劳动总局、财政部关于国营企业职工请婚丧假和路程假问题的通知	国家労働総局、財政部 1980年2月20日公布、同日施行

法令一覧

個人が企業と労働関係の解除により取得した一時限りの補償収入に関わる個人所得税の減免に関する財政部、国家税務総局の通知 财政部、国家税务总局关于个人与用人单位解除劳动关系取得的一次性补偿收入征免个人所得税问题的通知	財政部、国家税務総局 2001年9月10日公布、2001年10月1日施行（財税［2001］157号）
個人が労働契約解除により取得した経済補償金に関わる個人所得税納付問題に関する国家税務総局の通知 国家税务总局关于个人因解除劳动合同取得经济补偿金征收个人所得税问题的通知	国家税務総局 1999年9月23日公布、1999年10月1日施行（国税発［1999］178号）
個人所得税法 中华人民共和国个人所得税法	全国人民代表大会常務委員会 1980年9月10日公布、2018年8月31日改正、2019年1月1日施行
戸籍登記条例 中华人民共和国户口登记条例	全国人民代表大会常務委員会 1958年1月9日公布、同日施行
国家教育委員会の『出国留学人員の勤務に関する若干暫定規定』の批准・転送に関する国務院の通知 国务院批转国家教育委员会〈关于出国留学人员工作的若干暂行规定〉的通知	国務院 1986年12月13日公布、同日施行（（国発）［1986］107号）
湖北省労働社会保障庁の従業員名簿制度のさらなる推進に関する通知 关于进一步推进职工名册制度的通知	湖北省労働社会保障庁 2009年1月22日公布、同日施行（鄂労社発［2009］6号）

【サ行】

最高人民法院の人民調停協議に関わる民事事件の審理に関する若干規定 最高人民法院关于审理涉及人民调解协议的民事案件的若干规定	最高人民法院 2002年9月16日公布、同年11月1日施行（法釈［2002］29号）

491

法令一覧

最高人民法院の不正競争民事事件の審理の法律適用に関わる若干問題に関する解釈 最高人民法院关于审理不正当竞争民事案件应用法律若干问题的解释	最高人民法院 2007年1月12日公布、同年2月1日施行（法釈［2007］2号）
最高人民法院の民事審理における『中華人民共和国工会法』適用の若干問題に関する解釈 最高人民法院关于在民事审判工作中适用《中华人民共和国工会法》若干问题的解释	最高人民法院 2003年6月25日公布、同年7月9日施行（法釈［2003］11号）
最高人民法院の『民法通則』の徹底執行の若干問題に関する意見 最高人民法院关于贯彻执行《中华人民共和国民法通则》若干问题的意见	最高人民法院 1988年4月2日公布、同日施行（法（弁）発［1988］6号）
最高人民法院の労働争議事件の法律適用の若干問題に関する解釈 最高人民法院关于审理劳动争议案件适用法律若干问题的解释	最高人民法院 2001年4月16日公布、同年4月30日施行（法釈［2001］14号）
最高人民法院の労働争議事件の法律適用の若干問題に関する解釈（二） 最高人民法院关于审理劳动争议案件适用法律若干问题的解释（二）	最高人民法院 2006年8月14日公布、同年10月1日施行（法釈［2006］6号）
最高人民法院の労働争議事件の法律適用の若干問題に関する解釈（三） 最高人民法院关于审理劳动争议案件适用法律若干问题的解释（三）	最高人民法院 2010年9月13日公布、同年9月14日施行（法釈［2010］12号）
最高人民法院の労働争議事件の法律適用の若干問題に関する解釈（四） 最高人民法院关于审理劳动争议案件适用法律若干问题的解释（四）	最高人民法院 2013年1月18日公布、同年2月1日施行（法釈［2013］4号）
最低賃金規定 最低工资规定	労働社会保障部 2004年1月20日公布、同年3月1日施行
失業保険条例 失业保险条例	国務院 1999年1月22日公布、同日施行

法令一覧

社会保険法 社会保险法	全国人民代表大会常務委員会 2010年10月28日公布、2011年7月1日施行
社会保険料徴収納付暫定条例 社会保险费征缴暂行条例	国務院 1999年1月22日公布、同日施行
上海市高級人民法院の『労働契約法』適用の若干問題に関する意見 关于适用〈劳动合同法〉若干问题的意见	上海市高級人民法院 2009年3月3日公布、同日施行（滬高法［2009］73号）
上海市高級人民法院民一廷の労働争議事件審理の若干問題に関する回答 上海市高级人民法院民一庭关于审理劳动争议案件若干问题的解答	上海市高級人民法院民一廷 2002年2月6日公布、同日施行
上海市外来従業員総合保険暫定弁法 上海市外来从业人员综合保险暂行办法	上海市人民政府 2004年8月30日改正、同日施行
上海市企業賃金支給弁法 上海市企业工资支付办法	上海市労働社会保障局 2016年6月27日公布、同年8月1日施行
上海市障害者分散就労手配弁法 上海市残疾人分散安排就业办法	上海市人民政府 2010年12月20日改正、同日施行
上海市女性従業員労働保護弁法 上海市女职工劳动保护办法	上海市人民政府 2010年12月20日改正、同日施行
上海市人口および計画生育条例 上海市人口与计划生育条例	上海市人民代表大会常務委員会 2016年2月23日改正、2016年3月1日施行
上海市の従業員の労働契約期間中の傷病または業務外負傷の医療期間基準に関する規定 关于本市劳动者在履行劳动合同期间患病或者非因工负伤的医疗期标准的规定	上海市人民政府 2015年8月17日公布、同年5月1日施行（滬府発［2015］40号）

法令一覧

『上海市労働契約条例』の実施の若干問題に関する通知（二） 关于实施《上海市劳动合同条例》若干问题的通知（二）	上海市労働社会保障局 2004年1月5日公布、同日施行（滬労保関発［2004］4号）
上海市労働保障局の残業代計算基準に関する公告 上海市劳动保障局关于加班工资计发基数的公告	上海市労働保障局 2004年10月18日公布、同日施行
上海で就労する外国人の都市従業員社会保険加入に関わる若干問題に関する上海市人力資源社会保障局の通知 上海市人力资源和社会保障局关于在沪工作的外籍人员、获得境外永久（长期）居留权人员和台湾香港澳门居民参加城镇职工社会保险若干问题的通知	上海市人力資源社会保障局 2009年10月10日公布、同日施行（滬人社養発［2009］38号）
従業員家族訪問待遇に関する国務院の規定 国务院关于职工探亲待遇的规定	国務院 1981年3月14日公布、同日施行（国発［1981］36号）
従業員年次有給休暇条例 职工带薪年休假条例	国務院 2007年12月14日公布、2008年1月1日施行
従業員の1年における月平均勤務時間および賃金算定問題に関する通知 劳动和社会保障部关于职工全年月平均工作时间和工资折算问题的通知	労働社会保障部 2000年3月17日公布、同日施行（労社部発［2000］8号）、2008年1月3日失効
従業員の1年における月平均勤務時間および賃金算定問題に関する通知 劳动和社会保障部关于职工全年月平均工作时间和工资折算问题的通知	労働社会保障部 2008年1月3日公布、同日施行（労社部発［2008］3号）
就業促進法 中华人民共和国就业促进法	全国人民代表大会常務委員会 2015年4月24日改正、同日施行

法令一覧

住宅積立金管理における若干の具体的な問題に関する指導意見 关于住房公积金管理若干具体问题的指导意见	建設部、財政部、中国人民銀行 2005年1月7日公布、同日施行（建金管［2005］5号）
住宅積立金条例 住房公积金管理条例	国務院 2002年3月24日改正、同日施行（国務院令［2002］第350号）
住宅積立金のいくつかの具体的な問題に関する通知 关于住房公积金管理几个具体问题的通知	建設部、財政部、中国人民銀行 2006年3月13日公布、同日施行（建金管［2006］52号）
集団契約規定 集体合同规定	労働社会保障部 2004年1月20日公布、同年5月1日施行
就労サービスおよび就労管理規定 就业服务与就业管理规定	人力資源社会保障部 2014年12月23日改正、2015年2月1日施行
出国入国管理法 出境入境管理法	全国人民代表大会常務委員会 2012年6月30日公布、2013年7月1日施行
障害者保障法 中华人民共和国残疾人保障法	全国人民代表大会常務委員会 2008年4月24日改正、同年7月1日施行
障害者就労条例 残疾人就业条例	国務院 2007年2月25日公布、同年5月1日施行
職業教育改革および発展の極力促進に関する決定 国务院关于大力推进职业教育改革与发展的决定	国務院 2002年8月24日公布、同日施行（国発［2002］16号）

495

法令一覧

職場変更を起因とする従業員と企業が労働争議等を発生したなどの問題に関する労働部弁公庁の回答 劳动部办公厅关于职工因岗位变更与企业发生争议等有关问题的复函	劳动部办公厅 1996年5月30日公布、同日施行（劳弁発［1996］100号）、2016年4月13日廃止
女性従業員の胎児保護休憩および病欠休憩が6か月を超過した後の生育時の待遇問題に関する上海市労働局への国家労働総局保険福利司の回答 国家劳动总局保险福利司关于女职工保胎休息和病假超过六个月后生育时的待遇问题给上海市劳动局的复函	国家労働総局 1982年3月27日公布、同日施行（[82]労険字2号）
女性従業員保健作業規定 女职工保健工作规定	衛生部、労働部、人事部、全国総工会、全国婦女連合会 1993年11月26日公布、同日施行（衛婦発［1993］第11号）
女性従業員労働保護特別規定 女职工劳动保护特别规定	国務院 2012年4月28日公布、同日施行
『女性従業員労働保護規定』の問題に関する回答 劳动部关于《女职工劳动保护规定》问题解答	労働部 1989年1月20日公布、同日施行
人口および計画生育法 中华人民共和国人口与计划生育法	全国人民代表大会常務委員会 2015年12月27日改正、2016年1月1日施行
深圳市従業員賃金支給条例 深圳市员工工资支付条例	深圳市人民代表大会 2009年10月21日改正、同日施行
『精神病患者の労働契約解除問題に関する指示伺い』に対する労働部弁公室の回答 劳动部办公厅对《关于患有精神病的合同制工人解除劳动合同问题的请示》的复函	労働部弁公室 1995年1月3日（労弁発［1995］1号）
全国祝祭日および記念日の休憩弁法 全国年节及纪念日放假办法	国務院 2013年12月11日改正、2014年1月1日施行

法令一覧

全民所有制工業企業従業員代表大会条例 全民所有制工业企业职工代表大会条例	中国共産党中央委員会、国務院 1986年9月15日公布、1986年10月1日施行
訴訟費用納付弁法 诉讼费用交纳办法	国務院 2006年12月8日採択、2007年4月1日施行

【タ行】

退役義務兵の就職手配における企業の改革に伴う労働契約制度実施に関する民政部、労働部、総参謀部の意見の批准・転送に関する国務院の通知 国务院、中央军事委员会批转民政部、劳动部、总参谋部关于退伍义务兵安置工作随用工单位改革实行劳动合同制意见的通知	国務院 1993年7月21日公布、同日施行（国発［1993］54号）
第五回目の失効及び廃止書類の宣布に関する人力資源社会保障部の通知 人力资源社会保障部关于第五批宣布失效和废止文件的通知	人力資源社会保障部 2017年11月24日公布、同日施行
大連市女性従業員労働保護管理細則 大连市女职工劳动保护管理细则	大連市人民政府 1989年12月11日公布、同日施行（大政発［1989］170号）
段階的による本市の社会保険料率引下げに関する通知 关于阶段性降低本市社会保险费率的通知（京人社保发［2016］98号）	北京市人力資源社会保障局、北京市財政局 2016年5月31日公布、同日施行
治安管理処罰法 中华人民共和国治安管理处罚法	全国人民代表大会常務委員会 2012年10月26日公布、2013年1月1日施行

法令一覧

中外合資経営企業の支払う工会経費の賃金総額計算問題に関する通知 关于中外合资企业拨交工会经费的工资总额计算问题的通知	中華全国総工会、対外経済部、財政部、労働人事部 1984年12月29日公布、同日施行（工発総字［1984］45号）
『中華人民共和国労働法』の徹底執行に関わる若干問題に関する意見 关于贯彻执行《中华人民共和国劳动法》若干问题的意见	労働部 1995年8月4日公布、同日施行（労部発［1995］309号）
中華全国総工会の『工会経費上納方法の調整に関する通知』の徹底的な実施に関する通知 关于贯彻中华全国总工会《关于调整工会经费上缴办法的通知》的通知	中華全国総工会財務部 2004年6月1日公布、同日施行（工財字［2004］42号）
中国工会定款 中国工会章程	中国工会全国代表大会 2013年10月22日修正、同日施行
中国国内で就業する外国人の社会保険加入に関する暫定弁法 在中国境内就业的外国人参加社会保险暂行办法	人力資源社会保障部 2011年9月6日公布、同年10月15日施行
中国障害者実用認定基準 中国残疾人实用评定标准	中国残疾人連合会 1995年9月15日公布、同日施行
中国における外国人の就労管理規定 外国人在中国就业管理规定	労働部、公安部、外交部、外経貿部 2017年3月13日修正、同日施行
賃金支給暫定規定 工资支付暂行规定	労働部 1994年12月6日公布、1995年1月1日施行
『賃金支給暫定規定』に関わる問題に関する労働部の補充規定 劳动部对《工资支付暂行规定》有关问题的补充规定	労働部 1995年5月12日公布、同日施行（労部発［1995］226号）

法令一覧

賃金集団協議試行弁法 工资集体协商试行办法	労働社会保障部 2000年11月8日公布、同日施行
賃金総額構成に関する規定 关于工资总额组成的规定	国家統計局 1990年1月1日公布、同日施行
『賃金総額構成に関する規定』の若干の具体範囲に関する国家統計局の解釈 国家统计局《关于工资总额组成的规定》若干具体范围的解释	国家統計局 1990年1月1日公布、同日施行
天津市の比率に応じる障害者就労手配弁法 天津市按比例安排残疾人就业办法	天津市人民政府 2015年6月20日改正、同日施行
統一した企業従業員養老保険制度の確立に関する決定 国务院关于建立统一的企业职工基本养老保险制度的决定	国務院 1997年7月16日公布、同日施行（国発〔1997〕26号）
『「同一の使用単位での勤続時間」および「本単位の勤務年数」の理解に関する指示伺い』に対する労働部弁公庁の回答 劳动部办公厅对《关于如何理解"同一用人单位连续工作时间"和"本单位工作年限"的请示》的复函	労働部弁公庁 1996年9月16日公布、同日施行（労弁発〔1996〕191号）
都市従業員基本医療保険制度の確立に関する国務院の決定 国务院关于建立城镇职工基本医疗保险制度的决定	国務院 1998年12月14日公布、同日施行（国発〔1998〕44号）

【ナ行】

2009年企業の賃金指導ラインの公布に関する通知 关于公布2009年企业工资指导线的通知	遼寧省人力資源社会保障庁 2009年9月14日公布（遼人社〔2009〕236号）
2009年度大連市労働者市場における一部の職業（職種）の賃金指導ラインの公布に関する通知 关于发布2009年大连市劳动力市场部分职业（工种）工资指导价位的通知	大連市労働社会保障局 2009年9月2日公布（大労発〔2009〕89号）

法令一覧

2008年度企業の労働者コスト状況の公布に関する通知 关于发布2008年企业人工成本情况的通知	大連市労働社会保障局 2009年9月8日公布（大労発［2009］92号）
入学および就業健康診断項目のさらなる規範化、B型肝炎キャリアの入学および就職の権利のさらなる保護に関する通知 关于进一步规范入学和就业体检项目维护乙肝表面抗原携带者入学和就业权利的通知	人力資源社会保障部、教育部、衛生部 2010年2月10日公布、同日施行（人社部発［2010］12号）

【ハ行】

派遣社員の工会参加促進に関する規定 中华全国总工会关于组织劳务派遣工加入工会的规定	中華全国総工会 2009年4月30日、同日施行（総工発［2009］21号）
B型肝炎キャリアの就労権利の維持保護に関する意見 关于维护乙肝表面抗原携带者就业权利的意见	労働社会保障部 2007年5月18日公布、同日施行（労社部発［2007］16号）
不正競争防止法 中华人民共和国反不正当竞争法	全国人民代表大会常務委員会 2017年11月4日改正、2018年1月1日施行
普通従業員の定年退職に関する暫定弁法 国务院关于工人退休、退职的暂行办法	国務院 1978年5月24日公布、同年6月2日施行
不定時勤務時間制および総合計算勤務時間制に関する審査認可弁法 劳动部关于企业实行不定时工作制和综合计算工时工作制的审批办法	労働部 1994年12月14日公布、1995年1月1日施行（労部発［1994］503号）
北京市企業経済的人員削減規定 北京市企业经济性裁减人员规定	北京市労働局 1995年3月22日公布、同日施行（京労就発［1995］56号、2017年12月21日失効
北京市企業従業員生育保険規定 北京市企业职工生育保险规定	北京市人民政府 2005年1月5日公布、同年7月1日施行

500

法令一覧

北京市企業の障害者就労手配の補助及び比率超過奨励基準の調整に関する通知 关于调整北京市用人单位安排残疾人就业岗位补贴和超比例奖励标准的通知	北京市残疾人連合会、北京市民政局、北京市財政局、北京市人力資源社会保障局 2014年6月30日公布、同年7月1日施行（京残発［2014］47号）
北京市企業の総合計算勤務時間制および勤務時間制の実施弁法 北京市企业实行综合计算工时工作制和不定时工作制办法的通知	北京市労働社会保障局 2003年12月9日公布、2004年1月1日施行（京労社資発［2003］157号）
北京市高級人民法院、北京市労働争議仲裁委員会の労働争議事件審理の法律適用問題に関する解答 北京市高级人民法院、北京市劳动人事争议仲裁委员会关于审理劳动争议案件法律适用问题的解答	北京市高級人民法院、北京市労働争議仲裁委員会 2017年4月24日公布、同日施行
北京市高級人民法院、北京市労働争議仲裁委員会の労働争議事件の法律適用問題に関する研究会会議紀要 北京市高级人民法院、北京市劳动争议仲裁委员会关于劳动争议案件法律适用问题研讨会会议纪要	北京市高級人民法院、北京市労働争議仲裁委員会 2009年8月17日公布（内部会議紀要）
北京市失業保険規定 北京市失业保险规定	北京市人民政府 2007年6月14日改正、同日施行
北京市人口および計画生育条例 北京市人口与计划生育条例	北京市人民代表大会常務委員会 2016年3月24日公布、同日施行
北京市人民政府の外国企業常駐代表機構による中国従業員雇用に関する管理規定 北京市人民政府关于外国企业常驻代表机构聘用中国雇员的管理规定	北京市人民政府 1997年12月31日改正、同日施行
北京市賃金支給規定 北京市工资支付规定	北京市人民政府 2007年11月23日改正、同日施行

法令一覧

北京市障碍者就労保障金徴収使用管理弁法 北京市残疾人就业保障金征收使用管理办法	北京市財政局、北京市地方税務局、北京市残疾連合会 2017年4月26日公布、同日施行
北京市の労働争議仲裁事件の管轄の更なる明確化に関する通知 关于进一步明确我市劳动争议仲裁案件管辖的通知	北京市労働社会保障局 2009年2月19日公布、同年4月1日施行（京労社仲発［2009］35号）
北京市労働社会保障局の企業従業員生育保険関連問題の処理弁法に関する通知 北京市劳动和社会保障关于企业职工生育保险有关问题处理办法的通知	北京市労働社会保障局 2006年12月4日公布、2007年2月1日施行（京労社医発［2006］178号）
法に基づくリストラ実施における企業の報告に関する上海市人力資源社会保障局の通知 上海市人力资源和社会保障局关于用人单位依法实施裁减人员报告的通知	上海市人力資源社会保障局 2009年1月8日公布、同日施行
本市従業員の生育保険政策の調整関連問題に関する通知 关于调整本市职工生育保险政策有关问题的通知	北京市人力資源社会保障局 2011年12月12日公布、2012年1月1日施行（京人社医発［2011］334号）

【マ行】

未成年従業員特別保護規定 未成年工特殊保护规定	労働部 1994年12月9日公布、1995年1月1日施行（労部発［1994］498号）
民事訴訟法 中华人民共和国民事诉讼法	全国人民代表大会常務委員会 2017年6月27日改正、同日施行

【ラ行】

遼寧省計画生育管理条例 辽宁省计划生育管理条例		遼寧省人民代表大会常務委員会 1997年9月27日改正、同日施行
遼寧省人口および計画生育条例 辽宁省人口与计划生育条例		遼寧省人民代表大会常務委員会 2006年1月13日改正、同日施行
遼寧省賃金支給規定 辽宁省工资支付规定		遼寧省人民政府 2006年8月25日公布、同年10月1日施行
労災保険条例 工伤保险条例		国務院 2010年12月20日改正、2011年1月1日施行（国務院令[2003]第375号）
老弱病残幹部の処遇に関する国務院の暫定弁法 国务院关于安置老弱病残干部的暂行办法		国務院 1978年5月24日公布、同年6月2日施行
労働関係の確立に関わる事項に関する労働社会保障部の通知 劳动和社会保障部关于确立劳动关系有关事项的通知		労働社会保障部 2005年5月25日公布、同日施行（労社部発[2005]12号）
労働起用届出制度の確立に関する通知 关于建立劳动用工备案制度的通知		労働社会保障部 2006年12月22日公布、同日施行（労社部発[2006]46号）
労働契約違反および解除の経済補償弁法 违反和解除劳动合同的经济补偿办法		労働部 1994年12月3日公布、1995年1月1日施行、2017年11月24日廃止（労部発[1994]481号）
労働契約鑑定証明および労働争議仲裁費用納付管理弁法 劳动合同鉴证和劳动争议仲裁收费管理办法		国家物価局、財政部 1992年6月11日公布、同年7月1日施行

法令一覧

労働契約制度の実施の若干問題に関する通知 关于实行劳动合同制度若干问题的通知	労働部 1996年10月31日公布、同日施行（労部発［1996］354号）
労働契約法 中华人民共和国劳动合同法	全国人民代表大会常務委員会 2012年12月28日改正、2013年7月1日施行
労働契約法実施条例 中华人民共和国劳动合同法实施条例	国務院 2008年9月18日公布、同日施行
労働争議調停仲裁法 中华人民共和国劳动争议调解仲裁法	全国人民代表大会常務委員会 2007年12月29日採択、2008年5月1日施行
労働法 中华人民共和国劳动法	全国人民代表大会常務委員会 2009年8月27日改正、同日施行
『労働法』の若干条文に関する説明 关于《劳动法》若干条文的说明	労働部 1994年9月5日公布、1995年1月1日施行（労弁発［1994］289号）
『労働法』の若干条文に関する説明 关于《劳动法》若干条文的说明	労働部弁公庁 1994年9月5日公布、1995年1月1日施行（労弁発［1994］289号）
『労働法』の労働契約規定違反に関する賠償弁法 违反《劳动法》有关劳动合同规定的赔偿办法	労働部 1995年5月10日公布、同日施行（労部発［1995］223号）
労働保障監査条例 劳动保障监察条例	国務院 2004年11月1日公布、同年12月1日施行

労部発［1996］354号通知に関わる問題の解釈に関する労働部弁公庁の通知 劳动部办公厅关于对劳部发（1996）354号文件有关问题解释的通知	労働部弁公庁 1997年2月5日公布、同日施行（労弁発［1997］18号）
労務派遣暫定規定 劳务派遣暂行规定	人力資源社会保障部 2014年1月24日公布、2014年3月1日施行

事項索引

【あ】
アルバイト……………………………61

【い】
育成訓練 …………………………396, 397
一定の業務完成を期間とする労働契約
　………………………………105, 134, 137
違法解雇 ………3, 346, 358, 426, 439, 442
医療期間 ……97, 186, 218, 310, 391, 392, 435, 436
医療期間中の賃金 …………………221
医療保険 …………………186, 227, 236

【う】
打ち切り ………………………78, 80, 96, 99

【か】
外貨 ……………………………………199
外貨送金 ………………………………202
解雇 ……5, 78, 79, 99, 105, 175, 186, 217, 218, 264, 265, 287, 292, 296, 298, 299, 303, 314, 337, 342, 345, 346, 351, 352, 355, 360, 362, 363, 364, 365, 368, 369, 371, 373, 374, 375, 377, 378, 379, 381, 382, 383, 384, 386, 388, 389, 391, 394, 396, 398, 400, 402, 403, 425, 468, 480
外国企業常駐代表機構（駐在員事務所）
　…………………………………………67
外国人居留許可………………54, 57, 58
外国人勤務許可証 ………………54, 56
外国人従業員……102, 199, 227, 228, 244, 290
外国人就労許可証……………………59
解雇通知 ……………………………312
解雇通知書 …………………………349
解雇理由通知書 ……………………347

外商投資企業………2, 67, 68, 75, 223, 247
外来労働者 …………………………10, 51
額外経済補償金 …………………312, 443
学生 …………………………43, 61, 63, 66
学歴 …………………………25, 78, 381, 382
家族訪問休暇 …………………223, 224
課長クラス …………203, 310, 330, 334
間接雇用……………………………………78

【き】
期間満了……5, 90, 96, 104, 218, 221, 266, 310, 325, 326, 392, 424, 426, 427, 444
企業の申入れによる労働契約合意解除
　協議書 ……………………………318
企業の弱みに付け込んだ手段 ………378
技術訓練 ……………105, 146, 162, 337
基層工会 ……………………………187, 280
客観的状況の重大変化 ……99, 356, 400, 403, 413
競業避止義務…28, 30, 102, 105, 106, 151, 155, 162
行政拘留 …………………………383, 385
脅迫 …………………………………355, 378
業務委託契約 ……………………11, 43, 330
業務外傷病 …………………………186, 220
業務に堪えられない …356, 396, 398, 413
業務引継 ……………………328, 351, 354, 446
虚偽 …………………………………16, 378, 379
挙証責任 ……………………………466, 469
勤続年数 ……………………435, 439, 448
勤務期間条項 ………………………134
勤務時間条項 ………………………129
勤務内容 ……………………………122, 411
勤務場所 ……107, 108, 110, 118, 411, 415
勤務ビザ ………………………………54, 55

事項索引

【く】
グループ……………………80, 84, 92

【け】
経済補償金 ……5, 90, 105, 106, 312, 314,
　320, 321, 322, 325, 334, 351, 358, 388,
　408, 421, 422, 423, 426, 427, 430, 433,
　435, 439, 444, 446
刑事拘留 ……………………175, 383, 386
刑事責任 ……………………355, 383, 385
月経期間 ……………………………260, 261
結婚休暇 ………………………………223
健康診断………………28, 32, 39, 102, 272

【こ】
合意解除……264, 267, 300, 310, 314, 318,
　320, 323, 424, 426
工会 ……93, 165, 275, 278, 280, 283, 287,
　291, 302, 348
工会経費 ……………………290, 293, 302
工会主席……283, 284, 296, 297, 298, 300,
　303, 310
工会の専属職員 …………………187, 293
工会の非専属委員 ………………187, 293
工会への解除理由通知書 ……………312
工会（労働組合） …5, 92, 170, 176, 184,
　307, 346, 404
高級管理職 ……………………185, 480
拘束期間 …………………………146
交通事故 …………………………255
5 険 1 金 …………………………186
個人情報 ……………………………20, 25
個人所得税 ………199, 242, 446, 447, 448
個人ファイル…78, 82, 312, 325, 329, 337,
　351, 354
戸籍 …………………………10, 50, 52
固定期間労働契約………78, 104, 134, 311
雇用コスト…………43, 80, 89, 102, 125
雇用届出手続 ……………………12, 14

【さ】
最低賃金制度 ……125, 184, 188, 195, 196
裁判所からの応訴通知書 ……………462
裁判所からの開廷通知書 ……………463
採用条件……………………17, 362, 363, 364
詐欺 ……………………………355, 378
先裁後審 ………………………………452
差別 ……………………16, 18, 39, 92, 102
三期 ……………………………………264
三期（妊娠、出産、授乳） …………310
残業時間 ……………………132, 203, 208
残業時間（時間外労働） ……………207
残業代……93, 125, 129, 203, 334, 433, 469
残業代の計算基数 ……………………125
残業代（割増賃金） ……………104, 185

【し】
事業統合 ………………………………402
時効 ……………………………………4
時効（出訴期限） ……………………452
時効の中断、停止 ……………………473
辞職 ……………………………105, 337
辞職阻止 ………………………………337
事前通知 ……………………325, 337, 346
自宅待機 ……………………195, 196, 366
失業保険 ……………………………227, 238
実習協議書 ……………………………61, 64
実習生 …………………………………61
実習に関わる三者間契約………………62
持病……………………………………28
社会保険……108, 227, 231, 306, 325, 329,
　337, 351, 354, 466
社会保険料……68, 86, 125, 127, 195, 198,
　199, 218, 221, 223, 226, 332, 358, 359,
　448
従業員代表 ……………165, 170, 184, 310
従業員代表大会 ……………………170, 176
従業員の申入れによる労働契約合意解
　除協議書 ……………………………316

507

事項索引

従業員名簿 …………………72, 73, 102
就業規則 …5, 95, 171, 175, 176, 179, 265, 289, 291, 294, 306, 411, 414
就業規則3条件 ………………170, 172
就業規則受領書 …………………173
終局判断 …………452, 454, 458, 460, 465
終身雇用………………78, 80, 84, 138
重大損害 …………………………372
住宅積立金…184, 195, 198, 199, 257, 306, 448
集団契約 ……106, 165, 166, 184, 287, 310
出産休暇 ……………………268, 270
出産前休暇 ………………………269
出訴期限 …………………………473
授乳期間休暇 ……………………270
授乳休暇 …………………………268
障害者………………………39, 40, 47
試用期間…83, 143, 149, 334, 355, 362, 363
上級工会……187, 276, 280, 281, 282, 298, 302
商業傷害保険………………………88
商業秘密 …………………………151
証拠 ………………………36, 314, 371
少数民族………………………40, 47, 48
職業病 ………………………………31
職場結婚 ……………………411, 414
職場調整 …………………………414
職場の調整 ……………396, 397, 411
職務懈怠 ……………………355, 371, 374
職歴 ………………………………102
女性従業員 …207, 260, 261, 264, 268, 307
私利を図った従業員 …………355, 371
人員削減（リストラ）……………311

【す】
ストライキ ………………2, 480, 481

【せ】
生育保険 ………………227, 240, 242

正社員…………78, 80, 81, 87, 92, 95, 99
精神病 ……………………………364
政府労働行政管理部門 …12, 13, 72, 102, 104
生理休暇 …………………………268
セクハラ ……………………365, 369
全国総工会 ………………………280
前雇用主 …………………………28, 29
専門的技術訓練および拘束期間に関する協議書 ……………………149

【そ】
総経理 ……………185, 203, 410, 482
総合計算勤務時間制度 ………104, 130
即時解雇 …95, 310, 311, 336, 342, 424, 426, 428
訴訟 ……………358, 452, 454, 460, 465
訴訟費用 ………………………4, 461
損害賠償…16, 28, 29, 41, 82, 86, 106, 153, 162, 242, 247, 337, 381

【た】
代休 ………………………………205
胎児保護休暇 ……………………268
退職済みおよび競業避止義務なしの誓約書………………………………31
退職願 ……………………………315
退職前従業員 ………………28, 29, 102
担保提供 ……………………33, 37, 102

【ち】
仲裁 ………………………4, 358, 454
仲裁委員会 ……………465, 470, 479
仲裁委員会からの応訴通知書 …456
仲裁委員会からの開廷通知書 …457
駐在員 ……………………202, 255, 257
駐在員事務所 ……………………67, 70
仲裁人 ……………………………458
仲裁判断 ………………452, 458, 465

508

事項索引

弔慰休暇 ……………………223, 224
調停手続 ……………………453, 477
直接雇用 ……………………78
賃金指導ライン ……………184
賃金集団協議 ………………184, 190
賃金条項 ……………………125

【つ】
付き添い休暇 ………………271

【て】
定年 …………237, 310, 330, 331, 333
転勤 …………………………84

【と】
档案 …………………………78, 82
同一労働・同一報酬原則……92, 184, 192

【に】
2回 …………………………138
2倍経済補償金 ……………3, 313
2倍賃金 ……………………3, 34, 388
妊娠 ……260, 262, 265, 266, 323, 342, 345

【ね】
年次有給休暇……185, 210, 221, 325, 328, 351
年次有給休暇の不享受確認書 ………214

【は】
派遣会社………………67, 78, 79, 89, 91
派遣期間 ……………………96
派遣先企業 …………78, 79, 92, 95
派遣社員 ……4, 67, 78, 81, 85, 89, 92, 95, 99, 294, 333
派遣制度 ……………………80
派遣の打ち切り ……79, 87, 95, 99
パワハラ ……………………365, 369

【ひ】
B型肝炎………………39, 40, 41, 102
非全日制労働者………………10, 35, 36
秘密保持および競業避止に関する協議書 ………158
秘密保持条項 ………………151
病欠賃金 ……………………218

【ふ】
福利厚生………………………90, 106
不正行為 ……………………371
不正労働行為 ………………288
不定時勤務時間制実施認可書 ………131
不定時勤務時間制度…104, 129, 132, 203, 205
分割 …………………………437
分公司 ………………………67, 68, 283

【へ】
弁護士 ………………………358, 360

【ほ】
法定の定年年齢 ……………331
暴動 …………………………480, 482
募集広告 ……………………16, 18, 102
募集方法 ……………………12, 13

【み】
未成年従業員 ………………186, 272, 307
身分証明書……10, 25, 26, 33, 37, 102, 108
民主的手続……5, 170, 171, 174, 175, 176, 365, 366

【む】
無過失解雇 ………310, 311, 342, 343, 423
無固定期間労働契約 ……4, 78, 104, 134, 138, 311

509

事項索引

【め】
メール …………………………… 371, 373
面接 ……………………………… 12, 20, 102
面接者登録表 …………………… 20, 21

【よ】
養老保険 ………………………… 227, 234

【ら】
来華勤務許可通知 ……………… 54

【り】
離職 ……………………………… 105, 151, 337
離職人員業務引継確認表 ……… 329
離職防止 ………………………… 338
リストラ ……… 99, 100, 310, 342, 343, 356, 404, 410
リストラ禁止従業員 …………… 311, 405
リストラ（人員削減） ………… 423
リストラ劣後従業員 …………… 311, 406
リベート ………………………… 371, 373
流産休暇 ………………………… 269
履歴書 …………………………… 22, 102, 378, 379

【る】
累計勤続年数 …………………… 185, 210, 212

【れ】
連続 ……………………………… 138, 140
連絡事務所 ……………………… 67, 69

【ろ】
労災 ……………………………… 249, 320
労災認定 ………………………… 186, 249, 250
労災認定決定書 ………………… 253
労災保険 ………………………… 45, 227, 244, 247
労働監査 ………………………… 72, 74, 75
労働協約 ………………………… 106
労働契約 … 5, 33, 34, 43, 59, 66, 67, 78, 89, 91, 107, 118, 122, 125, 129, 134, 141, 143, 146, 151, 155, 162, 166, 215, 264, 266, 267, 291, 296, 300, 306, 310, 314, 315, 316, 320, 325, 328, 329, 330, 332, 334, 337, 342, 358, 388, 400, 411, 417, 425, 426, 470, 474
労働契約解除証明書 …………… 312, 351, 352
労働契約解除通知書 …………… 352
労働契約更新協議書 …………… 117, 420
労働契約の更新意思確認書 …… 418
労働契約雛形 …………………… 107, 111
労働時間 ………………………… 207, 306
労働争議仲裁委員会 …………… 452, 454, 470
労働能力 ………………………… 413
労働能力鑑定 …………………… 186, 249, 252
労働能力鑑定書 ………………… 254
労働紛争 ……… 4, 6, 83, 452, 454, 466, 469, 470, 473, 476, 480, 483
労働紛争仲裁 …………………… 465
労務契約 ………………………… 11

著者紹介

韓　晏元（かん　あんげん）

中国律師（北京天達共和法律事務所　パートナー弁護士）

1971年生まれ。1994年北京市国際関係学院日本語学科卒業、1998年北京市外国語大学日本学研究センター日本文学専攻終了（文学修士）、2000年神戸大学法学研究科博士前期課程経済関係法専攻終了（法学修士）、2004年神戸大学法学研究科博士後期課程経済関係法専攻終了（博士（法学））。

日本の法律事務所研修を経て、2004年北京市金杜法律事務所入所、2008年にパートナーとして北京市潤明法律事務所参画、2011年にパートナーとして北京天達共和法律事務所参画。現在は、コンプライアンス、外商直接投資、企業買収、企業清算、債権回収、人事労務等、日本企業の中国ビジネスに関連する企業法務全般を取り扱っている。

奥北　秀嗣（おくきた　ひでつぐ）

公認内部監査人

1973年生まれ。1996年早稲田大学教育学部教育学科社会教育学専攻卒業。出版社勤務を経て、2001年早稲田大学大学院法学研究科民事法学専攻修了（法学修士）。弁護士事務所にて倒産実務、債権回収業務等に携わった後、2004年大手商社入社。法務部にて、中国法務・労務等に幅広く携わる。2008年9月～2009年8月中国の北京外企服務集団有限責任公司（FESCO）にて中国語研修。2009年9月～2010年8月中国北京にある中国政法大学大学院に留学し中国民商法を研究すると同時に、中国現地各有名弁護士事務所にて中国法務・労務を中心とした実務研修を行う。現在は、中国浙江省にあるイタリア企業との合弁会社にて常務副総経理として経営実務に携わっている。

サービス・インフォメーション
─────────────── 通話無料 ───────────────
①商品に関するご照会・お申込みのご依頼
　　　　　TEL 0120(203)694／FAX 0120(302)640
②ご住所・ご名義等各種変更のご連絡
　　　　　TEL 0120(203)696／FAX 0120(202)974
③請求・お支払いに関するご照会・ご要望
　　　　　TEL 0120(203)695／FAX 0120(202)973

●フリーダイヤル（TEL）の受付時間は、土・日・祝日を除く
　9：00～17：30です。
●FAXは24時間受け付けておりますので、あわせてご利用ください。

最新中国労働関連法対応
中国のビジネス実務　人事労務の現場ワザ
Q＆A100　改訂版

平成30年11月5日　初版発行

著　著　　韓　晏元／奥北　秀嗣

発行者　　田　中　英　弥

発行所　　第一法規株式会社
　　　　　〒107-8560　東京都港区南青山2-11-17
　　　　　ホームページ　http://www.daiichihoki.co.jp/

中国人事改　ISBN 978-4-474-06446-1　C2034（9）